高等院校"十二五"旅游管理类课程系列规划教材
本教材获得"十二五"期间第二批广西大学教材立项建设基金资助

中国旅游文化

Chinese tourism culture

黄爱莲 陈红玲 李劲松 编著

经济管理出版社
ECONOMY & MANAGEMENT PUBLISHING HOUSE

目　录

第一章　中国旅游文化概述 …………………………………………… 1

　　本章提要 ……………………………………………………………… 1
　　章首案例 ……………………………………………………………… 1
　　第一节　旅游与文化 ………………………………………………… 2
　　第二节　中国传统文化的基本精神 ………………………………… 9
　　第三节　旅游文化与中国旅游业的关系 …………………………… 16
　　本章案例 ……………………………………………………………… 18
　　本章思考题 …………………………………………………………… 19

第二章　中国旅游历史文化 …………………………………………… 20

　　本章提要 ……………………………………………………………… 20
　　章首案例 ……………………………………………………………… 20
　　第一节　中国历史文化概述 ………………………………………… 21
　　第二节　中国历史文化常识 ………………………………………… 24
　　第三节　中国历史文化旅游资源 …………………………………… 33
　　本章案例 ……………………………………………………………… 37
　　本章思考题 …………………………………………………………… 38

第三章　中国旅游建筑文化 …………………………………………… 40

　　本章提要 ……………………………………………………………… 40
　　章首案例 ……………………………………………………………… 40
　　第一节　中国建筑文化概述 ………………………………………… 41
　　第二节　中国古代官方营造的宏伟建筑 …………………………… 47
　　第三节　中国宗教建筑 ……………………………………………… 53
　　第四节　中国民间建筑 ……………………………………………… 56

第五节　中国旅游建筑文化的精神内涵 ················· 58
　　本章案例 ·· 63
　　本章思考题 ·· 64

第四章　中国旅游聚落文化 ·· 66
　　本章提要 ·· 66
　　章首案例 ·· 66
　　第一节　聚落文化与旅游 ···································· 67
　　第二节　中国历史文化名城 ································· 70
　　第三节　名城名镇文化旅游 ································· 79
　　本章案例 ·· 85
　　本章思考题 ·· 87

第五章　中国旅游景观与山水文化 ······························· 88
　　本章提要 ·· 88
　　章首案例 ·· 88
　　第一节　旅游景观 ·· 89
　　第二节　旅游景观文化 ······································· 91
　　第三节　旅游景观文化的特点 ······························ 101
　　第四节　山水文化与旅游 ··································· 105
　　本章案例 ·· 115
　　本章思考题 ·· 116

第六章　中国旅游园林文化 ·· 117
　　本章提要 ·· 117
　　章首案例 ·· 117
　　第一节　中国古代园林的起源与发展 ····················· 118
　　第二节　中国古代园林的分类与特点 ····················· 120
　　第三节　中国园林造园要素 ································· 124
　　第四节　中国园林的主要构景手法 ························ 129
　　第五节　中国古典园林与旅游鉴赏 ························ 130
　　本章案例 ·· 136
　　本章思考题 ·· 137

第七章　中国旅游饮食文化 ·· 138
　　本章提要 ·· 138

章首案例 ·· 138
　　第一节　中国饮食文化概述 ·· 139
　　第二节　饮食文化与旅游 ·· 143
　　第三节　中国八大菜系及地方风味小吃 ··································· 147
　　第四节　中国茶文化 ··· 151
　　第五节　中国酒文化 ··· 157
　　本章案例 ·· 161
　　本章思考题 ·· 162

第八章　中国旅游民俗文化 ·· 163
　　本章提要 ·· 163
　　章首案例 ·· 163
　　第一节　民俗文化概述 ··· 164
　　第二节　服饰民俗 ·· 166
　　第三节　饮食民俗 ·· 174
　　第四节　居住民俗 ·· 181
　　第五节　民俗文化旅游的开发 ·· 187
　　本章案案例 ·· 189
　　本章思考题 ·· 191

第九章　中国旅游民间工艺文化 ··· 192
　　本章提要 ·· 192
　　章首案例 ·· 192
　　第一节　中国旅游民间工艺文化概述 ······································ 193
　　第二节　中国民间陶瓷文化 ··· 198
　　第三节　中国民间织绣文化 ··· 200
　　第四节　中国民间剪纸艺术 ··· 204
　　第五节　中国民间雕塑文化 ··· 207
　　第六节　中国民间编织艺术 ··· 211
　　第七节　中国民间其他工艺艺术 ·· 213
　　本章案例 ·· 220
　　本章思考题 ·· 221

第十章　中国旅游文学艺术 ·· 222
　　本章提要 ·· 222
　　章首案例 ·· 222

第一节 旅游文学艺术的含义和功能 ……………………………………… 223
第二节 中国旅游文学的发展轨迹 ………………………………………… 226
第三节 中国旅游文学的类别 ……………………………………………… 231
第四节 中国主要旅游传统艺术 …………………………………………… 241
本章案例 ……………………………………………………………………… 246
本章思考题 …………………………………………………………………… 247

第十一章 中国旅游宗教文化 248

本章提要 ……………………………………………………………………… 248
章首案例 ……………………………………………………………………… 248
第一节 宗教的定义与本质 ………………………………………………… 249
第二节 佛教文化 …………………………………………………………… 251
第三节 道教文化 …………………………………………………………… 256
第四节 基督教文化 ………………………………………………………… 259
第五节 伊斯兰教文化 ……………………………………………………… 265
第六节 宗教与旅游业发展的关系 ………………………………………… 268
本章案例 ……………………………………………………………………… 271
本章思考题 …………………………………………………………………… 273

第十二章 地方旅游文化 274

本章提要 ……………………………………………………………………… 274
章首案例 ……………………………………………………………………… 274
第一节 广西历史文化的发展与演变 ……………………………………… 275
第二节 壮族文化的特色与精神 …………………………………………… 278
第三节 广西山水文化 ……………………………………………………… 280
第四节 广西民俗文化 ……………………………………………………… 285
第五节 广西建筑文化 ……………………………………………………… 291
第六节 其他文化 …………………………………………………………… 296
本章案例 ……………………………………………………………………… 298
本章思考题 …………………………………………………………………… 299

参考文献 …………………………………………………………………… 301

后记 ………………………………………………………………………… 303

第一章 中国旅游文化概述

本章提要

要求学生掌握旅游文化的定义、旅游与文化的关系;中国旅游文化的种类及其特征;掌握文化在中国旅游业发展中的地位和作用。

章首案例

沿线城市联手升级丝绸之路旅游产品

丝绸之路是一条横贯亚洲、连接欧亚大陆的著名古代陆上商贸通道,历经2000多年沧桑。它东起长安(今西安),经甘肃、宁夏、青海、新疆,跨越葱岭(今帕米尔高原),经阿富汗、伊朗、伊拉克、叙利亚等地到达地中海东岸(今罗马),全长7000多公里,在中国境内总长4000多公里。

丝绸之路沿线拥有丰富多彩的旅游资源。据统计,仅丝绸之路中国段就拥有13个国家历史文化名城、15个国家重点风景名胜区、302个国家重点文物保护单位、66个国家森林公园。不仅如此,丝绸之路穿越汉族、回族、维吾尔族、蒙古族等多个民族聚居区,民族风情浓郁而独特。而沿途草原、沙漠、湖泊等景观俱全,自然风光秀丽多样。丰富的历史景观更是丝绸之路的最大特色。仅在丝路中国段,就有被称为世界第八奇迹的秦始皇陵兵马俑、保存释迦牟尼佛骨的法门寺、敦煌莫高窟、藏传佛教寺院塔尔寺等景点。每一处,都有着自己的历史和故事。

"丝绸之路经济带"的战略构想提出后,国内陕西、甘肃、新疆等沿线省区和中亚沿线国家乃至欧洲国家,都借丝绸之路经济带建设,重新规划,联合推荐,打造新的精品旅游线路和产品。

为了更好地推广丝绸之路旅游资源,包括陕西省西安市旅游局、宝鸡市旅游

中国旅游文化

局、甘肃省兰州市旅游局、敦煌市旅游局、新疆乌鲁木齐市旅游局等丝绸之路沿线 13 个城市旅游局已组成了丝绸之路宣传推广联盟。它们希望通过这种方式，让更多的人看到的不再是一个个孤立的景点，而是一条写满民族文明历史的丝绸古道，一条丝绸之路黄金旅游带。

（资料来源：李树峰，梁娟. 沿线城市联手升级丝绸之路旅游产品［EB/OL］. 新华网陕西频道，http：//www.sn.xinhuanet.com/2014-05/13/c_1110664058.htm，2014-05-13.）

问题思考：建设"丝绸之路经济带"将为沿线城市的旅游业发展带来哪些机遇？

第一节 旅游与文化

本节主要介绍旅游文化的定义与类型，讨论旅游与文化的关系，中国旅游文化的种类及特征。

一、旅游文化定义及其三大类型

1. 旅游文化的概念

旅游文化这一名词实际上是舶来品，最早出现于美国学者罗伯特·麦金托斯和夏希肯特·格波特合著的《旅游学——要素·实践·基本原理》一书。近十余年来，出于学科建设的需要，我国学者开始重视对旅游文化的研究。

我国旅游学界对旅游文化概念的界定主要有以下几种理解：

（1）旅游文化是与旅游有关的物质财富与精神财富的总和。它是人类过去和现在所创造的与旅游活动紧密相关的精神文明与物质文明。

（2）旅游文化是旅游生活的一种文化形态，是旅游这一独特的社会现象体现出来的文化，是由旅游者与旅游从业者在旅游活动中共同创造的。

（3）旅游文化是基于人类追求人性自由、完善人格而要求拓展和转换生活空间的内在冲动，其实质是文化交流与对话的一种方式。

（4）旅游文化是旅游主体、旅游客体和旅游媒介相互作用的结果。它不是旅游和文化的简单组合，而是旅游主体（旅游者的文化要求和情趣）、旅游客体（旅游资源的文化内涵和价值）、旅游媒介（旅游业的文化意识和素质）三者相互作用所产生的物质和精神成果。具体地说，"潜在的旅游者由于受到旅游动机的冲击和旅游客体的吸引，在旅游业的介入下，实现了旅游，在旅游过程中产生了欢快愉悦的心理状态和审美情绪，这种心态和情绪是旅游三要素中任何一个要素都没有的。这就是旅游文化最初和最核心的部分"。因此，旅游者处于旅游文化的中心位置，旅游者在旅游活动中所显示出来的特殊的欣赏取向、审美情绪、心理状态及其文字、形象的记载，构成了旅游文化的主要内容。

以上定义从不同角度揭示了旅游文化的本质属性，本书认为：旅游文化是旅游主体、旅游客体和旅游媒介之间相互碰撞、相互作用而产生的各种物质财富和精神财富以及各种文化现象的总和。

2. 旅游文化的三大类型

学术界对中国旅游文化类型的理解，由于角度不同、标准不一而观点各异。卢云亭先生从旅游的三大基本要素出发，将旅游文化划分为旅游主体文化、旅游客体文化和旅游介体文化三大类。

（1）旅游主体文化。包括旅游者自身的文化素质、兴趣爱好、性格心理、行为方式及旅游者的政治主张、思想和信仰，以及旅游者的职业、生活背景等。

（2）旅游客体文化。包括旅游历史文化、旅游地理文化、旅游饮食文化、旅游服饰文化、旅游园林文化、旅游建筑文化、旅游宗教文化、旅游民俗文化、旅游娱乐文化、旅游文学艺术以及人文化的自然景观等。

（3）旅游介体文化。包括旅游餐饮文化、旅游商品文化、旅游服务文化、旅游管理文化、旅游文化教育、导游文化、旅游政策法规以及其他旅游中介文化。

二、旅游与文化的关系

旅游与文化之间紧密相联，有着不可分割的关系。一方面中国文化孕育了旅游，是旅游文化的母体，旅游与旅游文化是中国文化的重要组成部分；另一方面，旅游是中国文化的载体和媒介，古老灿烂的中华民族优秀文化，相当程度上是靠中国旅游才得以传播和弘扬的。旅游，既是中国文化的消费过程，又是中国文化的创造过程。通过旅游，中国文化得到丰富、发展和提高，中国经济得到进一步的振兴和繁荣，中国的物质文明和精神文明建设也得到长足的进步，具体表现有以下四方面的特征。

1. 旅游是一种文化现象，"旅游"与"文化"并蒂连生

旅游主要是一种社会经济现象，但在本质上"是一种文明所形成的生活方式，是一种文化现象，一个系统，是人类物质文化生活和精神文化生活的一个最基本的组成部分，是旅游者这一旅游主体借助旅游媒介等外部条件，通过对旅游客体的能动活动，为实现自身某种需要而作的非定居的旅行的一个动态过程的复

合体"（沈祖祥，1991）。由此可见，旅游属于文化范畴，是文化的一个内容。

"旅游"一词，诞生在魏晋南北朝时期。南朝梁诗人沈约写有《悲哉行》诗，诗云："旅游媚年春，年春媚游人。徐光旦垂彩，和露晓凝津。时嘤起稚叶，蕙气动初苹。一朝阻旧国，万里隔良辰。"这是迄今所知"旅游"一词见于中国典籍的开始，它比英文 TOURISM 一词的出现要早 1300 多年。到了唐代，"旅游"一词开始被大量运用，韦应物《送姚孙还河中》诗就有"上国旅游罢，故园生事微。风尘满路起，行人何处归。留思芳树饮，惜别暮春晖。几日投关郡，河山对掩扉"的诗句。张籍《岭表逢故人》也有"过岭万余里，旅游经此稀。相逢去家远，共说几时归。海上见花发，瘴中鸣鸟飞。炎州望乡伴，自识北人衣"之句。白居易《宿桐庐馆同崔存度醉后作》也说："江海漂漂共旅游，一樽相劝散穷愁。夜深醒后愁还在，雨滴梧桐山馆秋。"这样的例子，我们还可以举出许多。

综合以上对"旅游"与"文化"的考察，从中可以看出："旅游"与"文化"密不可分，两者与时俱生，共同根植于中国文化这一土壤；"旅游"是"文化"的手段和工具，是"文化"出现的前提；没有"文化"就没有"旅游"；同样，"文化"是"旅游"的结果和目的，或者说是一种具体的表现形式，没有"旅游"就没有"文化"。"旅游"与"文化"并蒂连生，从它们诞生的那天起，就结下了密不可分的因果关系。"旅游"创生了"文化"，"文化"丰富了"旅游"，"旅游"与"文化"，都是中国文化的产物。

2. 中国文化孕育了旅游

旅游是孕育"文化"的媒体，是"文化"的一项内容；旅游创始了中国"文化"，中国"文化"诞生始初，就作为旅游的一个内容，与旅游结下了不解之缘。旅游与中国文化之间存在着制约关系，中国文化孕育了中国的旅游，旅游又受制于中国文化。

3. 中国旅游启动着中国文化的创造

旅游受制于中国文化，这是旅游与中国文化关系的一个侧面。旅游与中国文化的另一个侧面是，旅游毕竟是一种独立的社会文化现象，它受制于中国文化，又游离于中国文化，给予文化以伟大影响和作用。

旅游最能集中体现一个民族的文化素质。作为启动中国文化创造的一种内力，旅游在中国旅游组织、人伦观念、神话思想、宗教情感、哲学观念、巫术迷信、生产活动、艺术创造，以及生活风俗中都有充分展现，并发挥着组织、教化、认识、改造、选择、整合、满足等不同功能。旅游的这种反作用功能体现在其与政治、经济、军事、哲学、宗教、文学艺术、民俗等中国文化的不同层面的密切关系之中。

4. 旅游与中国文化之间相互制约

旅游与中国文化之间的关系有五种特征：制约性、同步性、折射性、相融性和同源合体等。

（1）制约性。中国文化制约并决定了中国旅游的发展方向和发展模式。一般来说，时代开明，文化昌盛，经济繁荣，社会稳定，国力强盛，旅游就相对活跃，而且往往产生积极的影响。反之，政治动荡，经济衰败，文化颓废，旅游就相对萧条，而且往往产生消极的影响。

（2）同步性。中国古代旅游与中国文化的发展呈现出一定的同步性：中国文化的发展经历了兴起、发展、繁荣和稳定四个阶段，中国古代旅游的发展也经历了兴起、发展、兴盛和成熟四个时期。

（3）折射性。中国古代旅游就好像是中国古代文化的一面折光镜，在这面镜子里，或隐或显地反映出时代文化的影子，或强或弱地袒露着中国文化的灵魂。

（4）相融性。由于旅游本身是一种文化行为和文化现象，所以，作为中国文化的一个部分、一个内容，中国文化与旅游并无矛盾，而且完全相融，共同组成了一个有机的统一体。

（5）同源合体。中国文化与旅游，同源合体。先秦神化，两汉君子化，魏晋玄虚化，南朝隐逸化，唐宋志士、仁人、学者化，明清艺术化，既是中国文化的时代特征，也是中国旅游的时代特点，在本质上合二为一。

综上所述，旅游是中国最常见的一种行为模式。凝聚着中华民族创造精神的中国旅游文化，是中国文化史上历时最久、应用最广、民俗功能最多、民间性最强的文化长链之一。几千年来，它同其他文化一起，参与了整个中华民族文化的构造，包含了中国文化得以维系的几乎全部因素。如果单纯从政治或经济的某一角度去理解或判断旅游，都难免会作出片面的结论。只有进行全方位的考察，立体的探索，以及系统的论证，才能揭示旅游的真实面貌和实际作用，揭示旅游在中国文化史上的过去、现在和将来。

三、中国旅游文化的种类及特征

以下介绍中国旅游文化的十种类型，以及中国旅游文化的五种特征。

1. 中国旅游文化的种类

旅游的本质就是旅游者变换原有的文化环境，探奇求知，变换生活节律，以吸取其他地域的文化。无论是有意识还是无意识，旅游活动都是为了满足文化精神的需求。中国旅游与文化从来都是密不可分的。中国旅游文化及主要内容有多种形式的分类法，本书主要研究：中国旅游历史文化、旅游建筑文化、旅游聚落文化、旅游景观与山水文化、旅游园林文化、旅游饮食文化、旅游民俗文化、旅游民间工艺文化、旅游文学艺术、旅游宗教文化等。

2. 中国旅游文化的特征

旅游文化作为文化的一种类型,有着一般文化形态都具有的共同属性,但它又是一种特殊类型,有着自己的特殊性质。这种共性和个性一起构成了旅游文化的特征,即综合性、传承性、民族性、地域性和时代性。

(1) 综合性,即形态的多样性和消费的广泛性。

1) 形态的多样性。旅游文化有多种形态,既有物质文化形态,如积淀着饮食文化内涵的名菜名点、具有民族风格的民居民宅等;又有精神文化形态,如风景区的楹联碑刻、故事传说;既有文物古迹等古代文化,又有星级饭店、人造景观等现代文化;既有戏曲、武术等民族传统文化,又有西式快餐、迪士尼乐园等移植的异国文化;五花八门、不一而足。旅游文化是人类众多文化现象的复合体。

2) 消费的广泛性。旅游文化是一种消费对象,它贯串了旅游活动的整个过程,弥散于活动的各个方面。在旅游者食、住、行、游、购、娱六项主要活动中,都充满着对文化的追求。游、娱两项纯属精神消费,即使在行、住、食、购方面,旅游者也并不满足于一般的生活需求。外国旅游者舍去舒适快捷的交通工具而骑着骆驼在戈壁沙漠中跋涉;不住星级饭店而宁愿挤在傣族小竹楼或蒙古包里;不惜忍受某种"痛苦"品尝有异国风味的小吃;花费巨款购买中国的文物古董。可以说,在旅游者的全部旅游经历中,他们每时每刻都在自觉或不自觉地追求并消费着旅游文化。

(2) 传承性,即旅游文化的历史继承性和演进性。旅游文化是人类文化长期演变的结果,它们中间既有本民族历史文化的沉积、继承和发展,也有对其他民族文化的吸收和融合。这种传承、演变,又可分为进化、涵化两种情况。

1) 进化。即旅游文化的发展是一个由低级向高级、由简单到复杂的循序渐进的过程。我国是文明古国,许多旅游文化现象可追溯到史前时代。它们世代相传,具有极强的继承性,同时又带有创新性,呈现出明显的进化痕迹。例如,中国表演艺术的精华——戏曲,就起源于原始社会的巫舞和傩舞。那时只是一种含有戏剧因素的祭祀仪式,后来逐渐发展为汉代的角抵戏和南北朝的参军戏,有了情节内容和人物形象,又进化为宋杂剧、金院本,具备了生、旦、净、丑等角色行当。到元明时期,就成为成熟的戏剧形式——元杂剧、明传奇。到清代中期以后,又完善为有极高审美成就的京剧和其他众多地方戏曲。艺术成就越来越高,艺术形式越来越复杂。但不管它们如何发展变化,都继承了中国戏曲唱、念、做、打相结合,有角色行当、写意、虚拟、程式等一系列截然不同于外国戏曲的特征,呈现出一部不断进化而又始终保持本质特征的历史。

2) 涵化。即旅游文化在发展过程中对外来文化的吸收和融合。中华文明在历史发展进程中并不简单地排斥外来的异族文化。两种文化在经过剧烈的冲撞后，彼此之间会出现一个交叉渗透的局面。经过社会自身的调整，一种非彼非此、亦彼亦此的新文化被综合出来。现在成为我国重要的人文旅游资源的佛教文化就是文化涵化的结果。佛教诞生于印度，汉代传入中国，到魏晋时期形成很大的势力，并与中国原有的儒家、道家文化发生激烈的冲突，在冲突过程中，双方相互吸收对方的形式和内容，佛教也开始"中国化"，到隋唐时期成为以禅宗为中心的中国佛教。其占统治地位的禅宗完全是中国涵化了的佛教，受道家思想和儒家思想的影响极深，和印度的原始佛教有很大的区别。

传承性是旅游文化很重要的特点，它对我们了解许多旅游资源的文化内涵极具指导意义，可以帮助我们深刻剖析文化内涵的层次性、丰厚性和独特性，而这往往是旅游资源的价值所在。

（3）民族性，即旅游文化的民族特性。每个民族、每个国家都有自己的旅游文化。旅游文化的民族特性就是这个民族的精神、性格、共同心理素质在旅游文化中的体现，是与其他旅游文化不同的特异性所在。中国旅游文化门类繁多，形态复杂，但都具有强烈的民族特征，体现了华夏民族聪慧、勤勉、务实、含蓄的民族性格和坚韧不拔、勤奋进取的民族精神，显示出一些独特的价值观念和审美观念。这种民族个性不仅体现在旅游文化的精神形态中，也积淀在物质财富中。以中国古代建筑为例，现有的很多古代宫殿、寺庙、民居、园林建筑，都非常重视与周围大自然环境的协调，随地形高低错落、相宜部署，与周围的自然景观融为一体，相映生辉。古建筑中的园林建筑，对园内外环境更是讲究。许多名园都是运用"借景"造园技法的杰作，把园外远近的山峰冈峦、楼阁塔影、林木花卉都借入园内，成为胜景。中国古代建筑的这种特征就是华夏民族崇尚自然、追求"天人合一"的民族性格和价值观念的生动体现。

民族性是旅游文化的独特个性，是吸引旅游者的魅力所在，从某种意义上来说，民族性是旅游文化的"灵魂"。当然，这种民族性中也有糟粕，如体现在某些中国旅游文化现象中的等级尊卑观念、轻视妇女等封建性糟粕，是我们应该正视和予以批判的。

（4）地域性，即旅游文化具有的地方特色。如果说，民族性主要表现了不同民族的旅游文化之间的差异，那么地域性则体现了同一民族不同地区旅游文化之间的差异。地域性与一个地区的自然地理环境、经济发展、当地居民世代相传的风俗人情、审美观念都有关系。我国的旅游资源向来有"南秀北雄"的说法，这是旅游文化地域性的形象说明。我国北方的华北地区平原辽阔、山地雄伟、高原切割对比强烈，自然风光雄伟壮丽，但气候、资源等生存条件并不优越。先民含辛茹苦、顽强拼搏，才得以生息繁衍，从而形成了强悍拙直的民

中国旅游文化

风,自古有"燕赵多慷慨悲歌之士"之说。因此,它的众多旅游景观带有雄浑、粗犷、大器的地域特色。江南地区则地形复杂,多绵延的丘陵、纵横的河流,景色秀丽妩媚,民风则聪颖柔弱。许多旅游资源都有灵秀、小巧、雅致的特色。而楚(今两湖地区)文化,又是另一种风格。楚地先民好祀鬼神,激情、浪漫、想象力丰富,是中国古代文学艺术浪漫主义传统的发祥地,产生过《离骚》、《庄子》等巨著。楚地的旅游文化,又显示出瑰丽、雄奇而略带神秘感的特色。地域性特点是形成旅游文化独特性、丰富性的基础,它使我国的旅游文化闪耀着绚丽多姿的色彩。发掘旅游文化的区域特色是旅游工作者一项重要而有意义的工作,它有助于确立一个地区的旅游资源、旅游服务的独特优势。

(5)时代性,即旅游主体文化子系统具有时代性特点。旅游主体文化子系统呈现出时代性特点,不同时代旅游主体的旅游文化观念和行为方式是有差别的。从旅游主体的旅游性格上来看,古代中国人表现为拘谨和内向性格,而今天的旅游者,尤其是青年旅游者则表现出开放和外向性格。从旅游主体的构成上看,也呈现出时代性特征。古代休闲性旅游者多为上层贵族,而今天的旅游主体则以普通民众为主。

这里主要以旅游主体审美观念的变化为例,说明旅游主体文化所具有的时代性特征。对于同一个旅游客体,由于旅游审美的标准不同,古代人可能并不视为美景,而今人却欣赏有加。大自然在上古人的眼中是可怕的,灾难性的,与我们今天对自然山水的愉悦感受完全不同。愚公居于太形(行)、王屋二山之间,二山以今人眼光视之,诚为旅游胜地:"方七百里,高万仞。"但愚公全家却并不觉得其美,只感到行走不便:"惩山北之塞,出入之迂也。"(《列子·汤问》)所以下决心挖掉这个后世将誉为"旅游胜地"的高山。在《诗经》里,山川开始变得可爱:"关关雎鸠,在河之洲","坎坎伐檀兮,置之河之干兮,河水清且涟漪"。至曹操时,更将山海作为审美对象:"东临碣石,以观沧海,水何澹澹,山岛竦峙,树木丛生,百草丰茂。秋风萧瑟,洪波涌起。日月之行,若出其中,星汉灿烂,若出其里,幸甚至哉,歌以咏志。"反映了旅游主体在自然山水的审美上具有时代性的差异。对于人文景观也是如此,中世纪人对古希腊著名雕刻《米洛岛的阿芙罗蒂德》就曾斥之为伤风败俗的女妖,而今天的旅游者则肯定其为艺术美的典范。旅游主体审美观念的时代性差异,也与所处社会环境变化的审美时尚密切相关。旅游主体的审美观念随时代发展而发展,旅游主体文化的时代性特征是颇为鲜明的。

第二节 中国传统文化的基本精神

中国传统文化博大精深，源远流长。在长期发展过程中，一些思想观念或固有传统，长期影响着人们的生活和行动，成为历史发展的内在思想源泉，这就是中国文化的基本精神。它是民族延续发展的精神动力，或者说是中华民族发展的精神支柱，对于中国社会的发展，对于中华民族的成长壮大，有着极为重要的推动作用。由于中国文化丰富多彩，表现中国文化基本精神的思想也不是单一的，而是一个包含着诸多要素的思想体系。"天人合一"、"以人为本"、"刚健有为"、"自强不息"、"厚德载物"、"中庸尚和"都是中国文化基本精神的主要内容，六种特征表现出中国旅游文化与中国传统文化息息相关。

一、"天人合一"、"以人为本"

1. 强调人与自然的和谐统一

"天人合一"是一个十分复杂的问题。中国"天人合一"观念源远流长，早在新石器时代，由于人们的生存和发展与自然环境（天时、地利）之间有着密切的关系，同时这一时期尚未建立真正的奴隶制统治，人们屈从于绝对王权的现象尚不严重，原始氏族体制下的经济政治结构和血缘宗法制度，使氏族、部落内部维持着某种自然的和谐关系（"人和"即原始的人道、民主关系），这两方面是产生"天人合一"（人与自然、个体与群体的顺从、适应的协调关系）观念的现实历史基础。从远古直到现代，汉语的日常应用中，"天"作为命定、主宰，"天"与"人"的关系实际上具有某种不确定的模糊性质，既不像人格化的神的绝对主宰，也不像人对自然的征服改造。"天"既不会是"人"匍匐顶礼的神圣上帝，也不会是"人"征伐改造的对象。因此，"天人合一"既包含着对自然规律的能动地适应、遵循，也意味着人对主宰、命定的被动地顺从与崇拜。

"天人合一"观念成熟于先秦。《左传》中有许多论述，孔子、孟子、老子、庄子等都从不同角度、不同方面提出了这种观念。无论是积极的或消极的，他们都强调了"人"必须与"天"相认同、一致、和睦、协调。这里认同恰好发生在作为时代潮流的理性主义兴起、宗教信仰衰退之际，因而这种"天人合一"观念既吸收了原始宗教中的天人认同感，又去掉了它原有的神秘、迷狂或非理性内容，同时却又并未完全褪去它原有的主宰、命定含义，只是淡薄了许多，其自然含义方面相对突出了。

中国旅游文化

"天人合一"在董仲舒及其他汉代思想系统中扮演了中心角色,其特征是具有反馈功能的天人相通而"感应"的有机的整体的宇宙图式。其意义在于,它指出了人只有在顺应(既认识又遵循)这个图式中才能获得自由,才能使个体和社会得以保持其存在、变化和发展的状态。这种"天人合一"重视的是国家和个体在外在活动和行为中与自然及社会相适应、合拍、协调和统一。

自董仲舒提出"独尊儒术"始,儒家经典统治了三四百年。从董仲舒到《白虎通》都宣扬"天人感应",董仲舒曾说:"天亦有喜怒之气、哀乐之心,与人相符。以类合之,天人一也。"并举例说明"由此言之,天人之征,古今之道也。"《白虎通》这部东汉王朝的经典则更以神秘主义的形式反映了"天人合一"的思想:"天子至尊也,精神与天地相通"。

魏晋玄学是以老庄道家思想为骨架,在此基础上企图调和儒道两大系统的思想,因此它讨论的中心课题是"自然"与"名教"的关系问题,实际上也是天人关系问题。虽然嵇康、阮籍提倡"越明教而任自然",但他们实际上是反对假名教而相信真名教的,正如鲁迅先生所说:"魏晋时代,崇奉礼教的看来似乎很不错,而实际上是毁坏礼教,不相信礼教的。表面上毁坏礼教者,实际上倒是承认礼教,太相信礼教的。"在嵇康的《家诫》和阮籍的《咏怀诗》中,都表现了他们太相信礼教,因而他们的文章"率激烈慷慨,其心愤,故其行危;其道中,故其旨远"。魏晋玄学的主流更是以调和"自然"与"名教"为主题。王弼主张"体用如一",故有"举本同末"之言,认为了解了"天道"即可了解"人事",圣人可以"体冲和以通无"体现"天道"以至于同于"天"。郭象也讲"体用如一",以为"用外无体","用"本身就是"体";认为圣人"常游外以弘内",在现实社会中就可以实现符合"天道"的理想社会,所以"名教"不仅不和"自然"相矛盾,恰恰应在人世间来实现其"逍遥游"。魏晋名士多言"放达",但有的人是"行为之放",仅得"放达"之皮相,如王衍、胡毋辅之流,以矜富虚浮为放达;有的人是"心胸之放",则得放达之骨骸,如嵇康、阮籍等人,以轻世傲时为放达;有的人是"与自然为一体之放达",则是"放达"之精髓。陶渊明在《形影神赠答诗》中抒发了他的思想境界:"纵浪大化中,不喜亦不惧,应尽便须尽,无复独多虑";在《与子伊等疏》中说:"常言五六月中,北窗下卧,遇凉风暂至,自谓是羲皇上人"。这种与自然为一体的放达,虽不同于孔子的"天人合一"的思想境界,却正是魏晋人所追求的一种"天人合一"的思想境界。

如果说,汉儒的"天人合一"是为了建立人的外在性为自由的宇宙模式,这里"天"则主要是"理",是精神,是心性。所以前者是宇宙论,即自然本体论,后者是伦理学,即道德形而上学。前者的"天人合一"是现实的行动世界,"生生不已"指的是这个感性世界的存在、变化和发展;后者的"天人合一"则是心灵的道德境界,"生生不已"只是对整体世界所作的心灵上的情感肯定,实际上只是一种主观意识的投射,并将此投射提高到道德本体上来了,即将伦理作为本体与宇宙自然相通而合一。

"天人合一"的问题虽然是说明人和整个宇宙的关系,但它是把"人"作为整个宇宙中心来考虑,《中庸》说:"诚者,天之道;诚之者,人之道也。诚者不勉而中,不思而得,从容中道,圣人也。"因此,圣人的行为不仅应符合"天道"的要求,而且应以实现"天道"的要求为己任。人生活在天地之中,不应采取消极态度,而应"自强不息","天行健,君子以自强不息",体现宇宙大化的流行。这样人就会对自己有个要求,有个做人的道理,有个高尚的精神境界。《大学》的"三纲领八条目"说的就是这个道理:"大学之道,在明明德,在亲民,在止于至善。""古之欲明明德于天下者,先治其国。欲治其国者,先齐其家。欲齐其家者,先修其身。欲修其身者,先正其心。欲正其心者,先诚其意。欲诚其意者,先致其知。致知在格物。物格而后知至,知至而后意诚,意诚而后心正,心正而后身修,身修而后家齐,家齐而后国治,国治而后天下平。""知"是要和"行"统一的,从"格物致知"到"治国平天下",这是一个认识的过程,更是一个实践的过程。

人应该有理想,最高的理想是"致太平",是人类社会达到"大同"境地。而"大同世界"的基本要求首先是每个人都应该对自己要有个做人的要求,要有个做人的道理,要能"己所不欲,勿施于人"。孔子说:"吾道一以贯之,忠恕而已矣。"理想的"大同世界"能否达到是个问题,但人们应有这个要求,并从中得到做人的乐趣。所以孔子赞美颜回说:"一箪食、一瓢饮,在陋巷,人不堪其忧,回也不改其乐,贤哉,回也!"人生活在天地之中,要"做人",也要有"做人"的乐趣,要能在生活中领略天地之伟大功力。而真正能领略天地造化之伟大功力的,就必须能再现"天地造化之功"表现人的创造力,表现人的精神境界,表现人之所以为人者,使文成"至文",画成"神品",乐成"天籁"。"景中生情,情中生景","情景一合,妙语自得"。当人进入这种境界时,将是真、善、美合一的境界,人生的意义、人类最高的理想正在于此。孔子说他自己"七十而从心所欲,不逾矩",正是古代思想家们所追求的境界。他们以为自己的一切言行和整个宇宙、人类社会、他人和自我的身心内外都和谐了,这种境界是真、善、美合一的境界,自然也就是所谓"圣人"的境界了。中国传统哲学中提出的"做人"道理,是把"人"(一个在特定关系中的"人")作为自然和社会的核心,更增加了人的责任感。"做人"是最不容易的,做到和自然、社会、他人以及自我的身心内外的和谐更不容易。对这种"做人的责任感"应充分理解并加以继承。

2. 人本主义

中国传统文化中这种追求和谐社会理想主义的倾向又是以一种不同于西方"人文主义"的人本主义为前提的。"人"为什么要有理想，要追求建立一种理想的和谐社会？按照中国一些哲学的观点来看，只有"人"才有理想，"人"在天地之中是最重要的，只有"人"才能"为天地立心，为生民立命，为往圣继绝学，为万世开太平"，所以孔子说："人能弘道，非道弘人。""道"（天道）是客观存在的，但"道"要人来发扬光大，要人在实践中体现它。"天人合一"、"知行合一"、"情景合一"，就是一种做人的最高境界，也就可以把其美好的理想凝聚心中，而求实现于人世间。

中国传统文化中的"人本主义"和西方中世纪不同，西方中世纪是"神本主义"占统治地位；也和西方近世纪不同，西方近世纪的人本主义是把"人"作为一个个的单个人，强调个性解放、个人的独立人格，有强烈的个人主义，而中国传统文化中的"人本主义"可以说是一种"道德的人本主义"，或者称之为"伦理关系中的人本主义"，它把"人"放在一定的关系中来讲，一个人应该如何负起自己的责任。所谓君臣、父子、夫妻、兄弟、朋友等五伦，讲"君义臣忠"、"父慈子孝"等，即要求每个人在他们所处的社会关系中发挥作用。

中国传统文化中的"人本主义"注重伦理道德，表面看来，强调个人的主体性、自觉性，而实际上，这种主体性只是在规定了的"道德观念"下的主体性，"自觉性"只是在一种没有认识自己独立性下的自觉性，只是在所限定的范围内有主动性，只有冲破所限定的社会关系，在"人"得到真正的"自由"，即认识必然后的自由后，"人"才能成为真正的"人"；有主动性和自觉性的人，才可以建立起真正合乎人性要求的社会关系，在这种真正合乎人性要求的社会关系中的"人本主义"，"人"才能成为"天地的核心"。这种"人本主义"把"人"作为核心，来探讨"人"和"宇宙"（天）的关系，特别强调"天"和"人"的统一性（"天人合一"），它一方面用"人事"去附会"天命"（天道），要求人去体现"天道"，因此在传统哲学中强调所谓"体道"或"同天"（同于天）；另一方面又往往把"人"的道德性加之于"天"，使"天"成为理性的、道德的化身，而"天理"的基本内容是仁、义、礼、智、信等至善的德行。这样一来，"天"虽然作为一客体与"人"对立，而另一方面又带有"人"的强烈主体性。要实现"天理"，而"天理"是一种"至善的美德"，所以人们的实践活动最根本的是道德实践，而最高的艺术品又必须是"至善"的，才能达到"尽善尽美"的。

二、"刚健有为"、"自强不息"

刚健有为、自强不息也是中国传统文化基本精神的主要内容。孔子就特别重视"刚",他的生活态度是"学而不厌"、"发愤忘食,乐以忘忧",这是一种积极有为的态度。孔子的这些思想,在《易传》中有进一步的发展。《象传》提出"刚健"观念,赞扬刚健精神,"刚健而文明"。《象传》提出"自强不息"的原则:"天行健,君子以自强不息。"《象传》倡导的"自强不息"精神在中国历史上产生了深远的理想,激励着古往今来的人们奋勇前进。儒家的刚健思想与道家的柔静思想并行对峙,但刚健思想占有主导地位。王弼注《易》以老解孔,释《复卦》"复其见天地之心乎"说:"凡动息则静,静非对动者也,语息则默,默非对语者也,然则天地虽大,富有万物,雷动风行,运化万变,寂然至无,是其本矣。"这里把静看作是绝对的。程颐注《易》矫正了王弼的观点,他说:"一阳复于下,乃天地生物之心也。先儒皆以静为见天地之心,概不知动之端乃天地之心也。非知道者,孰能识之?"充分肯定了动的重要性。墨家的生活态度比儒家更积极,"日夜不休,以自苦为极",墨家的苦行主义难以普遍推广,汉代以后,墨家逐渐终绝,在中国文化发展中起主导作用的仍然是儒家学说。

儒家思想是主张积极入世的,它要求每一个人都要以天下为己任。当一个人通过系统学习和规定日常时间完成道德修养并具备了治家基本经验后就要积极入世,投身仕途,通过自己的努力实现儒家的政治思想。儒家主张"达则兼济天下,穷则独善其身",当自己被赏识时,就积极推行仁政,使天下的百姓都得到福庇;当不被赏识时,便洁身自好,保持清白的节操,进一步提高道德的自我修养,等待时机成熟后再积极入世,以更高的道德和知识水准行"仁政"。

儒家学说虽极力推崇积极进取的人生价值观,然而天下事未必尽如人愿,由于各种因素的干扰,人的努力往往会落空。人们很自然地将这种强大外力解释为"神"或"天"的意志,于是一方面希望了解"神"或"天命"的内涵,以便使自己的行为遵从天意,另一方面希望借助"神"或"天命"的力量达到自己的目的。强烈现实态度和实用理性精神是儒家对彼岸世界采取"敬天命而尽人事"的态度。儒家不是无神论者,他们并不否认"神"或"天命"的存在,然而天意是不可知的,对其表示尊敬就足够了,最关键的还是要"尽人事",即使是天意也要通过人的努力才能实现。儒家学说在意识形态领域的绝对主导地位有力地排斥了鬼神怪异之说,在中国人心目中,神虽然具有极大的威力,但神对人的态度取决于人对现实的态度,人与神的沟通方式是"天人感应"。中国人并没有塑造出大批人格化的神来干涉现实生活,而宁肯崇拜神格化的人——把帝王推向九重天,使现实中的绝对权威更具有感召力和凝聚力。

儒家学说恢宏博大,注重现实,强调自我与他人及社会的伦理关系和个人对社会的责任,鼓励积极进取,主张谦虚谨慎且富有实用理性精神。按照儒家式人格理想培养出的人才是品德高尚、谦逊好学、心胸坦荡、知错必改、虚怀若谷、胸怀大志、勇于进取的坦荡君子。他将以社稷为己任,先天下之忧而忧,积极入世又善于自保。这种人格理想经过后世儒生的加工提炼,更加为后世之人所接受和推崇,所以儒家思想以其现实精神和积极进取态度赢得了后人的欢迎,也成为中国传统文化的基本精神之一。

三、"厚德载物"、"中庸尚和"

中华民族精神基本上凝结于《易传》中的两句名言之中,这就是"天行健,君子以自强不息";"地势坤,君子以厚德载物"。"厚德载物"即以宽厚之道德心怀包含万物,对待事物有兼容并蓄的意思。"君子以厚德载物"是说有道德修养的人能宽容不同意见的人。孔子说过:"君子和而不同,小人同而不和。"这里的"和"与"同"意思是一样的。所谓"同"是不讲原则的随声附和,所谓"和"是在容纳不同意见时,和合正确的部分。所谓有"雅量",也就是"和而不同"。提倡"君子厚德载物",也就是"君子和而不同"的意思。

中国古代早有"和而不同"的思想文化传统。西周末年史伯已经认识到,由于不同元素相配合,才能使矛盾均衡统一,收到和谐的效果。五味相和,才能产生香甜可口的食物;六律相和,才形成悦耳动听的音乐;善于倾听正反之言的君主,才能造成"和乐如一"的局面。史伯说:"和实生物,同则不继。以他平他谓之和,故能丰长而物归之。若以同裨同,尽乃弃矣。"不同事物之间彼此为"他","以他平他"即把不同事物联结在一起;不同事物相配合而达到平衡,就叫作"和","和"才能产生新事物;如果把相同的事物放在一起,就只有量的增加而不会发生质的变化,就不可能产生事物,事物的发展就停止了。史伯是第一个对和谐理论进行探索的思想家。春秋末年,齐国的晏婴进而用"相济"、"相成"的思想丰富了"和"的内涵。他将其运用于君臣关系上,强调君在处理政务上意见"否可相济"的重要性。"君所谓可,而有否焉,臣献其否,以成其可;君所谓否,而有可焉,臣献其可,以去其否"。可否相济便是"和",通过"济其不及,以泄其过"的综合平衡,是君臣之间保持"政平而不干"的和谐统一;主张以广阔的胸怀,容纳不同意见,以促进民族文化的发展。《易经》提出"天下同归而殊途,一致而百虑"的主张,便是去同思想的体现。

在中国文化中,儒道互补,儒法结合,儒佛相融,佛道相通,援阴阳五行入儒,儒佛道三教合一,以至对基督教、伊斯兰教等外来宗教的容忍和吸收,都是世人皆知的历史事实。尽管期间经历了种种艰难曲折,中国文化在各种不同价值系统的区域文化和民族文化的冲击碰撞下,逐步走向融合统一,表现了"有容乃大"的宏伟气魄。在民族价值观方面,中国文化素以礼仪道德平等待人,承认、吸收任何民族的优秀文化。汉代司马相如受武帝之命"通西南夷",招抚少数民族,便以"兼容并包"、"遐迩一体"为指导思想,并称这是武帝"创业垂统,为万世规"的事业之一。正是这种思想,使汉王朝将不同的民族(所谓"东夷"、"南蛮"、"西戎"、"北狄")融合为一体,成为统一的中华民族。在治国之道方面,兼容天下的胸怀表现为"以君子长者之道带天下",善于听取不同意见。"兼听则明,偏听则暗"的著名成语,便是典型的理论提炼。这些都是中国古代重和趋同文化精神的具体体现。事实证明,这种"和而不同"的文化观,对于中国古代文化的发展,起了十分重要的积极作用。如果说"厚德载物"在历史上表现为宽容、和谐待人,对各种意见做到"和而不同",今天则应当理解为以宏阔的民族气度兼容并蓄中西文化中的优秀成分,自我反省、自我批判民族中的消极成分、落后成分,从而实现"厚德载物"的现代转化。

既然和谐是最好的秩序和状态,是最高的理想追求,那么怎样才能实现"和"的理想呢?儒家认为,根本的途径,在于保持"中"道。"中"指事物的"度",即不偏不倚,既不过度,也不要不及。此外,"中"也指对待事物的态度,既不"狂",也不"萎"。孔子用"持中"的办法作为实现并保持和谐的手段。在他看来,过犹不及,凡事折其两端而取其中,便是"和"的保证,便是实现"和"的途径。

在中国古代,中庸之道可以说是一种调节社会矛盾,使之达到中和状态的高级哲理,所谓"极高明而道中庸"、"舜执其两端,用其中于民"就是这种哲理的妙用。秦汉以后,儒家这种贵和尚中的思想,正好既适应了大一统的政治需要,又迎合了宗法社会温情脉脉的伦理情感的需要,从而成为民族的情感心理原则。无论是汉代董仲舒的"三纲五常"和天人感应理论,还是宋明理学家"存天理、灭人欲"的说教,都是以"中"为度,以"和"为归结的,不过是先秦儒家和谐理论的不同表现而已。张载在《西铭》中提到:"存,吾顺事;没,吾宁也。"便是传统文化贵和尚中思想在个体人生际遇方面的集中反映。从总体上看,秦汉儒家的中和理论,是以"中庸"观念为理论基础,以对统一体的保持、对竞争观念和行为的抑制为特征的。在中国传统文化中影响久远的中庸之道,虽然也包含有不偏不倚、允当适中的持中之意,但它力图使对立双方所达成的统一、平衡经久不渝,永远不超越"中"的度,这就成为一种阻碍事物发展变化的保守理论;发展到后来,便成为典型的"天不变道亦不变"、"王者有改制之名,无易道之实"的守成式的和谐论。

第三节 旅游文化与中国旅游业的关系

从中国旅游文化的发展历程，可以梳理出旅游文化与中国旅游业发展的关系。

一、旅游文化是中国旅游业发展的基石

文化是旅游的本质属性，文化交流，构成了旅游活动的基础。旅游文化是旅游业的灵魂，发展旅游业离不开文化内涵的支撑。博大精深的中华文化，是发展中国旅游业的依托和基石。

1. 从旅游者角度理解

（1）刺激旅游动机。旅游文化是刺激旅游者的旅游动机，并为旅游者对旅游地和旅游时机的选择提供参考。旅游文化的地域性和民族性特点强烈地激发着人们的好奇心和求知欲。感受异地文化，领略异域风情已越来越多地成为人们的旅游动机。

（2）丰富旅游活动。旅游文化极大地丰富着人们的旅游活动，使旅游者在旅游活动中能够身心愉悦，眼界开阔。

（3）产生教育功能。随着教育的普及，旅游者的文化素质日益提高，旅游文化的教育功能正逐渐为人们所重视。

2. 从旅游业角度理解

旅游业的快速发展为旅游文化的发展进步奠定了良好的基础，而当旅游文化发展到一定阶段以后，它又成为一股推动旅游业发展的巨大力量。

首先，旅游文化具有强大的宣传作用。由于旅游文化具有地域、历史和民族方面的差异，所以，它往往成为一个旅游区独特的"商标"，乃至"产品说明书"。

其次，旅游文化对旅游资源开发的帮助作用明显。旅游资源开发是旅游业的一项重大任务，如果没有旅游文化的介入，旅游资源的开发就无从谈起。

在旅游资源开发过程中，旅游文化起指导作用。把握景观文化的内涵是旅游资源开发的一个重要原则，它要求旅游者身临其境时，思想感情受到感染，即力求做到情景交融。例如，我国寺庙旅游资源的开发具有极高的造诣，身处深山古刹，听梵钟佛唱，看香烟缥缈，其情其景确实让旅游者有超世脱俗之感。倘若抛开文化的内涵不管，盲目建设，硬要在海天佛国建造现代化的摩天大楼，不但不能锦上添花,反而是不伦不类,适得其反。

二、中国旅游业的发展对旅游文化的创新要求

旅游文化促进了中国旅游业的发展,同时新世纪旅游业发展对中国旅游文化创新也提出了更高的要求。党中央已经明确指出,"要推动文化产业与旅游、体育、信息、物流、建筑等产业融合发展"。从旅游的角度来看,需要抓住文化在每个旅游环节中的巨大作用,即充分抓住旅游在餐饮、住宿等方面的主题化发展;如果从历史文化和人文山水两个角度来看,抓住了文化其实就等于抓住了旅游的核心价值;从文化的角度来看,旅游其实是为文化产品提供了一个巨大的消费市场,有了市场需求,文化的延续才是真正可持续的、有生命力的。未来的旅游,游客对文化与环保将更加重视,人们除了利用旅游消遣、度假、休息之外,还会利用出游机会吸收目的地文化中的有益知识,提高自身的文化修养和知识含量。发展文化旅游要求做到:处处体现文化,不断创新文化;处处感受文化,不断回味文化。为了达到这个发展目标,要求从以下几个方面来研究旅游文化的问题。

首先要关注文化设施、文化演出、文化休闲、文化传承等四个方面。尤其是要关注如何面向逐渐成为主流消费人群的年轻人,来研究怎么吸引年轻人、怎么满足年轻人的问题,比如将文化旅游的发展与青年旅舍等符合年轻人需求的住宿设施很好地结合,比如制定专门的面向以年轻人为主体的背包客市场的相关政策,鼓励通过年轻人的旅行来带动更多的文化理解,因为文化的未来在于年轻人。

其次要关注文化氛围、文化展示、文化解读、文化体验等四个方面。尤其是要关注主题性文化体验的创造,要处理好文化创意、旅游开发与购物方式创新之间的关系。如果处理得好,不仅可以通过文化创意为购物提供最佳的产品,也可以让当地的特色文化通过旅游纪念品实现价值,而且也有可能成为目的地发展旅游的新的重要吸引物。

最后则是要关注文化来源、文化自觉、文化体现、文化创新的问题。从文化来源看,既需要关注来自传统的历史文化,也需要关注来自平民百姓的智慧,要相信社会更大的智慧往往藏之于民间;从文化自觉上看,要营造一种人人爱文化、人人是文化的环境氛围;从文化体现上看,要做好精致化工作,使人们愿意来消费文化,也要让文化有品位,可以很好地进行市场区隔,还要凸显出独特性,比如建立自己独特的标识系统;从文化创新上看,要有创造未来文化遗产的理念,只有这样,才能保证文化不断代,不仅要承担守文化的重任,同时还要承担创文化的重任。

中国旅游文化

总之，必须理性地吸取世界上最具人类普遍性和时代性的文化，以反思、丰满、充实我们民族自身的文化，创新中国旅游文化，与时俱进，这样我国的旅游业才能跻身于世界旅游强国的行列。

本章案例

徐霞客与"中国旅游日"

徐霞客（1586～1641），汉族，名弘祖，字振之，号霞客，江苏江阴人。明地理学家、旅行家和文学家。根据他30年考察经历撰成的60万字《徐霞客游记》，开辟了地理学上系统观察自然、描述自然的新方向，被誉为"古今纪游第一人"。

徐霞客从小就对四书五经不感兴趣，他喜欢读地理、历史和游历探险方面的书，向往着"问奇于名山大川"的生活。他先后游历了江苏、安徽、浙江、山东、河北、河南、山西、陕西、福建、江西、湖北、湖南、广东、广西、贵州、云南等16个省。在旅行考察中，写有天台山、雁荡山、黄山、庐山等名山游记17篇和《浙游日记》、《江右游日记》、《楚游日记》、《粤西游日记》、《黔游日记》、《滇游日记》等著作，除佚散者外，遗有60余万字游记资料。死后由他人整理成《徐霞客游记》。

《徐霞客游记》是以日记体为主的中国地理名著。它在记游的同时，还常常兼及当时各地的居民生活、风俗人情、少数民族的聚落分布、土司之间的战争兼并等事情，多为正史稗官所不载，具有一定历史学、民族学价值。

成岳冲委员认为，"建议尽快设立'中国旅游日'，并把时间定为《徐霞客游记》开篇日——5月19日。"全国政协委员、副市长成岳冲向全国政协十一届二次会议提交提案建议。旅游在促进经济发展、社会进步、文化繁荣中发挥着重要作用，这已成为世界各国的普遍共识。改革开放以来，我国的旅游事业飞速发展，已由一个旅游资源大国发展成为世界旅游大国，早在2005年，据联合国世界旅游组织统计，我国入境旅游过夜人数已达4680.90万人次，位居世界第四。遗憾的是，我国一直没有自己的旅游纪念日。

有全国政府委员向政协十二届二次会议提交提案，提案中指出，设立并把《徐霞客游记》开篇日确定为中国旅游日有以下四个理由：一是中国旅游接轨世界的需要。自1979年联合国世界旅游组织确定以每年9月27日为"世界旅游日"以来，已有很多国家确定了本国的旅游日。事实证明，这一做法有利于提高国民的旅游意识，推动各级政府重视旅游和扶持旅游产业，吸引更多国际游客，促进旅游事业的持续发展。二是增强旅游市场吸引力的亮点。设立"中国旅游日",开展庆祝活动,推出系列旅游项目,可以广泛吸引世界及国内民众的关注,加快旅游业复苏,充分发挥旅游对拉动内需的积极作用。三是5月19日在中国旅游史上深具纪念意义。四是"5月19日"既是徐霞客出游的纪念日,又具有显著的旅游季节优势。

（资料来源：龚哲明,邓少华.《徐霞客游记》开篇日确定为中国旅游日 [N] . 宁波日报,2009 – 03 – 04.）

案例分析

徐霞客在中国文化史和旅游史中的地位人所共知,他的《徐霞客游记》集自然科学与人文科学于一体,被学术界列为中国最有影响力的20部著作之一。现今,美国、日本、新加坡等国设有"徐霞客研究会",选择与徐霞客有关的纪念日期作为"中国旅游日"更能被世界认同。"5月19日"既是徐霞客出游的纪念日,又具有显著的旅游季节优势。

确定5月19日为"中国旅游日",对于举办纪念活动、开展旅游项目,季节优势明显。中国旅游日的设立是我国旅游业发展史上的一个标志,是提升广大人民群众生活水准的一件大事。"传承霞客精神,发展大众旅游",将对我国经济社会发展产生深远影响。

问题思考：

1. 设立国家旅游日,对我国旅游业有什么重要意义？
2. 5月19日是《徐霞客游记》的开篇日,从多个中国旅游日的备选方案中脱颖而出,有什么独特之处？

本章思考题

1. 如何理解旅游文化的概念？
2. 旅游与文化的关系如何？
3. 中国旅游文化可分为哪几类？有哪些特征？
4. 试述新时期旅游文化与中国旅游业发展的关系。

第二章 中国旅游历史文化

本章提要

通过本章学习,使学生了解中国各个历史时期的旅游文化发展历程,了解基本的中国历史文化常识,掌握中国历史文化旅游资源的特征和开发策略。

章首案例

大运河成功申遗

2014年6月22日,在卡塔尔多哈召开的联合国教科文组织第38届世界遗产委员会会议审议通过中国大运河项目列入《世界遗产名录》。世界遗产委员会认为,大运河是世界上最长的、最古老的人工水道,也是工业革命前规模最大、范围最广的土木工程项目,它促进了中国南北物资的交流和领土的统一管辖,反映出中国人民高超的智慧、决心和勇气,以及东方文明在水利技术和管理能力方面的杰出成就。历经两千余年的持续发展与演变,大运河直到今天仍在交通、运输、行洪、灌溉、输水等方面发挥着重要的作用,是大运河沿线地区不可缺少的重要交通运输方式,自古至今在保障中国经济繁荣和社会稳定方面发挥了重要的作用。

大运河包括横贯中国中东部地区的隋唐大运河、京杭大运河和浙东运河,在春秋战国、隋朝及元朝时期都曾经历过大规模兴建。依据历史分段和命名习惯,大运河共包括十大河段。申报的系列遗产分别选取了各河段的典型河道段落和重要遗产点,包括河道遗产27段,总长度1011公里,相关遗产共计58处。遗产类型包括闸、堤、坝、桥、水城门、纤道、码头、险工等运河水工遗存,以及仓窖、衙署、驿站、行宫、会馆、钞关等大运河的配套设施和管理设施和一部分与大运河文化意义密切相关的古建筑、历史文化街区等。这些遗产分布在2个直辖市、6个省、25个地级市，遗产区总面积为20819公顷，缓冲区总面积为54263公顷。

（资料来源：应妮. 大运河、丝绸之路申遗双双成功　中国世遗总数47项 [EB/OL]. 第一旅游网，http：//www.toptour.cn/tab1210/info174697.htm，2014 - 06 - 22.）

问题思考： 如何正确处理大运河申遗与旅游发展的关系？

第一节　中国历史文化概述

本节介绍了中国历史文化发展的八个阶段，讨论中国历史文化与旅游文化发展的关系。中国旅游文化的发展历程，可以分为八个阶段：远古时期、夏商周时期、春秋战国时期、秦汉时期、魏晋南北朝时期、隋唐时期、宋元时期、明清时期。

一、远古时期

新石器时代是指距今5000（公元前10000年~公元前5000年，距今5000~10000年）至10000年之间，亦称之为远古时期，在文化史上又称其为"三皇五帝时代"。三皇主要是指伏羲、神农、女娲。五帝一般是指黄帝、颛顼、帝喾、尧、舜。

1. 伏羲与女娲

伏羲女娲图：1960年出土于新疆吐鲁番的阿斯塔那古墓群中的唐代古墓中。伏羲左手举着"矩"，即拐尺，女娲右手举着"规"，即圆规，背景为可用"规矩"画出的"日月"及"星座图"。

2. 炎帝神农氏

炎帝神农氏，炎帝时代距今6000（或公元前6000年~公元前5000年，距今5000~6000年）至5000年之间，黄帝距今4500~5000年，他们分属于各自不同的时代。但是，炎帝和黄帝是中国农耕文化的代表。

《国语·晋语》载："昔少典氏娶于有蟜氏，生黄帝、炎帝。黄帝以姬水成，炎帝以姜水成。成而异德，故黄帝为姬，炎帝为姜"。

3. 五帝

五帝时期，即考古学上所称的新石器时代晚期，以距今5000年为界，这一时期中国历史在进入了文明时代的同时也揭开了中国旅游文化的新篇章。

其中黄帝距今4500~5000年，黄帝被认为是中国进入文明时代的代表人物，是开创国家的第一人。为旅行方便，黄帝还发明了指南车，以指示方向。黄帝不但好游，就连他的妻子也喜欢旅游。他的正妃叫嫘祖，发明了养蚕。嫘祖不但发明了养蚕，而且还好远游，最后死于去衡山的旅游途中。黄帝夫妇好旅游影响着他们的孙子颛顼、曾重孙帝喾也好游。

二、夏商周时期

禹根据自己对祖国山川的考察和丰富的旅游经历，首次建立起全国性的地域区划，分天下为九州，即冀州、兖州、青州、徐州、扬州、荆州、豫州、梁州和雍州。夏禹曾经由河南省的登封、新密一带千里迢迢到良渚文化中心地的余杭大会诸侯。

夏朝的帝王都好游，如夏启的儿子太康，沉湎于游乐田猎。一次外出长达一百多天，不顾人民的死活，被东夷部落首领羿率领民众驱逐，为此还丢掉了王位。

1. 大禹与旅游

大禹是中华民族的治水英雄，生于四川北川县，同时还是一位著名的旅行家。大禹活动的遗迹有：大禹庙16处、禹庙8处、禹王庙8处、禹山2处、禹穴2处、禹王台1处、禹息城1处、禹迹山1处、禹期山1处、大禹陵1处、禹墟1处、禹池1处、禹溪1处、禹井1处、禹迹洞1处、禹门河1处、禹隄1处、禹门寺1处。

2. 商与商贸旅游

商贸旅游是中国古代重要的旅游方式之一。有专家认为，旅行的产生首先是"商人开辟了旅行的通道"，商人的出现是社会进步的表现，是人类第三次大的社会分工。

商代以发达的商业贸易而著称，其中以商王朝开国帝王战成汤七世祖王亥为代表，王亥不但善于经商尤善旅游。

3. 周与旅游

周人有出游的传统，从周文王猎得姜子牙开始，几乎每代都有此喜好。其中又以中国历史上最杰出的旅行家周穆王为最。

三、春秋战国时期

这一时期，孔子提出的"知者乐水，仁者乐山。知者动，仁者静。知者乐，仁者寿"的旅游理论，奠定了中国古代，包括今天，我们对中国旅游文化的传统认识，这句话已经成为中国旅游文化的经典。

四、秦汉时期

秦汉时期是中国旅游文化大发展的时期，但秦与汉有所不同。秦不允许人民随便游历，制定了严厉的《游士律》。然而，秦朝唯有秦始皇本人例外。在中国帝王专制的社会里，平均两年出游一次者秦始皇是第一人。秦始皇自公元前221年统一天下，第二年就开始西狩东巡，直到公元前210年在巡游途中去世，其前后于公元前220年、公元前219年、公元前218年、公元前215年、公元前210年5次出游。

汉代的旅游以汉武帝的封禅以及张骞出使西域和丝绸之路的开通为代表。汉武帝一生封禅泰山，其中最重要也是影响最大的一次在公元前110年。汉武帝一生好大喜功，尤爱巡游，他西到崆峒，东至大海封泰山、上蓬莱，北至朔方，南至长江以南；遍足两湖，在安徽登天柱山，在江西游庐山。其出行工具由马、车到舟，且多次乘船由长安入渭水，东下至山西汾水流域、观禹门口等。汉武帝在位53年，一生巡游全国30余次。

五、魏晋南北朝时期

魏晋南北朝时期是我国又一个大动荡、大战乱的时期，旅游只能在小范围进行。如江南文人间的相互交往和逃避现实的"玄游"，北方求佛求法和考察山川地理，以谢灵运为代表的嗜游如命、纵情山水之游等。

六、隋唐时期

隋朝旅游最具代表性的是隋炀帝空前绝后的帝王巡游，尤其是大运河的开通。隋炀帝前无古人后无来者的侈游，在开创"龙舟"旅游之先例的同时，也给后人留下了一份珍贵的历史遗产，这就是举世闻名的大运河。

旅游在唐代的普及化已经成为部分阶层生活的重要构成，创造了中国旅游文化最辉煌的篇章。其中以李白、杜甫、白居易等为代表的文人雅游方兴未艾。

七、宋元时期

宋朝是个重文轻武的软弱朝代，因此对祖国河山的热爱和忧国忧民与回归自然的时尚之旅并存。至于"峰回路转"、"醉翁之意不在酒"、"水落而石出"、"不识庐山真面目，只缘身在此山中"等寓意深刻的千古名句，则成为提升旅游理论的佼佼者。

元朝具有国际旅游大融合的特点，是建立在横跨欧亚大陆的疆域之上。特别是意大利人马可·波罗的《东方见闻录》成为外国人在中国旅游见闻中最伟大的著作。

八、明清时期

明朝是我国旅游史上人物辈出的时代，最著名的人物有郑和、徐霞客这两位世界级的探险家和旅行家。"郑和"七下西洋与《徐霞客游记》成为中国式的探险和中国旅游文化的里程碑。

第二节 中国历史文化常识

本节主要介绍中国历史文化的基本常识：朝代、国号、帝王等称号的由来。

一、朝代和国号名称的主要由来

1. 几种主要由来形式
（1）根据原来的部族名定国名，如：商、周、秦。
（2）根据发迹地定国名，如：汉，刘邦从汉中起兵战胜项羽，建立西汉。
（3）根据发迹地特产定国名，如："辽"，即契丹语"镔铁"。
（4）根据封爵定国名，如：隋（杨坚曾封隋王）、唐（李渊袭爵唐国公）。
（5）以建立者的姓氏定国名，如：陈（南朝陈霸先建立）。
（6）以社会上流行的口号定国名，如：明，"弥勒降世，明王出世"。
（7）按同音通假定国名，如："清"，即"后金"之"金"。

2. 主要朝代和国号名称的主要由来举例
（1）夏：启迁都安邑，安邑古称大夏，故名。
（2）商：商族居住在黄河下游，以部族名。
（3）周：周族兴起于陕西渭水以北的周原。
（4）秦：秦是平王东迁后发展起来的诸侯国。
（5）汉：项羽曾封沛公刘邦为汉王。
（6）魏：曹操称魏公、魏王，曹丕称帝，史称曹魏。
（7）蜀：刘备自立汉室后，并称帝，史称蜀汉。
（8）吴：孙权据江东，故吴之地，称吴。
（9）晋：司马炎曾封晋王。
（10）隋：杨坚父杨忠，爵封隋国公。
（11）唐：李渊袭爵唐国公。

（12）宋：赵匡胤任宋州归德军节度使治所宋州。
（13）元：忽必烈采用《易经》"大哉乾元"句意。
（14）明：元末红巾军起义领袖称明王。
（15）清：努尔哈赤国号大金，皇太极更名大清。

二、帝王、皇族、皇戚称谓与帝王的号

1. 帝王、皇族、皇戚称谓

（1）后、王、天子。奴隶社会中最高统治者可称后、王、天子。后、王的称谓源自原始社会。夏、商、周三代的最高统治者称王。"天子"一称在西周时出现，周王也称天子，诸侯国的君主也有称王的。战国时，大诸侯国君主均称王，从汉代开始，诸侯称王。

（2）皇帝。秦王嬴政认为自己"德兼三皇，功高五帝"，统一六国后，把"皇"和"帝"连起来始称皇帝，为始皇帝，为后来历代君主所沿用。也有单称皇或帝的。

（3）太上皇、太皇太后、皇太后、皇后、嫔妃。太上皇，皇帝对其父亲的尊称；太皇太后，皇帝对祖母的尊称；皇太后，皇帝母亲之称谓；皇后，皇帝的正妻；嫔妃，皇帝诸妾的通称，诸如美人、贵人、才人、昭仪、婕妤、贵妃、贵嫔等均此。

（4）皇太子、皇太孙。皇太子，皇帝诸子中的嫡长子或另行指定的皇位法定继承人；皇太孙，由皇帝册立的有皇位继承权的嗣孙，如明朝的建文帝。

（5）公主、驸马。公主，皇帝之女，统称公主；驸马，魏晋以后指皇帝的女婿。

2. 帝王的号

（1）谥号。古代对死去的人（主要是帝王、大臣、贵族）按其生平事迹评定后，给予褒贬或同情的称号，始于西周，至秦废，西汉时恢复。谥号是一些固定的字，大致分为以下三类：

1）褒扬类。文、武、景、惠、烈、昭、穆、英、武、康等。如"经纬天地曰文，道德博厚曰文"；"威强睿德曰武，克定祸乱曰武"；"布义行刚曰景"；"柔质慈民曰惠"。

2）贬抑类。炀、厉、灵、幽等。如"好内远礼曰炀，逆天虐民曰炀"；"杀戮无辜曰厉"。

3）同情类。有哀、怀、愍、悼等，如"恭仁短折曰哀"。

谥号按理应该是死者生前业绩和品德之概括，但实际上选用谥号出于统治者

的需要，往往与事实不符合，甚至完全是虚伪的。

（2）庙号。帝王死后，继位者立庙奉祀，追尊为"某祖"、"某宗"的名号，即庙号。汉代以后，每一个朝代的第一位皇帝称"祖"，之后的嗣君称"宗"。但也不乏例外，如西汉仅刘邦称祖，南北朝开始至唐朝，几乎无帝不称宗；明清前几个皇帝都称祖。"帝"字从汉代起与谥号结合后，也成为庙号。

（3）尊号。尊号也称"徽号"。封建社会对帝后生前或死后奉上的尊崇颂扬性的称号，称尊号。如称刘邦为"高皇帝"；称叶赫那拉氏为"慈禧"；另外如"太上皇"、"皇太后"等。

（4）全称。即庙号、尊号、谥号的合称。如乾隆皇帝全称为"高宗法天隆运至诚先觉体元立极敷文奋武钦明孝慈神圣纯皇帝"，其中，"高宗"为庙号，"纯"为谥号，其余均为尊号。当代史书在提及皇帝名时，有时简化为"庙号+谥号+皇帝"的形式，如称清乾隆皇帝为"高宗纯皇帝。"

习惯上，对隋以前的帝王一般称谥号，如汉武帝、隋文帝，因为此间的谥号大都为一个字，最多两个字，使用方便；唐至元的皇帝通常称庙号，如唐太宗、宋太祖，由于此间谥号较长，年号较乱，而用庙号最便利；明、清两代的皇帝除明英宗两次即位当皇帝用了两个年号外，其余的均用一个年号，所以人们常以其年号来称呼当时在位的皇帝，如"永乐皇帝"、"嘉靖皇帝"、"康熙皇帝"、"乾隆皇帝"。另外有些古代书画作品纪年用帝号和年号，如"乾隆六年"中"乾隆"是清高宗的帝号，六年指用此帝号的第六年，"高宗"是庙号，一个皇帝只有一个庙号，但帝号可能有数个。

（5）年号。封建帝王即位后为纪年而设置的年号。始于西汉武帝即位之年的"建元"（公元前140年），称"建元"元年，所以年号也称建元。新君继位，于次年改用新年号，名"改元"。一个皇帝在位期间，遇到重大事件如祥瑞、灾异等，也常改元。如汉武帝在位54年用了11个年号。武则天在位期间，用了17个年号。年号一般用两个字，也有四个字的。明清两代的皇帝，一帝只用一个年号，只有明英宗因被俘放回，两次即位，有两个年号，这是例外。

（6）陵号。封建帝王陵寝的名称叫陵号。始于西汉，如乾陵（位于西安以西80公里的梁山上，是唐高宗李治与皇后武则天的合葬墓）、茂陵、昭陵、孝陵、长陵、阳陵、杜陵、霸陵。

三、天干、地支、历法、四时、节气、候、

1. 天干、地支

（1）十天干。甲、乙、丙、丁、戊、己、庚、辛、壬、癸。这十个符号，

意涵天地之间的顺序。

（2）十二地支。子、丑、寅、卯、辰、巳、午、未、申、酉、戌、亥。这十二个符号，也意涵天地之间的顺序。

（3）干支。天干和地支合称干支，可搭配组成六十对，称为甲子或六十花甲子。周而复始，用以记录年、月、日、时。如甲子、乙丑、丙寅、丁卯……直到壬戌、癸亥为一甲子。

干支纪年法是中国文化的一大特色，对中国人的生活、生产有着广泛而深远的影响，中国数千年文明史的所有年代和日月皆可用干支法准确地记录或推算出来。各地旅游景点中的楹联、碑刻和古今书画，据其干支，可推其年份。

2. 历法

夏代历法《夏小正》，又称《夏历》，是我国最早的历法。它按夏历12个月顺序，分别记述每个月的天象、物候和农时节令。春秋末年，又出现了四分历，即以一回归年为365.25日，这比罗马人采用的《儒略历》早了近400年。四分历规定19年中置7个闰月以调整阴阳历，这是具有世界意义的贡献。

宋代沈括提出按节气来定历法的"气历"，一年为四季，每季分孟、仲、季3个月，按节气定月份，大月31天，小月30天，取消闰月。于是，月份与季节变化完全吻合，没有闰月的麻烦，堪称当时最进步的历法，可惜未能得以推行。元代郭守敬集先代历法之大成，制定授时历，这是中国古代使用时间最长，也是最精确的历法。它以365.2425天为一年，比地球绕太阳公转一周的实际时间仅差26秒，经过3320年后才相差一天，与当今国际通行的公历（格里哥利历）完全相同，但格里哥利历到公元1582年才开始使用，比授时历晚了300年。

年、月、日、时辰及其记录方法如下：

（1）纪年法。地球绕太阳一周为一年，古人测出365.25日为一太阳年。我国历史上使用的传统纪年法有王公在位年次和皇帝年号纪年，还有干支纪年。①用王公在位的年次纪年。通行于西汉武帝之前，如"周平王元年"、"鲁孝公二十七年"等。②用皇帝年号纪年。从汉武帝（公元前140年）开始用年号纪元，皇帝更迭要换年号，同一个皇帝也可以有几个年号，如汉武帝就有"建元"、"元光"等11个年号，唐玄宗有"开元"、"天宝"等3个年号。明清时期，每一个皇帝都仅有一个年号，如"永乐"、"道光"等。③用干支纪年。萌芽于西汉，东汉元和二年（公元85年）以政府命令的形式在全国通行。如黄巾起义口号"岁在甲子，天下大吉"，当时民间已普遍流行这种纪年方式；近代史上"甲午战争"、"戊戌变法"、"辛亥革命"等重大事件就是用干支纪年来表示的。

（2）月。古代计算月亮绕地球与太阳一个"合朔"周期的时间为29.3059

中国旅游文化

日，叫一个月。有 30 日的大月，也有 29 日的小月，一年一般 12 个月，闰年 13 个月。干支也曾用以纪月。由于 12 个月与 12 地支相等，所以每月的地支是固定的。我们现在所说的"夏历"，正月为寅月，二月则为卯，三月为辰，其余依次类推，十一月为子，十二月为丑。其前再配以天干。闰月不设独立的干支纪月。

古代把每月初一叫"朔"，最后一天叫"晦"。大月十五，小月十六叫"望"（太阳和月亮此升彼落，东西相望）。"望"的第 2 天叫"既望"。每月初三叫"朏"（月牙出现）。每月还有"上弦"和"下弦"，即月亮如弓弦。上弦指初七或初八，下弦指二十二或二十三日。一个月又分为三部分，十天为一旬，共三旬，即上旬、中旬、下旬。

（3）日。古代以一昼夜为一日。用干支纪日在殷商甲骨文时代就实行了。因为两个月加起来是 59 天，所以用干支纪日可依次类推，如正月初一是甲子，三月初一就是癸亥，五月初一则是壬戌，七月初一是辛酉。

（4）辰。大约从西汉开始，古人将一日分为 12 个辰，也叫"时辰"。用十二地支记，每日 24 小时，一个时辰 2 小时。

3. 四时

为了把握天象和自然季节变化，我国古人还区分了四季和二十四节气。四时又称"四季"。早在距今 3000 年前的西周，就有了春夏秋冬四季名称。后来人们按夏历把 12 个月分为：正月、二月、三月为"春"，分别为孟春、仲春、季春；四月、五月、六月为"夏"，分别为孟夏、仲夏、季夏；七月、八月、九月为"秋"，分别为孟秋、仲秋、季秋；十月、十一月、十二月为"冬"，分别为孟冬、仲冬、季冬。

4. 节气

农历一年分 24 个节气，基本上半个月为一个节气。春秋时期测定了冬至、夏至日期。战国末年，《吕氏春秋》中出现了立春、春分、立夏、夏至、立秋、秋分、立冬、冬至 8 个节气。至西汉初年，《淮南子·天文训》就出现了全部的 24 个节气：立春、雨水、惊蛰、春分、清明、谷雨、立夏、小满、芒种、夏至、小暑、大暑、立秋、处暑、白露、秋分、寒露、霜降、立冬、小雪、大雪、冬至、小寒、大寒，其名称与顺序已与今天完全一致。二十四节气是中国历法的独特创造，是我国宝贵的文化遗产，对农业生产有着重要的指导作用。

5. 候

候，时也。"谓适当其时，若有所候伺而来也"，如气候、节候。

四、阴阳、五行、八卦与生肖

1. 阴阳

日照向背之谓，向日为阳，背日为阴，如：山阳、山阴、河阳、河阴。后扩展引申到相互对立或消长等现象、事物、联系等方面，如：阳阴、日月、天地、君臣、男女、夫妻、父子、刚柔、雄雌、强弱、上下、动静、暖寒、前后、脏腑等。

2. 五行

古代认为金、木、水、火、土五种物质是万物构成的基本要素。有五行相生、相克说。相生：木生火、火生土、土生金、金生水、水生木。相克：水克火、火克金、金克木、木克土、土克水。古代又把五行与五色、五方、五脏等相配。

3. 八卦

八卦是中国古代儒家论述万物变化的重要经典，《周易》中用的八种基本图形，亦称八卦，由"—"和"- -"符号组成，八种符号象征八种基本自然现象。八卦为：乾（乾一）、坤（坤八）、兑（兑二）、离（离三）、震（震四）、巽（巽五）、坎（坎六）、艮（艮七），分别象征天、地、泽、火、雷、风、水、山八种自然现象，以推测自然和社会的变化。

4. 生肖

也称十二属相，是中国人创造性的习俗之一。发端于战国，东汉时已有明确记载，汉王充《论衡》已载此说。以动物十二种分配十二地支，以人所生年定其所属之动物。子鼠、丑牛、寅虎、卯兔、辰龙、巳蛇、午马、未羊、申猴、酉鸡、戌狗、亥猪。

中国人以12个月为一周年，每一年都有一只动物来"值班"；每一个炎黄子孙都拥有一只动物生灵为自己的属相。

五、科举制度与十三经、四书五经、三纲五常

1. 科举制度

科举制度是封建社会选拔官吏的一种制度，始于隋朝，至清朝后期结束，历时1300余年。以明清为例，介绍如下：

（1）院试。由各省学政主持，依次到所管辖的各府、直隶州进行考试。参加考试的是府县初试及格的童生。院试合格被录取的叫生员，也叫秀才。秀才分两类，优秀的由国家供给廪膳，叫廪生，其余的叫增生或附生。

（2）乡试。又称秋闱和乙榜，每三年一次，凡子午卯酉之年八月，在省城举行。本省府州县之生员（秀才）与贡生、监生均可参加，中试者为举人，第一名称解元。

（3）会试。会试也称春闱和甲榜，在乡试的第二年，即丑辰未戌之年三月，在京师举行，只有举人才有资格参加。会试由吏部主持，第一名称会元，其余称贡士。

（4）殿试。会试及格的贡士还要由皇帝亲自考试，称殿试。殿试中选者为进士，分一甲、二甲、三甲。一甲指前三名，赐进士及第，称状元、榜眼、探花；二甲若干名，赐进士出身；三甲若干名，赐同进士出身。

若某人在乡试、会试、殿试中均考取第一名，即解元、会元、状元，就叫连中三元。

2. 十三经、四书五经、三纲五常

（1）十三经。十三部儒家经典的总称。先秦之世，有四经（《诗》、《书》、《礼》、《乐》）、五经（《易》、《诗》、《书》、《礼》、《春秋》）、六经（《诗》、《书》、《礼》、《乐》、《易》、《春秋》）之名。至汉，始以《易》、《诗》、《书》、《礼》、《春秋》，立于学官，"五经"之名始定。唐以《周礼》、《仪礼》、《公羊》、《谷梁》分而习之，析为"九经"，列于学官。然唐开成间，刻石国子监，则又有《孝经》、《论语》、《尔雅》，是为"十二经"。宋，列《孟子》于经部，"十三经"之名始立。

（2）四书五经。"四书"是《大学》、《中庸》、《论语》、《孟子》的合称。南宋朱熹撰《四书章句集注》，始有"四书"之名。"五经"是《诗》、《书》、《礼》、《易》、《春秋》的合称。汉武帝时定。以上"四书五经"，是科举考试必读书。

（3）三纲五常。三纲和五常，合称纲常。三纲，即君为臣纲、父为子纲、夫为妻纲。五常，即仁、义、礼、智、信。《白虎通》中称，中道：五常者何？仁、义、礼、智、信也，这是封建伦理道德的规范化教条，对维护封建统治秩序有用。

六、姓、氏、名、字、号与避讳

在我国，姓的形成经历了几千年的历史，历史上出现过的有22000多个姓氏。据统计，至今各种姓已达到11939个，其中单姓5313个，复姓4311个，三字姓1615个，四字姓571个，此外，还有五字姓、六字姓甚至九字姓。从地域分布上看，每个省都有其比其他省特殊的高比率的姓氏人口，如广东的梁、罗、赖，山东的孔，江苏的徐、朱，广西的黄、韦等。寻根问祖是中华民族根深蒂固的传统观念，每一个人都有自己的姓。我国具有世界上最悠久并持续不断的姓氏传统，重人伦的炎黄子孙都很看重自己的姓。方兴未艾的寻根热为旅游业带来许多商机，也对旅游工作者提出进一步了解姓氏学知识的要求。

1. 关于姓氏

（1）姓氏的含义。姓氏是一个人血统的标志。姓的起源可以上溯到母系氏族社会。其作用是"别婚姻",即识别、区分氏族,实行族外婚。从目前已知的古老姓氏,如姬、姜、嬴、妊、姒、妫等姓中均带有"女"字偏旁,就是母系氏族社会的痕迹。

"氏"原为"姓"的分支,起源于父系氏族社会。其主要作用在于"明贵贱"。贵者有氏,贱者有名无氏。起初,"姓"原是比"氏"更大的概念,是整个大部落的标记;而"氏"从属于"姓",是指较小的、派生的氏族:黄帝轩辕氏即属于姬姓部落。氏成为古代贵族的标志,宗族系统的称号,用以区别子孙之所由出生。

在上古时期,女人有姓而男人有氏,如孟姜女,其实不姓孟,而姓姜,孟是她的排行,即姜家的大女儿,叫孟姜女,她是齐国人,出嫁后就叫齐姜;男的如少昊称金天氏,尧号称陶唐氏等。秦始皇一统天下后,西周旧的氏族及姓氏制度受到强烈冲击,姓和氏开始合二为一。西汉时期,姓氏完全融为一体。姓氏合称,仍取姓之义,表明个人出生家族的符号,并且自天子到庶民人人皆有姓氏,姓氏的使用和发展才真正步入正轨。

在先秦时期,姓和氏有不同的含义。关于姓与氏的性质、作用,郑樵在《通志·氏族略序》中作了很好的概括:夏、商、周三代以前,姓氏为:男子称氏,妇人称姓。氏所以别贵贱,贵者有氏,贱者有名无氏。故姓可呼为氏,氏不可呼为姓。姓所以别婚姻,故有同姓、异姓、庶姓之别。氏同姓不同者,婚姻可通;姓同氏不同者,婚姻不可通。三代之后,姓氏合二为一,皆所以别婚姻,而以地望明贵贱。

(2)姓氏由来。

1)中国姓的形成一般有以下八种原因:①用族号作姓,如:秦始皇,姓嬴名政,嬴是他祖先的族号。②用受封的国名、地名作姓,如:周朝时的周公名旦,本姓姬,但因封地在周,后其子孙即以周为姓。③用居住的地名作姓,如:西门豹,西门是他先辈居住的地方,西门便成了他的姓。④用官名作姓,如:司马迁,祖先曾任过司马的官职,司马便成了他的复姓。⑤以从事的技艺为姓,如:"弓、巫、陶"三姓,因其祖先曾世代作弓匠、巫医、陶工,便以此作姓。⑥非汉族的复姓,多以部落命名。如:呼延、完颜等。⑦以母系姓为姓氏,在母系氏族社会,婚姻在不同的母系氏族之间进行;现有的一些古姓如姬、姚、姜等都是从女旁,表示出对母亲的无限崇拜。⑧以图腾为姓氏,如姜姓从女从羊,羊可能是羊姓氏族的图腾;马、牛、龙、毛、桃、李、林、云等姓,都可能是一种图腾的标志。

2)姓氏由来举例:中国最大姓李、王、张、林的起源都有一则有趣的故事:①李,发祥于秦陇西郡(今甘肃临洮),源于古姓"理"。古时皋陶任尧帝的理官,遂以官名为姓。其后裔理徵得罪商纣王被处死,其子理利贞逃往伊侯,靠吃李子活命,饮水思源改姓李。②王,发祥于秦太原郡。王源于古姓"姬"。周灵王的太子姬晋,因直谏被废为平民时,时人称其为王家,遂以"王"为姓。③张,发祥于汉清河郡。黄帝的儿子少昊之第五子名挥,因发明了弓箭,赐姓张。所以张姓的始祖是黄帝的嫡孙张挥。④林,发祥于汉西河郡。商纣王的叔叔比干屡次忠谏触怒纣王被杀,其子坚逃难长林之山,由此以林为姓。

再如,岑姓,在浙江杭州、绍兴、宁波一带比较普遍。相传在清代乾隆年间。杭州秦大士中了状元,衣锦还乡,路经金陵,江宁府官绅在秦淮河边摆酒为状元接风。席间,秦大士赋诗一首:"金粉飘雾野草新,女墙日夜枕寒津,兴亡莫漫悲前来,淮水而今尚姓秦。"他借秦淮河来夸"秦"。后被杭州知府得知。当他回到杭州时,故意在岳飞坟前设宴为他洗尘,个中之意,不言而喻。酒过三巡,众官纷纷起身,请状元为岳飞填题联,目的是想羞辱秦大士,看这位秦桧的后代如何对待岳飞,秦大士心里非常明白,但他却不露一点声色,只见他提笔挥毫,写出对联:"人从宋后羞名桧,我到坟前愧姓秦。"写完后拂袖而去。当时这一带人非常痛恨秦桧,秦大士不敢得罪民心,所以违心地写了这副对联。从此以后,人们干脆将姓"秦"改为"岑",以示与秦桧划清界限。

总之,"姓"是人们"创造"出来的。

2. 名、字、号

(1)名。名字是一个人区别于其他人的称号。当代国人一般只有名而无字,名与名字的含义相同;古代中国人的名与字有不同含义和用途。古人幼时取名以供长辈呼唤。

(2)字。字是古人成年后取的别名,孔颖达云:"始生三月而加名,故云幼名也……人年20有为人父之道,朋友等类不可复呼其名,故冠而加字。"古代男子到20岁成人,要举行冠礼,标志其人可立身于社会了,要另取一个字。女子未许嫁时叫"待字"闺阁,到了15岁许嫁时,举行及笄礼,也要取字。字必须在名的基础上起,它是解释名的,所以叫"表字",解释的是名的性质和含义,所以也叫"表德"。正是因为名和字必须有意义上的联系,所以《白虎通·姓名》才说:"或傍其名而为之字者,闻名即知其字,闻字即知其名。"如曹操字孟德,操是操行、品德,所以用"德"来说明"操";诸葛亮字孔明,"明"与"亮"同义,所以两者相协。另外,还有在家族中依行辈规定的"字辈名",一般是其第一个字是本行辈所固有的。

(3)号。亦称别号。古人在名和字以外的别名,一般为尊称、美称,而呼人之号比呼其字更示尊重与客气。如陆游,号放翁;范蠡,号陶朱公;秋瑾,号鉴湖女侠。另有一类号叫"诨号"、"混名",即通常说的"绰号"、"外号",如梁山好汉108人中的"智多星"、"豹子头"、"母夜叉"等，大都含亲昵、憎恶或开玩笑的意味。

古人在人际交往中，名具有"名以正体"的严肃性，一般用于谦称、卑称。上对下、长对少方可称名；下对上、平辈之间，称字，不称名。在一般情况下直呼对方的名是不礼貌的。字具有"字以表德"之意，或以明志趣，或以表行第。因此，对人称呼常用字，字的使用率大大超过名。名人雅士的号则更是"号为尊，其名更为美称焉。"号比字更加尊重、响亮。如，孙中山先生，"文"是其名，"逸仙"是字，而"中山"则是号。他的自称是名"文"，父兄长辈直呼其名"孙文"理所当然；一般人直呼他"孙文"的通常是其政敌，带有咒骂、蔑视之意；称他"逸仙"的往往是其早期的同辈和挚友；辛亥革命以后，人们大都称之为"中山先生"或"孙中山先生"。

3. 避讳

讳者，名也。生曰名，死曰讳，隐也。谓隐蔽其事而不敢宣之也。《公羊传》云："春秋为尊者讳，为亲者讳，为贤者讳。"避讳之法，据《左传疏》云："自殷以往，未有讳法，讳始于周。周人尊神之名，为之讳名。列朝有公讳私讳之分。皇帝之名，国人皆共避之，谓之公讳；人子于其祖、父之名，一家共避之，谓之私讳，亦曰家讳。"中国古代，人们言谈和书写时遇到君父尊亲的名字要设法回避，用别的词语来代替，这就叫避讳。

避讳习俗起于周，成于秦，盛于唐宋，严于两宋，苛于清代。对帝王及孔子之名，众所共讳，称公讳、君讳或圣讳；此外，人子也不能直言父辈尊亲之名，称家讳或私讳。避讳之法，一般采取同义或同音字以代本字，如汉文帝名刘恒，恒氏避讳而改姓为常姓；又如节气"惊蛰"，原为"启蛰"，因避汉景帝刘启，讳而改之；唐太宗名世民，而将民部尚书改为户部尚书，把"观世音"改为"观音"。还有用改读的办法，如《红楼梦》中林黛玉的母亲名敏，因此她读书时，凡遇"敏"字皆念作"密"字，写字遇到"敏"字亦减一二笔。

避讳给语言文字带来较大混乱，但也能加以利用以解释古文书之凝滞，辨别古文书之真伪及时代。

第三节　中国历史文化旅游资源

历史文化旅游资源，是能够被利用来开展历史文化旅游活动的各类旅游资源，主要是历史文化资源。历史文化资源是指人类社会生活过程中的遗存，这种遗存可以为人类现在及今后的社会生活所利用。① 在这个瑰丽的宝库中，有大量的实物遗存和文字遗存。实物遗存中，包括历史文物、历史遗址或文化遗址及墓葬等。

一、历史文化旅游资源的特征

历史文化旅游资源在人类文明史上具有特殊地位和意义，历史文物古迹具有重要的历史价值、文化艺术价值和科学价值。一般根据其历史形成和作用、民族文化特色以及功能特点等分为以下几类：古都类、区域统治中心类、民族文化特色类、纪念胜地类及古代交通重镇和手工业、工矿业类。

1. 丰富的历史文化内涵，使其极具历史吸引力

历史文化旅游资源在历史长河中有着特殊的地位和作用，它们都曾有辉煌的历史，是人文旅游景观的荟萃之地。现存的各种古建筑和丰富多彩的文物古迹，是一部用特殊文字书写的历史书卷，记载了不同时代的民族智慧和精神风貌，有深厚的历史文化积淀，向人们再现了历史风貌。历史文化旅游资源对现在人们了解和研究历史文化、考察古代城市体系规模和民俗风情、研究古建筑艺术等都具有宝贵的价值。其丰富的、深厚的历史文化内涵是其他人文旅游景观所无法比拟的。加之许多历史文化旅游资源地理位置优越，自然景观优美，使其极具旅游吸引力，成为中外游客争相到达的旅游热点地区。

2. 重要的政治、经济、文化、交通地位，使其成为重要的旅游集散地

许多历史文化名城不仅在历史上是一个国家或地区的政治、经济、文化、交通中心，而且大多数城市也是现代化大都市，至今依然具有一个国家或地区重要的政治、经济、文化、交通地位。这些历史文化名城拥有现代化的旅游基础设施和服务设施，便捷的交通条件，丰富的名胜古迹，使其不仅是观光旅游的理想之地，也是发展商务旅游、会展旅游、购物旅游的理想之地。

3. 富有地方特色和民族特色，使其具有珍贵的历史文化价值

有些历史文化旅游资源，尤其是少数民族聚居区，是在特定的历史条件和文化背景下形成的。各民族在悠久的历史进程中，形成和发展了自己的民族文化、建筑风格和民俗风情，使这些地区富有浓郁的地方特色和民族特色，对于研究当地的历史与文化，了解当地的民俗风情等有着重要的珍贵价值。

二、历史文化旅游资源开发策略

1. 文化开发策略

（1）文化导向。旅游开发的文化导向，即确定旅游地的文化主格调或旅游

---

① 吴敏，王永慧. 中国历史文化旅游资源开发策略研究［J］. 中共四川省委省级机关党校学报，2009（2）：83 - 95.

文化开发方向。重点是确定旅游地的文化属性和审美价值。历史文化景观旅游区应该把握好历史文化导向，切忌现代化改造倾向。可以说，正确的文化导向是保证资源永续利用的前提，否则，历史文化旅游区的时尚化将使之失去持续发展的后劲。

（2）文化主题定位。文化主题是景区建设的灵魂，不论是自然景观还是人文景观，都有其确定的主题或由人提炼、设计的主题。例如，丹霞山阳元石景区以融人类古文化（生殖文化、阴阳五行学说等）于自然风光之中的山水文化为主题，其文化的表现不依赖于人工建筑，而蕴含于山水之中。人工点缀仅是为了强化这一主题，从而保证其自然风光的文化开发导向不变。总体来讲，旅游地的文化个性越鲜明，主题越突出，也就越具有特色。

（3）文化内容策划。旅游区的文化内容要围绕着主题进行拓展，丰富有趣、格调高雅的内容使文化主题有血有肉。历史文化旅游区应以历史为轴线，以史实和相应的传说、故事为依据构建该旅游区的基本文化内容，防止建设中的从众化、时尚化和趋同化倾向。例如，河南安阳殷商古都旅游区，根据其在中国七大古都中的排列时序和它是中国有文字记载的第一处稳定都城的历史事实，将其文化主题定位为"中华第一都"，其文化内涵就不仅限于首都，而是打出三块并列的品牌，即"古都"、"易都"和"商都"。其中古都包含夏、殷商、曹魏等九朝遗存；易都突出它是以周文王"演易"为主线的东方神秘文化发祥地；商都突出以"商"（朝）人开始的商业之都，做商贸的文章。结合其当地历史上从"三皇五帝"的颛顼、帝喾二帝至中国最后一个"皇帝"袁世凯（利用袁府、袁林）等文化内容，构建起了一处内容丰富、知识性强、雅俗共赏的系列化大型文化旅游区。

（4）文化形象设计。文化形象设计是对主题的具象化，使旅游地的文化主题与内涵转变为旅游者直接认知的形象。包括旅游地的景观综合形象和主形象策划、建筑格调及小品造型设计、标识系统设计、宣传品、旅游企业理念文化、服务文化塑造的设计等内容，以利于引导旅游者从不同侧面认知旅游区的文化内容。这一工作对旅游区的建设、管理与市场开拓非常有意义，是文化产品向经济效益转化的重要环节。

2. 自然景观开发策略

历史文化旅游资源之所以能成为旅游资源，一方面也离不开其自有的及附属的特色自然景观。因此，适当开发历史文化旅游地的自然景观，增加旅游区的卖点，也是开发策略的重点之一。

（1）自然景观的科学内涵发掘。任何一个自然景观，包括宇宙万物，都存在着内在的发生、发展规律和联系，存在着相应的外在形式或状态，构成自然科学。人类从诞生以来无时无刻不在认识自然，也无时无刻不在想了解自然之谜。自然科学知识，使其一部分转化为旅游产品并不困难。例如，奇石的成因和构景美学本身就蕴含着科学知识，但我们的导游却往往会问它像什么，会宣传它是某某神仙的点化或化身，而不讲或很少讲这种奇石的科学成因。白居易的"人间四月芳菲尽，山寺桃花始盛开"，感叹的是气候与物候的垂直变化现象，里面包含着深奥的科学道理。至于沈括、徐霞客等人的文章，更是本身就具有一定的科学知识。古往今来，人们热爱自然，回归自然，力求与自然协调统一，除了寻求某种超脱与自由之外，也反映了人类对自然的认知需求。

（2）自然景观的美学内涵发掘。对于旅游者来说，欣赏自然美，因个人的审美素质、审美情趣、旅游时间及地点等不同而有异。审美素质与知识结构、美学修养、接受信息和调动情感的能力等个人素质有关，例如，艺术家、文学家、诗人等比较易于从较高的层次，如结构美、意境美、人际关系等层面上把握审美感受。审美情趣由个人的参与意识（即是否将身心投入于自然，与自然沟通）、人生观、胸怀志趣、心境等方面的因素构成，不同境界的人均会触景生情，借自然以抒情怀，有的言志，有的明理，有的寓情，有的逸世等。如孔子"知者乐水，仁者乐山"为明理，毛泽东"梅花欢喜漫天雪"为言志，苏东坡"欲把西湖比西子，淡妆浓抹总相宜"为寓情，陶渊明"采菊东篱下，悠然见南山"为逸世等。旅游开发应当注意审美的需要，发掘有助于审美的要素并予以审美引导。对审美要素即景观的视点、视角、距离、时间的安排，力求把最美的一面和最美的瞬间留给游人。审美引导即是发掘历代之审美评价，以不同方式传递给旅游者，作为审美导向，引发其审美思维，变成其自身的审美感受。相反，不加引导或引导有误，则会削弱其审美价值。

（3）自然景观的附会文化资源。自然景观的附会文化是指那些本不是自然所固有，而是人的意志所赋予自然的一种文化现象。即人类将自然事物作为某种精神理念或情感的载体，从而使自然人格化、理性化或神化。附会文化的产生可以认为是人类认识自然的一种初级形态。在人类不能解释自然现象的早期阶段，自然事物往往被认为是某种意志的产物或化身，从而许多事物被神化，并随历史演变，其神秘性有增无减，许多延续至今。其中比较典型的如自然崇拜、风水学说、自然事物的宗教色彩等，一部分品位高雅或有一定积极意义的，演变为优美的传说或故事，从而使自然事物带有灵性，丰富了自然文化内容。

3. 人文景观旅游区开发策略

人文景观是一方文化的历史沉淀，是人类文明创造的物质文化与精神文化的直接表现。如历史胜迹、建筑艺术、宗教文化、文学艺术、民俗风情等。但是围绕着人文旅游区和旅游点的建设，能否忠实于它原有的传统文化特色，成为其能否保持生命力的关键所在。人文景观旅游区的魅力在于它的民族性、艺术性、神秘性、特殊性和传统性。营造旅游区的文化品位，也必须从这些方面入手。

（1）民族性是区域文化异向发展的产物，形成区域文化的差异性。旅游者决策行为研究表明，与旅游者所在地文化差异越大就越易于被选择。文化开发的民族性即以发掘民族的个性文化为目标，为旅游者营造一种异域、异族风情的文化氛围。

（2）艺术性是一个古老的命题，艺术的生命力超越了时空限制，不仅古老的艺术遗产受到人们青睐，现代的艺术之作也将获得持久的生命力。不论何时，旅游文化的开发都应重视其艺术品位的提高。

（3）神秘性不完全是宗教文化的范畴，诸如阴阳五行、太极八卦、风水学说等东方神秘文化遗产，在相应的载体上都具有旅游开发价值。中国许多人文景观或多或少渗透着神秘文化成分，这种神秘性也是一种永恒的旅游吸引。

（4）特殊性是文化个性的概念，而旅游的生命力在于其特色，故旅游文化的开发强调个性的塑造。文化开发的"特化"概念，即将其原有的特色通过一定的策划与建设使其更"特"。尤其是随着社会发展，趋同的民俗文化更需要"特化"。

（5）传统性是文化历史价值的体现，能形成传统则说明其历史文化的生命力。

目前一些人文景观旅游区的开发往往忽略上述原则，即许多特色在趋同化、现代化的改建、扩建、新建中消失。失去特色也就意味着失去可持续发展能力，那么如何解救这些文化旅游资源，成为摆在人们面前的一个紧迫的任务。

本章案例

"中华姓氏起源"引发河南寻根旅游热潮

2013年6月，一张河南旅游体验网网友自制的"中华姓氏起源"地图又一次成为了网络的热点。地图上对于中华民族主要姓氏起源地进行了准确的标注，引发了人们对于"老家"的关注。找到自己的姓氏起源，回"家"寻根迅速成为网友热议的话题。

1. "寻根"地图成网络热点，"中华姓氏起源"地——河南受关注

2013年，一部《老家的时光》的视频疯传网络，片中的"姓氏起源"受到了各方网友的关注，引发了寻找"老家"的热潮。而微博上的一张河南旅游体验网网友自制的"寻根"地图再一次让"姓氏起源"成为网络热议的话题。微

博被转发评论累计已超过50000次，寻找"老家（姓氏起源）"成为微博上最热的话题。

河南是中华姓氏的摇篮，中华姓氏无论肇始与大量衍生都与河南关系密切，姓氏文化也成为了河南独有的文化现象。姓氏对于中国人来说不仅是一种符号，更是一种代代相传的文化徽章。姓氏就像一条无形的纽带联系着同一姓氏的人们。寻根溯源，很多姓氏的根都可以上溯到人文始祖黄帝，因此中国人都称自己是炎黄子孙。从这个意义上讲，姓氏也是联系全球华人的重要纽带。而作为中华姓氏重要起源地的河南省也成为近日网友们"寻根溯源"而讨论的重点与首选目的地。

2. "姓氏起源"助力河南旅游转型升级

河南是中华民族的发源地之一，是旅游资源大省。历史给这块宝地遗留了丰富的人文历史景观，这些资源同时还是旅游发展的重大依托。而随着近年来国内旅游市场消费趋向的转变，旅游产业转型成为了河南旅游升级发展的关键。

"十二五"以来，河南旅游进入全面的转型发展时期。河南旅游提出了以"心灵故乡，老家河南"为核心的全新旅游品牌，并形成了以"老家河南"为统领，针对不同目标市场的系列主题宣传品牌。在老家河南品牌战略的影响下，河南旅游产业取得了飞速的发展。

作为海内外华人主要的根祖地，自改革开放以来，河南省吸引了众多海内外寻根谒祖的华人的关注。据侨务部门不完全统计，近20多年来，河南省共接待过来自世界30多个国家、人数达30多万人的寻根谒祖团。而这些以姓氏为纽带所进行的文化寻源活动也为河南省的旅游业发展注入了强大的力量。

（资料来源："寻根"图成网络热点中华姓氏起源地河南受关注［EB/OL］．中国网，2013 – 06 – 26.）

案例分析

海外各地的华人华侨回到祖国大陆寻根谒祖是中华民族凝聚力的直接表现形式，也是中华民族敬祖尊宗的传统文化的传承与发扬，这将带动全国各地的寻根热潮。从2013年火爆的《老家的时光》可以看出，国内的寻根旅游市场正在形成。面对这一新兴市场，有计划、有目的地开发利用"姓氏起源"资源，将成为河南旅游转型升级的强大助力。

问题思考：寻根旅游产品主要针对哪些目标市场？可利用哪些相关资源进行产品开发？

本章思考题

1. 以具体某一朝代为例，简述其主要文化内容。

2. "三皇"、"五帝"分别指的是什么?
3. 帝王的谥号是一些固定的字,大致可分为哪三类?并举例说明。
4. 中国历史文化旅游资源有哪些特征?
5. 简述中国历史文化旅游资源开发的策略。

第三章 中国旅游建筑文化

本章提要

要求学生了解各时期古建筑的发展情况；掌握中国古代建筑的基础知识；比较不同宗教建筑的文化特点；掌握中国旅游建筑文化的精神内涵；深入思考如何将建筑文化与旅游结合起来。

章首案例

紫禁城宫殿建筑中的"五门之制"

传说周朝的宫殿就有所谓的"五门之制"，被历代帝王视为古制。后来的许多王朝都在皇城的中轴线上安排了类似的5道门，以表示对周礼的尊崇。

北京的紫禁城也不例外，位于最前面的是天安门，原本是北京皇城的正门。天安门的城楼，是一座九开间的重檐歇山顶建筑，门前竖立着一对华表。华表和天安门之间，东西走向流淌着金水河。河上架设了7座汉白玉桥，分别供皇帝、王公、大臣和低级官员、卫兵、太监行走。天安门后面的一道门是端门，在清朝曾被俗称为"样楼"，意思是做做样子而已，没有什么用处。端门的北面就是紫禁城的正门——午门。午门的平面形状是"凹"字形，除了门楼，左右还设了长长的墩台。墩台上有4座亭式楼阁作为辅翼，又叫"五凤楼"，属于门阙合一的形制，即左右的墩台具有古代"阙"的含意。再北面是太和门，明朝早期叫"奉天门"，堪称古代规格最高的门。明朝皇帝在此早朝，处理政务，是为"御门听政"。过了太和门，就进入太和殿前宽阔的广场了，再往前走就是外朝区。外朝之北就是乾清门，是整个寝宫区的正门，为"大寝之门"。也是朝与寝的分界点。清朝康熙将"御门听政"移至此门，经常在这里接见大臣，坚持每日听政，表示自己很勤政，没有偷懒。

紫禁城的"五门之制",充分展现了封建王朝深不可测的神秘天威。
(资料来源:高照明,赵昭.中国旅游文化[M].北京:冶金工业出版社,2009:48-49.)

问题思考:紫禁城的"五门之制"反映了中国古代建筑文化的哪些思想?

第一节 中国建筑文化概述

建筑是人类文明的一个重要组成部分,从某种意义上说,古代建筑是古代特定历史的缩影。中国古建筑历史悠久,类型丰富,特色鲜明,具有独特的魅力。

一、中国古代建筑史概述

古代建筑包括历代建筑中的宫殿、陵墓、社坛、城池、民居、寺庙、宝塔、运河、桥梁等多种形式。它们是古代文明、思想和科学的结晶,不仅反映着古代的风尚和文化特点,而且还有明显的地域特点。

古代建筑是人类摆脱穴居、半穴居后逐步发展成的地面建筑。就建筑材料而言,我国古代建筑有木结构和砖石结构两大类。我国古建筑的历史发展大致经历了以下六个时期:

1. 古代建筑体系形成时期

从原始社会至汉代是我国古建筑体系的形成时期。

(1)原始社会时期。原始人类在学会营造房屋以前,为了躲避猛兽和风雨的袭击,常住在地势高爽、背风的天然山洞里。在进入氏族社会以后,人们才开始营造房屋,古书上说的"上古之世"人们"构木为巢",以避群害,"因丘陵掘穴而处",大体反映了人们开始建造房屋的情况。据考古发掘,我国新石器时代,人们的住房主要有两种:一种是半地穴式建筑,一种是桩上建筑。

(2)商周时期。在我国商代有了成熟的夯土技术,曾建造过规模宏大的宫室和陵墓。春秋战国时期,宫室多建于高大夯土台上,木结构已成为基本的建筑方式。瓦的出现和使用,解决了屋顶防水问题,是中国古建筑的一个重要进步。

进入商代以后,不同阶级的住房有了明显的区别。商代一些村落遗址的房屋构造极为简陋,形状有方有圆,很不规则。而奴隶主贵族的房屋有一定的组合,可分为单间、双间和三间连在一起的三种。室内地面平坦,有的经火烧烤两次,光滑坚硬。西周时,房屋建筑技术已有相当水平,用瓦做屋顶,对墙体的作用也有了新的认识。斗拱是我国古代木结构建筑的特点之一，在世界建筑中很特殊。斗拱最早出现在战国时期青铜器的花纹上，可以看到较完整的斗拱图像。

（3）秦汉时期。秦代出现了砖和彩画。汉代建筑已大量使用抬梁式和穿斗式的结构方法，木结构的楼阁也日渐增多。砖石结构也有了发展，东汉时期出现了全部石造的建筑物，如石祠、石阙和石墓。秦汉时期还修建了规模空前的宫殿、陵墓、万里长城、驰道和水利工程。

我国以木结构为主的建筑结构体系，到了汉代已初步形成。当时的建筑已广泛使用斗拱。汉代的住宅，已有完整的廊院和多层楼阁、屋顶结构已相当多样化，中国古典屋顶的几种形式，如硬山、悬山、歇山及庑殿顶，这时均已出现。在画像石中还可以看到汉代建筑上的板门、交棂窗和窗内的帷幕。有的陶楼上还保存着彩绘的痕迹，使我们能够据以想象当时建筑物"五彩彰施，图像今昔"的情况。但在汉代建筑中，砖的使用尚未充分普及，板筑的夯土墙还是相当普遍的。西汉末年，豪强地主急剧发展，逐渐出现了坞堡式的庄园住宅。

2. 古代建筑体系发展时期

魏晋南北朝时期是中国古代建筑体系的发展时期。在建筑材料方面，砖瓦的产量和质量有所提高，金属材料被用做装饰。在技术方面，大量木塔的建造，显示了木结构技术的提高，砖结构被大规模地应用到地面建筑，河南登封嵩岳寺塔的建造，标志着石结构技术的巨大进步，石工的雕凿技术也达到了很高的水平。大量兴建佛教建筑，出现了许多寺、塔、石窟和精美的雕塑与壁画。

3. 古代建筑体系成熟时期

隋唐时期是中国古代建筑体系的成熟时期，其基本特征是屋顶坡度平缓、出檐较深、斗拱尺度比例较大、柱子粗壮、门窗朴实无华。隋代建造了规划严整的大兴城，开凿了南北大运河，修建了世界上最早的敞肩拱券大石桥——安济桥。

唐代建筑是中国封建社会前期的高峰，许多建筑遗址证明，当时的建筑已发展到成熟阶段。唐朝的城市布局和建筑风格规模宏大，气魄雄浑，长安城成为当时世界上最大的城市。在建筑材料方面，砖的应用逐步增多，砖墓、砖塔的数量增多，琉璃的烧制比南北朝进步，使用范围也更为广泛。在建筑技术方面，也取得很大进展。木构架的做法已经能正确地运用材料，出现了以"材"为木构架设计的标准，从而使构件的比例形式逐步趋向定型化，并出现了专门掌握绳墨绘制图样和施工的都料匠。建筑与雕刻装饰进一步融合、提高，创造出了统一的、和谐的风格。唐朝时期的住宅，根据主人不同等级，对其门厅的大小、间数、架数以及装饰、色彩等都做了严格的规定，体现了中国封建社会严格的等级制度。这一时期遗存下来的殿堂、陵墓、石窟、塔、桥及城市宫殿的遗址，无论布局还是造型都具有较高的艺术和技术水平，雕塑和壁画尤为精美，是中国封建社会前期建筑的高峰。

4. 古代建筑体系的新突破时期

宋朝是中国古代建筑体系的新突破时期。宋代建筑在木、砖、石结构方面有了较大转变。由于砖瓦的大量生产和使用，屋顶的坡度比以前增高，出檐不如唐深远，用菱花雕刻隔窗，风格柔和华丽。

5. 古代建筑体系的新发展时期

元朝是中国古代建筑体系的又一发展时期。元朝历时较短，但建筑风格很有特色：梁架构造创新，减柱法普遍使用，出现了钟楼、鼓楼和酬神演戏的舞台。元大都按照汉族传统都城的布局建造，是自唐长安城以来又一规模巨大、规划完整的都城。元代城市进一步发展了各行各业的作坊、店铺和戏台、酒楼等娱乐性建筑。藏传佛教和伊斯兰教的建筑艺术逐步影响到全国各地。中亚各族的工匠也为工艺美术带来了许多外来因素，使汉族工匠在宋、金传统上创造的宫殿、寺、塔和雕塑等表现出若干新的趋势。使用辽代所创的"减柱法"已成为大小建筑的共同特点，梁架结构又有了新的创造，许多大构件多用自然弯材稍加砍削而成，形成当时建筑结构的主要特征。

6. 古代建筑体系的高峰时期

明清时期是中国古代建筑体系的最后一个高峰时期，其建筑特色是出檐较浅，斗拱比例缩小，应用斜梁，门窗装饰日趋华丽，"减柱法"除小型建筑外，重要建筑已不采用。明朝由于制砖手工业的发展，砖的生产大量增长。明代大部分城墙和一部分规模巨大的长城都用砖包砌，地方建筑也大量使用砖瓦。琉璃瓦的生产，无论在数量上或质量上都超过过去任何朝代。宫式建筑已经高度标准化、定型化。民间建筑的类型与数量增多，质量也有所提高。各民族的建筑也有了发展，地方特色更加显著。皇家和私人园林在传统基础上有了很大的发展，在明末出现了一部总结造园经验的著作——《园冶》，并留下了许多优秀作品。北京明清故宫和沈阳故宫是明清宫殿建筑群的实例。①

二、中国古建筑基础知识介绍

我国古代建筑的结构严谨而精巧，基本上是木构架结构体系。这种结构经过千百年的不断完善，已形成一整套完整的系统。与西方古典建筑的石砌结构体系相比较，自有其独特的构造原理与外观造型。

1. 中国古代建筑的名称

（1）宫。上古时，宫只是指一般的房屋，无贵贱的分别；秦汉以后，王者

---

① 周敦源. 旅游文化 [M]. 杭州：浙江大学出版社，2005：61-62.

所居才叫"宫"。官室一般向南,其内部又分为堂、室、房等几部分。前部称之为"堂",通常是举行吉凶大礼的地方,不住人;堂后为"室",住人;室两侧是东西房,堂内以朝南的方向为尊。

（2）殿。殿即堂,汉以后习惯称堂为殿。

（3）亭。亭在古时是公家的房舍,建在路旁,以便旅客投宿。秦汉时十里一长亭,指有顶无墙的建筑,与其原意不同。

（4）台、坛。高而平的建筑叫台,筑成方形。规模较大、较高的台叫坛。

（5）楼。《说文》上解释:"楼,重屋也。"楼上下都可以住人,与今概念相同。

（6）阁。"阁"者,四阿开四牖,屋檐曲处叫"阿",牖即窗。这是指一种四面开窗的四坡顶建筑。

（7）廊。廊原是指房檐下的部分,后演变成多种形式,如长廊、短廊、回廊、半壁廊、飞廊等。

（8）榭。台上的木结构建筑叫榭,其特点是只有柱花窗,没有墙壁,临水者叫水榭。

（9）轩。"轩"古时指车上边较高的部位,建筑上取其虚敞高举之意。

2. 基本结构

中国古代建筑的基本结构主要有以下三种不同形式:

（1）抬梁式。抬梁式也称"叠梁式"。这种木构架大体说来是先在地面上筑一个土台,台上安装石础,立木柱,再在柱上架梁。梁与梁之间用"枋"连接组成"间",在梁上再架檩,檩上架椽,这样层层叠置,最后是用椽来承托屋顶,"骨架"就这样形成了。

（2）穿斗式。"穿斗式"没有梁,它把柱子布置得比较密,柱间直接用枋联系。

（3）井干式。井干式的应用范围不广,它采用木头围成矩形木框,层层叠置,形成木头承重的墙体,这样消耗木材较大,主要用在盛产林木的林区。

3. 中国古建筑的基本构件

中国古代建筑一般由以下十种基本构件组成:

（1）台基。台基又称基座,系高山地面的建筑物底座,用以承托建筑物,并使其防潮、防腐,同时可弥补中国古建筑单体建筑不甚高大雄伟的欠缺。台基大致有普通台基、较高级台基、更高级台基（即须弥座或金刚座）、最高级台基四种。

（2）木头圆柱。常用松木或楠木制成的圆柱木头,置于石头（有时是铜器）底的台上。多根木头圆柱,用于支撑屋面檩条,形成梁架。

（3）开间。四根木头圆柱围成的空间称为"间"。建筑的迎面间数称为"开间",或称"面阔"。建筑的纵深间数称"进深"。中国古代以奇数为吉祥数字,所以平面组合中绝大多数的开间为单数；而且开间越多，等级越高。北京故宫太和殿、北京太庙大殿的开间为十一间。

（4）大梁（横梁）。架于木头圆柱上的一根最主要的木头，以形成屋脊。大梁常用松木、楠木或杉木制成，是中国传统木结构建筑中骨架的主件之一。

（5）斗拱。斗拱是中国古代建筑独特的构件。方形木块叫斗，弓形短木叫拱，斜置长木叫昂，总称斗拱。斗拱一般置于柱头和额枋（又称阑头，俗称看枋，位于两檐柱之间，用于承托斗拱）、屋面之间，用来支撑荷载梁架、挑出屋檐，兼具装饰作用。斗拱由斗拱木块、弓形短木、斜置长木组成，纵横交错层叠，逐层向外挑出，形成上大下小的托座。

在封建社会，斗拱同样有等级之分。在高级官式建筑中，斗拱分为外檐斗拱和内檐斗拱。斗拱的大小与出檐的层数有关，层数越多，说明等级越高。同一时代的建筑，有斗拱的级别高于无斗拱的，斗拱多的又高于斗拱少的。

（6）彩画。彩画原是为了木结构的防潮、防腐、防蛀，后来才突出其装饰性。宋代以后彩画已成为宫殿不可缺少的装饰艺术。彩画可分为和玺彩画、旋子彩画、苏式彩画三个等级。

（7）屋顶（古称屋盖）。中国传统屋顶有庑殿顶、歇山顶、悬山顶、硬山顶、攒尖顶、卷棚顶、盝顶七种。其中以重檐庑殿顶、重檐歇山顶为级别最高，其次为单檐庑殿、单檐歇山顶。

（8）山墙。山墙即房子两侧上部成山尖形的墙面，常见的山墙还有风火山墙，其特点是两侧山墙高出屋面，随屋顶的斜坡面而呈阶梯形。

（9）照壁。照壁又称影壁、照墙、屏、树，是古代房屋、庭院的附属建筑。照壁设在门外正对大门处，或院内正对大门处．是古代建筑中大门内外用作屏障的特有装置。入门时，内外照壁形成建筑物的第一道空间，作为屏障，使人无法窥见宅院内部；作为标志，既是本处宅院的"徽记"，又给人以空间变换之感。照壁同室内屏风一样，具有使用和观赏的双重价值。

（10）窗。窗，本做"囱"。古人在建筑物中置窗，主要是为了通风和采光。但上古的"窗"专指开在屋顶上的天窗，开在墙壁上的"窗"叫"牖"。后来"窗"和"牖"才渐渐通用。

三、中国古代建筑分类

根据建筑的内部构造与外形，可以将我国的古建筑大致分为以下几种类型：
1. 中国古代宫殿建筑

中国宫殿建筑是最能代表中国古代建筑水平和时代特征的一种建筑类型。我国历代的皇室宫廷建筑是供最高统治者日常生活起居的场馆场所。每一件建筑单体都是当时最著名的匠师采用最高级的建筑材料,利用当时最精湛的技艺,代表当时最高的建筑技术;建筑里面所陈设的设施和物件等也代表当时的最高技艺和工艺生产水平,具有很强的观赏性。

2. 中国古代陵墓建筑

古代陵墓建筑是在古人的一种"肉体已殉,灵魂永存"的观念下的衍生和具体表现。帝王不同于平民,死后更需要建筑陵墓,以祈求祖宗保佑,江山社稷永存。名人墓地为后人留下了纪念信仰的场所。随着时代的演变,陵墓建筑也在不同时期表现出不同的建筑样式。

3. 中国古代园林建筑

我国古代园林属于自然山水式园林,从发展到成熟积淀了千百万能工巧匠的巧妙心思和精湛技艺。由于园林多为古代财主和富商的居所,这些人在平时的生活和经商中大多游历各地,饱览世间罕物,在修建园林时传达给工匠,得以使异地风情跃然本地。它会借助厅、堂、楼、阁、馆、榭、轩等建筑表现形式,以及外界自然的或是人工的山、水、石、池等造出符合园林主人性格和心境的园林。

4. 中国古代宗教建筑

由于我国长期处于封建统治下,所以各朝各代的帝王为了巩固自己的统治地位,利用宗教安抚百姓,大力兴建宗教建筑的先例不胜枚举。现存的很多宗教建筑中包含了很多我国古建筑之最。如河南登封的嵩岳寺塔是现存年代最早的大型古塔;山西应县的木塔是现存唯一最古老最大的楼阁式木塔。

5. 中国古代军事、水利、桥梁建筑

军事防御建筑主要包括长城、城墙、地下战道、炮台等。小到城市的护城河,大到长城,都是一种古代的战略思想体现。在水利工程方面,最具盛名的是四川都江堰,靠这项水利工程,成都平原成为"天府之国"。桥梁也是我国古代建筑里面的重要部分,它是一种架在河川溪流之上的以便通行的建筑物。由于各地的地形、水文、地质条件的不同,桥梁的造型和结构也有很大的差别,并且在桥梁装饰上表现着各个地区的文化背景和民风民俗。

6. 中国古城镇、古民居

我国地域广阔,民族众多,古城镇、古民居因为地域性和习俗性不同而表现为各自的特殊性,从而得以形成一种建筑文化。这种古城镇和古民居文化不仅反映历史、宗教、风俗、地理,还展示了中华民族的美好特征。①

---

① 李星明. 旅游文化概论 [M]. 武汉:华中师范大学出版社,2007:107-116.

第三章 中国旅游建筑文化

第二节 中国古代官方营造的宏伟建筑

古代帝王统治时期，建造大型工程，需要巨大的财力、物力以及人力的投入，这些是民间任何一个单独的人家负担不起的，只有在官方的主导下，才能够高速有效地进行大规模的建筑建造，比如宫殿、官衙、长城、军事防御重镇等。

一、宫殿与官衙

1. 宫殿

宫殿是封建时代的产物，有帝王就有宫殿，在这象征着皇权的殿堂里，帝王与大臣们商议、决策政治、经济、文化、军事等治国平天下的大计。

（1）宫殿的布局。

1）严格的中轴对称。为了表现君权受命于天和以皇权为核心的等级观念，宫殿建筑采取严格的中轴对称的布局方式。中轴线上的建筑高大华丽，轴线两侧的建筑低小简单。这种明显的反差，体现了皇权的至高无上；中轴线纵长深远，更显示了帝王宫殿的尊严华贵。

2）左祖右社，或称左庙右社。中国的礼制思想，有一个重要内容，就是崇敬祖先，提倡孝道；祭祀土地神和粮食神。所谓"左祖"，是在宫殿左前方设祖庙，祖庙是帝王祭祀祖先的地方，因为是天子的祖庙，故称太庙；所谓"右社"，是在宫殿右前方设社稷坛，社为土地，稷为粮食，社稷坛是帝王祭祀土地神、粮食神的地方。

3）三朝五门。门阙森森、宫殿重重体现了帝王宫室的深邃和威严。所谓"三朝"，指大朝、内朝、外朝；所谓"五门"，指天安门、端门、午门、太和门（奉天门）、乾清门。与大朝、内朝、外朝相对应的建筑，则有奉天殿（太和殿）、华盖殿（中和殿）、谨身殿（保和殿）三座大殿。"三朝五门"及"两宫六寝"（即东西六宫）布局的形成，与古代的阴阳五行学说有一定联系。宫殿建筑布局中的外朝属阳，故采用奇数，形成"三朝五门"，内朝属阴，故采用偶数，形成"两宫六寝"。

4）中庭配置。中庭建筑物通常设为矩形，安置在庭园之中，这种配置成系列地安置在一个大的皇城之内，如北京的故宫，就由一系列的庭院构成一个皇城。

5）前朝后寝。这是宫室（或称宫殿）自身的布局。大体上有前后两部分，

· 47 ·

一墙之隔,"前堂后室",即"前朝后寝"。所谓"前朝",即为帝王上朝治政、举行大典之处;所谓"后寝",即帝王与后妃们生活居住的地方。在"前朝"中央靠墙处,设有御座,这是帝王上朝坐的地方;在"后寝",则设有床具,供休憩之用。

6)前宫后苑。宫殿前面为皇宫建筑,后面往往为宫苑。

(2) 中国现存的古代宫殿。

1)北京故宫。北京故宫位于北京市区中心,始建于1406年,历时14年才完工。北京故宫是明清两代的皇家宫殿,旧称"紫禁城"。有24位皇帝相继在此登基执政,是我国现存最大最完善的大建筑群。

北京故宫占地72万多平方米,有宫殿楼阁9900多间,建筑面积约15万平方米。10多米高的宫墙长达3400米。墙外环绕宽52米的护城河(俗称筒子河)。城南北长约960米,东西宽约760米,城的四角各有一座结构奇异、和谐美观的角楼。城有四门:南面的正门是午门,北门叫神武门,东门叫东华门,西门叫西华门。天安门则是皇城的大门(明代叫承天门)。1925年故宫博物院正式成立,延续至今。该院收藏历代文物91万件,是世界上最大的博物馆之一。1987年,北京故宫被列入《世界遗产名录》。

2)沈阳故宫。沈阳故宫位于沈阳市旧城中心,是清朝入关前的两代皇帝清太祖努尔哈赤、清太宗皇太极营造和使用的宫殿,清世祖福临也曾在此称帝。其始建于后金天命十年(1625年),清崇德元年(1636年)基本建成,乾隆、嘉庆时又有增建。它将清王朝前期政权制度和满族人民生活习俗糅合于宫殿的格局中,展现了清初社会历史的一个侧面。早期宫殿,具有满族风格,而入关后,吸取了北京明代宫殿的内容,即继承了汉族的传统。它是目前全国仅存的两大宫殿建筑群之一。

2. 官衙

(1) 山西霍州县衙。北京故宫、河北保定直隶总督署、霍州署、河南内乡县衙共同构成从中央到地方的四级古代官府文化体系,而霍州署衙历史最为悠久。霍州署位于山西省霍州市东大街北侧,始建于隋唐年间,距今已有1300多年的历史,是我国现存较完整的古代衙署之一。霍州州署相传为唐尉迟恭的帅府行辕,原占地面积38500平方米。由南而北分中、东、西三轴线展现三个建筑群。岁月沧桑,天灾战祸,州署现存面积为18700平方米。以中部轴线为主的州署建筑基本保存完好。

(2) 河南内乡县衙。内乡县衙是国务院公布的第四批全国重点文物保护单位之一,位于河南省内乡县城县衙东街,是国内保存最完整的封建时代县级官署衙门,也是国内第一座官署衙门博物馆。内乡县衙始建于元大德八年(1304

年），历明、清，至民国时期均为县治所。现存建筑群为清光绪年间营建，占地2万余平方米，厅堂房屋260余间，有五进院落，高低错落，左右对称，廊道相通。内乡县衙体现了清代地方衙署建筑坐北面南、左文右武、中央厅堂、前衙后邸和狱房居南的传统礼制思想。

（3）河北保定直隶总督署。古城保定的直隶总督署位于河北省保定市裕华路，是清代直隶总督的办公处所，是直隶省的最高军政机关，是我国现存的唯一一座最完整的清代省级衙署。始建于明洪武年间，初为保定府署，永乐年间为大宁都司衙署。自清雍正八年（1730年）直隶总督驻此，至清朝灭亡（1911年），直到清亡后废止，历经182年，可谓是清王朝历史的缩影，历史内涵十分丰富，曾驻此署的直隶总督共59人66任，如曾国藩、李鸿章、袁世凯、方观承等。1988年1月被国务院公布为第三批全国重点文物保护单位。

二、坛庙与陵墓

1. 坛庙

坛庙建筑属礼制建筑的范畴，它是应"礼"的要求而产生的建筑类型。坛庙和祠堂是宗教的产物，宗教一样带有崇拜性质，其活动也带有类似宗教的仪式。在中国古代传统文化思想中，含着浓厚的对祖先的崇敬。对土地、粮食、天地、日月等各种神的崇拜，对各种武神、文神及其他神的崇敬。正是为寄托这种崇敬和感恩的心情，才产生和形成了许多坛庙建筑。

（1）祖庙与社稷坛。

1）北京太庙。北京太庙位于天安门左侧，现为北京劳动人民文化宫，过去是帝王祭祀祖宗的地方。北京太庙包括戟门、正殿、两庑、寝宫、庙，有明显的中轴线，左右配殿严格对称。其位置也符合中国传统的"左祖右社"的规定，外有高大厚重的墙垣和树冠茂密的古柏，内有空敞宁静的庭园，庄严肃穆，静谧安宁。

2）北京社稷坛。中国传统的治国思想是"以农为本"，因为"民以食为天"。发展农业生产与土地密切相关，所以要祭祀土地神和粮食神。古代以"社稷"代称国家。按"五行"中五方五色的配置，中央为黄，东方为青，南方为红，西方为白，北方为黑。所以必须用五色土覆盖于坛面，以象征"普天之下莫非王土"和祈求全国风调雨顺、五谷丰登。

由于祭祀社稷是由北向南设祭，所以其总体形与太庙相反，即享殿、拜殿及正门均在北，沿正门、享殿、拜殿、五色土方坛为序，由北向南展开。①

---

① 周敦源. 旅游文化［M］. 杭州：浙江大学出版社，2005：69.

（2）天、地、日、月坛。

1）天坛。因为君权"受命于天"，是要秉承"天意"治理国家，所以皇帝一般亲自去天坛祭天，时间在冬至日。

2）地坛。因为土地是国家的根本，所以皇帝会派人前往地坛祭地，时间在夏至日。

3）日坛。因为万物生长靠太阳，所以必须到日坛祭日。

4）月坛。因为月亮是夜明之神，所以又必须到月坛祭月。

（3）其他坛庙。

1）岳庙、镇庙和渎庙。由帝王派出的官吏主持祭祀时用。

2）名人祠庙。为纪念、祭祀历史名人的庙、祠，如孔庙、关帝庙、武侯祠、岳王庙、妈祖庙等。

3）家庙。用以祭祀受族人敬仰的列祖列宗。

（4）我国古代著名坛庙建筑。

1）天坛。天坛位于北京，始建于明永乐十八年（1420年）。其建筑由内外两重城墙环绕，南边围墙左右两角成方形，北边围墙左右两角成弧形，以象征古人"天圆地方"的观念。天坛由四组建筑组成，包括祭天的圜丘（坛呈圆形，以象征天，故称）、祈求丰收的祈年殿、皇帝斋宿的斋宫以及为祭祀服务的神乐署、牺牲所。这些建筑以圜丘坛、祈年殿为主体，前者在南、后者在北，中间以大道相连，大道宽约30米、长360米、高2.5米。斋宫、神乐署在主轴线以西。

2）地坛。地坛位于北京，始建于明嘉靖九年（1530年）。地坛与天坛相对应，坛呈正方形，以象征古人"天圆地方"的观念，所以又名方泽坛。主体建筑为两层方台，尚有皇祇室、神库、神府、斋宫等建筑。

3）曲阜孔庙、孔府及孔林。孔庙是祭祀我国古代著名的思想家、教育家、儒家学派创始人孔子的场所。目前全国各地保存的历代孔庙甚多，尤以孔子故乡山东曲阜的孔庙规模最大、时代最早。它与孔府、孔林并称"三孔"。

2. 陵墓

陵墓，又称陵寝。远在战国时期，各国国君就把自己的坟造得很高，像山陵一样，因此帝王的坟就叫陵。同时也有以崇高的山陵比喻至高无上的帝王的意思。后来，又依照死者生前起居享乐之所，在墓前造寝宫。到秦汉时期，逐渐形成中国帝王的陵墓制度。同时为了推崇皇权，实行预造寿陵规制。

秦汉两代的"方上"是"封土为坟"的发展。早期帝王的陵墓，是在地宫之上用黄土层层夯筑而成，外形上是一个上小下大的方形锥体。因为陵墓的上部是方形平顶，犹如被裁去顶部，故名"方上"。

第三章 中国旅游建筑文化

到了唐代，李世民认为平地筑高坡太劳民伤财，同时为了防止水土流失和盗墓，将秦汉"封土为陵"的规制改为"以山为陵"，陵前开辟有宽敞庄严的神道，两侧排列着整齐对伏的石雕，使陵园建筑空前高大雄伟。

宋代的陵寝制度大体恢复"方上"形式，但改变了汉唐预先营建寿陵的制度，死后才开始建造，而且必须在七个月内完成，故其规模要比秦汉时期小。

明朝恢复预造寿陵的制度，但陵墓形式发生变化。一般形式为：在地宫上砌筑高大的圆形砖城，于砖城内填上土，使之高出城墙成一圆顶，这一圆顶即为宝顶；城墙上设垛口和女儿墙，犹如一座小城，即为宝城。

我国现存的古代著名的陵墓：

（1）汉茂陵。汉茂陵是汉武帝刘彻（公元前156至公元前87年）的陵墓，位于陕西兴平县东15千米，距西安西北40千米。其北依九峻山，南临渭河，山水相间，颇为壮观。因茂陵在西汉时属槐里县茂乡，故名之。这是西汉帝王陵中规模最大的一座，始建于武帝即位后的第二年（公元前139年），历时53年才修成。汉茂陵形似覆斗，高46.5米，顶部东西长39.05米，南北宽40.60米，冢基边长240米。陵园呈方形，东西城垣430.87米，南北414.87米，墙5.8米，由内外两城组成。茂陵周围还有霍去病、卫青等20余个陪葬墓。

（2）明十三陵。明十三陵位于北京昌平县北天寿山南麓，陵区方圆40平方千米，环葬着明代的十三位皇帝，是明朝最大的陵墓群。

在明十三陵中，长陵以其宏伟的地面建筑而闻名于世。长陵为朱棣之陵墓。位居陵区正中，东侧是景陵、永陵、德陵；西侧是献陵、庆陵、裕陵、茂陵、泰陵、康陵；西南有定陵、昭陵、悼陵。各陵共设一个神道与牌坊、石像生等。整体布局由神道和陵园两部分组成。

定陵是明代第十三帝神宗朱翊钧及其二后的陵墓。定陵地宫保存完好。1956年经过考古发掘，揭开了地宫之谜。地下宫殿总面积1195平方米，全部为拱券式结构，由前、中、后、左、右五大殿堂组成。

三、长城与关隘

1. 长城

长城是我国人文旅游景观中的第一景，雄伟壮观，举世无双。长城是古代北方政权为防备游牧部落向南骚扰而采取的军事措施，工程的年代、规模、影响无出其右，被称为世界奇迹和我国民族的象征。长城的修建历史最早可以追溯到公元前7世纪的春秋时期，以后各朝代屡有修建，一直到明朝灭亡为止，2700年间修建的总长度达5万千米以上。

（1）春秋战国时期的古长城。春秋战国时期，各诸侯国为外御强敌、内保统治，纷纷修筑城墙，主要有齐长城、楚长城、燕长城、赵长城、秦长城、魏长城、韩长城。最先修筑的是楚长城，它西起湖北竹山，东至河南泌阳，全长1509千米。目前在陕西省韩城市内马凌庄附近遗留有魏长城两道，皆为土城，两城相距160米。南城墙基宽7米，顶宽4米，残高4米；北城形体较小，城墙内侧有方形烽火台，边长7米，高10米，是我国保留的重要的古长城遗址。当时，各诸侯国利用长城把边境上孤立的据点连接了起来，加强了防御功能，并确定了"因险制塞，就地取材"的筑城原则。

（2）秦朝古长城。秦统一六国后，掀起了修建长城的高潮，秦始皇为巩固北部边防，一方面派30万大军北击匈奴。另一方面征调大批民工（徭役）同军队一起大规模修筑。从公元前214年起，花了10年时间把秦、赵、燕三国北长城连成一体。目前保留的秦长城遗址有山西向一段、内蒙古包头附近一段。内蒙古乌拉特前旗保存的一段长城，大多采用石块垒砌，基宽约8米，顶宽约3米，残高5米多。其古工程之浩大、气势之雄伟，远胜于战国时期的土筑长城。

（3）汉朝古长城。汉代是长城修筑史上的又一个高潮。汉武帝刘彻为加强通往西域的河西走廊的防卫，大规模修缮和扩建长城。武帝之后的昭帝、宣帝继续执行抗击匈奴、修建长城的政策。汉代在秦长城以北（阴山以北）修筑了两道平行的外长城。它西起新疆罗布泊附近，东至鸭绿江畔，总长度达10000余千米，是我国历代所建长城中最长的一条长城。

汉代以后直到元朝，修城规模都不是很大，是我国修筑长城的低潮期。

（4）明朝古长城。明代掀起了我国长城修建史上最后一次高潮。早在朱元璋统一全国前就采纳了朱升的"高筑墙、广积粮、缓称王"的建议。1368年，朱元璋建立明政权的当年，就派大将徐达到八达岭居庸关等处修筑长城，1381年又修山海关等处长城。明朝由于受到北方外族的威胁，所以热衷于长城的修整和扩建。自朱元璋到以后的历代皇帝皆是如此，几乎年年都修长城，大规模的修建就有18次之多。今存自山海关至嘉峪关的明长城，总长6350千米，全部工程到万历年间才基本完成，前后历时200余年。其耗资之巨、结构之妙堪称世界之最，是我国历史文化资源中对中外游人最有吸引力的项目。1985年，我国组织十大风景名胜评选，经37.5万余张选票统计，万里长城为十大风景名胜之冠。1992年，长城被列入《世界遗产名录》。

2. 关隘

（1）山海关。山海关，又称"榆关"，位于秦皇岛市东北15公里，汇聚了中国古长城之精华，明长城的东北关隘之一，在1990年以前被认为是明长城东端起点，有"天下第一关"之称。与万里之外的嘉峪关遥相呼应，闻名天下。山海关城，周长约4公里，与长城相连，以城为关，城高14米，厚7米，有四座主要城门，多种防御建筑。1961年，山海关被国务院公布为全国重点文物保护单位。2001年，国务院将山海关列为国家历史文化名城旅游景区，"老龙头"、"孟姜女庙"、"角山"、"天下第一关"等六大风景区对中外游客开放，闻名国内外。

（2）嘉峪关。嘉峪关是长城众多关城中保存最为完整的一座，位于甘肃省河西走廊的西端，是明长城西端的第一重关，也是古代"丝绸之路"的交通要冲。位于嘉峪关最狭窄的山谷中部，地势最高的嘉峪山上，城关两翼的城墙横穿沙漠戈壁，向北8公里连黑山悬壁长城，向南7公里，是明代万里长城西端主宰，自古为河西第一隘口。嘉峪关关城，位于嘉峪关最狭窄的山谷中部，地势最高的嘉峪关上，城关两翼的城墙横穿沙漠戈壁。因此嘉峪关以地势险要、巍峨壮观著称于世。

（3）玉门关。玉门关，始于汉武帝开通西域道路、设置河西四郡之时，因西域输入玉石时取道于此而得名。汉时为通往西域各地的门户，故址在今甘肃敦煌西北小方盘城。元鼎或元封中（公元前116至前105年）修筑酒泉至玉门间的长城，玉门关当随之设立。据《汉书·地理志》，玉门关与另一重要关隘阳关，均位于敦煌郡龙勒县境，皆为都尉治所，为重要的屯兵之地。当时中原与西域交通莫不取道两关，曾是汉代时期重要的军事关隘和丝路交通要道。

（4）潼关。潼关，位于陕西东部渭河下游、旧潼关县港口镇东南的黄河边上，与崤函古道东口的函谷关遥遥相对，守卫着这条古道要津的西口。历史上因其守望着崤函古道中百余公里的桃林而又称为桃林塞。潼关设于东汉末，当时关城建在黄土塬上，隋代南移数里，唐武则天时北迁塬下，形成今日潼关城旧址。唐置潼津县，明设潼关卫，清为潼关县，民国时袭之。因为潼关地处黄河渡口，位居晋、陕、豫三省要冲，扼长安至洛阳驿道的要冲，是进出三秦之锁钥，所以成为汉末以来东入中原和西出关中、西域的必经之地及关防要隘，历来为兵家必争之地，素有"畿内首险"、"四镇咽喉"、"百二重关"之誉。

第三节　中国宗教建筑

本章介绍中国古代建筑中的宗教建筑，宗教建筑不仅吸收了民族文化和宗教文化的精华，形成独具特色的宗教建筑文化；而且在不同的宗教基础上，形成了各具特色的宗教建筑。

一、中国道教建筑

道教建筑一般称宫、观、院，其布局和形式，大体仍遵循我国传统的宫殿、祠庙体制，以殿堂、楼阁为中心，依中轴线作对称式布置，与佛寺相比较，规模一般偏小。

1. 芮城永乐宫

原名大纯阳万寿宫，在山西芮城。传为道教仙人之一吕洞宾的诞生地。吕洞宾死后，道教徒就其原住宅建吕公祠以祀之，金末扩建为观，元世祖中统三年（公元1262年）改名后称永乐宫。因全真道将吕洞宾列为北五祖之一，故芮城永乐宫为全真道三大祖庭之一。它尤以960平方米元代道教壁画著称于世。

2. 北京白云观

在北京广安门滨河路。创建于唐开元年间（公元713至741年），是全真道第一丛林，全真道最大门派龙门派祖庭和全真道三大祖庭之一。主要殿堂为邱祖殿，殿下有龙门派创始人邱处机遗骨，现为中国道教协会所在地。

3. 广州三元宫

传晋葛洪妻鲍姑曾在广州越秀山结庐修道行医，后羽化。当地人民建鲍仙姑祠纪念。明代加建三元殿供奉三官，并改为三元宫。清代为全真道丛林之一，是岭南香火最盛、信众最多的道观。

4. 苏州玄妙观

它始建于晋武帝咸宁二年（公元276年），名真庆观；唐玄宗开元二年（公元714年）改名开元宫；宋真宗大中祥符时改名天庆观；元成宗元贞元年（公元1295年）始改现名。历来是正一道的主要道观。主殿三清殿是江南现存最大的宋代木构建筑。观中藏有唐吴道子画的老君像及颜真卿书迹等碑刻。

二、中国佛教建筑

佛教大约在东汉初期正式传入我国。最早见于我国史籍的佛教建筑，是明帝（东汉刘庄帝）建于洛阳的白马寺。据记载，寺院是按印度及西域式样，即以佛塔为中心之方形庭院布置。三国东吴时，康居国僧人康僧会建业传法，建有阿育王塔及建初寺，是为江南佛教建筑之始。

佛教在两晋、南北朝时期有很大发展，建有大量寺院、石窟和佛塔，其建筑与艺术的造诣都达到了很高水平。隋、唐、五代至宋，是我国佛教的另一大发展时期，此期较大佛寺的主体部分，仍采用对称式布置。唐代晚期密宗盛行，佛寺中因而出现了十一面观音和千手千眼观音的形象。此外，钟楼的设置，至少在晚唐的庙宇中已成为定制。明、清时佛寺更加规整化，大多依中轴线对称布置建筑，塔已很少。

流行于以汉族为主的我国大多数地区的佛教，通称汉传佛教。其建筑小的称庵堂、院，大的称寺。明、清时期以四大名山为其圣地，这就是山西五台山（文殊菩萨道场）、四川峨眉山（普贤菩萨道场）、安徽九华山（地藏菩萨道场）、浙江普陀山（观音菩萨道场）。藏传佛教分布在西藏、甘肃、青海及内蒙古一带，以拉萨、日喀则为中心。西藏的喇嘛教佛寺大多采用厚墙、平顶城堡式样。南传小乘佛教分布范围较小，仅限于我国云南的西双版纳等地，佛寺平面与建筑风格与中土大相径庭。

其代表性的佛教建筑有：

1. 河北正定北宋隆兴寺

此寺始建于隋，原名龙藏寺，到宋初改建时才用现名，其总平面至今仍保存了宋代风格，呈有南北中轴的狭长方形。山门对面有照壁，门前有石桥及牌坊。门内左右的钟鼓楼和正面的大觉六师殿已毁。再后是东西配殿和摩尼殿，殿后有戒坛（四周的回廊和后端的韦驮殿已不存）、慈氏阁、转轮藏殿，再进为东西碑亭和佛香阁，最后是弥陀殿。方丈及僧舍在佛香阁东，并附厨房、马厩等。由于利用了建筑体量大小和院落空间的变化，轴线虽长而不觉呆板。

2. 天津蓟县独乐寺山

独乐寺在河北蓟县县城内，相传始建于唐，后经辽统和二年（公元984年）重建，现存辽代建筑尚有山门及观音阁二处。山门面阔三间（16.63米），进深两间（8.76米），单檐四阿顶。建在石砌台基上。平面有中柱一列。此门屋檐伸出深远，斗拱雄大，台基较矮，形成庄严稳固的气氛，在比例和造型上是成功的。

三、中国伊斯兰教建筑

创建于7世纪的伊斯兰教，约在唐代就已自西亚传入中国。由于伊斯兰教的教义和仪典的要求，礼拜寺（清真寺）的布置与我国历史悠久的佛寺、道观有所区别。

早期的清真寺（如唐代的广州怀圣寺、元代重建的泉州清净寺等），在建筑上都保持了较多的外影响：高矗的光塔、葱头形尖拱券门和半球形穹隆结构的礼拜殿。

建造较晚的寺院（如西安化觉巷清真寺、北京牛街清真寺等），除了神龛和装饰题材以外，所有建筑的结构与外观都已完全采用中土传统的木架形式。但在新疆等地的清真寺，基本上还保持着本地区和本民族的固有特点。代表性的伊斯兰教建筑有：

1. 北京牛街礼拜寺

北京牛街礼拜寺始建有两种说法，一谓北宋太宗至道二年（公元996年）；一谓建于"元代前"或元初（公元1264年左右）。是北京地区规模最大、历史最悠久的清真大寺，也是我国北方最古老清真寺之一，明代奉敕赐名"礼拜寺"，为我国传统式建筑的清真寺。

2. 西安化觉巷清真寺

西安化觉巷清真寺，原名"清修寺"，为明代所建。全寺是以东西向为中轴线的中国古典庭院建筑形式，主体建筑为前后大殿、省心楼、凤凰亭、朝阳殿，合称五凤朝阳殿，体现明代风格中国建筑制式。大殿可容千人礼拜，是我国现存规模最大、保存最完整的清真寺。

第四节 中国民间建筑

中国各地的居住建筑，又称民居。居住建筑是最基本的建筑类型，出现最早、分布最广、数量最多。由于中国各地区的自然环境和人文情况不同，各地民居也显现出多样化的面貌。

一、四合院建筑

我国无论从北到南还是从东到西都有四合院的分布，东北的大院是四合院的形式，云南的"一颗印"是四合院的样子，就连陕西的下沉式窑洞也是四合院的布局。可以这样说，四合院是中国民居中最基本最普遍的一种形式，是中国民居建筑的代表。

四合院就是四面用房子围合起来的院落。一般北方的四合院是由五开间的北屋、五开间的南屋、三开间的东西厢房组成。如果院落是坐北朝南的，大门就位于整个院落的东南角，进了大门，迎面是照壁，照壁的左边是一座月亮门，跨过月亮门，就进了前院。前院很窄，仅五间南屋，前后院之间有二门相连。二门的叫法、做法各地不同，北京人称之为"垂花门"，雕饰非常精美。过了二门，才算是到了正院，即主人居住的地方。正院迎面为五间高大宽敞的北屋，左右为对称的东西厢房，院内还种上一两棵石榴树。这是标准北方四合院的格局。复杂的四合院有四五进院落之多，由几座四合院相套，简单的则没有前院，只有二间或五间的南屋。北屋和两间东西厢房一围，便成了四合院形式的院落。从空中俯瞰这些或简单或复杂的院落，都呈现出四周封闭、中轴对称、前后有序的形式。遍布我国大江南北的四合院不仅仅是中国人的一种居住方式,更体现了中国千百年来形成的一种秩序——封建宗法制度。

北京正规四合院一般以东西方向的胡同而坐北朝南,基本形制是分居四面的北房(正房)、南房(倒座房)和东、西厢房,四周再围以高墙形成四合,开一个门。整个四合院中轴对称,等级分明,秩序井然,宛如京城规制缩影。其中,门是分界内外、引导秩序、身份地位的体现。如大门,正对街一侧设影壁,入门仍为影壁,再左转才入前院,这组门的秩序成为内、外之间的很好转换。大门又分屋宇式和墙垣式。前者等级高,有王府大门、广亮大门、金柱大门、如意门等。垂花门是内宅的门,于轴线上,亦是内院的开始,其高度和华丽程度取决于主人的社会地位。

坐北朝南的二进院,宅门建在整个院落东南角上,走过两边立着门礅的宅门,迎面是一堵影壁墙,影壁墙前向西为前院,前院南侧倒座房,旧时用作客房、书塾、杂用间或男仆的住所。自前院中轴线上的垂花门便进入面积较大的后院,后院坐北朝南的正房是供一家人的长辈居住,正房左右附耳房或小跨院为厨房、杂屋、厕所,院内东西厢房是晚辈的住处。

四合院的院落宽绰疏朗,四面房屋各自独立,又有游廊连接彼此,起居十分方便。封闭式的住宅使四合院具有很强的私密性,关起门来自成天地。院内,四面房门都开向院落,一家人和美相亲,其乐融融。居住者还喜欢在宽敞的院落中植树栽花、饲鸟养鱼、叠石迭景,尽享大自然的美好。

二、民族与地域特色建筑

1. 碉楼

主要分布地区:西康、青藏高原、内蒙古。

碉楼是青、康、藏高原以及内蒙古部分地区常见的居住建筑形式。从《后汉书》的记载来看,元鼎六年(公元前 111 年)以前就存在。这是一种用乱石垒砌或土筑的房屋,高至三四层。因外观很像碉堡,故称为碉楼,碉楼的名称至少可以追溯到清代乾隆年间。

这种碉楼住宅与山地特殊的地理环境有关,这些地区多山,且多为板岩或片麻岩构造,易剥落加工,取石方便。碉楼外墙为厚实高大的收分石墙楼层,内为密梁木楼层的楼房。

2. 土楼

主要分布地区:福建、广东、赣南。

土楼是客家自三国两晋以来,以唐宋和明清几个时期为主,为逃避北方战乱而迁移南方的中原移民的住宅。土楼的种类、分布与客家民系的分布形态是一致的。客家大体上居住于广东、福建、江西三省接壤地区，以及广西、台湾、海南等省区，这些地区的土质多属"红壤"，质地黏重，有较大的韧性，不像中原的沙质土壤那样疏松，经加工便可夯筑起高大的楼墙。

3. 窑洞

主要分布地区：豫中、晋中、陇东、陕北、新疆吐鲁番一带。

窑洞的前身是原始社会穴居的横穴。洛阳挖掘出来的我国地下粮窑群，证明窑洞至少也有4000多年的历史。晋西吕梁地区石楼县岔沟遗址发掘的19座居址，为凸字形穹隆顶窑洞，年代约在距今4300至4500年。窑洞住宅以天然土起拱为特征，主要流行于黄土高原和干旱少雨、气候炎热的吐鲁番一带。汉唐时期的交河、高昌故城遗址，仍可见半地下的顶上起拱的穴居情形。至今可见的陇东、陕北的窑洞拱线接近抛物线形，跨度为3~4米。豫西窑洞则多为半圆拱。

4. 阿以旺

主要分布地区：新疆南部。

"阿以旺"是新疆维吾尔族住宅常见的一种，有三四百年的历史。土木结构，平屋顶，带外廊。所谓"阿以旺"，即一种带有天窗的夏室（大厅），中留井孔采光，天窗高出屋面约40~80厘米，供起居、会客之用，后部做卧室，亦称冬室，各室也用井孔采光。"阿以旺"顶部以木梁排木檩，厅内周边设土台，高40~50厘米，用于日常起居。室内壁龛甚多，用石膏花纹作装饰，龛内可放被褥或杂物。墙面喜用织物装饰，并以此质地和大小、多少来标识主人身份与财富。屋侧有庭院，夏日葡萄架下，可作息生活。

5. 毡包

主要分布地区：内蒙古、新疆。

毡包主要是以游牧生活为主的牧民居住的建筑方式。先秦即有此种建筑，汉时常见于记载，唐时牧民也喜用之，取其迁徙方便之利。元、清两代，因少数民族统治之故而大量使用，且有客居式的毡包。使用者除蒙古牧民外，还有哈萨克、维吾尔、塔吉克等民族。

第五节　中国旅游建筑文化的精神内涵

本节介绍中国古代不同特点建筑，官造宏伟建筑、宗教建筑以及民间建筑等，本节将探讨这些建筑背后所蕴含的精神内在。

一、中国古代建筑的营造理念

建筑的营造是在人的谋划下进行的,而人的思维活动是人的社会存在的反映,因而建筑必然会受到一定政治制度和意识形态的影响。中国长期的集权政治和严格的等级制度,以及对天地日月、神明祖宗的膜拜,对阴阳五行和诸子百家的信仰都会直接或间接影响着建筑的内容和形式。

1. 以人为本的生活观与奇特的木构架体系

中国古代农耕社会,文化早熟,传统的儒家思想一直是中国文化的主干。在儒家文化的长期熏染下,中国人不关心彼岸世界和来世,而向往四世同堂、天伦之乐的世俗生活。中国古代建筑以木材为原料,以木构架结构,就是中国人这种入世观念和人本精神在建筑中的反映。木构架结构用柱子解放了墙体,赋予建筑物极大的灵活性,不仅可以随意分离,而且构件更换方便,适用于各种类型的建筑;木构架结构以小尺度的"院"为单元进行组群,不论其建筑群多么庞大,人在其中活动,所感受到的永远是与人亲和的尺度。

2. 长幼尊卑的家庭观与层次化的造型

"家"是中国古代社会的基本细胞,而农业社会血缘纽带阶梯的不充分和对祖先的尊敬,最终形成了中国千年不衰的宗法制度。注重血脉相承的纯正性以及长幼尊卑的秩序伦常,成为维系宗法制度必不可分东西。在中国,宗法制度兼备政治权力统治和血亲道德制约的双重功能,"家族"与国家在组织、结构方面是一致的,国是大的家,家是小的国,具有"家国同构"的特征。这种以家为起点的特征在建筑上有着鲜明的反映,导致了中国古代建筑以"住宅"为发展的原型,而且为体现家庭中长幼尊卑的等级秩序,采用了各种途径来体现建筑等级的高低、主次和尊卑。同时通过丰富的建筑组群、多样化的屋顶、对比强烈的建筑色彩、不同式样和尺度的单体建筑,使古代建筑充满了层次感。

3. 阴阳有序的环境观与规范的形制

在阴阳五行学说的影响下,中国古代建筑不仅十分注重基址的选择与环境的布局。而且阴阳学说强调的次序、礼制与社会等级制度的维护要求相结合,使中国古代建筑与服饰一样被纳入到规范文化的要求之中,从坛庙、陵寝到宫殿、庙宇和民居等各种功能不同的建筑都作出了明确的规定。这种规范性使建筑成为与社会关系同构互洽又自身有序的群体,是封建社会人际关系的建筑化。

4. "天人合一"观与建筑美的完美统一

在影响建筑发展的诸多观念中,"天人合一"的观念是根本性的,这种观点强调"天道"与"人道"或"自然"与"人为"的和谐统一。从孟子、董仲舒到张载、朱熹,均强调"天人合一"的理念,认为天地万物,与人原为一体,人必须与天相认同、相一致、相协调。人生活在天地之间，要做人，就要有做人的乐趣，要将自身融入自然中，达到物我一体的境地。表现在建筑上就是强调"因天材，就地利"。使中国建筑在规范发展的同时，不断与自然相互协调与融合，使中国古建筑从皇室宫寝到帝王陵寝，从名楼伟阁到寺庙道观无一不掩映在青山绿水中。建筑得山水风景而媚，山水得建筑而富有灵气，两者相映生辉，成为中国建筑审美最重要的特征之一。①

二、中国传统建筑的伦理内涵

1. 中轴对称

中国古代以建立在嫡长制基础上的宗法制度来维护社会秩序，嫡长制强调直系、嫡传，弱化以致削弱旁系、"庶出"，这造就了封建社会的正统观念。它反映在建筑上就是要求中正，不中则不正，不中则不尊。因而从周代开始，中国古建院落已呈均衡对称的形制，出现了中轴线。进而南北方位逐渐与东西方位分野，面南为贵，南北轴线逐渐成为主轴线。

2. 坐北朝南

在古代以农立国的环境中，人们通过对天地、日月、昼夜、阴晴、寒暑、水火、男女等自然现象及贵贱、治乱、兴衰等社会现象的仰观俯察，形成了一系列十分庞杂的阴阳五行观，受其影响，中国古建筑十分重视方位。天学的发展使人类对方位的认识扩展，以天上的星宿方位与地上方位相呼应，从而有了东青龙、西白虎、南朱雀、北玄武的四象之说。

3. 背山面水

受"天人合一"观念的影响，中国的古代建筑，从皇室宫寝到帝王陵园，从楼阁到寺院，都尽量与自然山水完美地融合在一起，相映生辉。而在山与水的位置上，受阴阳五行的影响：山属静为阴，水属动为阳，南为阳而北为阴。②

三、中国传统建筑的民族特点与人文精神

建筑是人类物质文明和精神文明的产物，它本身就代表着一种文化类型，建筑作为一种文化形态，在不同时期反映不同的内容。古典主义时期，主要反映了宫廷文化的内容，同时也反映了一定的民族特点。

1. 守成

建筑作为一种社会性很强的特殊造型艺术，具有很强的感染力，人们一开始往往很直观地从它们的立面平面组合上来感受它、认识它。

---

①② 李星明. 旅游文化概论［M］. 武汉：华中师范大学出版社，2007：117 - 120.

中国古建筑和古老的中华文化差不多是同步发端与发展的，有着极悠久的历史、极稳定的系统。讲到中国建筑文化的稳定性，在世界艺术史上恐怕找不到能与之匹敌的第二家，它与不断变幻、风格各异的西方建筑文化正好是一个鲜明的对比。

有些西方史学家认为，"中国生活方式一贯的主要特点就是传统主义和反对改革，中国的建筑史最生动地证明了这一点"，这一观点基本上是客观的。"祖宗之法不可变"，是中国古人行为的准则。尊重祖宗，恪守祖制的思想，要求对先前的建筑形式、结构技术不要多去改动，所以我国古建筑史上就不可能发生西方那种风格的变化和技术手段的更新。在建筑形象上，从秦代到清代的两千余年中，台基、柱子加斗拱、大屋顶这三段式的基本造型依然如故；在平面组合上也往往不分使用要求，都以单体和院落沿地面向外扩展，形成层层相套的院落。

梁柱组合的木构框架从上古一直沿用到清代末期，这也是我国建筑文化系统稳定与守成的最有说服力的例子。事实上，对于木材易腐烂，不坚固，又容易引起火灾等弊端，古人早有认识，而且随着工具的改进，我国古代的石结构建筑技术也并不亚与同期的西方国家。但是当古埃及、古希腊的重要建筑都逐渐以石材代替木材时，这种替代却没有在中国古建筑中发生。因为中国之所以习用木材是缘于阴阳五行的传统观念，而传统是不好随便更改的，所以到了明清时期，长期的采伐使中原地区的森林消耗殆尽，连修缮宫廷也缺乏可作柱、栋的大料，这时宁可将小料用铁箍拼合，也不屑以石代木，体现出对木材的无比深情以及对传统的严格恪守。

2. 协调

我国传统的建筑文化，由于受到儒道佛"天人合一"观念的影响，历来主张顺应自然，从未有过如西方视建筑为永恒不朽纪念物的思想，当然也就谈不上与自然抗衡了。在古代先民眼中，建筑也如同其他日用品一般，需要不断更新，进行新陈代谢，要与自然保持和谐。

中国建筑不欲以自然和人工来竞久存，而是与自然保持和谐的关系。这一观念同样影响了建筑的布局和形象特征。中国建筑以群体取胜，注重虚实结合，以内收的凹曲线依附大地，横向铺开的形象特征表达出与自然相适应、相协调的艺术观念。

房屋的设计也尽量体现与自然相同的思想。由于木结构框架系统的优点，使墙上承受上部结构的压力，就可以任意开窗，特别是在南方，通向庭院的一边，常常开满一排落地长窗，一打开，室内外空间便完全融合在一起。在传统庭院中，主要建筑多用廊子相绕，廊实际上是室内建筑空间与室外自然空间的一个过渡，是中国建筑与自然保持和谐的一个中介和桥梁。

我国古建筑的外部造型，也尽量表现出与自然协调的意念。不像西方建筑是实体一块的庞然大物，而是有虚有实，轮廓柔和，曲线丰富，在稳重中呈现出一定的变化。台基除了对木结构的防水、防腐功能之外，还可以增加古建筑的稳定感。柱梁斗拱等组成的木构架，轻盈通透，给人以灵动的观感。硕大的屋顶铺以漂亮的反曲线和轻巧多姿的翼角，给予建筑一种柔性的适应感，使之与山水林木等自然环境取得了相当的和谐。

中国建筑适应顺从自然，还表现在对房屋基地和方位选择的高度重视，这便是中国古代的堪舆风水学说。对此，李约瑟博士曾指出："再没有其他地方表现得像中国人那样热心于体现他们伟大的设想——人不能离开自然。"

3. 群体

宫殿建筑艺术在形象上的特点都十分注重渲染建筑宏伟壮丽的气势。集权政体的最高统治者都想通过建筑艺术来显示帝国的实力和威严，来象征王权的至尊和永恒。中国宫殿强调的是群体，通过一连串空间和实体的组合与交替，来烘托某一特定的主题。

在中国古建筑中，尽管也存在着某一中心的单体建筑，但从整体建筑来看，它并不占压倒一切的优势。如故宫的太和殿，如果单独置放在郊外的山水之中，就并不显得很大，其艺术感染力与凡尔赛宫是不能相比的。但是，由于在它的前面建造了五座门楼以及有众多的庭院空间做铺垫，因此它的艺术魄力和气势得以大大地加强。

中国古代宫殿之所以强调群体气势，就是因为群体的序列有助于渲染统治王朝的威严，群体的布局有利于体现宗法等级的贵贱尊严。在整体建筑序列的艺术构思上，中国宫殿的门起着引导和带领整个主题的任务。有了门与庭院的虚实交替，整个建筑序列便出现了某种时间艺术的特征，一座座造型各异的门就好像在时间上流动跳跃的小主题，它引导着最后中心主题的出现。

从宫殿的平面布置上看，中国宫殿有着严格的主次、内外等级。宫殿的外朝和内寝是完全分隔的，"宫墙之高足以别男女之礼"这一封建礼制思想在宫殿建筑中表现最为突出，内寝因是后妃居住，所以呈全封闭状态，建筑密集，安排有各种功能的房屋，俨然是一个独立的小天地。建筑的等级甚至在并列于大台基上的三大殿上也反映出来：太和殿级别最高，用重檐庑殿顶，中和殿是皇帝大朝的准备用房，就只用单檐四角攒尖顶，保和殿是宴请重臣和举行殿试的地方，地位比中和殿重要，于是用了重檐歇山顶。

就故宫宫殿来看，外三朝的公共活动面积十分有限，不存在君臣同乐的可能性，最大的太和殿也只强调了宝座所在的区域，集中渲染了帝王个人的威严和至尊。这和中国数千年来一贯是君权至上的封建集权统治的政体有极大关系。

4. 神灵与祖宗

中国人崇拜祖宗，这就导致中国建筑紧贴大地，朝着水平方向发展。在中国,祖宗崇拜历来得到高度重视。据说上古三皇五帝时便有了祭天、祭祖的习惯,到商代就出现了称作名堂的祭祀性建筑,《周礼》对此作了记载,并规定了王城规划必须重视祖庙的地位,按"左祖右社"进行布置。中国古代宗法礼制思想便是从"尊祖"这一基本信仰派生出来的。

宗法是以天然血缘关系为基础的,起源于原始氏族公社的祖先崇拜。这一思想观念对建筑的影响是深刻的:首先,宗族观念要求父子、亲属生活在一起,以免削弱宗族的力量,这一思想基础就决定了建筑的基本模式是许多房间组合在一起的群体;另外,中国古代以农业为根本,土地是宗族赖以发祥的根本,因此房屋必须立足于土,这就排除了建筑向上发展的可能。在宗法思想的制约下,中国古建筑就出现了典型的特殊风貌:以某一房屋为中心向前后左右伸展的多组单层建筑群体。

在中国古代建筑中,宫殿及宗法礼制建筑体现出鲜明的祖宗崇拜自不待说,即便是外来建筑,也无一例外。以古代宗教建筑为例,中国古代的宗教信仰其实是很复杂的,有土生土长的道教,有印度传来的佛教,唐代以后传入的伊斯兰教,明代末期传入的基督教等,但是它们举行祈祷活动和仪式的庙堂仍然基本上沿用中国传统建筑的布局方式,以及带有大屋顶的木结构房屋体系。因此,从整体上看,中国传统的各种宗教寺院庙宇,较少表现出各自信仰上的特殊性,它们同其他类型的古建筑一样,较多地受到祖宗崇拜带来的宗法礼制思想的制约和影响。

一般认为,伊斯兰教的教规教义最为严明,其礼拜寺也有自己特殊的规定和要求。但是自传入我国之后,中原大部分地区的礼拜寺均是属于中国传统建筑文化体系,而没有使用伊斯兰教建筑的大穹隆顶和邦克楼形式。保留迄今的化觉巷大寺是全国布局最完整、规模最宏大的伊斯兰教寺院之一,其前后四进的院落式布局和建筑形式完全是中国传统的,唯朝向因受伊斯兰教教义的制约,处理成坐西朝东。

佛教建筑除了最初的白马寺是按照印度式样建造的,但不久就渐渐汉化了,以致可"舍宅为寺",被纳入到传统建筑艺术的范畴。

这两方面的实例表明,我国绝大多数宗教建筑的共同特征可以说是在中国传统建筑的大框架下,作某些局部的改动,加入一些宗教语汇而形成的。由此看出,中国传统建筑受到"尊祖敬祖"思想的影响之深刻,以及中国古代建筑具有的兼容性和中国建筑文化的强大同化力。

本章案例

什刹海打造主题酒店推动四合院保护型开发

四合院作为老北京具有代表性的建筑形式,承载了很多的文化和历史意蕴,

中国旅游文化

具有很大的保留价值。近年来，随着危旧房改造的大规模开展，大片四合院被拆除，取而代之的是30~40米高的楼群，致使构成老北京城市格局的传统建筑群逐渐消失，北京城市历史文化特色受到严重威胁。目前，对北京四合院的保护已成为社会关注的"焦点"。

2014年1月，北京市旅游发展委员会副主任安金明在2014中国城市旅游发展战略研讨会上表示，北京拟将什刹海周边10平方公里的四合院全部开发出来，开办主题旅游酒店。这一消息引起了业界的关注。四合院作为北京最有特色的建筑群之一，一直受到国内外游客的青睐。无论从四合院的拥有者还是酒店的开发者来说，什刹海周边的四合院建筑群都是一笔珍贵的财产。如何做到开发与保护双管齐下是需要探讨的共同话题。

什刹海周边有大量保存较为完整的四合院，基础建设比较完善，把这些四合院开发成为主题旅游酒店，属于"保护型开发"。

对于四合院建筑来说，结合它们结构完好、可改造利用潜力大的特点，可以将其内、外部环境加以保护性改造，增添新的现代化设备，供做旅游酒店、公司办公、特色商业店铺、艺术家工作室、画廊等，这样可以使大量的此类历史性建筑得以保护。

在国外，有不少将城堡改建成特色酒店的案例，极具地方特色。四合院酒店十分符合旅游人士对京城文化的追求，文化体验对外国游客来说消费支出的认可度高，更容易得到收益。目前，北京的四合院酒店并没有大面积的区域性开发，什刹海地区十分适合打造四合院酒店聚集地。

（资料来源：李西叶．什刹海如何打造主题酒店聚集地［N］．北京商报，2014-01-16．）

案例分析

打造主题旅游酒店是推动四合院这一传统民居建筑保护的有效途径。但是，并非所有的四合院都有开发成主题酒店的条件，也并非所有的四合院酒店都有鲜明的主题。什刹海地区开发四合院酒店应突出主题和特色，注重对文化的挖掘，同时也需要一个统一的管理组织解决开发与运营过程中涉及的个人产权、资格审批等诸多难题。

问题思考：什刹海在打造主题酒店过程中，如何实现四合院保护与开发的双管齐下？

本章思考题

1. 中国古代建筑大致可分为哪几种类型？最能代表古代建筑水平的是哪一种？

2. 中国古代宫殿建筑的布局遵循哪些原则？
3. 比较中国古代早期与晚期伊斯兰教建筑的区别。
4. 简述中国旅游建筑文化的精神内涵。
5. 有人说："开发建筑文化旅游其实就是修复建筑物，然后向外界开放。"对此，你有何看法？

第四章　中国旅游聚落文化

本章提要

要求学生掌握聚落文化的含义和特征；掌握中国历史文化名城中最具有代表性城市的历史和现状；理解中国聚落文化旅游在中国旅游业发展中所发挥的巨大作用。

章首案例

新叶古村的聚落文化

2014年，万众瞩目的《爸爸去哪儿2》第二站又带红了另一个鲜为人知的旅游地——浙江建德新叶古村。新叶古村，位于建德南部、玉华山脚，约在宋末元初形成村落，是浙江省内保存最完整的古代血缘聚落建筑群之一，被誉为"中国东南部最典型的农耕村落"。

1208年，一个叫叶坤的读书人随南迁的宋朝皇室从中原来到浙江，在浙江建德南部的玉华山定居下来。此后，历经宋、元、明、清至今八百年的漫长岁月，叶氏后裔逐渐繁衍成36代、人口3000余人的庞大氏族聚落。而奠定新叶村总体格局和建筑秩序的始祖叶坤之孙——东谷公叶克诚，则穷其毕生精力为整个宗族村落定下了基本的位置和朝向，并在村外修建了祖庙、总祠堂。之后，叶氏族人便以祠堂为中心，逐步建起了房宅院落，形成新叶村的雏形。

如今，虽然已经过去了几百年，这里却仍然完好地保存着16座古祠堂、古大厅、古塔、古寺和180多幢古民居建筑。不仅如此，这里的古建筑还满是雕梁画栋、蔚为壮观。屋子里的梁、柱、枋、斗拱、柱头甚至是窗棂、滴水之上都有精美绝伦的木雕，极其精美。其地下排水排污系统，历经百年却仍然作业不息。

时至今日，谈及八百多年宗族兴旺的秘密，新叶人离不开的是"耕"、"读"

第四章 中国旅游聚落文化

二字。在新叶村,有一座抟云塔,也有一座文昌阁。老人们说,新叶的耕读文化,离不开这一塔、一阁的护佑。建于明代的抟云塔,是座风水塔,也是新叶的文风塔,是镇村之宝。300年后,抟云塔脚下又造起了文昌阁,成为新叶文化的发祥地。眼下,这组矗立在新叶田野间的明清建筑,成为了古村的地标,看见它们,就看到了新叶人世代传承的"耕可致富,读可容身"这一耕读理想和追求。

(资料来源:《爸爸去哪儿2》. 游建德新叶古村[EB/OL]. 乐途旅游网, 2014-08-20.)

问题思考:新叶古村的建筑格局与耕读文化分别反映了聚落文化的哪些内容?

第一节 聚落文化与旅游

聚落是人们聚居的地方。古代的聚落往往有多种功能,比如城市,"城"是城池,指防御功能,"市"则是贸易、交换功能,现今的城镇多因人口集中、工商业发达,成为一个地区政治、经济、文化中心。同时,传统聚落文化作为一种旅游资源,具有很大的吸引力。聚落的自然环境、人文环境都是独特的、无法复制的,尽管近年来我国的不少城市盲目跟风、崇洋媚外、邯郸学步,因而千城一面,但和而不同,聚落的魅力仍旧存在。我们理应认真保护和开发这一旅游资源。①

一、聚落文化的含义

《史纪·五帝本纪》注有"聚谓村落也",《辞源》则谓"聚村落也,为人所聚居",后词义扩大,包括村落和城市。

聚落即居民点,人类定居的场所和从事生产活动、社会活动以及各种文化娱乐活动的中心。房屋、道路、桥梁、农田、广场都是聚落的组成元素,利用这些设施,集中居住在一起就形成了聚落,聚落不仅是人们生活休息的场所,也是人们工作劳动的场所。

聚落是一种空间系统,是一种复杂的经济、文化现象和发展过程,是在特定的地理环境和社会经济背景中人类活动与自然相互作用的综合结果,我国传统聚

---

① 潘宝明. 中国旅游文化[M]. 北京:中国旅游出版社,2010:87.

落文化经千年的发展与变迁，与其由来的模式相比，表面形式虽然不断发生改变，但它仍然蕴含着宗法时代的乡土文化和乡土生活的几乎所有方面，是有一定外部范围和一定内部结构的系统性整体。

聚落文化是指聚落在形成的过程中，受到人们生产、生活方式的影响而出现的人们改造环境和适应环境的产物。这种产物既有物质的，也有精神的。其中物质的聚落文化包括聚落建筑和聚落环境，而精神的聚落文化则是由聚落成员的生活、生产方式和聚落风俗组成的。

聚落文化旅游是有吸引力的，尤其是大中型城市，一是因为城市选择交通便利、依山傍水之地，具有丰富的生态旅游资源；二是城市经从古到今的发展积累，历史文化非常丰厚；三是城市建筑历朝总是在不断拆旧建新，成为历史轮廓的具体现象；四是城市都是一定地域的商业中心，名优特产品丰富，购物、餐饮可满足游客的要求。更可贵者，由于城市所处地域不同，地质地貌情况不同，加之政治、经济、文化的侧重不同，因而风格不一，这是永远开发不尽的潜在旅游资源，对于科学研究、商务活动、观光探奇都是有价值的。

二、聚落的分类

聚落的分类如下：

1. 城市

地理学家认为，城市是具有一定规模的、以非农业人口为主的居民点，是人口和社会经济活动的集中地。现代城市根据其发展类型可以分为首都型、沿海型、风景型、中心型以及明星型。从根本上讲，城市起着中心作用。城市是区域生产生活的中心，是为生产生活服务的中心，也是区域创新的中心。

我国城市按照职能分类分为五类，分别是行政（政治）、文化职能城市，综合性职能城市，工业城市，交通城市，旅游城市。

行政（政治）、文化职能城市，比如北京。

综合性职能城市，在某一地区既有政治、文教、科研等非经济机构的主要职能，也有经济方面的职能，比如各省会、地级城市。

工业城市，以工业生产为主，工业用地及对交通用地占较大比重。比如冶金工业发达的马鞍山市、攀枝花市；石油工业发达的大庆市；煤炭工业发达的大同市、六盘水市；机械制造发达的洛阳市、齐齐哈尔市；汽车工业发达的十堰市、长春市。

交通城市，由对外交通运输发展起来，交通用地在城市中占很大比重。比如河港、海港、铁路的枢纽城市。

旅游城市，比如桂林市、井冈山市、黄山市。

第四章 中国旅游聚落文化

2. 集镇

集镇是介于乡村与城市之间的过渡性聚落，一般是对建制镇以外的地方服务中心的统称。集市是指乡村地区定期进行商品交易的场所，其形成的影响因素有位置、交通、经济发展水平和传统习惯等。集市是为周围乡村服务的，具有中心地的职能。在聚落研究中，集市具有非常重要的意义。

3. 乡村

按形态对乡村聚落进行分类，可分为密集型、分散型和半聚集型农村聚落。

密集型农村聚落，出现在人口密集的旱作农业地区。

分散型农村聚落，出现在两种地区，一种是地形条件不好的地区，另一种是分布于特殊生产地区。

半聚集型农村聚落，即山区小村。

而在这些聚落的分类中，城市是随着发展变化最多的，比如城市的功能、城市的发展速度等。

三、中国城市的发展

我国在周朝期间有了城市的雏形即城池，经过几千年的发展至今，城市发展的功能和规模都有所不同。

1. 古代城市发展

周王朝为巩固其统治，实行分封制，为了保护领地，统治阶级在自己的封城内选择适中的地点，修建可以防守的城池，城墙城池由此产生，因此城市早期以军事功能为主。秦朝统一后的首都咸阳城、汉朝的长安城、唐朝的长安城以及宋朝的开封城、杭州城等，都是当时世界上著名的大都市，城市内部功能已经相当齐全；随着手工业的发展，专业化的城市出现，此时城市具有了商业功能。

2. 近代城市发展

1840年鸦片战争后，清政府被迫打开闭关自守的大门。从19世纪中叶起，资本主义工商业首先在沿海、沿江城市中出现，随后逐渐波及东北和内地广大地区。尽管这些发展从本质上说是服务于资本主义世界经济体系的需要，但随着商品生产的发展，形成了一批近代工商业城市，其中，上海、天津、大连、青岛、广州等城市迅速崛起，同时随着资本主义工业的发展，产生了不少新兴城市，它们多为矿业或工矿业城市，比如抚顺、鞍山、本溪、唐山、焦作、大冶等。

3. 新中国成立后城市发展

新中国成立以来，随着经济快速发展，我国城市发展也经历了以下三个发展阶段：

第一阶段是初期发展阶段。1949年后，经过3年的经济恢复，1952～1960

年，经过第一个五年计划与经济大发展，城市和建制镇分别从1951年的157个和1896个增加到1960年的197个（城市数）和1961年的4429个（建制镇数）。

第二阶段是1961~1977年。这段时期由于经济困难和"文化大革命"的影响，经济发展呈下降、缓慢发展和停滞状态，对城市的发展产生极大的影响。

第三阶段是从1978年至今，这是我国改革开放时期，经济发展速度比较快，城市发展速度也是空前的。

四、中国城市发展的类型

我国现代城市根据其发展的类型可以分为：首都型、沿海型、风景型、中心型、明星型。

首都型，特指北京，是历史文化名城的代表，全国政治文化中心。

沿海型，上海、天津、大连、青岛、广州等沿海城市，经济发达，对外开放度高，是改革开放前沿，为国家增加积累，为内地积累经验，培养人才。

风景型，杭州、苏州、桂林、承德等风景旅游城市，应保护、培育自然资源和人文资源，有计划地开发旅游资源，建设成为国内有位置、国际有影响的风景旅游城市。

中心型，沈阳、西安、兰州、武汉、重庆、昆明等城市，不仅是省会，更重要的在交通方面起着跨省跨界的枢纽作用，经济方面起着中心带周边的作用，对周围地区众多城市和广大乡村发展作用极大。

明星型，常州、南通、襄樊、无锡等新兴城市，规模不大，效益很高，设施先进，竞争能力强。

第二节 中国历史文化名城

城市是社会发展的产物，在我国，城市历来是行政和文化的象征。历史上由于经济的发展、民族的融合、诸侯分封割据、朝代更迭等原因，建城很多，而且有很多城市都做过都城。它们在历史上曾占有一定的地位，拥有大量的历史遗迹或革命文物，反映了不同城市类型的风貌，成为历史文化名城。这些名城是我国悠久历史的缩影，也是民族灿烂文化的橱窗，构成重要的旅游城市。

1982年，国务院公布首批历史文化名城24座，经过反复筛选，北京、承德、大同、南京、苏州、扬州、杭州、绍兴、泉州、景德镇、曲阜、洛阳、开封、江陵、长沙、广州、桂林、成都、遵义、昆明、大理、拉萨、西安、延安荣膺其中。1986年和1994年，又相继公布第二批38座城市和第三批37座城市为历史文化名城，加之增补的，到2008年公布，共有112座。这是加强我国文物保护和城市建设的一项重大措施。根据《中华人民共和国文物保护法》，历史文化名城是指"保存文物特别丰富具有重大历史文化价值和革命意义的城市"，是城市建设中保持城市文化个性，避免"千城一面"的重要举措。

由于在这112个历史文化名城中，三分之二是我国历史上建都之处，是文明财富的集结之地。这一确定对于保护祖国的历史文化遗产，发扬优秀的民族传统产生了深远影响。历史文化名城无论是在历史沿革、地理概况，还是在名胜古迹、风景园林、风物特产、城市建设方面，都无愧于历史文化名城的桂冠。经过从整体上采取的保护管理措施，名城的地上地下文物古迹和固有的民族风貌都在各自的历史特点、城市性质和发展方向上有了进一步的完善，自古繁华的都会、商埠、文化古城、游览胜地、革命圣地旧貌新颜，成为我国文物史迹和风景名胜最集中之地，开发得最好的城市，正是以它们为核心，我国才无愧于文明古国的称号，它们也的确成为我国旅游的热点，产生了巨大的经济效益和社会效益。①

一、北京

北京是中华人民共和国首都、中央直辖市、中国国家中心城市，中国政治、文化、教育、金融和国际交流中心。其位于华北平原北端，东南与天津相连，其余为河北省所环绕。北京历史悠久，是中国七大古都之一，其最早见于文献的名称为"蓟"。北京荟萃了自元、明、清以来的中华文化，拥有众多名胜古迹和人文景观。

北京最早见于文献的名称叫做蓟。公元前11世纪时，蓟国是统治中国北方的西周王朝的一个分封国。春秋（公元前770～前476年）中期，位于蓟国西南面的另一个封国燕，吞没了蓟，并迁都于蓟城。从这时起，直到公元前226年燕国被强大的秦国所灭，蓟城一直是燕的都城。据考古学家考证，当年的蓟城就在现在北京城区的西南部。公元938年，蓟城成为辽的陪都。辽是崛起于中国东北方的少数民族契丹人建立的。因为蓟位于它所辖的疆域的南部，所以改称南京，又叫燕京。一个多世纪以后，另一个少数民族女真人建立的金朝将辽灭亡，并于1153年迁都燕京，改名中都。1214年，金朝因受到新兴的蒙古族军队的进攻，被迫迁都汴京（今河南开封），第二年蒙古铁骑入占中都。1267年，蒙古族首领忽必烈下令在中都城的东北郊筑建新城。四年后，这位首领即在兴建中的都城内登上皇帝的宝座，建立了中国历史上的元朝。1276年新城全部建成，称为大都。

---

① 潘宝明. 中国旅游文化 [M]. 北京：中国旅游出版社，2010：87–89.

从此，北京取代了长安、洛阳、汴梁等古都的地位，成为中国的政治中心，并延续到明、清两代。1911年10月10日，中国爆发了资产阶级民主主义革命，第二年二月清帝被迫宣告退位。至此，中国最后一个封建王朝溃亡，北京作为帝都的历史到此结束。1949年10月1日，中华人民共和国成立，北京成为新生的共和国的首都。

如果以蓟开始，北京有着3000余年建都史。自秦汉以来，北京地区一直是中国北方的军事和商业重镇，名称先后称为蓟城、燕都、燕京、涿郡、幽州、南京、中都、大都、京师、顺天府、北平、北京等。尤其是金、元、明、清、民国初及现在，十二次作为国都，它的别称多达60余个，是世界上历史名称最多的城市。

北京旅游资源得天独厚，北京有故宫、长城、周口店猿人遗址、天坛、颐和园、明十三陵这6个世界遗产，是全球拥有世界遗产最多的城市，也是全球首个拥有世界地质公园的首都城市。北京旅游资源丰富，对外开放的旅游景点达200多处，有世界上最大的皇宫紫禁城、祭天神庙天坛、皇家花园北海、皇家园林颐和园和圆明园，还有八达岭长城、慕田峪长城以及世界上最大的四合院恭王府等名胜古迹。全市共有文物古迹7309项，99处全国重点文物保护单位、326处市级文物保护单位、5处国家地质公园、15处国家森林公园。①

二、安阳

安阳位于河南省的最北部，地处山西、河北、河南三省交会点，西倚巍峨险峻的太行山，东连一望无际的华北平原，是豫北区域性中心城市。其自然环境优越，自古人杰地灵，历史文化积淀深厚，被誉为"文字之根、文化之根、人祖之根"。安阳是我国七大古都之一，中国历史文化名城、中国优秀旅游城市、国家级园林城市，也是首个有文字记载的都城。安阳是甲骨文的故乡，《周易》的发源地。

早在2.5万年前的旧石器时代晚期，人类就在安阳留下了活动的遗迹，创造了著名的"小南海文化"。在公元前1300多年，商王盘庚迁都于安阳殷都区小屯一带，历经八代十二王255年之久，距今已有3300多年的历史。这一时期的商王朝疆域辽阔，国力空前强盛，开创了中国上古史的新纪元，也成为公元前14世纪至公元前11世纪世界青铜文明的重要代表。此后，相继有三国时期的曹魏，十六国时期的后赵、冉魏、前燕，北朝时期的东魏、北齐等在此建都，殷都废而邺都起，邺都衰而相州继，相州改而彰德立，古都文明的薪火，在安阳这片土地

---

① 潘宝明．中国旅游文化［M］．北京：中国旅游出版社，2010：89．

上传承不断，安阳成为"七朝古都"。

安阳出土问世了中华民族最早使用的文字——甲骨文、世界上最大的青铜器——司母戊大方鼎。殷墟商代晚期都城遗址的发现与发掘，为"中国20世纪100项考古发现"之首。河南安阳殷墟于2006年被列入《世界遗产名录》。历史上著名的文王演易、妇好请缨、苏秦拜相、西门豹治邺、岳母刺字等重大事件都曾经发生在安阳。

安阳旅游资源丰富，宾馆业、餐饮业、商业等旅游服务设施齐全。现有殷墟博物苑、岳飞庙、天宁寺塔、修定寺塔、明福寺塔、小南海石窟、羑里城和灵泉寺石窟国家级文物保护单位8处，全国爱国教育基地2处，省级文物保护单位38处。

三、开封

开封市位于河南省黄河中下游冲积平原的东部，古称大梁、汴梁或汴。全市由黄河冲积形成，低平坦荡。西距省会郑州70公里，北依黄河，南接黄淮平原，东连华东诸省。开封市总面积6266平方公里。开封是中国首批公布的24座历史文化名城和中国七大古都之一，也是中华民族的主要发祥地之一。

开封筑城最早的历史始于春秋，郑庄公在现在的开封市城南郑朱仙镇古城村筑"启封"城。到了战国，魏国惠王从山西安邑迁都至今天的开封市所在地，称大梁，当时为公元前364年。从那时起至公元1233年，战国魏国、五代的后梁、后晋、后汉、后周、北宋和金朝，共有七个朝代在开封建都，使用过的称号有梁、汴、汴梁、东京等，迄今已有2700余年的历史。开封之名源于春秋时期，因郑国庄公选此地修筑储粮仓城，取"启拓封疆"之意，定名"启封"。汉代景帝时（公元前156年），为避汉景帝刘启之讳，将启封更名为开封。自公元前364～公元1233年，先后有战国时期的魏、五代的后梁、后晋、后汉、后周、北宋和金七个王朝在此建都，历经千年梦华。北宋时期，开封（史称东京）为宋朝国都长达168年，历经九代帝王。东京城周阔30余公里，由外城、内城、皇城三座城池组成，人口达150余万，是一座气势雄伟、规模宏大、富丽辉煌的都城，为中国政治、经济、文化中心和繁华的世界大都会而显赫于世。

开封位于豫东平原之上，无山却多水，城内有龙亭湖、包公湖、铁塔湖、阳光湖等，城郊有黑池、柳池等湖泊，是著名的"北方水城"。开封又名"菊城"，一年一度的菊展，既显示了开封城的美丽，也表明了开封人的爱菊情结。

作为七朝古都，开封留存着丰富的文物和历史人文景观，有城墙、铁塔、繁楼、延庆观、宋东京城遗址、山陕甘会馆等国家级保护文物，重建和新建了如包公祠、宋都御街、大相国寺市场、清明上河园、翰园碑林、天波杨府、大梁门、

中国旅游文化

朱雀园、金明广场等新老景点。

四、洛阳

洛阳位于黄河中游南岸,河南省西部,因地处洛河之阳而得名,是我国首批历史文化名城,有着深厚的历史文化底蕴。拥有5000年文明史,4000多年建城史,1529年建都史,洛阳是我国建都时间最长的古都,是人类最早的"山水城市"、"园林城市"。美国城市规划学家西蒙兹教授称洛阳为人类"古代最佳人居环境城市"。洛阳历史上曾用名或别名还有斟鄩、西亳、洛邑、洛师、成周、王城、雒阳、东都、东京、神都、洛京、京洛、洛都、洛中、嵩京、中京、西京等。

洛阳城,北据邙山,南望伊阙,洛水贯其中,东据虎牢,西控函谷,四周群山环绕,雄关林立,地理位置优越,因而有"八关都邑"、"山河拱戴,形势甲于天下"之称;而且雄踞"天下之中",东压江淮,西挟关陇,北通幽燕,南系荆襄,人称"八方辐辏"、"九州腹地"、"十省通衢"。另有传说,洛阳是中华大地的龙脉集结之所,所以历朝历代均为诸侯群雄逐鹿中原的王者必争之地,也自然成为历代帝王建都筑城的理想场所。

以洛阳为中心的河洛流域地区是华夏文明的重要核心发祥地。中国古代伏羲、女娲、黄帝、尧、舜、禹等神话传说多源于此。同时,洛阳也是中国5000年文明历史中最为古老的帝都王城,华夏、中华、中土、中国、中原、中州等称谓均源自古老的洛阳城和河洛文明。洛阳二里头遗址距今大约3800~3500年,相当于中国历史上的夏、商时代。1960年,在二里头遗址的上层发现一处规模宏大的宫殿基址,被认为是夏朝都城所在。

洛阳共经历22个建都朝代,是中国建都最早、朝代最多、历史最长的都城,影响力最大的都城,累计建都史达1500年以上。同时,洛阳也有九朝古都"九朝"之说,因乾隆帝御封嵩阳书院大门对联中的"九朝都会"而得名,同时在中国传统文化中,"九"也有虚指"多"、"最多"之意,洛阳在历史上曾长期作为我国的政治、经济、文化中心而存在。此外,中国传统儒、佛、道文化的产生和发展与洛阳密切相关,中国古代四大发明也与洛阳息息相通。

五、西安

西安,古称长安、京兆,今陕西省省会,新欧亚大陆桥中国段和黄河中上游地区中心,是中国历史文化名城之一,也是中华民族和东方文明的发祥地之一。西安位于陕西关中平原的渭河南岸。背依秦岭,面向秦川,泾、渭、灞、沣、涝等水流经境内,形成沃野千里,号称"八百里秦川"。西安地势东南高,西北低，平均海拔 410 米左右，西安地区自古有"八水绕长安"之美称。市区周围有灞河、涝河、沣河、浐河、泾河、渭河等较大河流。

早在 110 万年前的远古时期，人类的祖先就在这里繁衍生息。西安有 3100 多年的建城史和 1100 多年的国都史，先后有 13 个王朝在此建都。从西汉起，西安就成为中国与世界各国进行经济、文化交流和友好往来的重要城市。"丝绸之路"以长安为起点，西至罗马古城，从此，中国的使臣、商贾和中亚、西亚、南亚各国的使节客商往来络绎不绝，中外商业贸易迅速发展，文化交流日趋活跃，友好往来不断加深。

"长安文化"代表着中华文化的主干。明洪武二年，即公元 1369 年，改奉元路为西安府，西安的名称一直沿用至今。西安浓缩了中国历史的精华：从奴隶制社会的顶峰西周王朝、中国第一个大一统帝国秦、中国第一个盛世王朝西汉到中国封建社会的顶峰唐朝，从成康之治、文景之治、汉武盛世、昭宣盛世、开皇盛世、贞观之治到开元盛世，西安书写了中国历史最华彩的篇章。在中国历史上，有 21 个政权被认为在西安建都。

公元前 202 年，刘邦取得政权，在长安（今西安城西北郊汉城）建立西汉王朝。西汉末年的公元 9 年，大司马王莽正式称帝，改都城长安为"常安"。明洪武二年（1369 年）改元代称之的奉元路为西安府，"西安"自此得名。西安是历史古都，历史上曾有 13 个王朝在此建都，从周至唐，先后称之为周、秦、汉、西晋、前赵、前秦、后秦、西魏、北周、隋、唐等，历时近 1100 年。中国历史上著名的农民起义领袖黄巢、李自成都在这里建立过政权。五代时，后梁改京兆府为雍州，设大安府，后唐改大安府为京兆府。宋代置陕西路，后置永兴军路。金代改永兴军路为京兆府路。元代曾设陕西、四川行省、行中书省，后改为安西路、奉元路。明代改奉元路为西安府，明崇祯十六年（1643 年）李自成率农民起义军攻入西安后，曾改西安为长安。

作为华夏文明的发源地，西安的历史悠久，文化的积淀非常厚重，是国务院颁布的首批国家历史文化名城之一。作为世界四大文明古都（西安、罗马、开罗、雅典）之一，西安旅游资源得天独厚，是世界著名的历史名城。西安周围有 120 多座帝王陵墓围绕，兵马俑坑被誉为"世界第八大奇迹"，秦始皇陵是最早列入世界遗产名录的中国遗迹，西安古城墙是至今世界上保存最完整、规模最宏大的古城墙遗址。市内有 6000 多年历史的半坡遗址；明代建立的藏石碑三千多块、被誉为石质历史书库的碑林博物馆；文物储藏量全国之最的陕西历史博物馆；唐代著名高僧玄奘法师译经之地大雁塔；西北历史最长的清真寺化觉巷大清真寺，以及西安周边的华夏始祖轩辕黄帝之陵黄帝陵；汉武帝刘彻之墓汉茂陵；唐女皇武则天与唐高宗李治的合葬墓唐乾陵；释迦牟尼佛指舍利存放之处法门

中国旅游文化

寺,唐大明宫遗址等驰名中外的景点。自然景观峭拔险峻,独具特色,境内及附近有西岳华山、终南山、太白山、王顺山、骊山、楼观台、辋川溶洞等风景名胜区。

六、南京

南京,华东第二大城市,长三角区域中心城市,国家重要的政治、军事、科教、文化、工业和金融商业中心,综合交通枢纽。南京历史悠久,有着超过2500余年的建城史和近500年的建都史,是中国七大古都之一,有"六朝古都"、"十朝都会"之称。南京位于长江下游,是承东启西的枢纽城市,长江航运物流中心。

公元前472年,越王勾践灭吴后,在今中华门西南侧建城,开创了南京的城垣史。公元前333年,楚威王大败越国,于石头山筑城置金陵邑,金陵之称亦因此而得名。秦汉时期,南京地区随经济发展而建县渐多。汉末三国鼎立之初,公元229年,孙权在武昌称帝,9月即迁都于此,称作建业,为南京建都之始。公元317年,晋琅琊王司马睿建立东晋政权,以建康(今南京)为国都,这是南京城市发展史上的第一个高峰时期。此后,南朝宋、齐、梁、陈相继定都建康,史称"六代豪华",南京由此有"六朝古都"的美称。公元937年,南京成为南唐的首都,称为江宁府,这是南京城市发展史上的第二个高峰期。1368年,朱元璋在应天府称帝,建立明朝,以"应天"为"南京",第一次成为一统天下的全国首都。由此,南京城市发展进入又一高峰期,南京都城为当时世界第一大城。1853年,太平天国定都于此,改名天京。1912年元旦,中华民国成立,孙中山在南京就任中华民国临时大总统。1927年,国民政府定南京为首都。

"金陵自古帝王州",从古代到近现代,继孙吴之后,东晋、宋、齐、梁、陈、南唐、明朝、太平天国以及中华民国先后定都南京,共455年,留下了丰富的历史文化遗产。所以南京在中国历史上具有特殊地位和价值。朱偰先生在比较了长安、洛阳、金陵、燕京四大古都后,认为"此四都之中,文学之昌盛,人物之俊彦,山川之灵秀,气象之宏伟,以及与民族患难与共,休戚相关之密切,尤以金陵为最"。

南京文化古迹遍布,人文底蕴深厚。春秋时期的吴王孙寿梦、越王勾践、西汉开国大将韩信、三国吴主孙权、南唐后主李煜、南宋名将岳飞、明代开国皇帝朱元璋、太平天国首领洪秀全、民主革命先驱孙中山等都曾在南京印下深深的历史痕迹。李白的诗歌、李煜的词曲、王安石的美文、吴敬梓的小说等为古城留下了灿烂的历史文化遗产。南京的主要景点有孙中山先生的陵墓——中山陵、中国四大文庙之一——夫子庙古建筑群、江南最大的城内公园——玄武湖、近代中国历

· 76 ·

史的重要遗址——南京总统府、中国新民主主义革命的纪念圣地——雨花台等。

七、杭州

杭州，浙江省省会，处钱塘江下游北岸，杭嘉湖平原南缘，拥有约2300年的建城史，是一座典型的山水文化名城。西子湖、钱塘江、千岛湖以及周边丘陵构成了杭州的山水美景。自古以来，杭州的经济和文化比较发达，素有"东南第一州"之称。整个城市襟江带湖，集湖山、江川、奇峰、溶洞于一体，有"人间天堂"的美誉。

杭州是一座历史文化悠久的古城。考古发现的"良渚文化"证明，早在四千多年前，已有人类在此繁衍生息。在3000年前的周代，杭州属于"扬州之域"。春秋时，这里曾是吴越两国争霸的地方。秦始皇统一六国后，杭州县治，称钱唐县，属会稽郡。至南北朝，改县治为郡治，称钱唐郡（唐时因为避讳，改"唐"为"塘"）。隋代开皇九年，钱唐郡改称杭州。到了唐代初期，杭州日渐繁荣，居民达十余万，李泌来杭州任刺史，开六井，引西湖水入城，使居民有了饮用的淡水。唐长庆二年，诗人白居易任杭州刺史时，筑堤疏井，进一步治理西湖和开发杭州，使杭州成为著名的风景城市。

宋室南渡，在杭州建都，历时150余年。在这段时间里，杭州作为全国政治、经济、文化的中心，更显繁华。南宋时期，杭州的造船、瓷器、纺织、造纸、印刷等手工业作坊相当发达；商业繁盛，店铺林立；演出戏曲、杂技的勾栏瓦子有17处。据《咸淳临安志》、《梦粱录》等书记载，当时杭州户口蕃息达30多万家。元代以后，全国政治中心北移，但杭州仍是我国东南地区的重要城市之一。明清时期，杭州的工业、手工业、商业都有所发展。1912年废杭州府，合并钱塘、仁和两县为杭县。1927年，析出杭县城区设立了杭州市。

杭州城以西湖最为著名，"欲把西湖比西子，淡妆浓抹总相宜"描述的就是西子湖之美。美丽的西湖三面环山，一面濒城，两堤卧波，三岛浮水，四季异色，名人荟萃。除西湖以外，灵隐寺、西溪湿地、九溪十八涧、六和塔、飞来峰、岳庙、虎跑寺等也是杭州的著名景点。同时，杭州孕育和荟萃了中国历史上众多政治家、文学家、艺术家、科学家、民族英雄、忠臣义士等，共同塑造了杭州"文化之邦"和"历史名城"的形象。

八、现代城市

1. 广州

广州，简称"穗"，广东省省会，地处珠江三角洲的北缘。广州是中国的南大门，中国国家中心城市，国际大都市，国家三大综合性门户城市之一，世界著名的港口城市，国家的经济、金融、贸易、航运和会展中心，中国南方的政治、军事、文化、科教中心。广州有着两千多年的历史，是中国历史文化名城，历史最悠久的对外通商口岸，海上丝绸之路的起点之一，有"千年商都"之称。

广州城垣建造始于秦代，建城至今已有2210年的历史。当时南海郡的统治者任嚣率军平定了百粤，就在这里筑建城池，取名"任嚣城"。后任嚣城的名字改为番禺城，位于今日的边仓街附近。其后赵佗建立了南越国，再次扩建了番禺城。三国时期的吴国，划交州东部为广州，番禺遂为广州所管辖，自此，广州之名正式出现。广州有悠久的历史，留下了众多的古迹，主要有镇海楼、五仙观、南越王墓、陈家祠、六榕寺、光孝寺、怀圣寺、石室等。从乾隆二十二年（1757年）起，广州便成为全国唯一的对外贸易口岸。广州在近代史上声名显赫，中山纪念堂、黄花岗烈士陵园、鲁迅纪念馆、农民运动讲习所、三元里抗英遗址、黄埔军校旧址等是广州近代史的见证。这些历史景观与白云游览区、越秀公园、流花公园、麓湖、华南植物园、东方乐园、南湖乐园、世界大观等构成了广州市区丰富多彩的景观群。

广州四季温暖，树木长青，鲜花馥郁，有"花城"的美誉。越秀山上的五羊雕塑是广州人自古向往和平安宁的象征，但明代修建的镇海楼却是广州人不甘屈辱抗击倭寇的象征；光孝寺六祖慧能的"风动、幡动、心动"的传说启迪人们的聪思巧慧；黄花岗的青松翠柏咏诵着72位烈士的忠魂。广州是古代传统文化和现代文明交相辉映的城市，是富有岭南文化特色的国际大都市。

2. 上海

上海，简称"沪"或"申"，地处长江三角洲前沿，倚东海之滨，南临杭州湾。上海是中国四个直辖市之一，中国国家中心城市，中国的经济、金融中心，繁荣的国际大都市，拥有中国大陆首个自贸区"中国（上海）自由贸易试验区"，有"东方巴黎"的美称。

上海也是中国的历史文化名城，早在宋代有了"上海镇"，元至元二十九年（1292年）建置上海县，建城已有710年的历史。1843年鸦片战争后，上海成为对外开放的商埠与租界。当然，上海还是一座具有优秀文化传统与人文历史的城市。在这块土地上，留下了许多历史名人的活动足迹，现在的市区内，还保留有徐光启、黄道婆、孙中山、宋庆龄、鲁迅等人的故居或纪念地。中国近现代史上许多重大的事件均与上海有关，如小刀会起义、上海三次工人武装起义、五卅惨案、八一三淞沪抗战等。外滩长堤，沿江而筑的那一幢幢被称作"万国建筑博览"、具有浓郁欧洲风格的古老建筑，闻名遐迩。

海派文化是上海文化的突出代表。它是在中国江南传统文化（吴文化）的基础上，与开埠后传入的对上海影响深远的欧美文化等融合而逐步形成，既古老

第四章 中国旅游聚落文化

又现代，既传统又时尚，具有开放而又自成一体的独特风格。海派文化特点是吐故纳新，中体西用，灵活善变，这反映在上海百姓的行为特征和生活风尚方面，并融之于文化上的实践和认识上的延伸。

作为远东最大都市，上海素有"中国的商业橱窗"之称。经过近年的改造与建设，商业网点遍布全市各个角落，出门购物十分方便。这里拥有许多全国著名的"四街四城"：南京路步行街、淮海路、四川路、西藏路、豫园、徐家汇、不夜城和浦东新上海商业城等，每天都吸引数百万的中外游客。

第三节 名城名镇文化旅游

名城名镇都曾在历史上占有一定的地位，具有一定的历史价值或纪念意义。这些名城名镇是我国悠久历史的缩影，也是民族灿烂文化的橱窗，是重要的旅游资源。

一、江苏同里镇

同里镇位于江苏吴江市东北，距上海 80 公里，距苏州 20 公里，为江南六大著名水乡之一，是一个具有悠久历史和典型水乡风格的古镇。同里旧称"富土"，唐初改为"铜里"，宋时将旧名拆字为"同里"。同里风景优美，镇外四面环水，镇内由 15 条河流纵横分割为 7 个小岛，由 49 座桥连接。镇内家家临水，户户通舟；明清民居，鳞次栉比；宋元明清桥保存完好。它以小桥流水人家的格局赢得"东方小威尼斯"的美誉。

同里以"醇正水乡，旧时江南"的特色闻名于海内外，从地理位置看，它被包围在同里、叶泽、南星、庞山、九里 5 个湖泊之中。镇区被"川"字形的河道及纵横交叉的支流分割成 7 个小岛，由于同里处于泽国河网之中，历史上交通不便而少有兵荒马乱，古建筑保存较多，是江苏省目前保存最为完整的水乡古镇之一。同里因水成园，家家连水，户户通船，构成层次错落有致的优美画卷。自古以来，诗人墨客对此赞美不绝。

二、安徽黟县西递、宏村

西递、宏村位于安徽省南部黟县境内。西递和宏村是安徽南部民居中最具有代表性的两座古村落，有着世外桃源般的田园风光、保存完好的村落形态、工艺精湛的徽派民居和丰富多彩的历史文化内涵。2000 年，根据世界文化遗产遴选

· 79 ·

标准,西递、宏村被列入《世界遗产名录》。

西递距黟县县城8000米,始建于北宋皇祐年间(1049~1053年),距今已有近千年的历史。整个村落成船形,保存着完整的古民居122幢,被誉为"中国传统文化的缩影"、"中国明清民居博物馆"。

西递四面环山,两条溪流从村北、村东经过村落,在村南会源桥汇聚。村落以一条纵向的街道和两条沿溪的道路为主要骨架,构成东向为主、向南北延伸的村落街巷系统。所有街巷均以黟县青石铺地,古建筑多为木结构、砖墙维护,木雕、石雕、砖雕丰富多彩,巷道和建筑的设计布局协调。村落空间变化灵活,建筑色调朴素淡雅,是中国徽派建筑艺术的典型代表。

宏村位于黟县县城东北10公里处,始建于南宋绍兴元年(1131年),村落面积约为19万平方米,现存明清时期古建筑137幢,由于这里地势较高,因此常常被云雾笼罩,被誉为"中国丹青水墨画里的乡村"。

宏村的古建筑均为粉墙青瓦,分列规整。承志堂是其中最为宏大、最为精美的代表作,被誉为"民间故宫"。它堪称一所徽派木雕工艺陈列馆,各种木雕层次丰富,繁复生动,经过百余年时光的消磨,至今仍金碧辉煌。

宏村是一座"牛形村",整个村庄从高处看,宛若一头斜卧山前溪边的青牛。村中半月形的池塘成为"牛胃",一条400余米长的溪水盘绕在"牛腹"内,被称为"牛肠"。村西溪水上架起4座木桥,作为"牛脚",这种别出心裁的村落水系设计,不仅为村民生产、生活用水和消防用水提供了方便,而且调节了气温和环境。

西递、宏村的村落选址、布局和建筑形态,都以周易风水理论为指导,体现天人合一的中国传统哲学思想和对大自然的向往与尊重。那些典雅的明、清民居建筑群与大自然紧密相融,创造出一个既合乎科学又富有情趣的生活居住环境,是中国传统民居的精髓。西递、宏村独特的水系是实用与美学相结合的水利工程典范,尤其是宏村的牛形水系,深刻体现了人类利用自然、改造自然的卓越智慧。

三、福建古田镇

古田镇位于福建上杭县东北部,是著名的"古田会议"旧址所在地、中国历史文化名镇。古田镇山清水秀,资源丰富,是省级园林式乡镇,平均海拔690米,森林覆盖率达80.1%,年均气温17.2℃,温和湿润,四季如春,雨水充沛。

根据文物考古研究,在距今4000多年前,古田镇境内就有聚居的先人生活。古田镇是第二次国内革命战争时期苏区的重要组成部分,毛泽东、朱德、陈毅等老一辈无产阶级革命家都在古田这片红土地上进行过伟大的革命实践。1929年

12月底，在这里召开了被誉为"中国革命里程碑"的"古田会议"。

以"古田会议旧址"群为核心的旅游景区是福建红色旅游的亮点，2004年，古田被列入"湘赣闽红色旅游区"和国家30条红色旅游精品线路第7条，古田会议会址被列入全国100个红色旅游经典景区和福建省八大旅游品牌之一。

四、浙江乌镇

乌镇地处浙江省嘉兴桐乡市北端，西临湖州市南浔区，北接江苏苏州吴江市，为二省（浙江、江苏）三市（嘉兴、湖州、苏州）交界之处。春秋时期，乌镇是吴越边境，吴国在此驻兵以防备越国，"乌戍"一名就由此而来。秦时，乌镇属会稽郡，乌镇分而治之的局面由此开始。唐时，乌镇隶属苏州府。唐咸通十三年（公元872年）的《索靖明王庙碑》中首次出现"乌镇"的名称，这一时期的另一块碑《光福教寺碑》中也有"乌青镇"的名称。

乌镇是江南六大古镇之一，具有1300余年的悠久历史。乌镇是典型的江南水乡，素有"鱼米之乡，丝绸之府"之称。乌镇以一条流水贯穿全镇，它以水为街，以岸为市，两岸房屋建筑全面向河水，形成了迷人的水乡风光。乌镇最著名的特产有三白酒、蜡染花布和姑嫂饼。三白酒由纯粮酿造，工艺古朴，酒香醇厚；蜡染花布蓝白相间，富有江南风情；姑嫂饼香酥脆甜。乌镇传承了千年的历史文化，淳朴秀美的水乡风景、风味独特的美食佳肴、缤纷多彩的民俗节日、深厚的人文积淀和亘古不变的生活方式使乌镇成为了东方古老文明的活化石。

乌镇以河成街，街桥相连，依河筑屋，水镇一体，拥有水阁、桥梁、石板巷、茅盾故居等独具江南韵味的建筑因素，体现了中国古典民居"以和为美"的人文思想，以其自然环境和人文环境和谐相处的整体美，呈现江南水乡古镇的空间魅力。

河网在乌镇内和主干道重合，连桥成路，流水行船，作成亦路亦水的形式。这个水网体系连接京杭运河、太湖和乌镇的池塘、水井，理想地解决了农作、饮用、排水、观赏、运输等水问题。桥是江南水乡古镇不可或缺的。据说乌镇历史上桥梁最多时有120多座，真正是"百步一桥"，现存30多座。其中西栅有通济桥、仁济桥，中市及东栅有应家桥、太平桥、仁寿桥、永安桥、逢源双桥；南栅有福兴桥和浮澜桥；北栅有梯云桥和利济桥。这些桥最早建于南宋，大多始建或重建于明清。

作为历史古镇，乌镇无论是整个镇还是观前街，都体现着一种人文环境和自然环境和谐相处的整体美。乌镇和许多江南水乡小镇一样，街道、民居皆沿溪、河而造。与众不同的是沿河的民居有一部分延伸至河面，下面用木桩或石柱打在河床中，上架横梁，搁上木板，人称"水阁"，这是乌镇所特有的风貌。水阁是真正的"枕河",三面有窗,凭窗可观市河风光。

五、西塘镇

西塘古镇位于浙江省北部的嘉善县,地处浙江、江苏、上海"两省一市"交界处。西塘古名斜塘、平川,距嘉善市区10公里,是江南六大古镇之一。

西塘历史悠久,人文资源丰富,自然风景优美,是古代吴越文化的发祥地之一。早在春秋战国时期就是吴越两国的相交之地,故有"吴根越角"和"越角人家"之称。唐、宋时期就已形成村镇,到了元、明时期,西塘凭借鱼米之乡、丝绸之府的经济基础和水道之便,发展成一座繁华、富庶的大集镇,窑业、米市、食品、制陶等行业日益兴旺。古镇现存的许多古宅大院,大多为古时西塘的富商所建。由于当初西塘的通行以水路为主,外来骚扰较少,故能使西塘较完美地将古镇保留至今,使得祖先的遗产能延续下去。西塘与其他水乡古镇最大的不同在于,古镇中临河的街道都有廊棚,总长近千米,就像颐和园的长廊一样。

古镇西塘,占地面积1平方公里,古镇区9条河道纵横交织,将古镇分为8个区块,其中有27座古桥将市镇连通。西塘水乡风情浓郁,风光秀丽。古镇区内有保存完好的明清建筑群多处,具有较高的艺术性和研究价值,为国内外研究古建筑的专家学者所瞩目。

西塘坐落在水网之中,这里无论是商号或是民居、馆舍,在建造时都十分注重充分利用土地资源,房屋之间的空距压缩到最小范围,由此形成了120多条长长的、深而窄的弄堂,长的超过100米,窄的不到1米,形成了多处"一线天"。与此同时,街道弄堂的名称均形象地体现出古镇商贸的繁荣和弄堂的特色,如米行埭、灯烛街、油车弄、柴炭弄、石皮弄等数十个称号与当年的商贸、建筑等都有直接的联系。

西塘以临河而建的沿街廊棚最富特色,这里的街道临河而建,商铺的生意就在河边做成。以往,水乡农家的出行以河为道,以舟代步,许多交易只能在船上岸边进行。为此,一种连接河道与店铺又可遮阳避雨的特殊建筑——廊棚便应运而生,并代代传承,相沿成习。实用的廊棚是水乡特有的建筑,西塘至今保存着1300多米长的廊棚已成为古镇著名的标志性建筑之一。

六、云南丽江古城

丽江古城又名大研镇,位于中国云南省的丽江市。由于地处青藏高原南端的横断山脉向云贵高原北部过渡的衔接地带,特殊的地理位置赋予了丽江独特的自然风光,环境十分优美。早在十万年前,已有旧石器时代晚期智人"丽江人"在这里活动。战国时期,丽江属秦国蜀郡,唐代先后归属吐蕃与南诏,宋时臣服于大理国。元代至元八年（公元 1271 年），设丽江宣慰司，始称丽江。1961 年 4 月改为丽江纳西族自治县。

丽江古城是一个神秘的地方。美籍奥地利人、植物探险家和人类学家约瑟夫·洛克博士，从 1922 年到 1949 年在丽江生活了 28 年，他把以丽江为中心的滇西北神奇风情写成系列文章，并不断介绍到西方去。英国小说家詹姆斯·希尔顿根据洛克的信息报道写成了《消失的地平线》，他根据洛克的报道，进行了虚幻的构思，将云南丽江形容为一处世外桃源，取名为香格里拉。

丽江位于金沙江第一湾，北依玉龙雪山，四周青山环抱，玉水萦回，镇形如砚台，又称"大砚镇"。玉龙雪山融化的水流成一条玉泉河流入城市，分三股向东、南方向延伸，又分成无数小股水流，环城穿街，入墙过屋，淌遍小巷窄街，民居是"三坊一照壁"，"四合五天井"，"走马转阁楼"，堂皇的门楼，雕花的门窗，瓦片、碎石嵌拼的铺地。这种主道傍河，小巷带渠，家家有垂柳，户户有泉水的格局使城市充满了灵秀之气，水上石桥，院内木棉，真是"小桥流水桂花香"。丽江的街道是一道独特的风景，街道全部都是用红色五花石铺垫，雨季不泥泞，旱季不飞尘。五花石上的花纹图案自然雅致，质感细腻，与整个城市环境相得益彰，十分和谐。四方街是丽江古街的代表，位于古城的核心位置，是古城的中心，也是滇西北地区的集贸和商业中心。四方街是一个大约 4000 平方米的梯形小广场，五花石铺地，街道两旁的店铺鳞次栉比，各有特色。

七、平遥古城

古城平遥位于山西省，是我国境内保存最完整的明清时期古代县城的原型。1997 年 12 月，它以古代城墙、官衙、街市、民居、寺庙作为整体被列入《世界遗产名录》。

平遥古城墙建于明洪武三年（公元 1370 年），周长 6.4 公里，城为方形，墙高 12 米，外表全部砖砌，墙上有垛口，墙外有护城河，深广各 4 米，城周辟门 6 道，东西各二，南北各一，东西门外又筑瓮城，四角有角楼，城墙外墙原有堞楼 72 座，每隔一段距离一座，称之为马面，上部有箭孔和瞭望孔，下部堆积粮草和军械，供士兵休息。城内街道、市楼、商店保留原有形制，分作 4 大街、8 小街、72 条"蚰蜒巷"，互相交错，贯通全城，城中心跨街矗立着高达 25 米的三层重檐市楼，琉璃瓦顶，玲戏秀丽，登楼远眺，全县房屋鳞次栉比，一幢幢建筑各具特色而又浑然一体。

清代中叶以后，平遥成为我国金融业的发源地之一，17～19 世纪，当时经营金融业的富商在此建造十分讲究的深宅大院和店铺。其中最严整的是日升昌票号，铺面房占地千余平方米，三进院落，十分严整、紧固、排场。至今历经百年，坚固如初，它和这里的其他宅院一样，砖木结构。饰以木雕装饰，油漆彩画，院落开阔，并有古树花坛，是北方庭院建筑的代表。

八、成都安仁古镇

安仁古镇，位于四川成都，地名源自"取仁者安仁之意"。安仁古镇始建于唐朝，现存的旧式街坊建筑多建于清末民初时期，尤以民国年间刘氏家族鼎盛时期的建筑最多，风格中西式样结合，庄重、典雅、大方的各式院落，造就了安仁镇特殊的建筑风貌，号称"川西建筑文化精品"。

安仁镇历史悠久，早在唐武德三年（公元620年）就建安仁县，隶属于剑南道邛州，当时的县治就在今天的安仁镇，因古为"安仁"县治而得名。直到元至元二十一年（公元1284年），安仁县建制撤销，其区域划归大邑县。新中国成立前安仁有"三军九旅十八团"之称，相继涌现出了刘文辉、刘湘等军政要员。

目前，在安仁有保存比较完整的历史街区及庄园住宅古建筑群，面积约30万平方米；有明清时期的刘氏庄园群、刘湘公馆等古公馆27座；有红星街、树人街、裕民街等三条古街；小洋楼（原公益协进社址）、安仁中学（原文彩中学）、钟楼等。2009年，中国博物馆学会正式授予安仁"中国博物馆之乡"称号，至此，安仁成为了中国唯一以博物馆命名的城市，形成以文化旅游产业发展的城镇文化。

九、湖南凤凰古城

凤凰古城位于湖南省湘西自治州西南边，县治总面积1700多平方公里，是一个以苗族、土家族为主的少数民族聚集县。古城西南，有一山酷似展翅而飞的凤凰，凤凰因此而得名。凤凰古城是国家历史文化名城，曾被新西兰著名作家路易艾黎称赞为中国最美丽的小城。凤凰古城始建于清康熙四十三年（1704年），历经300多年的风雨沧桑，古貌犹存。现东门和北门古城楼尚在。城内青石板街道，江边木结构吊脚楼，以及朝阳宫、古城博物馆、杨家祠堂、沈从文故居、熊希龄故居、天王庙、大成殿、万寿宫等建筑，无不具古城特色。

凤凰古城以回龙阁古街为中轴，连接无数小巷，沟通全城。回龙阁古街是一条纵向随势成线、横向交错铺砌的青石板路，自古以来便是热闹的集市，如今更加生机勃勃。凤凰古城的标志性建筑之一虹桥，原名卧虹桥，历史悠久。凤凰古城北门城楼本名"碧辉门"，采用红砂条石筑砌，既有军事防御作用，又有城市防洪功能，是古城一道坚固的屏障。凤凰古街两边建筑飞檐斗拱，店铺中陈设着琳琅满目的民族工艺品，浓浓的古意古韵，透出古街深厚的民族文化底蕴。

凤凰古城分为新旧两个城区，老城依山傍水，沱江穿城而过，红色砂岩砌成的城墙伫立在岸边，南华山衬着古老的城楼，城楼建于清朝年间。北城门下宽宽的河面上横着一条窄窄的木桥，以石为墩，两人对面都要侧身而过，这里曾是当年出城的唯一通道。古城最有名的是富有浓郁土家族风韵的吊脚楼，但如今河畔的吊脚楼已保留不多，主要都集中在回龙潭一带。著名作家沈从文的故居位于古城内中营街的石板小巷深处，共两进两厢，颇像北京的小四合院，整个故居都是砖木结构，青瓦白墙，木格花窗。

十、广西阳朔古城

阳朔县位于广西壮族自治区东北部，桂林市区东南面，地处漓江西岸，风景十分秀丽。阳朔县历史悠久，建县始于隋开皇十年（公元590年），距今已1400余年，县址由熙平迁今阳朔镇，县衙建于羊角山下，以"羊角"谐音，改县名为"阳朔"。阳朔县因此得名，该名历经各朝，流传至今。阳朔百里山川，处处奇山秀水，山清、水秀、峰奇、洞巧，为天下四绝。自然景观与人文景观交相辉映，被誉为"中国旅游名县"。

"桂林山水甲天下，阳朔堪称甲桂林，群峰倒影山浮水，无山无水不入神"高度概括了阳朔自然风光在世界上所占有的重要位置。阳朔地处亚热带季风区，气候温和，四季宜人。阳朔属典型的喀斯特岩溶地貌，境内山峰林立，千姿百态，令人回味无穷。阳朔的水清澈透明，唐代著名文学家韩愈形容为"江作青罗带，山如碧玉簪"。因此，阳朔是桂林山水的精华所在。

遇龙河是漓江在阳朔境内最长的一条支流。遇龙河风景区的主要景点有犀牛塘、水厄风光、五指山、朝阳寨、仙桂桥、遇龙桥、归义古城遗址、汉墓群、东晕岩、八仙过海等近20处。这一景区有古石桥群、田园风光、宋桥、唐城遗址、汉墓群等，使景区蒙上一层古色古香的神秘色彩。旧县村是唐代开德四年的归义县县城，有唐代的城墙、明代的民居及清代的进士庄园，时间跨度大，古建筑形式多样，工艺精湛，体现了中国不同朝代的建筑艺术，古桥造型典雅，与附近的归义古城遗址、旧县村古建筑和古人类文化遗址等构成了遇龙河阳朔历史文化长廊。阳朔具有得天独厚的旅游资源，有名的景点达250多处，而淳朴的民风、中西交融的文化氛围更增添了阳朔的独特魅力。

本章案例

杭州日益完善丰富的城市旅游功能

杭州对游客的吸引，其实单用一个"美"字，已经不足以涵盖了。

随着出游方式的多样化，游客个体和群体的多样化，出游目的的多样化，杭州的城市旅游功能也在日益丰富和完善。例如，酒店类型的阶梯分布足以满足追求不同入住体验的游客对住宿的要求，各式各样的美食餐厅足够让那些美食家赞不绝口，还有各大中型购物中心和特色街区，等等。

杭州餐饮住宿形式多样为游客逗留提供了基础支撑。杭州是美食家的天堂，翻开《杭州美食地图》，3大美食圈（武林、湖滨、南山路）、6条美食街（胜利河古水街、高银街、保俶路、竞舟路、河东路、近江海鲜）、上百家美食商家以及杭帮传统菜、创新菜、老字号，等等，杭州的美食尽收眼底。与此同时，在杭州，还能寻找到泰国、越南、日本、韩国、土耳其、法国、意大利等世界其他国家的特色美食，满足食客们的多种需求。与杭州的美食一样，杭州的住宿形式同样丰富多彩，各种不同等级的星级酒店、经济型连锁酒店、青年旅社……酒店的功能不同，也在极大程度上满足了不同游客对酒店的不同需求。

购物娱乐丰富多彩的魅力将杭州装扮得越夜越美丽。武林商圈、钱江新城等高人气购物中心集聚地，总是人头攒动；吴山夜市的年轻男女也早已准备就绪，迎接来自城市内外的一众买家；当然，还有延安南路、黄龙体育中心、曙光路、南山路等酒吧、KTV聚集地，都让魅力杭州越夜越美丽。

从2002年实施西湖综保工程开始，杭州的主城区利用城湖一体的优势，通过西湖、西溪、运河三大综保工程和中山路等城市的有机更新工程，极大拓展了城市休闲旅游空间；通过河坊街、湖滨、南山路、武林路等商业特色街的建设，优化提升了休闲购物环境，再加上主城区拥有美食、茶楼、咖啡馆、酒吧等休闲设施，提升了杭州在国内外的知名度和美誉度。杭州基本已经成为一个要素功能齐全、规模优势明显、综合环境优越、休闲氛围浓厚的休闲旅游目的地。

此外，《印象西湖》、《宋城千古情》、《西湖之夜》等丰富多彩的夜间演出，让诸多中外游客在杭州停下了脚步，而杭州的夜市、夜游等夜间娱乐购物消费，也早已拉长了杭州夜间休闲旅游的产业链。

现在，杭州已经形成了以吴山广场、湖滨路、保俶路、曙光路、黄龙体育馆为中心的酒吧五大片区，也是游客们夜间休闲的好去处。这五大片区集中了40多间酒吧，境外客人集中去曙光路一带的音乐休闲吧，国内游客则喜欢去湖滨、南山路等处在风景区的酒吧休闲。随着杭州游客数量逐年递增，夜间逗留的时间增长，杭州酒吧业的销售规模也在不断扩张。

夜间旅游消费水平是衡量一个国家或城市旅游业发展成熟度的重要标志之一。一般旅游景点大约能让游客游览停留2个小时，仅能获得一张门票收入。而丰富的夜间消费内容，则可延长游客的停留时间，获得门票、餐饮、住宿、购物、休闲等多种收入。

（资料来源：叶向挺. 杭州：城市旅游功能日益完善丰富，让来杭州的中外游客看不尽、玩不够［N］. 杭州日报，2012－01－11.）

案例分析

旅游业是一个集吃、住、行、游、购、娱于一体的综合性产业。2012 年，杭州提出要建设世界知名的休闲旅游城市，其中包括 30 多个与旅游业相关联的综合体计划。如果说杭州终将成为国际知名的休闲旅游中心，那么它将同时成为大城市旅游集散中心，它将由单一、传统的观光型旅游产品，向集休闲、度假、会议、商务、观光为一体的复合型城市休闲度假旅游产品转变。

问题思考：杭州作为休闲旅游城市能给旅游者提供哪些旅游产品？

本章思考题

1. 什么是聚落文化？聚落文化旅游的吸引力体现在哪几个方面？
2. 中国现代城市在旅游开发方面分为哪几种类型？
3. 举例说明如何在城市开发的过程中保护历史文化遗产？

第五章　中国旅游景观与山水文化

本章提要

掌握旅游景观的类别、特征；掌握中国山水文化的种类及各自特色；理解旅游景观、文化景观、景观文化的概念和区别。

章首案例

西岳华山

华山，我国名山五岳之一，古称"西岳"，位于陕西省华阴市境内，距西安120公里。它南接秦岭，北瞰黄渭，扼守着大西北进出中原的门户，素有"奇险天下第一山"之称。

华山由一块完整硕大的花岗岩体构成，其历史衍化可追溯到距今1.2亿年前。现在的华山有东、西、南、北、中五峰，36小峰罗列于前，虎踞龙盘，气象森森。因山上气候多变，形成"云华山"、"雨华山"、"雾华山"、"雪华山"，给人以仙境美感，是所谓的西京王气之所系。

华山是中华民族文化的发祥地之一，据清代著名学者章太炎先生考证，"中华"、"华夏"皆因华山而得名。华山留下了无数名人的足迹，也留下了无数故事和古迹。自隋唐以来，李白、杜甫等文人墨客咏华山的诗歌、碑记和游记不下千余篇，摩崖石刻多达上千处。自汉代的杨宝、杨震到明清时期的冯从吾、顾炎武，有不少学者曾隐居华山诸峪，开馆授徒，一时蔚为大观。而在华山诸多故事中，流传最为广泛的神话故事有"巨灵劈山"、"沉香劈山救母"、"吹箫引凤"等。华山还是道教圣地，为"第四洞天"，有陈抟等著名的道教高人。山上现存七十二个半悬空洞，道观20余座，其中玉泉院、东道院、镇岳宫被列为全国重点道教宫观。

（资料来源：华山官方商务网，http：//www.huashan16.com/Article/139.html.）

问题思考：华山有哪些自然景观及文化景观？

第一节　旅游景观

旅游资源是旅游业发展的前提和基础。旅游景观可分为自然景观和人文景观。人文景观较形象地反映了人类最基本的需求，也反映了人类改造世界的态度。景观文化主要体现于人文景观中。它包括两个方面：以自然景观的特征而布置的文化景观和为风景区增添无限魅力和吸引力的神话传说和民俗风情。①

一、景观

1. 景观定义

"景观"一词源于 landscape，最原始的意思是"风景"、"景色"、"山水"等，后成为地理学科的名词之一，被解释为自然地理区划中特定类型的区域。后来人们把凡是作为人类欣赏对象的自然景物或自然现象都称为"景观"。近代美学研究大多把景观限于自然风光的审美范围。但在当代，越来越多的人提出，景观不仅包括自然的，也包括人文的，从而使"景观"一词的范畴又有了很大的扩展。从旅游文化和现代旅游的角度认识和审视景观，可以把景观理解为被开发和利用的旅游资源的重要部分，是旅游吸引物的重要构成。

2. 旅游资源与旅游景观

旅游景观不等同于旅游资源。关于旅游资源，国内外学术界众说纷纭，没有形成统一的概念。关于旅游资源的认识，是与旅游发展联系在一起的。大体而言，旅游资源是旅游活动的客体，凡是对旅游者具有吸引力的自然因素、社会因素和其他任何因素都可能构成旅游资源；旅游资源可以是物质的，也可以是精神的。但是旅游资源本身不是旅游吸引物，它必须经过开发，才能转换为满足旅游者旅游愿望的目的物和吸引物。

具体而言，旅游资源包括三部分内容，即生态旅游资源、历史旅游资源和社会旅游资源。生态旅游资源的主体构成是山水和自然风貌。历史旅游资源的主体构成是文物古迹、故居名胜，它集中体现在历史方面。社会旅游资源主体成分比

---

① 孙全治，林占生. 旅游文化［M］. 郑州：郑州大学出版社，2006：47.

较复杂，大体而言，凡与人们社会生活有着较紧密联系的活动，如民俗、购物、美食、艺术表演、旅游服务、节庆祭典等，都属于社会旅游资源，它集中体现在社会生活各方面。旅游景观按其属性，基本上分为两类，即自然景观和人文景观。自然景观以山水景观、自然风貌为主体，人文景观以建筑、园林、历史遗迹为主体。购物美食、民俗风情等社会旅游资源无法构成旅游景观。

旅游资源的范畴是自然和社会因素的产物，它可以是物质的，也可以是精神的。但旅游景观，无论是自然景观还是人文景观，都是由物质世界构成的。

在一般情况下，旅游资源先于旅游景观存在。很多景观在其初始时期，并非是以满足旅游者的需求而修建，也就是说，它不是旅游景观，但是它可能构成旅游资源。随着后人的开发和利用，这些资源就成为旅游景观。名人故居、历史遗迹都是其中突出的例子。

旅游资源与旅游景观，从时间分析，应先有旅游资源，经过开发和利用，才会生成旅游景观；从结构分析，旅游资源可以是物质的，也可以是精神的，而景观仅限于物质；从内容分析，旅游资源包含生态、历史和社会三大资源，而旅游景观不具有社会资源的内容。

对于旅游资源和旅游景观的认识，因为社会经济和文化的发展变化，不同的时代和社会会有不同的解释和理解。①

二、景观的文化性与文化景观

从景观含义的演变可以看出，文化概念的引入使得景观所涉及的范围从单纯的自然生态系统扩大到自然—经济—社会复合系统，以及人文科学的社会、心理和美学领域。文化景观是人类文化与自然景观相互作用的结果，是任何特定时间内形成一地基本特征的自然和人文因素的复合体。作为附加在自然景观之上的各种人类活动形态，文化景观由自然和人文两大因素组成。自然环境本身所具有的地带性规律，也使文化景观的许多人文因素（如居民等）具有明显的地带性的根源。构成文化景观的人文因素包括物质的和非物质的两类。

三、文化景观的基本特征

1. 文化景观的空间和非空间性

一方面，人们为满足自身生产和生活的需要而对自然景观实施的改造和利用，它通常以各种土地利用方式和生产方式来体现；另一方面，人们依附于这种自然环境和生产方式所表现的生活方式。这两个方面构成了一个区域总体的文化

---

① 沈祖祥．旅游文化学［M］．福州：福建人民出版社，2011：201-202.

景观特征，前者是具有空间形态的地理存在，后者则多是非空间形态的物质、精神存在。

2. 文化景观的分异和趋同

所谓分异，是指一个地域中各文化景观类型各自独立发展，相互间差异性不断增强，且不断产生新类型的过程；所谓趋同，则是指地域上各文化景观类型相互渗透、融合、同化，其景观类型不断趋于单一的过程。

3. 文化景观的稳定与变化

文化景观在时间层面上的演化与空间结构一起，构成了文化景观的时空格局。文化景观的时间结构，是一个文化地域的特色之一。不同的地域，有不同的文化景观时间结构及其组合，它们的稳定性也有很大的差异。

4. 文化景观的扩展和跃迁

文化景观在地域上一般是连续分布和逐渐过渡的，但是在有些情况下，这种连续分布趋势会突然被集聚分布的小块异质文化景观地块所干扰。文化景观绕过这些异质文化景观地块后才能继续向远方延续分布。这种情况就如海中的小岛一样，成为"景观孤岛"。

第二节　旅游景观文化

旅游景观文化既非景观与文化简单的结合，也非景观与文化的叠加重合。旅游景观文化应是探讨和研究旅游景观生成、发展的历史文化背景，旅游景观的结构、特点与文化内涵，以及旅游景观观赏者和旅游景观之间的审美与被审美关系。它的研究方法是把旅游景观文化视作现代文化家族中的一员，以文化为本体，以此观照旅游景观；而不是以旅游景观为本体，由此去寻找和探讨与文化相关联的部分。

作为旅游文化的组成部分，景观文化既有其完整的结构和内容，又有其自己的特点。

景观文化由四部分内容组成：①景观的"形"。它是物质的、外露的东西，是旅游者接触景观文化最初也是最直接的感受，是景观文化的外在表露，是景观文化物化的体现。②景观的"意"。它是文化的、内在的东西，是景观直接依托和体现的文化，是景观的"小文化"。③景观的"背景文化"。它是外在于景观的文化、思潮和社会。景观的"意"，也就是它的内在文化，常常会受到外在文化的制约。所谓园林风格、建筑思潮都无法逃离它所背靠的社会、时代对它的影响以至支配。如果说，景观的"意"是景观直接文化内涵的体现，那么景观的背景文化是景观间接的文化内涵，是景观之所以产生的时代、社会思想文化的体现，是景观繁衍发展的文化，是景观的"大"文化。④景观的阅读文化。它是旅游者对景观的认识、理解和利用，也就是旅游者与景观之间审美与被审美之间的文化关系，具体包括旅游者对景观的正读文化和误读文化。景观的阅读文化在一定程度上类似景观的审美文化。但是景观的审美文化又不能代替阅读文化，因为景观审美文化基本上以景观阅读文化中的正读文化为主体，它无法包含或容纳景观文化中的误读文化。旅游者的阅读文化是对景观文化的拓展与丰富，也是景观文化的重要组成。

景观文化是上述四方面内容完整和有机的结合，四者不可或缺，否则就会导致对景观文化认识的不完整或不正确。

一、旅游景观文化的"外形"

1. 旅游景观文化"外形"内涵

旅游景观文化的"形"，是物理学上的"形"，它较为直观、易于感知，是景观的外在体现，是景观文化的外化与物化。

景观的形，是景观的形状与构制，包括景观的色彩、形状、结构、相貌、质地、材料和工艺等。就山水而言，高山的雄厚、险坡的陡峭、巅崖的挺直，水面的辽阔、水势的激荡、波涛的汹涌等，都是山水的"形"。就建筑而言，雕栏玉砌、飞檐翘角、廊柱殿门、粉墙青瓦、壁刻窗饰等，都是建筑的"形"。人文景观的"形"有其时间的界限。以建筑、园林而言，少有越千年而完整不变的。人文景观的"形"会因为时间而形变，以至消弭于无形。

就一般意义而言，"意"、"形"相随，如某座寺院的损毁、某尊古塔的倒塌，"形"之不存，其"意"也就无从体现。但是"意"又可在一定程度上跨越时间的界限，可以通过语言或文字延续下来，使被毁的"形"得以再现。

2. 旅游景观"外形"的仿造

景观的"形"是可以仿造的。建筑师依照北宋李诚编修的《营造法式》、明代计成编著的《园冶》和清代的《工部工程做法则例》所规定的程式化的结构技术，可以成功地仿造出宋代、明代或清代的建筑或园林。目前，按原样建在纽约大都会博物馆的苏州网师园中的"明轩"，就是"形"仿制的杰作。

"形"的仿制并不很复杂，但是"形"所具有的"意"，也就是景观的文化内涵，是极难轻易以仿制的手段加以实现的。不少人文景观成为名播四海的胜迹，关键在于它长期积累下来和建筑本身浑然一体的历史文化背景，在于它本身所具有的丰富文化内涵，而这种历史和文化是无法仿造的。如埃菲尔铁塔只适合于巴黎,这是时间、空间和社会条件所决定的。在其他地方仿造埃菲尔铁塔,无论怎样美轮美奂,它只能是一座钢铁的空壳,不可能体现出法国文化的精髓。同样,离开了拿破仑,巴黎的凯旋门只是一座华美大门,而成不了法国的象征。长城倘若再建于西方,它只会被理解为一堵长墙,而不可能闪烁民族团结、国家统一的精神之光。所以说,那些内涵丰富、文化独特的景观永远只能仿其"形",而不可能有其"意"。就像临摹世界名画,可以有其"形",却不能现其"神"一样。

在旅游资源开发中,历史题材的运用与移植、各类古建筑的复制,对于尊重民族历史、弘扬传统文化无疑具有重要的意义。但是,这类景观的再现或复制,应该严格局限在相同的人文环境和自然环境之中,尽可能地求得形似和神似,追求形神兼备。复制古迹,从某种意义上说,也是一种传承,它是历史在时空中的延续,所以这种复制也具有文化意义。遗憾的是,某些古迹或历史景观的复制因为急功近利,存在着严重的文化错位、历史失实、地理失真等问题。等而下之的,不惜采取媚俗手段,歪曲和编造历史,把历史古迹景观的塑造引入误区,产生不良的负面效应。这样的景观不仅形离,更谈不上神合。

旅游景点的历史题材无疑属于大众艺术,历史题材的旅游景点当然不必弄得学问高深古奥,但大众艺术并不是胡编乱造的艺术,如果历史景点连最基本的历史事实都荡然无存,留给游客的将只是糊涂和困惑。

二、旅游景观文化的"内意"

1. 旅游景观文化"内意"概述

旅游景观文化的"意"是无形的,它是凝结在景观内的文化意识,是景观的文化内涵。没有这种无形的"意",也就是文化存在的运用,就不可能有"有形"的景观生成。所以,景观的"形"与"意"是相统一的。

景观的"形"是一种物质的立面,而景观的"意"则是精神的立面,二者使景观凸现在观赏者的面前。景观有了"意",也就有了景观的生命。然而,景观的"意"是一种内在的文化,它是无法通过外力强加的。人造景观中的世界名胜,它所具有的"意",是造景者的"意",绝非原先的"意",这应是清楚的事实。

2. 古典园林文化的"意"

论及景观的"意",中国古典园林中的景观——不系舟,无疑是很好的注解。不系舟,即旱船,它是古典园林模仿舟船所建的小筑,是古典园林中常见的景观。这类旱船多建有船首、船舱或船楼,大抵与水船相仿。然而,旱船景观的意义并不在于"形",而是在于它的"意",在于它的象征意义。不系舟通常是

中国旅游文化

园主个人意愿和情感曲折的反映,是古代文人不满现实生活,追求遁世隐逸思想的折射。"人生在世不称意,明朝散发弄扁舟",古时文人以泛舟江湖、游历山水来化解自己胸中的愤懑。而园中造舟,正是寄寓于这种游历山水的理想,体现了古园旱船景观丰富的理性内涵。

上海豫园亦舫、苏州拙政园的香洲、岭南清辉园和馀荫山房的船厅等都是上述理想或心态的物化体现。可惜的是,旅游者在观赏中国古典园林时(包括导游在园林讲解时),常常是只注意园林的景,也就是园林的"形",而忽视了园林的"意";注意了园林的地理空间,忽略了中国士大夫的精神空间。园林"重在构字,含义至深。深在思致,妙在情趣"。因而,游览中国古典园林只有观景与会意皆备,才能真正窥探到中国古典园林的真面。

岳阳楼之所以成为天下名楼,主要不是因为它的建筑,而是因为它所具有的韵味深长的文化内涵。是杜甫《登岳阳楼》和范仲淹《岳阳楼记》所抒发的吐纳天地、心系国家安危、"先天下之忧而忧,后天下之乐而乐的情操",使岳阳楼名满天下,超越时代,成为历代旅游者心中的圣地。

3. 建筑景观文化的"意"

世界不朽名著《巴黎圣母院》使一幢冷冰冰的石头大房子变成了一个有血有肉有灵魂的生命。雨果的《巴黎圣母院》在1831年出版时,巴黎圣母院已是老态龙钟,摇摇欲坠,被人冷落而濒于颓毁。在雨果身体力行的倡导下,法国政府才决定全面修复大教堂,历时数十年,从而使巴黎圣母院起死回生。所以在一定意义上可以说,是雨果赋予了巴黎圣母院的物质生命和精神生命。更有意思的是,雨果小说的出版,引起了全社会对巴黎圣母院等古建筑的重视,使法国人重新发现曾经被鄙夷不屑的中世纪艺术,因此引发了一场审美趣味的革命,使得中世纪的景观得以永存。

假如说,历史景观"意"的体现,有不少是与文学名篇、历史人物相联系,那么当代景观的"意",则更多与建造者的创意密切相关。

由勒·柯布西耶设计的朗香教堂一出现,就在全世界的建筑界引起轰动,被认为是伟大的建筑。勒氏认为,信徒上教堂是为了与上帝沟通,所以他在设计教堂时,把它刻意搞成一个"形式领袖的听觉器件"。他认为朗香教堂应该像人的听觉器官一样"柔软、微妙、精确和不容改变"。朗香教堂通过建筑的体、形、空间和颜色的调配处置,强烈地表达出建筑设计者与存在主义相通的人的情绪、情结、心境和意象。

4. 山水景观文化的"意"

原生形态的山水景观,其"意"是如何体现的?自然和风景是一种客观存在,但作为原生形态的山水之所以能成为景观,主要不是因为它的物理环境变化,而是因为人类在利用和改造山水的过程中,将自身的需求、智慧、能力凝聚于山水之中,从而赋予山水以"意"。也就是说,山水景观是人的本质力量对象化的结晶,山水景观实际上打着人的深深印记。人们对于自然界的印象,对自然景观的认识,是由人们社会文化的进程来决定的。山水景观有着人类认识世界和改造世界的文化内涵。所以说,山水景观的"意",实际上是人类与自然心物感应的产物。

三、旅游景观的背景文化

正如法国大文豪雨果所说的:"人类没有一种最重要的思想不被建筑艺术写在石头上。"从中国的长城到德国的科隆大教堂,都是人类重要思想的体现。各种景观建筑构成了人类社会思想文化发展的轨迹。景观,尤其是著名的景观,形式上是个人创作的作品,而实质上却是社会和时代的产物。不同的景观是人们不同的生活方式、宇宙观、价值观、审美习惯、思维方式和行为心理的典型反映。换言之,是社会和时代孕育、催生和促成了景观的生成和发展。景观所体现的不仅仅是样式、技艺和景象,更凝聚着当时当地的文化、传统、历史和生活。因而只有对景观所赖以生成的社会思想文化有较为深切的了解,才能更为深刻地认识和理解景观。

1. 世界各国的园林旅游景观文化

园林的亭台楼阁、山石草木等物质形态,凝聚着园林创造者与欣赏者及其时代留下的观念与情趣、文化和思想,因为各类园林"有它特殊的宇宙观与人生情绪为最深基础"①。

中国园林如同中国古代书、画、诗、文等传统艺术一样,是中国知识分子相同情感的不同表现形式。从中国古典园林中,我们可以窥测到中国知识分子独特的心灵,寻找到中国文化血液中禅的因素。

首先,中国古典园林的兴起本身就与士大夫以心性为立足点的潜意识紧密联系。封建时期,中国的知识分子希冀既能超脱身在朝阙的烦扰与羁绊,又不必遁隐山林,忍受寂寞与清苦,这样就有园林的兴起与发展。园林成为士大夫沟通仁与隐、城市与山林的物质和精神桥梁。

其次,中国的园林追求静境。静境一直是士大夫文人、佛教追求的最高境界之一,而中国的古典园林又以文人园林、寺庙园林为主流,因而"中国的古典园林不管依傍何种建筑流派,都要以静作为自己的韵律。有了静,全部构建会组建成一种古筝独奏般的淡雅清丽,而失去了静,它内在的整体风致也就不可寻找"。

---

① 宋白华著. 宋白华全集(第二卷)[M]. 合肥:安徽教育出版社,1994.

最后，中国的古典园林，遵循一种寂照的方式审视世界和自然。中国的园林尊重自然，取法自然，用人工的力量来建造天然的景物，即所谓"虽由人作，宛自天开"。这种方式通过"写意"的手法来融合宇宙和含蕴自然。与西方人不一样的是，中国人观照自然的方式是"写意"的。中国古人并不需要直接走进自然，只是凭借丰富的想象力，以一池水代表沧海，以一假山代表林壑气象，以一片石代表数峰，人坐在室中可与宇宙自然灵犀相通，体现了中国道教神与物游和佛家心与静寂的境界。中国古典园林实际上是中国知识分子用石、水、建筑、植物所勾勒的山水画卷，是园主心境的描摹，包含着园主的直接体验和心灵感悟，是天人合一智慧的凝聚与升华。

法国凡尔赛公园的风格典雅和谐，是法国式花园的最高成就。凡尔赛的园林艺术是强制自然、奴役自然。它把阳光下自由生长的树木花草，随心所欲地修剪成整齐划一的几何图形，或直、或圆、或方。法国式公园修饰整齐，体现了对秩序的追求和对规范的倡导。

英国式古典园林侧重于再现大自然的具体实感，审美的感情蕴含于被再现的物象之中。园林创作，原原本本地把大自然的构景要素山、水、植被等经过艺术组合，相应于用地的大小而呈现于人们的面前，是一种理性的、客观的写实。

法国的规整式园林和英国风景式园林是西方古典园林的两大流派，它们都反映了西方对自然的态度，这就是人与自然的相对分离与互相排斥。

2. 世界各国的建筑景观文化

中国封建社会时期漫长，专制思想和宗法思想长期统治着社会，体现在思想文化上，就是抹杀个性，推崇共性，导致中国传统建筑个性很弱，缺少独特的风格。建筑以追求共同的形式，崇尚共性为主流。

民居建筑直接受制于封建伦理宗法思想。以北方的四合院为例，严格遵循天理和祖制，体现了宗法社会的基本结构与秩序。建筑结构突出长幼有序、上尊下卑、内外有别和大家庭集聚的特点。四合院四周围墙高筑，庭院深深，是内向封闭型生活格局的建筑形态化。四合院房舍与墙体之间构成封闭性建筑格局，既意味着内部的和合与统一，又标示出内外关系的规范和对于人我分际的极端注重。四合院作为文化思想的一种映照，也在一定程度上体现了中华民族传统的精神文明，如尊老爱幼、孝悌亲情以及和乐精神。

巍峨壮观、富丽堂皇的宫殿建筑，同样与封建时代的绝对忠君思想不无联系。西汉初年萧何在劝进刘邦时，就曾建议造宫殿："非壮丽无以重威，且无令后世有以加也。"宫廷建筑的风格给人心理上的作用不言自明。

同样，在凡尔赛宫和花园的设计中，对方位的极度崇拜，对坐向的刻意追求，处处、时时要突出"老子天下第一"，自己是人间至尊的地位等，也可以看到以路易十四为典型代表的法国封建君权在艺术上的体现。

西方的宗教对西方的建筑产生过深刻的影响。在封建社会里，西方的宗教建筑甚至成为各个时期文化的重要特征。在宗教时代，大教堂的兴建就像是一股风，席卷欧洲各大城市。每个城市都把大教堂视作本城的骄傲，人们通过兴建教堂这种形式，"用无声的语言，向我们表达着他们的思想、感情与向往的目标"。

在13世纪，"哥特式"建筑大盛，它不仅影响了市政的建筑，也影响了世俗的建筑，还对人们的审美情趣发生作用。"哥特式教堂建筑风格最初只不过是对于高度和光亮的偏爱，但由于在这一技术中得以发展起来的某种趣味标准的作用，竟然使这种建筑风格成为13世纪唯一占领统治地位的艺术。它排斥了那些与其不协调的因素，修正了另一些因素以适应它的意图，还发展出另一些符合趣味的因素。"这里不仅看到了宗教的力量，也看到了宗教艺术对景观的巨大影响。

由于统治者对佛教的提倡和支持，在中国历史上也曾有过寺庙建筑非常辉煌的年代。唐朝诗人杜牧的诗句"南朝四百八十寺，多少楼台烟雨中"写出了南朝佛寺的繁荣与美丽。据史料记载，江南梁朝的寺院曾达2846所之多。南朝佛寺的兴盛，是与当时最高统治者重视与提倡联系在一起的。

中国佛教的特色是融合玄理，它直接影响着寺庙园林向自然山水发展，寺院与自然风景相结合。"天下名山僧占多"，寺庙园林的发展，不仅丰富了中国旅游景观的内容，也为保存中国历代建筑的精华做出了重大贡献。正如建筑史家梁思成所言："中国近代建筑遗物，以寺庙祠观为最多。古代建筑之精华，多赖寺观得以保存下来。"

各个民族不同的思维模式与哲学观也对建筑景观产生影响。如明代南京皇城的层层叠叠，多重围合，轴线展开的布局就留下了中国人思维模式的深深痕迹。东方传统建筑，如中国传统民居（以三合院或四合院的院落式民居形式为主，使用的人数最多，地域分布也最广）的建筑空间就很好地体现了"天人合一"的哲学观。这类建筑大多体现为内眺式，从四周形成一个中心，向内观望，以四方上下的空间与宇宙包涵，在狭小尺度的三维空间里俯仰乾坤、关照万物。

建筑景观艺术，在一定意义上可以说是人类文化最典型、最集中的体现。我们可以从哥特式的教堂去寻找基督教的教义，从印度石窟中感受佛教神秘主义哲学的氛围，从中国园林中窥见老庄玄学的真谛，从现代的波特曼共享空间中体会美国人的乐观、开朗的外向性格。

3. *旅游景观背景文化与旅游景观*

景观的文化内涵，常常取决于它的背景文化和历史联系。因为，景观一旦离开某个历史时段的文化背景，它的文化意义传递就可能发生改变，它的美学含义也会随之变化。

景观背景文化有时还会直接影响景观本身。如延安宝塔，它最初的设计思想，必然是宗教上的原因，它的文化意义主要是在宗教意识。后来，延安成为领导中国人民反抗日本侵略者的中心，成为中国革命的圣地，宝塔就成了革命圣地延安的象征。宝塔原设计的宗教含义消失了，它更多地体现为中华民族不甘屈服于外来侵略的反抗和斗争精神。又如天安门和前门，人们对其在帝制时代的作用与意义早已淡漠了。皇家宫殿的门楼，在中华人民共和国时代已经褪去了帝王的色彩，而成了中华民族的象征。人们所看到的是它饱经风雨的身躯所承载的民族史，是把它视作中华人民共和国的国家标志。景观的背景文化使景观推陈出新。这时，人们看到的景观已不仅仅是景观的实体，而更多的是看到了景观的象征意义。

某些景观在其设计意图中可能较多地反映了帝王思想、殖民者意识以至法西斯思想，但是随着时代的变迁、历史时光的流逝，原来的设计主题和内容也会发生相应的变化，而成为人民大众所喜爱、所欣赏的景观。这与景观文化的时间性（也就是动态性）和景观美学意义的不确定性有着相当的关联，这也是我们认识和理解景观背景文化的意义和作用所在的一个重要方面。

四、旅游景观的阅读文化

1. 旅游景观阅读文化的正读与误读

景观形成以后，不同的旅游者会对景观作出有声或无声的评论，有意或无意的美学鉴赏。因为个人所具有的文化背景和知识结构并不相同，不同的人所具有的不同美学趣味、评价标准，常常会对同一景观品出许多不同的"味道"，得出不尽相似的结论。这样，就有景观的阅读文化。事实上，景观的文化价值和美学价值，只有通过旅游者的阅读才能真正得到体现。

景观的阅读文化主要体现在两个方面：一个是景观的正读文化，它包括对景观"形"、"意"和景观背景文化的认识和理解。景观的正读文化更多地表现为景观的审美文化。另一个是景观的误读文化，这种误读又表现为两个方面：一方面是因为时代、历史、文化、社会等原因，旅游者对景观出现误读。这里的误读，是指旅游者按照自身的文化传统、思维方式、自己所熟悉的一切去解读另一种文化的景观。另一方面误读是指旅游者对景观有意识地误读，从而赋予景观以不同于景观本身的文化内涵与意义。

（1）旅游景观的正读文化。关于旅游景观的正读文化，主要是强调旅游景观观赏者阅读的视点不仅仅在景观的外在形态，更要透过外在形态去体验景观的内在文化与精神。景观的阅读，有一个心物感应和心物交融的过程。就如白居易在《白苹洲五亭记》所说，"大凡地有胜境，得人而后发；人有心匠，得物而后开"。所以景观的阅读，其实是一种境心的相遇和境心的交流。

景观的阅读，以自然山水为例，就要力求在山水审美的过程中把握山水的形态美、自然美，追寻山水的历史和文化内涵；同时把自己的性情融进山水景观中，透过山水景观，追求自我人格的完美与高尚；还要强调心与物的同性同境，注重用自己的心灵来感受和体验山水，具备和山水一样的自然心情，从而在欣赏山水的过程中与山水打成一片。

（2）旅游景观的误读文化。关于景观误读，首先不同文化之间的误读是难以避免的。比如说，一尊维纳斯古雕像，希腊人把它作为一个崇拜的对象，而中世纪的牧师却把它看作是一尊不吉祥的邪神像。希腊人和中世纪的牧师是从不同的传统和文化角度来认识它的。

由于景观的审美已经超越了美丑与对错之分，一种景观越是能展示出自己更多的角度和形象，其具有的内涵就越丰富，从而也就越是可能引起不同旅游者的误读。如贝聿铭设计的法国罗浮宫金字塔、罗杰斯与皮亚设计的法国蓬皮杜文化中心等都曾经引起不同的争论。所以，景观误读一方面丰富着景观文化，另一方面从完全不同的角度扩展了景观文化的解读方式。

当然，并不是所有景观误读的作用都是积极的，有些误读是出于民族或文化的偏见，有些是出于意识形态的对立，这些误读的作用无疑是消极的。

其次景观的误读也可能是有意识的误读。这种误读背离了景观本身，看似"误读"，实为一种新的理解或新的视角，而且某种误读，本身就是一种新的发现。鲁迅先生《论雷峰塔的倒掉》一文，是对雷峰塔有意识的误读。鲁迅把雷峰塔视作封建势力的一种象征，从而热情地欢呼雷峰塔的倒掉。其实雷峰塔的建造，是因为北宋吴越王钱俶为得子祈保平安，它的自然倒塌，也与封建势力的兴衰风马牛不相及。

正如有些旅游文化研究者所言，"牵强附会，张冠李戴，是中国旅游文化的特色"，"我们可以从形形色色的地方志书中，从诗人墨客的文集中，从用作谈资的轶闻琐记中，观察到这种现象的普遍存在。如果我们深入到天下名山大川去作旅游考察，从各景点的传说中，从游人的闲话中，从一些似是而非、真真假假难以分辨的古迹中，更可以印证上面的结论"。这里所说的旅游文化，其实也就是景观文化的特色，不仅中国如此，外国也是如此。

景观的附会，是对景观有意或无意的误读，因为它本不是景观建造的原始本意。经过后人"弄虚作假"的渲染与加工，实际上是赋予景观以新的文化内涵，进一步丰富了景观的内容，从而这些误读（或附会），也逐步演变为景观文化的有机组成部分。景观的误读，在某种意义上也可以说是不同文化背景下个人或群体创造的一种体现。

所以，阅读景观不仅仅是阅读景观的本身，附于景观的神话传说、民间故事，常常也是景观阅读的内容。应该说明的是，这种阅读更多的是与人类情感联系在一起。当流连于西湖断桥，脑海中浮现出白娘子与许仙在桥头首次相会情景的时候，有人理智地告诉你，白蛇不会成精变人；当平湖望月，憧憬着月里嫦娥玉兔吴刚的时候，有人明白地告诉你，人类已经登上月球，那里一片苍茫荒凉——这时带给人的感觉绝不是科学的智慧之光，而是大煞风景的絮叨。因为这时候的阅读，充盈着情绪，激荡着情感，沉浸在虚无缥缈的昏昏然与茫茫然之间。这时，不需要科学的昭明，不需要赤条条的真面。科学表达的是不争的事实，神话表现的是人类丰富的情感。

2. 旅游景观阅读的差异

由于在景观中凝聚着一定的审美心理，景观在被欣赏时又进一步诱导出新的审美心理活动。所以，景观作为一定的欣赏心理的"物化"形态，它的存在是和景观观赏者的精神活动联系着的，景观的阅读常常是与情感紧密相连的。

当然对于景观的阅读，常常是以年龄和阅历为基础，对景观文化的理解，有时会与个人对于时代和人生的感触相对应。对于景观文化的阅读，不同的人站在不同的层面，会做出不同的理解。对于景观文化的深刻内涵，并不是每个阅读者都能深切体会的。即就体会而言，站在了"第一台阶"，也只能体会到"第二台阶"，而不是从"第一台阶"就体会到了"第四台阶、第五台阶"的。阅读者要不断提高自己的阅读能力，也就是审美能力的问题。而阅读能力的提高，主要是靠两个方面：一是要博览"群书"，行万里路、观万种景，在比较中区别优劣，提高鉴赏能力；二是要加强美学修养，从他人的审美体验中汲取营养、充实和提高自己。

景观阅读的最高境界，不是只看到眼前的景观，这是观光旅游者走马观花、蜻蜓点水式的游览就能获取的；也不是眼前的"一个"景观，这是理解了景观的"形"和"意"的旅游者所能做到的。景观欣赏的最高境界应该是旅游者做到景从眼前过，景在心底留，能够从眼前的"一个"景观，"看"到同一类型的景观；同时他所看到的不再是景观的表象，而是景象之外或者说是隐于景观之后的创作者的灵魂和精神，能够看到景观所传递出来的民族文化心理和时代的精神气质。①

---

① 沈祖祥．旅游文化学［M］．福州：福建人民出版社，2011：202－212．

第三节　旅游景观文化的特点

景观文化从属于旅游文化的个体，除了具备旅游文化的一般特性之外，还具有自己的特性。

一、旅游景观文化的主要特点

1. 旅游景观文化的时间性

景观文化的时间性，也即时代性或阶段性。景观文化有其生命发展的阶段性，它经历着生成、发展、高潮、衰退和消亡等不同演变阶段的过程，具有一定的生存期限和生命周期。有的景观昙花一现，仅有数年、数十年的历史，而有的景观可历千年而不衰。

就欧洲古建筑景观而言，就有着明显的阶段性。1世纪推出罗马式建筑，6世纪出现拜占庭建筑，9世纪有罗曼建筑问世，13世纪风行的是哥特式建筑，14~16世纪则以欧洲文艺复兴建筑为主流。

中国古典园林历史悠久，它的发展也带有着明显的阶段性。据中国古典园林史专家研究，中国古典园林景观的发展史大致可以分成五个时期，即先秦两汉的生成时期、两晋南北朝的转折时期、隋唐的全盛时期、两宋到清初的成熟前期和清中叶到清末的成熟后期。

景观文化的时间性表明，人类文明反映在景观上，和其他艺术一样，都具有时代感。从古希腊、古罗马、中世纪式、文艺复兴、巴洛克式、现代主义，直到现在的后现代主义的景观都表明人类文化不断发展的轨迹。而迪士尼乐园一类主题公园在当代的显现，无疑也是当代科学技术、智慧和思想文化的结晶，有着它鲜明的时代特点和烙印。

景观文化的时间性还表明，不同的景观会有不同的时代特征。在每个历史阶段都会或都能够推出属于它那个时代并能代表它那个时代的景观，但同一个景观也可能随着时间的变化会有不同的文化内容或审美价值。

艺术的繁盛期并不一定就是社会的繁盛期。艺术的发展在很多时候不与社会的发展同步，成熟的社会会产生成熟的艺术，不成熟的社会也会产生成熟的艺术。不少景观艺术创作都在社会发展低级阶段就走向了它的顶峰，这些景观艺术顶峰，后人不仅不能超越，甚至不能再现其最高价值。

景观艺术同科学技术的重大差别在于后者从较低级、较简陋形式上升到较高级、较完善的形式,而某些艺术则在社会早期发展阶段就已达到其最高的水准。景观艺术的发展不同于科技类的线性发展方式,它是一种风格代替另一种风格,是周而复始的螺旋形发展方式。正因为如此,景观的修复与重建是一件非常复杂且难度极高的工作,必须认真对待。

现在我们维护古城,使一些旅游景观再现已经逝去年代的风貌,这是必要的,也是可以理解的,因为怀旧是人类不解的情结。但同时应该看到趋新更是人类执着的追求。当代旅游者有当代的追求和渴望,所以在景观建筑上应该有所作为、有所发展、有所前进。

同时,旅游景观不是考古发掘,并非越古老越显示其价值,而是不同时期景观的各种不同风格,各有自己的价值取向和旅游者的活动层面。从景观文化的角度来看,与其耗资数百万元重建一座废祀数百年的古园或古塔,不如新建一座具有现代意义的旅游新景观。旅游景观的开发和建设拘泥于复古是不可取的。景观文化的时间性,还表现在时间会冲淡政治、冲淡意识形态的某些分歧,从而会淘汰一部分景观,也会造就一部分景观。在冷战时期,柏林墙曾是一道代表着不同意识形态的著名风景线,两德统一,柏林墙就消失了。著名的越南胡志明小道,曾经是抗击美国入侵的炸不烂的军火运输线,随着战争烽火的烟消云散,这里却成了人们观光、游览的景观。

2. 旅游景观文化的空间性

景观文化的空间性,即地域性。人类文化,是地域性的产物,景观文化也同样是地域性的产物,各不相同的地域生成和造就各种景观,从而构成景观世界的多彩多姿。景观文化的空间性大致可以体现在两个方面,一方面是地域的文化特点,另一方面是地域的物理因素和自然因素。

(1)以景观的地域文化特点而论,有人曾对印度和中国的佛教建筑作了比较,认为在古印度佛教建筑中,以舍利塔与石窟为主要形式,舍利塔是中心的建筑形式。舍利塔供佛教徒顶礼膜拜,从而是崇拜的中心对象。而舍利塔在中国则演变成与民居及园林建筑中的楼阁相结合的形态,具有可观赏乃至登临的性质,因而世俗化、审美化,后来的塔更成为寺庙园林环境的构成因素之一。中国寺院建筑与印度佛教建筑的外在差异,正是中国地域的佛教与印度佛教的内部文化精神差异的显示。

就园林景观而言,苏州园林之美,在于集江南风景湖光之大成,是江南生活环境的景物集中化与强调化。苏州园林的清雅是江南文化熏染的结果。同属古典园林,中国的北方园林与南方园林就有相当的大差异,前者是大家风范,后者是小家碧玉,这是王者之气和儒者之风的分别。

(2)景观的空间性还表现为地域的物理因素和自然因素。景观的形成和产生大多与自然风土有一定的联系。如我国著名的环境造型专家在比较日本京都名景桂离宫和埃及开罗住宅建筑时描述，桂离宫"建筑四周围是向自然开放的，建筑以柱子为特色，模仿自然中的枝干，横竖交错生长。因此，建筑物化入自然，变为自然的一部分，或庭院的一部分"。"日本的开放式建筑是日本那种温暖湿润的气候与风土下的必然产物。"开罗的阿拉伯式建筑则是"厚墙包围之下的方形住宅"，阿拉伯人在"其建筑内开辟一个静谧的内廷，种植着苍郁的植物，让高高的青空映入水池"，它表明阿拉伯人在干旱少雨的条件下，追求人与自然并存的一种美与和谐，说明阿拉伯人沟通自然的意向。

比较中国和日本，中国地域广阔，因而景观外向雄大；日本地域狭小，景观就内向奥深。因为气候、温度、取材、地理等多种原因，中国的建筑景观可分为南北两式。同时在南北两式中，各自又分若干区域风格，如南方诸式中，闽、粤、桂一带与长江流域大有不同。

因为地域的自然条件，中国的佛像雕塑景观，南北方也有明显的不同。北方敦煌、龙门、大同的石窟佛像粗犷豪放，因为它多取材于坚硬的花岗石，从而线条刚劲浑厚；而南方杭州的飞来峰、南京栖霞山的千佛岭佛像则细腻柔媚，因为它多取材于石灰石，从而线条圆润委婉。

意大利的雕塑，是旅游者最向往的景观之一。它之所以名播世界，则与意大利人的地理和生活环境有关。意大利盛产大理石，从而意大利人在自己的生活环境中常常直接把大理石运用到建筑、雕刻和工艺品中去。他们在日常生活中与大理石建立起了深厚的感情，因而能把大理石的美发挥到极致，使意大利的雕塑景观成为世界景观中最具吸引力的一部分。

同样，由于各国所处地理位置不同，地方材料和传统建筑技艺等方面存在差别，形成了各地建筑的独特风貌。以伊斯兰教建筑中最具特色的清真寺建筑为例，从建筑的平面布局、空间处理、外观造型和装饰风格等方面进行综合的分析，就可把伊斯兰教建筑大体分为五个不同的地区，这就是西亚和非洲东北地区、欧洲西南部和非洲西北部、黑海沿岸国家、中亚地区与恒河、印度河流域。

3. 旅游景观文化的民族性

旅游景观文化的民族性表现在两个方面，即独特的民族审美心理和独特的民族景观。

世界各个民族因为居住地环境的差异而各具特殊的精神活动本质，其中审美心理是重要的构成。这种审美心理机制是长期的互涉、调和、熔铸的结果。

就古典园林景观而言，西方园林的风格是写实的，它再现自然的真实，追求的是真境；中国园林的风格是写意的，它描摹自然，艺术地再现模山范水，追求的是幻境；日本园林的风格是大写意，在园中不植一草一木，也不开凿一沟一渠，以枯山水表现抽象的自然，追求的是悟境。这些都与各民族的审美心理密不可分。

同样，东方古典建筑体现的是东方民族的审美观念，其造型风格，以布局变化、屋顶向四面大幅度延伸为特点，结构对称，装饰精巧，屋檐四角凌飞挑起，呈现翩翩起舞的景象。西方古典哥特式建筑景观则体现的是西方民族的审美观念，它的造型讲究怪异、大胆、纤巧和富丽，要求有灵活宏大的空间，追求粗大重叠的柱子和高耸的穹隆，这种建筑风格是要体现基督教超尘出俗和"天国尊严"。哥特式建筑风格"既不限于一国，也不限于一种建筑物，它从苏格兰到西西里，遍及整个欧洲，所有民间的和宗教的、公共和私人的建筑，都是这个风格"。这种样式的建筑曾经持续了400年。这里就不能仅仅用宗教的原因来对哥特式建筑作出解释，实际上它已与西方民族的审美情趣联系在一起。

同样东方的佛教雕塑景观，以曲线造型、佛像体现了佛陀悟道时的崇高、宁静的心绪，同时佛教造像汲取希腊雕塑表现崇高的美学意识。但东方雕塑造型规范，又是希腊艺术所没有的，这是东方人超时空的永恒观念的反映。

不同的民族景观，只有特色的区别，绝无优劣高下的差异。

景观文化民族性的另一面是景观的独特性。在一定意义上可以说，景观只有是民族的，才是世界的。1972年，联合国教科文组织大会通过《保护世界文化及自然遗产公约》30余年以来，列入《世界遗产名录》的遗产已有550多处。世界遗产委员会认为，人文景观只有具备下列一个或一个以上的条件才有可能列入《世界遗产名录》：文化古迹除了真实性和可靠性外，还应该能代表某一文化；某种文化或是传统生活方式的突出典范；或与具有普遍重要意义的思想、信仰相关；或产生过重大的建筑上的影响。同时，这种文化古迹是某一民族各方面创造才能的综合表现，但它又是人类共同继承的文化遗产。列入《世界遗产名录》的景观大多是世界著名的旅游景观，这些景观无疑有其独特的、民族性的一面，而更能作为世界的遗产被人类共同接受。可以说，世界著名景观具有超时空的魅力，它属于它所产生的那个时代和民族，但它又超越了产生它的时代和民族，因而成为人类普遍情感的反映和追求。

当今的时代是文化交融的时代，这种交融是时空性的。因而旅游景观也会发生民族文化的交融和历史与现代的交融。如美国新奥尔良市中的意大利喷泉广场就是时空和文化交融的体现。意大利喷泉广场，是当地意大利移民集聚的场所，这里常常举行庆典之类的活动。新奥尔良的喷泉广场就运用了许多意大利文艺复兴和巴洛克时期的建筑符号，使人联想起罗马，想到历史与现实，这是景观时空交融的范例之一。

景观文化具有民族性的同时，我们还想指出的是，随着现代工业的世界性浪潮冲击着经济和文化，现代科技的高度发展和信息传递的日益迅捷，使得世界一体化的趋势越来越明显，因而景观文化的国际化也在不断加强。高技术的主题乐园、后现代的建筑景观、抽象艺术的雕塑景观的流行，这已经不是单纯的民族性所能解释。景观的民族性与国际性的结合，是一个值得进一步深入探讨的课题。①

二、旅游景观文化的其他特点

1. 旅游景观文化的稳域性

稳域性是指景观文化在空间上连成一片，在时间上保持一定的连贯性，形成特殊的文化域。无论是何种景观文化，它们在时空的占有上都具有一定的稳定性。也就是说，在短时间内某个景观文化域不会出现大的时空变化。或者说，在短时间内某个特定地域空间里所反映的景观文化不会轻易改变。

2. 旅游景观文化的独立性

独立性是指随着时间推移，景物逐步积累，形式和观念渐趋成熟，形成一个景观文化体系之后，该种景观文化就是一个完整系统，具有一定的独立性。

3. 旅游景观文化的融合性

融合性包含两方面的含义：一是指各地域、各民族的景观文化之间相互交流、吸收和融合；二是指各种其他艺术文化与景观文化之间相互借鉴。

4. 旅游景观文化的滞后性

滞后性包含两个方面内容，即景观文化系统表现出来的滞后性与景观文化内部各层面之间表现出来的"滞差"现象。

5. 旅游景观文化的积累性

景观文化是随着时间的推移逐渐积累而成的，连续不断地逐步从无到有、从少到多、从低到高、从简到繁、从易到难。

6. 旅游景观文化的继承性

无论是何种景观文化，在不同时代经历了各种不同的历史变迁，每种景观文化的各个时段变化顺次之间总是有各种关联，它们不会出现完全的脱节，或者毫无关系。

第四节　山水文化与旅游

山水文化在旅游文化中占有重要的地位，它是旅游审美客观对象的重要组成

---

① 沈祖祥. 旅游文化学 [M]. 福州：福建人民出版社，2011：213－217.

中国旅游文化

部分。它不仅自身拥有独特的魅力,而且同时参与社会美和艺术美的构成。尤其是随着社会经济的发展,城市化的加剧,会越来越彰显出它的魅力,越来越受到旅游者的青睐。

山水文化包括山岳文化、江河文化、湖泊水域文化、海滨文化、森林风景文化以及石林溶洞瀑布文化等组成部分。山或山岳是指在地貌学上,一般绝对高度在500米以上的地貌。坡度大而峻陡、主峰明显、群峰簇拥的山岳称为高山风景。高山是和峻山、飞云、流瀑、奇松、巧石连在一起的,自然界的鬼斧神工,使得因为地壳运动形成的景观,天然具有了雄伟高大、拔地通天的气势,又具有经日晒雨淋、风化剥蚀的岩块形成千姿百态的奇形怪石。我国的风景名山不仅以绚丽的自然景色取胜,而且以文化底蕴很深的人文景观见长。有形的亭台楼阁、磴道古桥、摩崖碑刻;无形的诗词对联、轶闻传说给自然山川增加了丰厚的文化底蕴,成为全人类的珍贵遗产。"山因水活,水因山转",山水是密不可分的,其美的特质也是互相交融的。游客对水的特殊青睐,观水、品水、戏水总是情趣无限,游泳、划船、舢板、帆船、冲浪、漂流、潜水、滑水、垂钓,水总是使人充满刺激与愉悦。

现代兴起的生态旅游理念提倡人与自然和谐相处,让人在回归自然的过程中重新认识自我,关注自然,寻求自然与自然的和谐,人与自然的和谐,以及最终的可持续发展。自然山水本身也向人类揭示了山水对立和谐关系,旅游者无不为碧水青山的美所折服,这是人与自然的和谐。

一、山岳文化

1. 东岳泰山

泰山为五岳之首,位于山东中部,面积达426平方公里。尽管它的独尊五岳是帝王的神幻,佛、道、儒的繁盛,古文化的积累,劳动者的开拓,使它兼富独特的自然人文之美。泰山具有山岩之美、山麓之丽,有许多山岩自然形成景观,松涛、溪水、日出、云海各具特色。1987年,根据文化和自然双重遗产遴选标准,被列入《世界遗产名录》,世界遗产委员会对其作出如下评价:泰山位于山东中部,跨越泰安、济南两市,总面积426平方公里。不但在地质学和历史文化方面具有研究价值,而且具有很高的艺术价值和美学价值。泰山地区在太古时代经历了剧烈的地壳抬升和沉降,终于在距今3000万年前形成了今天的泰山。泰山地区的寒武纪片麻岩群是华北台地的基底,地层剖面出露齐全,化石丰富,保存完好。泰山杂岩形成于太古代,年龄在20亿年左右。泰山有丰富的地壳运动遗迹,在地质方面有丰富的研究成果,并设有著名的地质研究基地,具有世界意义的地质科学研究价值。

2. 西岳华山

西岳华山在陕西华阴市南，它北瞰黄河，南连秦岭，由东南西北中五峰环耸，犹如一朵盛开的莲花。《水经注》说它"远而望之若花状"，因而得名。华山奇峰耸立，绝壁巍峙，陡险难攀，有"自古华山一条路"之说。从青柯坪开始进入第一道险境千尺㡳，悬崖峭壁之上，三百七十多级古梯陡窄，盘旋而上，直插云霄，山道狭窄，甚是惊险。第二道险路是过千尺㡳，经百尺峡、仙人桥到老君犁沟，这是夹于陡绝石壁间的一条沟状路，有五百七十余级石梯，壁狭路陡，攀登艰难，有"猢狲愁"之说。第三道险路是北峰，山势孤耸，三面都是绝壁，只有一道山岭通往南面山峰。仰望卷龙岭，只见一道黑色的山脊，山道即在龙脊之上，路宽不到一米，两边悬崖壁立如削，谷壑深不见底。过苍龙岭到金锁关，这里有玉井、二十八宿潭、无上洞、玉女峰、石龟蹳、龙窟、舍身树，都是奇石、怪松、飞瀑，无论是气势雄浑，还是细部秀美都是可圈可点。下东峰，从紫气台到长空栈又是险要处，栈道依悬崖开凿，置木橡，架石板，游人需扶铁索木栏通过，令人胆战心惊，但观仰天地中，峰顶翠云，那种"呼吸通帝座"的感觉非一般怯懦者所能体会到。

3. 南岳衡山

南岳衡山位于湖南省中部，山势雄伟，盘行数万里，有大小山峰72座。道教奉为"第三小洞天"，最高峰祝融峰海拔1300米，其他山峰也在千米以上。衡山有四绝，一绝祝融峰之高，二绝藏经殿之秀，三绝方广寺之深，四绝水帘洞之奇。祝融峰平时云雾缭绕，很难见到峰顶，登临峰顶俯视，只见众山罗列，景物雄奇，青烟白气，荡于胸前，流于指隙，尤其是山顶观日，千峰万壑若隐若现，好在一个"朦胧"，太阳从云海中跃出，万道天光，弥漫天际，顿时红日和万顷碧波云海和谐相配，蔚为壮观。衡山风景绚丽多彩，古木参天，终年翠绿，奇花异草，四时郁香，现有万亩植物园，珍贵植物不可尽数，红花油茶、日本樱花、金毛皂荚、猕猴桃最为有名。水帘洞在翠盖峰下，水源来自峰顶，流经山涧，汇入石池，水满溢出，垂直下倾，高二十多丈。每当春夏之交，水势最盛，山泉迸泻，如跳珠喷玉，似雪溅雷鸣，有"夏雪晴雷"的美誉。山容水态，令人心旷神怡，浮想联翩。①

4. 北岳恒山

北岳恒山，亦名"太恒山"，又名"元岳、紫岳、大茂山"，位于浑源县城南10公里处，距大同市62公里。其中，倒马关、紫荆关、平型关、雁门关、宁武关虎踞为险，是塞外高原通向冀中平原之咽喉要冲，自古是兵家必争之地。主

---

① 潘宝明. 中国旅游文化（第三版）[M]. 北京：中国旅游出版社，2010：40-44.

中国旅游文化

峰天峰岭在浑源县城南，海拔2016.8米，被称为"人天北柱"、"绝塞名山"、"天下第二山"。

恒山号称108峰，东西绵延150公里，山脉始于太行山，横跨塞外，东连燕山，西跨雁门，南障三晋，北瞰云代，东西绵延五百里，是海河支流桑干河与滹沱河的分水岭。恒山，莽莽苍苍，横亘塞上，巍峨耸峙，气势雄伟。天峰岭与翠屏峰，是恒山主峰的东西两峰。两峰对望，断崖绿带，层次分明，美如画卷。果老岭、姑嫂岩、飞石窟、还元洞、虎风口、大字湾等处，充满了神秘色彩。悬根松、紫芝峪、苦甜井更是自然景观中的奇迹。苦甜井位于恒山半腰，两井只相隔一米，水质却截然不同。一井水甜美清凉，被称为甜井；另一井水却苦涩难饮。甜水井井深数尺，却取之不尽，可供万人饮用。唐代时，唐玄宗李隆基曾赐匾甜井为"龙泉观"。

5. 中岳嵩山

中岳嵩山位于河南省西部，古时曾称外方、嵩高，五代后称中岳嵩山，面积450平方公里，嵩山由太室山与少室山组成，最高峰连天峰1512米。

太室山共有三十六峰，岩嶂苍翠相间，峰壁环向攒耸，恍若芙蓉之姿。主峰峻极峰为嵩山之东峰，海拔1492米，登上峻极峰远眺，西有少室侍立，南有箕山面拱，前有颍水奔流，北望黄河如带。倚石俯瞰，脚下峰壑开绽，崚嶒参差，大有"一览众山小"之气势。山峰间云岚瞬息万变，美不胜收。正如诗中所说："三十六峰如髻鬟，行人来往舒心颜。白云蓬蓬忽然合，都在虚无缥缈间。"

少室山，距太室山约10千米，御寨山上连天峰为嵩山之西峰，海拔1512米，为嵩山最高峰，主要建筑为少林寺庙。少室山亦有三十六峰，山势陡峭峻拔，诸峰簇拥起伏，如旌旗环围，似剑戟罗列，颇为壮观。少室山山顶宽平如寨，分有上下两层，有四天门之险。

嵩山地区不仅风景优美，而且文化高度繁荣，这里道、佛、儒三教荟萃，是三教中最早、最具影响力的典型代表，今天依然散发着迷人的魅力。

6. 佛教名山普陀山

普陀山，与山西五台山、四川峨眉山、安徽九华山并称为中国佛教四大名山，是观世音菩萨教化众生的道场。普陀山是舟山群岛1390个岛屿中的一个小岛，形似苍龙卧海，面积近13平方公里，与舟山群岛的沈家门隔海相望，素有"海天佛国"、"南海圣境"之称。

普陀山的风景名胜、游览景点很多，主要有普济、法雨、慧济三大寺，这是现今保存的20多所寺庵中最大的。普济禅寺始建于宋，为山中供奉观音的主刹，总建筑面积11000多平方米。法雨禅寺始建于明，依山凭险，层层叠建，周围古木参天，极为幽静。慧济禅寺建于佛顶山上，又名佛顶山寺。奇岩怪石，著名的有磐陀石、二龟听法石、海天佛国石等 20 余处。在山海相接之处有许多石洞胜景，最著名的是潮音洞和梵音洞。岛的四周有许多沙滩，但主要的是百步沙和千步沙。千步沙是一个弧形沙滩，长约 3 里，沙细坡缓，沙面宽坦柔软，是一个优良的海水浴场。夏天去游览，可带上游泳衣在这里畅游。岛上树木葱郁，林幽壑美，有樟树、罗汉松、银杏、合欢等树。大樟树有 1000 余株，其中有一千年古樟，树围达 6 米，荫遮数亩。普陀山流传着许多有关佛教的民间故事。

7. 云台山

云台山位于河南省焦作市修武县境内。云台山满山覆盖原始森林，有深邃幽静的沟谷溪潭、千姿百态的飞瀑流泉、如诗如画的奇峰异石，形成了云台山独特完美的自然景观，云气缭绕，仙风回荡。

云台山以山称奇，整个景区奇峰秀岭连绵不断，主峰茱萸峰海拔 1308 米，踏千阶的云梯栈道登上茱萸峰顶，北望千里太行深处，巍巍群山层峦叠嶂，南望怀川大平原，沃野千里、田园似棋，黄河如带，山水相连，不禁使人心旷神怡，领略到"会当凌绝顶，一览众山小"的意境。

云台山以水叫绝，素以"三步一泉，五步一瀑，十步一潭"而著称。落差 314 米的全国、亚洲最高大瀑布——云台天瀑，犹如擎天玉柱，蔚为壮观。天门瀑、白龙潭、黄龙瀑、丫字瀑皆飞流直下，形成了云台山独有的瀑布景观。多孔泉、珍珠泉、王烈泉、明月泉清冽甘甜，让人流连忘返。青龙峡景点有"中原第一峡谷"美誉，这里气候独特，水源丰富，植被原始完整，是生态旅游的好去处。

二、江河文化

江河不仅给人们舟楫之便、灌溉之利，而且因源远流长，曲水长流，山峰倒影，岩峻石奇的河岸景色，河道旁都市城镇、田园林木、寺庙观庵的人文景观吸引游人。我国江河有很多著名的风景段，长江、黄河、运河、漓江、富春江都有特色景观，那些水质清澈、两岸景色奇特的风景河段具有极强的吸引力。

1. 长江三峡

三峡地段的长江，被称为峡江，三峡是指瞿塘峡、巫峡、西陵峡。三峡西起四川奉节县白帝城，东到湖北宜昌南津关，全长 193 公里。三峡是河谷地形，峡谷与宽谷交错排列，峡谷总长 90 公里，宽谷总长约 103 公里。三峡地段，时而出现峡谷，峭壁嵯峨，幽深险峻；时而出现宽谷，江面展宽，广阔秀丽，是长江峡谷水道为主的河川风景名胜区，是一幅幅生动的山水画卷。

2. 黄河壶口瀑布

天下黄河一壶收，壶口瀑布在山西吉县县城西南 25 公里处。对面是陕西的

中国旅游文化

宜川，东西南岸夹山，黄河从晋峡峡谷长驱直下，经 400 多公里的不断加速奔流而至，此时河面突然以 200 多米宽收缩到 30 米。于是滚滚黄水立即狂涛大作，猛然跌落 50 多米的深沟当中，一时惊涛怒吼，声闻数里，如巨壶沸腾，无比壮观。

春秋季节水清之时，阳光直射，彩虹随波飞舞，另有一番情趣；冬日，黄河冰封，千里冰封，万里雪飘，大河上下，顿失滔滔；而到了春暖冰融，黄河中解冻的冰块，猛烈冲撞，河边冰凌全部炸开，黄河好似洁白的哈达，飘飘洒洒，冰青如黛，水烟袅袅，仿佛是烟雾中一片琼楼玉宇，阳光闪烁，冰河上反射出串串光环，那又是一曲壮歌。

3. 京杭大运河

京杭大运河是隋代开凿，仅用六年时间，全长 1794 公里，把海河、黄河、淮河、长江、钱塘江相连。运河不仅具有交通作用，而且将燕赵、楚汉、鲁豫、吴越文化连环成链，成为贯穿南北的重要旅游景观。江苏、浙江和上海都相继开辟运河水上游览线，比如从苏州到扬州，对古运河已进行整治，河道拓宽清淤浚深，河岸已砌成石驳岸，建成滨河绿化带及滨河景观，使运河成为一条环境优美、文化底蕴丰厚的历史长廊。运河两旁景观众多，如苏州园林的精致、无锡太湖的浩渺、宜兴洞天竹海的情趣、常州俺城梅阁的古朴、镇江金焦古刹的优美、扬州烟花湖柳的妖娆，既是集古渡古镇、寺底观庵、城垣园林、城市风光、古桥涵闸、农贸集市于一体的黄金线，又是融唐宋元明清历史遗存、典故传说、风俗民情于一体的文化线。

4. 钱塘观潮

世界上一些喇叭形河口区，由于受地形影响，常出现潮波来势迅猛、潮端陡立、水花飞溅、潮流上涌的潮汐现象，称涌潮或怒潮。我国钱塘江口，呈喇叭状河口，便有涌潮发生。

"八月十八日，壮观天下无"，海宁盐官镇是观赏钱塘涌潮的胜地。八堡可看东潮、南潮汇合相吻的"碰头潮"，其声如山崩地裂，潮似冰山雪峰，十分壮观。盐官可见"一线潮"，潮至此，连成南北雪白一线，十分奇持。老盐仓，可看潮水受挡水大坝阻挡回身反扑的"半夜潮"。海宁观潮不愧为天下奇观。

三、湖泊水域文化

1. 杭州西湖

杭州西湖又名西子湖，水面 5.68 平方公里，西湖风景名胜区面积 50 平方公里，有断桥残雪、平湖秋月、三潭印月、双峰插云、曲院风荷、苏堤春晓、花港观鱼、柳浪闻莺、南屏晚钟、雷峰夕照西湖十景。

西湖重点景观多在湖滨区和湖心区。环绕着西湖，有多座著名的人文景观。"三潭印月"，是西湖外湖三岛之一，面积7公顷，湖中有岛，岛中有湖，岛上三座石塔最有名，高两米，塔顶呈葫芦状，塔身呈球状，球面有小圆洞5个，月夜泛舟，可见"月光映潭"的奇观。"平湖秋月"，三面临水，中秋夜月，湖平如镜，清辉万顷。"苏堤春晓"，2.8公里的通道贯穿西湖南北景区，堤上有跨虹、东浦、压堤、望山、锁澜、映波六座石拱桥，堤旁柳树成荫，晴天娇媚，雨天幻奇，有"云桥烟柳冠西湖"之说。飞来峰、虎跑泉、灵隐寺、岳坟、九溪、净慈寺是西湖风景区的著名景点。

2. 无锡太湖

无锡太湖位于江苏无锡、苏州的吴县、宜兴境内，总面积2420平方公里，湖中有48个岛屿，两个半岛，72座山峰。太湖烟波浩渺，气象万千，是我国四大淡水湖之一。

太湖之滨西端鼋头渚一带，水复山环，重峦叠嶂，湖岸曲折，岛屿纵横。它是一头伸进太湖的小小半岛，如同一只伸头饮水的大鳖，这里景物天然，湖岸陡峭，山石嵯峨，湖中湖鸥腾飞，白帆飘扬。三山公园是湖中三岛，以孤见奇，以小取胜，山上遍植树木，放养金丝猴让人体会回归自然之乐。惠山的"天下第二泉"泉水自砂岩缝隙间渗出，清冽甘芳，满杯隆起而泉水不溢。

3. 新疆天池

新疆天池是新疆中部天山之上的湖泊，周围被皑皑雪峰和苍翠群山环抱，湖水清澈，绿如碧玉，景色秀丽，气候宜人。天池是高山湖泊，湖面海拔1980米，面积3平方公里，水深约百米。这是古代冰川泥石流堵塞河道形成的高山堰塞湖，四周雪峰上不断消融的雪水汇流于此。

天池清澈深邃，光洁如镜，天池四周，高山入云，苍松满坡，繁花似锦，绿草如茵。向东极目，天山博格达峰白雪皑皑，在青山绿水之衬托下，显得十分绚丽夺目。尤其是夏日，周围土坡树木葱茏，池边牧草繁茂，牛羊成群，仰视覆盖山峦的塔松，林海岚烟，漫步林中，雪岭云杉生长繁茂，四季常青，遍布野蔷薇、松蘑和药用植物雪莲，五颜六色，香气袭人，森林中有天山鹿、天山羚羊、狍子、雪鸡，使天池充满无限生机。

4. 昆明滇池

昆明滇池位于云南昆明市南部，面积330多平方公里，水面海拔1880多米，是云贵高原上第一大湖，是由于地层断裂下陷而成，形似半月，环湖两岸有狭长的平原，西部湖岸陡峭，丘陵逼近湖边。由于入湖河流有20多条，湖水经西面泻入，向北入普渡河，流入金沙江，水位落差大。滇池属于高原湖泊，岸边有金马、碧鸡二山东西夹峙，池上烟波浩渺，一碧万顷，风帆点点，景致极佳。这里四季如春，微风习习时，两岸垂柳轻舞，万顷碧波，平静如镜，显示出奇秀之美；狂风暴雨时，波涌浪逐，白浪滔天，有排山倒海之势，凸显出刚劲之美。明杨慎《滇海曲》说："苹香波暖泛云津，渔栅樵歌曲水滨。天气常如二三月，花枝不断四时春。"

5. 洞庭湖

洞庭湖位于湖南省长江南岸，以"洞庭盖神仙洞府之意"，面积2820平方公里，是我国第二大淡水湖。洞庭湖分东、南、西洞庭湖等几部分，以东洞庭湖水面最阔，容纳湘、资、沅、澧四水，吞吐长江，号称"八百里洞庭"，气势十分磅礴。这里气候温和，雨水充沛，湖滨平原地势平坦，土地肥美，湖内水产丰富，航运便利。

6. 鄱阳湖

鄱阳湖位于江西省北部、长江南侧，面积3500多平方公里，是我国最大的淡水湖。它汇集赣江、抚江、信江、修水等河流，分南北两湖，湖水北经湖口注入长江。该湖湖岸曲折，枯水时，呈现分支状的河道。鄱阳湖一带气候温和湿润，滨湖平原十分富庶，盛产米、麦、豆、麻等作物，湖中航运便利，水产丰富，盛产银鱼和鳜鱼。

四、海滨文化

海滨是大陆与海水交互作用的历史记录，波浪、潮汐、海流本身的波涌浪卷、惊涛拍岸就具有震撼人心的作用。海浪对海岸的磨蚀又形成海蚀穴、海蚀崖、海蚀拱桥、海蚀柱、海滩、岛礁这些极具观赏性的海蚀与堆积地貌。

1. 北戴河海滨

北戴河海滨，位于河北省东北部秦皇岛市，是北方天然不冻良港。背倚燕山余脉，面临渤海，东北部有长城山海关，海山壮丽，风景宜人。

这里海岸线漫长曲折，海滩沙软潮平，处处是优良浴场，气候温和，风不扬尘，峰峦叠翠，山清水秀，幢幢别墅楼阁隐现于苍松翠柏之中，更增添了无限风光。尤其是盛夏，清晨看海边日出，午间海水浴，傍晚观海潮，月夜逛沙滩，情趣无限。

北戴河海滨可供游览的风景名胜区有20多处，鸽子窝、金山嘴、老虎石、观音寺、望海亭、莲花石，令人流连忘返。

2. 青岛海滨

青岛海滨位于山东半岛南部胶州湾东南岸。它三面环海，东北高，西南低，东北崂山山脉主峰1133米，巍峨挺拔，气势磅礴，这里"冬无严寒，夏无酷暑"，可谓依山临海，景色秀丽，气候宜人。

前海有栈桥、水族馆、海产博物馆、中山公园、海滨浴场。栈桥南端的回澜阁是眺望远景的绝妙佳境,南望大海,浩瀚无垠,海天一色,远近几座小岛,山色青青,波光粼粼,市区白云蓝天、绿树红瓦、鳞次栉比,风景如画。

3. 三亚海滨

海南岛三亚海滨最美处是在天涯海角。北宋时,此处居民大都是黎族人,汉族人很少,加上此处又远离中原,交通颇不方便,所以很多被朝廷排挤的官员经常被放逐此地,恍如来到天涯海角。这里的自然景观十分秀丽。

五、森林风景文化

1. 四川九寨沟

九寨沟在四川阿坝藏族羌族自治州,由口则沟、则查洼沟、树正群海沟三条沟谷组成,因沿沟有九个藏族村寨,故名九寨沟。总长50多公里,沟中湖泊星罗棋布,达100余个。最大的湖长7公里,名长海,地形起伏跌宕,整条河谷呈台阶式,湖池间形成许多急流飞瀑,落差最大的诺嘟瀑布高20多米,宽100多米,水势汹涌,声如雷鸣,如帘如练,奇幻壮观。沟侧遍布原始森林,茂密葱郁,四周重峦叠嶂,几十座山峰终年积雪不化,风光绮丽,瑰丽多彩。

2. 云南西双版纳

西双版纳位于云南省南部,面积约20000平方公里,波涛滚滚的澜沧江横贯境内,莽莽林海遮天盖地,生物繁荣,有"植物王国皇冠上的绿宝石"之誉。"西双"是傣语"十二","版纳"是傣语"行政区域",西双版纳即"十二个行政区域"之意。它处于横断山脉南端,海拔大多在1000米左右,因北有高原作屏障,挡住了寒流,南受印度洋西南季风的影响,因而终年温暖湿润,旱雨两季分明。

3. 湖北神农架

神农架位于湖北省境内的长江和汉水之间,方圆3250平方公里,海拔1000~3000米,有华中屋脊之称。相传远古神农氏(炎帝)在这里尝百草,医治百病,由于千峰陡峭,万壑深邃,只好搭架上下来采药,因而有神农架之名。

4. 湖南武陵源

武陵源总面积20万亩,由张家界、索溪峪和天子山三个毗邻的景区组成。距今亿万年以前,这里是一片汪洋大海,历经燕山运动抬升为陆地,并形成世界上罕见的石英砂岩峰林峡谷地貌,区内奇峰林立,森林莽莽,沟壑纵横,云雾缭绕,变化万千。天柱峰、天书宝匣、天下第一桥、御笔峰都是天下奇观,而植被又和奇峰配置和谐,成为绿色宝库和奇峰展览。这里有成片的原始森林,有温带、亚热带落叶木本群落植物的种属,是世界上最富饶的集中点之一,其中一半

中国旅游文化

是古老珍贵树种。琪雕、香果、水春树、天目紫茎、铁杉、黄杉、水杉、银杏等,都是第四纪冰川后遗存的活化石树种。树的珍奇和岩的壮观结合便成了这里的妙境,如海拔1200米的主峰黄狮寨是静谧的杉林,杉木直上云霄,高大茂密,阵风袭来,婆娑有声,阳光穿透杉林,洒下金光串串,霓彩纷纷。金鞭溪边是阔叶乔木及垂柳、珙桐、鸽子花,大型树花如盘如盏,万紫千红。湿漉漉的岩山上金黄色的蝴蝶几百只聚集在一起,有时一起飞起来,有如一簇簇色彩鲜艳的鲜花。

六、石林溶洞瀑布文化

岩溶是地下水和地表水对可溶性岩石的破坏和改造形成的水文现象和地貌现象。岩溶作用下的石灰岩地区的地表形成各种不同的形态,溶沟、石芽、落水洞、漏斗、溶蚀洼地、岩溶盆地、平谷、盲谷、峰丛、峰林、孤峰等都具有观赏价值。溶洞则是地下的岩溶形态,溶洞内有地下河、地下湖和地下瀑布,堆积物形成的石钟乳、石笋、石柱、石幕,绚丽奇幻的洞穴,满足着人们的好奇心和神秘感。瀑布则是河床纵断面上陡峭悬崖处倾泻下的水流,形成雄壮、粗犷、千姿百态的瀑布景观。溶洞和瀑布都是极具价值的旅游景观。

1. 桂林山水

广西桂林是距今有2000多年历史的古城,漓江两岸奇峰突起,怪石峥嵘;江流弯转,碧澄见底;岩洞幽深,神奇瑰丽,北起兴安,南至阳朔,在200多公里的广阔地面上,因石灰岩地层深厚,流水溶化,风雨剥蚀,地壳变动,形成了奇特秀丽的峰林。此处山峰都是平地突起,巍然耸立,挺拔秀丽,形态万千,山中多岩洞,洞内石乳、石笋、石幔、石花构成各种绚丽景象,玲珑剔透,琳琅满目,有人间"神仙洞府"之称。秀丽的漓江在峰丛中蜿蜒穿行,水色清澈,游鱼可数,有"玉带绕碧峰"之誉。无山不洞,无洞不奇,青峰和奇岩竞秀,碧水与幽洞争妍,山清、水秀、石美、洞奇,有独秀峰、叠彩山、伏波山、象鼻山、七星岩、芦笛岩、花桥、普陀山(桂林七星公园主山)、月牙山、龙隐洞、南溪山和桂海碑林等景观,正如韩愈诗句所描绘的"江作青罗带,山如碧玉簪"。

2. 石林奇观

云南省石林彝族自治县境内,怪石林立,景物奇特。石林面积268平方公里,奇峰异石形似各种人物、动物、植物,姿态万千。其中尤以莲花峰、剑峰池、望峰亭、石林湖、母子偕游、万年灵芝、阿诗玛等景色最佳。

石林奇趣在"林海",不是树木之林,而是怪石之林,奇岩异石叫人奇思妙想,"双鸟戏游"、"凤凰梳翅"、"少女骑驼"等都是绝景。比如"千钧一发",在可通行的两个山峰之间,夹着一块巨石,危若欲坠。不远"且住为佳",岩溶

· 114 ·

石洞,门口有石凳石桌,洞内有石床、石栏、石枕,犹如别致房舍。

小石林区的"阿诗玛",矗立在小石林的金鱼池畔,好像撒尼族民间传说中姑娘阿诗玛身背背篓,正在石林中唱山歌。

远古时,石林原为汪洋,在路南一带属沉积岩层厚、岩性纯的海相石灰岩。升为陆地后,在雨水作用下加之地壳变迁,地表上就切割形成了奇伟的石林,地面下深藏交错的伏流又将此地侵蚀成洞穴,成为迷宫般的溶洞,洼地积水后,又成了碧透的石林湖。清代孙鹏《石林歌》的序中说:"路州东去十五里许,石攒簇如林。"石林始有其名。

3. 黄果树瀑布

黄果树瀑布位于贵州镇宁市布依族苗族自治县区域,它是我国最大的瀑布,也是世界著名的瀑布。贵州地势,由西向东、北、南三面倾斜,境内河流多发源于西部和中部高地,经横切山脉,形成一系列峡谷,河床高低不平,曲折迂回,落差极大,形成许多激流和瀑布。白水河流经黄果树的地段,河床有九处跃落,形成大小不等的九级瀑布。黄果树瀑布落差74米,宽81米,是最大的一级。急湍的水流,从70多米高的悬崖之巅陡然落下,气势磅礴,十分壮观。瀑水跌入深潭,水石相击,发出隆隆巨响。宽大的水帘形若云烟垂接,万练倒悬,细似碎珠,粗如巨柱,连贯络绎。夏季,瀑布激起的水雾,在阳光照射下,化作一道五彩缤纷的长虹,飞跨山间。从远处望去,瀑布如轻纱缭绕,忽明忽暗,确是"一溪悬捣,万练飞空"。

本章案例

桂林国际山水文化旅游节

桂林国际山水文化旅游节是桂林市委、市政府为提高桂林旅游知名度、增强桂林旅游吸引力,在每年秋季旅游期间(10~11月)举办的年度性国际旅游节庆活动。主要围绕和突出旅游特色和文化内涵,通过特色旅游线路考察,推介富有地方特色的文化艺术表演、体育竞技、商贸展销等,向国内外游客宣传推介桂林,促进桂林旅游业和经济社会发展。1992年,为充分利用国家旅游局举办"中国友好观光年"活动这一契机,经自治区人民政府同意,桂林市委、市政府在同年11月8~16日举办了首届桂林国际山水文化旅游节。通过这次节庆活动,进一步扩大了桂林旅游的影响力和知名度;活动期间,桂林市文化、经贸、商业、交通等行业呈现出良好的发展势头。自此,桂林国际山水文化旅游节被市委、市政府确定为每年举办的国际性旅游节庆活动。

中国旅游文化

桂林国际山水文化旅游节从1992年开始举办，到2001年止共举办过8届，之后停办。为进一步提高桂林的知名度，打造具有标志性的节庆活动，2008年初，市委、市政府决定恢复举办此项活动，并纳入当年政府工作日程，写入当年的政府工作报告。此后，每年的桂林山水文化旅游节活动通常分为7大板块（旅游、文化、体育、美食、网络、展销、演艺）近20项主要活动，时间从每年的11月中旬开始，历时7天左右。

每年的山水文化旅游节全面展示桂林发展新成就，大力宣传促销新桂林，积极促进市场恢复，围绕和突出旅游、文化两大内容，将文化、旅游、招商引资、成果展示结合起来，通过富有地方特色的文化艺术表演、商贸活动、互动活动、旅游线路考察等搭建平台和载体，更好地宣传桂林旅游，进一步扩大桂林的影响力，促进桂林社会、经济更好更快地发展。

节日期间，众多的亮点活动和系列群众性、互动性、趣味性和参与性的活动，让桂林城市在白天和晚上都活跃起来，给各界人士留下了深刻印象，并利用媒体尤其是知名媒体的大力宣传，以此将桂林山水文化旅游节举办成国际性、永久性的活动，让其成为像"甲天下山水"一样响亮的品牌。

（资料来源：引自百度百科，http://baike.baidu.com/view/8379898.htm?fr=aladdin.）

案例分析

桂林是著名的国际旅游城市、历史文化名城、世界旅游组织向全球首推的旅游目的地，具有丰富的旅游资源。通过节庆这种形式，促进文化与旅游的结合、商贸与旅游的结合，逐步实现了从以资源为支撑单一的观光型旅游向休闲、度假、商务、会展复合型旅游的转变，因而从根本上提升了桂林旅游的品质和效益。政府应更加重视国际性文化活动的举办，将桂林国际山水文化旅游节作为打造桂林旅游品牌活动、标志性活动的窗口，树立桂林旅游的良好形象。

问题思考：桂林应如何利用山水文化旅游节这一地方节庆品牌进行桂林旅游形象的宣传？

本章思考题

1. 比较旅游景观和旅游资源概念上的异同。
2. 景观文化的内容由哪几部分组成？
3. 简述旅游景观文化的特点。
4. 我国山水文化的构成是什么？

第六章　中国旅游园林文化

本章提要

要求学生了解中国古典园林的发展史；掌握中国古典园林分类与特点、造园要素、构景手法；掌握欣赏古代园林的技巧；掌握中国古典园林的旅游功能。

章首案例

苏州拙政园

拙政园始建于明正德四年间，为明代弘治进士、御史王献臣弃官回乡后，在唐代陆龟蒙宅地和元代大弘寺旧址处拓建而成。取晋代文学家潘岳《闲居赋》中"筑室种树，逍遥自得灌园鬻蔬，以供朝夕之膳……此亦拙者之为政也"句意，将此园命名为拙政园。王献臣在建园之期，曾请吴门画派的代表人物文徵明为其设计蓝图，形成以水为主、疏朗平淡、近乎自然风景的园林。明崇祯四年（公元1631年），园东部归侍郎王心一，名"归田园居"。各时期主人更换频繁，新中国成立后收归国有。1997年，被联合国教科文组织批准列入《世界遗产名录》。2007年，被国家旅游局评为5A级旅游景区。

拙政园现存园貌多为清末时所形成。主要景点有香洲、秋香馆、涵青亭、芙蓉榭、缀云峰、梧竹幽居、松风水阁、卅六鸳鸯馆，等等。香洲为"舫"式结构，有两层楼舱，通体高雅而洒脱，其身姿倒映水中，更显得纤丽而雅洁，寄托了文人的理想与情操。秋香，指稻谷飘香。秋香馆以前墙外皆为农田，丰收季节，秋风送来一阵阵稻谷的清香，令人心醉，馆亦因此得名。秋香馆为东部的主体建筑，面水隔山，室内宽敞明亮，长窗裙板上的黄杨木雕，共有48幅，雕镂

中国旅游文化

精细,层次丰富,栩栩如生。落地长窗加上精致的裙板木雕,把秋香馆装点得古朴雅致,别有情趣。拙政园西花园的主体建筑是古建筑中的一种鸳鸯厅形式,南部称"十八曼陀罗花馆",北部名"卅六鸳鸯馆",因临池曾养三十六对鸳鸯而得名。卅六鸳鸯馆内顶棚采用拱形,既弯曲美观,遮掩顶上梁架,又利用这弧形屋顶来反射声音,增强音响效果,使得余音袅袅,绕梁萦回。

(资料来源:范芊. 世界文化遗产——苏州拙政园[J]. 城建档案,2008(4):36-40.)

问题思考: 古典园林具有哪些旅游功能?

第一节 中国古代园林的起源与发展

中国古典园林艺术是人类文明的重要遗产,被举世公认为世界园林之母,世界艺术之奇观。中国园林之美主要反映在"诗情画意"上,它在构思、取材、建筑布局等方面深受中国文学、艺术的影响,形成寓情于景的特点,将人的理想、趣味和精神追求通过景物展现出来,达到"无处不可画,无景不如诗"的意境。

一、汉以前以帝王贵族狩猎苑囿为主体时期

我国古代园林建造的历史可上溯到距今3000多年前的商周时期。根据文献记载,园林最初的形式为囿和园。囿和园是指在圈定的范围内让草木和鸟兽滋生繁育,供帝王狩猎活动,也兼作宫廷膳食和祭品的供应。狩猎本来是原始人赖以获得生活资料的手段,进入文明时期以后,农业生产占主要地位,统治阶级把狩猎转化为再现祖先生活方式的一种娱乐活动,同时还兼有征战演习、军事训练的意义。

春秋战国时期的园林中已经有了成组的风景,既有土山,又有池沼或台。自然山水园林已经萌芽,而且在园林中构亭营桥,种植花木。园林的组成要素都已具备,不再是简单的囿了。各地的诸侯国都在都邑附近经营园林,大多数均以台作为中心,尚保留着筑台以通神明的做法,但游赏的功能已经扩大了。其中最著名的一座即吴王夫差修建的姑苏台。秦汉时期出现了以宫室建筑为主的宫苑。秦始皇建上林苑,引渭水作长池,并在池中筑蓬莱山以象征神山仙境。汉武帝在秦时旧苑基础上扩建的数十所离宫别苑中,太液池运用山池结合手法,造蓬莱、方

丈、瀛洲三岛，岛上建宫室亭台，植奇花异草，自然成趣。这种池中建岛、山石点缀手法，被后人称为秦汉典范。

二、魏晋南北朝山水园林奠基时期

魏晋南北朝时期是中国园林发展中的转折点。佛教的传入及老庄哲学的流行，使园林转向崇尚自然，私家园林逐渐增加。魏晋南北朝虽然社会动荡，但文化昌盛，士大夫阶层追求自然环境美，游历名山大川成为社会上层普遍风尚。著名诗人阮籍一旦入山，便流连忘返，数日不归。文人、画家参与造园，进一步发展了"秦汉典范"。

三、隋唐风景园林全面发展时期

隋朝结束了魏晋南北朝后期的战乱状态，社会经济一度繁荣，加上当朝皇帝的荒淫奢靡，造园之风大兴。在城市与乡村日益隔离的情况下，身居繁华都市的封建帝王和朝野达官贵人，为了逍遥玩赏大自然山水景色，便就近仿效自然山水建造园苑。因而作为政治、经济中心的都市，也就成了皇家宫苑和王府宅第花园聚集的地方。同时，山水画也开始影响造园艺术，诗文、绘画、园林这三个艺术门类已有互相渗透的迹象，园林艺术开始有意识地融糅诗情、画意。传统的木构建筑无论在技术或艺术方面均已完全成熟，建筑物的造型丰富、形象多样，可从保留至今的一些殿堂、佛塔、石窟、壁画以及山水画中看出。花木栽培的园艺技术也有很大进步，能够引种驯化、移栽异地花木。宫廷御苑设计也愈发精致，特别是由于石雕工艺已经娴熟，宫殿建筑雕栏玉砌，显得格外华丽。"禁殿苑"、"东都苑"、"神都苑"、"翠微宫"等，都旖旎空前。

四、两宋造园更为普遍时期

宋元是造园的一个兴盛时期，特别是在用石方面，有较大发展。宋徽宗在"丰亨豫大"的口号下大兴土木。先在苏州、杭州设置了"造作局"，后来又在苏州添设"应奉局"，专司搜集民间奇花异石，舟船相接地运往京都开封建造宫苑。宋代的皇家园林集中在东京和临安两地，若论园林的规模和造园的气魄，远不如隋唐，但规划设计的精致则过之。园林的内容比唐代较少皇家气派，更多地接近于私家园林，南宋皇帝就经常把行宫御苑赏赐臣下或者把臣下的私园收归皇室作为御苑。宋代皇家园林之所以出现规模较小和接近私家园林的情况，这与宋代皇陵之简约一样，固然由于国力国势的影响，与当时朝廷的政治风尚也有直接的关系。

中国旅游文化

五、明、清古代园林发展高峰时期

明、清是中国园林创作的高峰期。北方的皇家园林和江南的私家园林同为中国后期园林发展史上的两个高峰。当时社会稳定、经济繁荣，给建造大规模写意自然园林提供了有利条件。在明末还产生了园林艺术创作的理论书籍《园冶》。它们在创作思想上，仍然沿袭唐宋时期的创作源泉，从审美观到园林意境的创造都是以"小中见大"、"须弥芥子"、"壶中天地"等为创造手法。园林的成熟后期从清乾隆朝到宣统朝不过一百七十余年，就时间而言比以往四个时期都短，但却是中国古典园林发展历史上的集大成的终结阶段。它显示了中国古典园林的辉煌成就，同时也暴露这个园林体系的衰落情况。如果说，成熟前期的园林仍然保持着一种向上的、进取的发展倾向，那么成熟后期则呈现为逐渐停滞的、盛极而衰的趋势。这个时期的封建文化沿袭宋、明传统，但已失去后备的能动、进取的精神。

第二节 中国古代园林的分类与特点

中国地域文化差异极大，加之不同社会群体的亚文化千差万别，因此，园林的类型不同，艺术风格、审美情趣、文化品格截然不同，从而形成了极富个性魅力的中国古代园林体系。

一、中国园林的分类

1. 按占有者身份分

（1）皇家园林。皇家园林属于皇帝个人和皇室私有，古籍里称之为苑、宫苑、苑囿、御苑等，是皇家生活环境的一个重要组成部分。皇家园林中一些帝王的离宫别院，除了供休息、游玩之用，还有处理政务的功能。北京的皇家园林在中国园林史上占有重要的一席位置。

皇家园林规模宏大、面积广阔、金碧辉煌，尽显帝王气派。如清代的清漪园，占地近300公顷，建筑风格多姿多彩，从中既可看到南方小巧的园林风格，也可看到少数民族风格的塔、屋宇结构等雄风。

（2）私家园林。私家园林是供皇家的宗室外戚、王公官吏、富商大贾等休闲的园林，古籍里称之为园、园亭、园墅、池馆、山池、山庄、别墅、别业等。规模较小，一般只有几亩至十几亩，小者仅一亩半亩而已；大多以水面为中心，四周散布建筑,构成一个个景点或几个景点;以修身养性、闲适自娱为园林主要功能;园主多是文人学士出身,能诗会画,清高风雅,淡素脱俗。私家园林集中在南京、苏州、无锡等地。

2. 按园林所处地理位置分

(1) 北方类型。北方园林,因地域宽广,所以范围较大;又因大多为百官所在,所以建筑富丽堂皇。因自然气象条件所局限,河川湖泊、园石和常绿树木都较少。由于风格粗犷,所以秀丽媚美则显得不足。北方园林的代表大多集中于北京、西安、洛阳、开封,其中尤以北京为代表。北京是北方造园活动的中心。五府花园是北方私家园林的一个特殊类别,它们的规模一般比宅园大。会馆花园的内容与私家园林并无差别。北方气候寒冷,建筑形式比较封闭、厚重,园林建筑亦别具一种刚健的美。北京是帝王之都,私家园林多为官僚所有,布局难免注重仪典性的表现,因而规划上使用轴线较多。叠山用石以当地所产的青石和北太湖石为主,堆叠技法亦属浑厚格调。植物栽培受气候的影响,冬天落叶,水面结冰,很有萧瑟寒林之感。规则布局的轴线、对景线运用较多,当然也就赋予园林以更为浑厚浓重的气度。比较著名的有一亩园、清华园、勺园、承德避暑山庄等。

(2) 江南类型。南方人口较密集,所以园林地域范围小;又因河湖、园石、常绿树较多,所以园林景致较细腻精美。因上述条件,其特点为明媚秀丽、淡雅朴素、曲折幽深,但毕竟面积小,略感局促。江南园林是以开池筑山为主的自然式风景山水园林。它一般与住宅相连,多呈内向形式,环境闭塞,很难获得开阔的视野。建筑在园林中的比重也往往较大,江南园林所崇尚的自然是经艺术再创造的渗透了社会伦理道德感情的人格化的自然,是"虽由人作,宛自天开"的"人为自然"。江南园林以苏州、扬州的园林最具代表性。扬州以名园胜,名园以叠山胜。扬州园林以具有地方特色的四季假山闻名,其景物是平处见天真,虽无高山大水,而曲折得宜,起伏有致,佐以婉约轻盈之命名,能于小处见大,简中见繁,蕴藉多姿,如明代的休园、影园及清代的瘦西湖、个园等。苏州园林是当今保存下来为数最多且最为完整的园林建筑群。苏州园林属文人、官僚、地主修造者居多,基本上保持正统的上流园林格调,绝大部分均为宅园而密布于城市内,小巧、自由、精致、淡雅,如拙政园、留园、网师园、环秀山庄等。

(3) 岭南类型。因为其地处亚热带,终年常绿,又多河川,所以造园条件比北方、江南都好。其明显的特点是具有热带风光,建筑物都较高而宽敞。岭南园林以宅园为主,多为庭院和庭园的组合,叠山常用姿态嶙峋、皱褶繁密的英石及所谓"塑石"的技法,山体的可塑性强,姿态丰富,具有水云流畅的形象。在沿海一带也常见用石蛋和珊瑚礁石叠山的,则又别具一格。岭南地处亚热带,

中国旅游文化

观赏植物品种繁多，园内一年四季都是花团锦簇，绿茵葱翠，老椿树大面积覆盖遮蔽的荫凉效果尤为宜人。

岭南园林中顺德的清晖园、东莞的可园、番禺的余荫山房和佛山的梁园，号称粤中四大名园，它们都完整保存下来，其中以余荫山房最为有名。余荫山房精巧别致，总体布局很有特色，两个形状规整的水池并列组成水庭，水池的规整几何形状受到西方园林的影响。总的看来，建筑体量稍显庞大，但它的建筑极其精美。园中不论花坛、墙壁、台阶、地面都有雕刻图案，精细素雅，玲珑小巧。岭南园林地近澳门、广州，又是粤海关之所在，接触西洋文明可谓得风气之先，园林受到西洋的影响也就更多一些。在局部使用西洋式的石栏杆，西洋进口的套色玻璃和雕花玻璃等。

3. 按园林的艺术风格分

（1）规则式园林。其特点强调整齐、对称和均衡。有明显的主轴线，在主轴线两边的布置是对称的，因而要求地势平坦，若是坡地，需要修筑成有规律的阶梯状台地，表现在建筑上应采用对称形式，布局严谨；表现于园林内各种广场，基本上采用几何图形。园林中的水体轮廓都为几何形体，驳岸严正，并以整形水池、壁泉、喷泉、瀑布为主，运用雕像配合喷泉及水池为水景主题。表现在道路系统上，由直线或有轨迹可循的曲线所构成；植物配置强调成行等距离排列或有规律地简单重复，多采用对植、列植等形式，对植物材料也强调整形、修剪成各种几何图形；花坛布置以图案式为主，或组成大规模的花坛群。规则式的园林给人以整洁明朗和富丽堂皇的感觉，但一目了然，欠含蓄，并有管理费工之弊。我国北京天坛公园、南京中山陵园都是规则式的。

（2）自然式园林。自然式构图没有明显的主轴线，其曲线无轨迹可循；地形起伏富于变化，广场和水岸的外缘轮廓线和道路曲线自由灵活；对建筑的造型和建筑布局不强调对称，善于与地形结合；植物配置没有固定的株行距，充分发挥树木自由生长的姿态，不强求造型；在充分掌握植物生物学特性的基础上，不同种和品种的植物可以配置在一起，以自然界植物生态群落为蓝本，构成生动活泼的自然景观。自然式园林在世界上以中国的山水园与英国式的风致园为代表。

（3）混合式园林。混合式园林综合规则式园林与自然式园林两种类型的特点，把它们有机地结合起来。这种形式应用于现代园林中，既可发挥自然式园林布局设计的传统手法，又能汲取西洋整齐式布局的优点，创造出既整齐明朗、色彩鲜艳的规则式部分，又丰富多彩、变化无穷的自然式部分，其手法是在较大的现代园林建筑周围或构图中心，采用规则式布局，在远离主要建筑物的部分，采用自然式布局。因为规则式布局易与建筑的几何轮廓相协调，且较宽广明朗，然后利用地形的变化和植物的配置逐渐向自然式过渡。这种类型在现代园林中用之甚广。实际上大部分园林都有规则部分和自然部分，只是所占比重不同而已。

二、中国园林的特点

1. 自然美：施法自然、融于自然、顺应自然

凡不是人工建立或经过人为加工，而天然存在于自然界的事物，只要它们形状、色彩、声音和味道能使人身心愉悦，产生美好的感受，并能寄情于景、令人神往的，都是自然美。如泰山日出、钱江海潮、黄山云海等。

自然美来源于自然，但要形成一种美的感受就离不开作为审美主体的人。美的自然风光是客观存在的，但美景离开了人类的审美活动就无所谓美或不美，只有当它与人类发生联系以后，才有美与丑的区别。自然界的事物并不都是美好的，只有符合美的客观规律的自然事物才是美的。美首先在于形式的美。自然事物的形式美包括规则和不规则两种自然形式，如绝大多数植物的叶和花都是二者对称或辐射对称的，而整个植株的形象却呈现不规则的状态，这说明规则的形式常可存在于不规则的形式之中，反之亦然。美与不美是相对的，美的程度是相对而言的。自然美包含规则与不规则两种形式，这两种形式原本就是结合在一起的，有的从大处结合，有的从小处结合，只要这种结合能呈现和谐统一的形式，就会成为完美的整体。了解了这个规律，就能创造出更为美好的世界。

可以形成自然美的事物很多，除了山水泉石外，自然界中的日出日落、朝霞晚辉、云雾雨雪等气象变化，以及百花争艳，芳草如茵，绿荫护夏、满山红叶以及雪压青松等植物的季相变化，这些都是园林中常见的自然美。气象景观和植物的季相变化，是构成园林自然美的重要因素。此外还有地形地貌、飞鹤走兽和水禽游鱼等。它们有的自然质朴、有的绚丽壮观、有的宁静幽雅、有的生动活泼，这种自然景观美是人工美所不能比拟的。

2. 艺术美营造了雅致优美的境界

人们在欣赏和研究自然美、创造生活美的同时，也孕育了艺术美。艺术美是自然美和生活美的提炼和升华，而自然美和生活美是创造艺术美的源泉。中国传统园林的造景，虽然取材于自然山水，但并不像自然主义那样，把具体的一草一木、一山一水，加以机械模仿；而是集天下名山胜景，加以高度概括和提炼，力求达到"一峰山太华千寻，一勺水江湖万里"的神似境界，这就是艺术美。另外，在园林中还可以将一些其他门类艺术美的东西，如音乐、绘画、雕塑、照明、书画、诗词、碑刻、园林建筑以及园艺等，组织到园林景观中来。增加这些内容可以丰富园林景观和游览内容，使人们对美的欣赏得到加强和深化。

3. 理想美造就的深邃意境，反映我国文化特色

理想美是以自然美为基础，源于自然高于自然，并与艺术美和生活美高度统一的一种美好的形式。园林规划中对水体、自然地形、山石、植物、建筑等各种因素进行组合，创造出园林的理想，理想美是一种在生活美和自然美基础上提炼出的，形成富有人的感情的艺术境界。中国古典园林艺术是中国五千多年历史文化的积淀而铸就的灿烂结晶。中国古典园林倡导天人合一，要求人的内心世界与大自然完美结合，也就是人化的自然，自然的人化。文人写意山水园林是中国古典园林最精华的篇章，对大自然的品味，对大自然的领悟，在世界艺术发展中独树一帜。

第三节 中国园林造园要素

古典园林是自然美和艺术美的结合体，兼顾形美与意美。筑山、理水、建筑、动植物堪称造园的四大要素。这四大要素既融合成为一体，相辅相成地构成一种完美的古典园林艺术空间，又各自拥有独特的个性和作用，有自己的存在方式和外部特征，可以作为单独的欣赏对象。由于造园家们在具体运用造园要素方面所采取的手法不同，于是也就出现变化多端、丰富多彩的景观效果。

一、筑山

1. 筑山的起源和发展

为表现自然，筑山是造园最主要的要素之一。秦汉的上林苑，用太液池所挖土堆成岛，象征东海神山，开创了人为造山的先例。东汉梁冀模仿伊洛二峡，在园中累土构石为山，从而开拓了从对神仙世界的向往，转向对自然山水的模仿，标志着造园艺术以现实生活作为创作起点。魏晋南北朝的文人雅士们，采用概括、提炼手法，所造山的真实尺度缩小，力求体现自然山峦的形态和神韵。这种写意式的叠山，比自然主义模仿大大前进一步。唐宋以后，由于山水诗、山水画的发展，玩赏艺术的发展，对叠山艺术更为讲究。最典型的例子便是爱石成癖的宋徽宗，他所筑的艮岳是历史上规模最大、结构最奇巧、以石为主的假山。明代造山艺术，更为成熟和普及。明人计成在《园冶》的"掇山"一节中，列举了园山、厅山、楼山、阁山、书房山、池山、内室山、峭壁山、山石池、金鱼缸、峰、峦、岩、洞、涧、曲水、瀑布这17种形式，总结了明代的造山技术。清代造山技术更为发展和普及。清代造园家，创造了穹形洞壑的叠砌方法，用大小石钩带砌成拱形，酷似天然峭壑，比明代以条石封合收顶的叠法合理得多、高明得多。苏州拙政园、常熟的燕园、上海的豫园，都是明清时代园林造山的佳作。

2. 筑山的一般方法

（1）堆山叠石。山是造园的骨架。有了山才能"绿影一堆"。造园家在完成土建工程之后，即可凿池堆山，把简单的地形改造成有山有水、微波荡漾、峰峦起伏的城市山林空间，这叫叠山理水。自然界的山形形色色，土石相兼，有土山、石山、土抱石山、石挖土山。造园堆山叠石，是以大自然为师，是真山的艺术性再现。园林造山，用土为堆，用石为叠，采用堆山叠石相结合的手法，灵活多样地进行园林空间布置。堆土山，先将土夯实做基础，山腰点石，山顶树峰，小中见大，不失真山之理、真山之趣。叠石假山比较灵活，或者堆山，或者树峰，容易出效果。江南园林大都是堆山与叠石相结合，自然成趣。

自然界的石头种类繁多，用于造园常见的有湖石、黄石、宣石，以及灵璧石、虎皮石等种类。每种石头都有它自己的石质、石色、石纹、石理，各有其天然的形体轮廓。而不同形态和质地的石头，便自有它们不同的性格。就造园来说，湖石的形体玲珑剔透，用它堆叠假山，活灵活现；黄石则棱角分明，质地浑厚刚毅，用它堆叠假山，峰峦起伏，给人的感觉是朴实沉稳。所以要分类用石，避免粗杂。

堆山叠石是一种艺术创作和艰辛劳动。"山无定形，而有定理"，要想堆叠出一座上好的假山，实在不是一件容易的事，需要"搜尽奇峰打草稿"，胸中自有丘壑，又要掌握娴熟的叠石技术，这样叠出的假山，才能假山不假，既有真山之理，又有假山之姿。青萍老人曾经对叠石作过概括："宜整不宜碎，石纹仔细配，突出峰秀顶，毫无人工为。"

叠石假山大体上分为两大类型：一类是写意假山，另一类是象形假山。写意假山取真山的山姿山容，气势风韵。经过艺术概括、提炼，再现在园林里，以小山之形传大山之神。这类以某种真山的意境创作而成的山体，会给人一种亲切感，有着丰富的想象和品味的余地，各地园林都有成功的实例，其中工程浩大的要数皇家园林里的假山。北京北海公园静心斋的湖石假山，一直被誉为清代叠石珍品。它与该园的建筑巧妙地组合在一起，构成一个宁静、幽雅的美妙境界。象形假山是模仿自然界动物的形体动作而堆叠起来的景观，给人印象最深的莫过于苏州狮子林的假山。未进园门，已见墙前几只狮子在舞动，此为序幕，点出了园景主题。

（2）点石。点石，是堆山叠石的一种补充。在水际、路边、墙角、草地、树间点上几块石头，立即会打破呆板平庸的格局，产生点缀不凡的艺术效果，别有情趣。在古典园林里，还常常会看到气势巍峨的湖石"立峰"。立峰玲珑剔透，是大自然风雨雷电雕凿出来的艺术品。南京瞻园"奇云峰"，北京萃锦园的

中国旅游文化

"飞来峰",苏州的"瑞云坞",上海的"玉玲珑",杭州的"邹云峰",等等,都是形象绰约、美不胜收的佳品。扬州瘦西湖也有块奇石,俗称"寿星献图",形神惟妙惟肖,饶有佳趣。清代造园艺术家戈裕良这样说过:选用峰石,必具"漏"、"透"、"皱"、"瘦",才能藏情宿意。

二、理水

1. 理水的缘由

为表现自然,理池也是造园最主要要素之一。不论哪一种类型的园林,水是最富有生气的要素,无水不活。自然式园林以表现静态的水景为主,以表现水面平静如镜或烟波浩渺的寂静深远的境界取胜。人们或观赏山水景物在水中的倒影,或观赏水中怡然自得的游鱼,或观赏水中芙蓉睡莲,或观赏水中皎洁的明月……自然式园林也表现水的动态美,但不是喷泉和规则式的台阶瀑布,而是自然式的瀑布。池中有自然的石头、水草,以表现经人工美化的自然。正因为如此,园林一定要省池引水。

2. 古代园林理水之法

(1)掩。以建筑和绿化,将曲折的池岸加以掩映。临水建筑,除主要厅堂前的平台,为突出建筑的地位,不论亭、廊、阁、榭,皆前部架空挑出水上,水犹似自其下流出,用以打破岸边的视线局限;或临水布蒲苇岸、杂木迷离,造成池水无边的视角印象。

(2)隔。或筑堤横断于水面,或隔水净廊可渡,或架曲折的石板小桥,或涉水点以步石,正如计成在《园冶》中所说,"疏水若为无尽,断处通桥"。如此则可增加景深和空间层次,使水面有幽深之感。

(3)破。水面很小时,如曲溪绝涧、清泉小池,可用乱石为岸,怪石纵横、犬牙交错,并植配以细竹野藤、朱鱼翠藻,那么虽是一洼水池,也令人似有深邃山野风致的审美感觉。

3. 理水的一般方法

理水,包括对原有水体的利用、改造,和在没有水的情况下引泉凿池。大凡造园都要理水,手法有高下,效果有优劣。苏州是著名的水城,拙政园起初是模拟太湖芦汀山岛的佳绝风光,全园以水为中心设景布点,种种太湖风情溢于园中。网师园水体处理则是另一种手法。殿春簃是网师园的"园中园",精巧、恬静、幽雅,造园家采取以虚带实手法,只在院一角堆山,山上建亭,亭旁设泉,泉下设一小潭,清洁泉水终年不竭,静中有动,动中求静,获得声、形、色、影俱全的艺术效果。岭南更进一步,把水引入室内造景。广州白云山庄宾馆,山泉穿过山墙,布置了一个模拟的"三叠泉",颇有别趣。

一般园林中所凿的池沼采取自然式处理，池岸也不能砌成河道的驳岸，而要"斗折蛇行，犬牙交错"，绘人以自然活泼的感觉。水应该有终始，有终始则"活"。扬州珍园水池处理就有意味，在水池的一角布置了一个示意性的"水门"，门屏上嵌入一块门额，用篆字书"渊渊"二字。多数园林，如无锡寄畅园、扬州小盘谷，或用廊桥，或借假山石洞隔断尾水，隐其去处。此法虽为通常手法，却见效果，因此被普遍采用。"石令人古，水令人远"。园中有山有水，才会清新致爽，"绿影一堆漂不去"。

三、建筑营造

1. 园林中常见的建筑形式

古典园林都采用古典式建筑。古典建筑斗拱棱柱，飞檐起翘，具有庄严雄伟、舒展大方的特色。它不只以形体美为游人所欣赏，还与山水林木相配合，共同形成古典园林风格。园林建筑物常作景点处理，既是景观，又可以用来观景。因此，除去使用功能，还有美学方面的要求。

楼台亭阁，轩馆斋榭，运用设计手法和技术处理，把功能、结构、艺术统一于一体，成为古朴典雅的建筑艺术品。它的魅力，来自体量、外形、色彩、质感等因素，加之室内布置陈设的古色古香，外部环境的和谐统一，更加强了建筑美的艺术效果，美的建筑，美的陈设，美的环境，彼此依托而构成佳景。

2. 建筑营造的一般方法

园林建筑不像宫殿庙宇那般庄严肃穆，而是采用小体量分散布景。特别是私家庭园里的建筑，更是形式活泼，装饰性强，因地而置，因景而成。在总体布局上，皇家园林为了体现封建帝王的威严，和美学上对称、均衡的艺术效果，都是采用中轴线布局，主次分明，高低错落，疏朗有致。私家园林往往是突破严格的中轴线格局，比较灵活，富有变化。通过对、呼应、映衬、虚实等一系列艺术手法，造成充满节奏和韵律的园林空间，居中可观景，观之能入画。苏州拙政园中园部分，就以"远香堂"为主体建筑，布置了一个明媚、幽雅的江南水乡景色。

古典园林里通常都是一个主体建筑，附以一个或几个副体建筑，中间用廊连接，形成一个建筑组合体。这种手法，能够突出主体建筑，强化主建筑的艺术感染力，还有助于造成景观，其使用功能和欣赏价值兼而有之。常见的建筑物有殿、阁、楼、厅、堂、馆、轩、斋，它们都可以作为主体建筑布置。宫殿建在皇家园林里，供帝王园居时使用。它气势巍峨，金碧辉煌，在古典建筑中最具有代表性。为了适应园苑的宁静、幽雅气氛，园苑里的建筑结构要比皇城宫廷简洁，平面布置也比较灵活，但是，仍不失其豪华气势。

四、动植物

1. 动物造园

中国古典园林重视饲养动物。最早的苑囿中,以动物作为观赏、娱乐对象。魏晋南北朝园林中有众多鸟禽,使之成为园林山水景观的天然点缀。唐代王维在"辋川别业"中养鹿放鹤,以寄托"一生几经伤心事,不向空门何处销"的解脱情趣。宋徽宗所建艮岳,集天下珍禽异兽数以万计,经过驯养的鸟兽,在徽宗驾到时,能乖巧地排立在仪仗队里。明清时园中有白鹤、鸳鸯、金鱼,还有天然鸟蝉等。园中动物可以观赏娱乐,可以隐喻长寿,也可以借以扩大和涤化自然境界;令人通过视觉、听觉产生联想。

2. 植物造园

植物是造山理池不可缺少的因素。花木犹如山峦之发,水景如果离开花木也没有美感。自然式园林着意表现自然美,对花木的选择标准:一讲姿美,树冠的形态、树枝的疏密曲直、树皮的质感、树叶的形状,都追求自然优美;二讲色美,树叶、树干、花都要求有各种自然的色彩美,如红色的枫叶,青翠的竹叶、白皮松,斑驳的粮榆,白色广玉兰,紫色的紫薇等;三讲味香,要求自然淡雅和清幽。最好四季常有绿,月月有花香,其中尤以蜡梅最为淡雅、兰花最为清幽。花木对园林山石景观起衬托作用,又往往和园主追求的精神境界有关。如竹子象征人品清逸和气节高尚,松柏象征坚强和长寿,莲花象征洁净无瑕,兰花象征幽居隐士,玉兰、牡丹、桂花象征荣华富贵,石榴象征多子多孙,紫薇象征高官厚禄等。古树名木对创造园林气氛非常重要,古木繁花,可形成古朴幽深的意境。所以如果建筑物与古树名木矛盾时,宁可挪动建筑以保住大树。

除花木外,草皮也十分重要,平坦或起伏或曲折的草皮,也令人陶醉于向往中的自然。各种建筑假如没有树木掩映,光秃秃的山,冷清清的水,则缺乏美感,缺乏生气。

"寻常一样窗前月,才有梅花便不同",树木花草是造园的要素之一。所以造园家在完成地形改造之后,即从造景需要出发,选择适宜的品种合理配植,使之发挥预想的作用。植物的种类繁多,生态各不相同,见于造园的大体介于两大类型,一是属于观赏性植物,以它的天然属性和体态为造园家所赏识;二是属于绿化性植物,会使景物画面富有层次,充满生机。古典园林的植物一律采取自然式种植,与园体风格保持一致。所谓自然式,就是它们的种植不用行列式,不用规范化。在规模大的园林里,都单独辟出院落或区域种植观赏性花卉,如梅花岭、芍药圃、牡丹院等。私家园林由于空间狭小,大多数是采用小品种单株、双株,或者小型丛植为主,再结合双品种、多品种的搭配。此外,也有专门用于孤芳自赏的种植。树形不必棵棵挺拔,不怕几歪几斜,运用得好反而生动有趣。①

第四节　中国园林的主要构景手法

园林中为了丰富景观的层次,增加主景的观赏性,而特别注重前景的作用。前景处理手法主要有抑景、透景、添景、借景和夹景等。

一、抑景

中国传统艺术历来讲究含蓄,所以园林造景也绝不会让人一走进门口就看到最好的景色,最好的景色往往藏在后面,这叫做"先藏后露"、"欲扬先抑"、"山重水复疑无路,柳暗花明又一村",采取抑景的办法,才能使园林显得有艺术魅力。如园林入口处常迎门挡以假山,这种处理叫做山抑。抑景也叫藏景,是弱化景观的一种景观组织手法。苏州留园从大门进去到古木交柯的一段,两面高墙的夹道就是"抑景",之后,豁然开朗,又是一番景致。

二、透景

美好的景物被高于游人视线的地物所遮挡,须开辟透景线,这种处理手法叫透景。要把园内外主要风景点透视线在平面规划设计图上表现出来,并保证在透视线范围内,景物的立面空间上不再受遮挡。在安排透景时,常常与轴线或放射型直线道路和河流统一考虑,这样做可以减少因开辟透景线而移植或砍伐大量树木。透景线除透景外,还具有加强"对景"地位的作用。因此,沿透景线两侧的景物,只能做透景的配置布景,以提高透景的艺术效果。

三、添景

当甲风景点在远方,或自然的山,或人文的塔,如没有其他景点在中间、近处作过渡,就显得虚空而没有层次;如果在中间、近处有乔木、花卉作中间、近处的过渡景,景色则显得有层次美,这中间的乔木和近处的花卉,便叫做添景。添景可以是建筑小品、树木绿化等来形成。体型高大姿态优美的树木,无论一株或者几株往往能起到良好的添景作用。如当人们站在北京颐和园昆明湖南岸的垂

---

① 李星明. 旅游文化概论 [M]. 武汉: 华中师范大学出版社, 2007: 84 - 90.

中国旅游文化

柳下观赏万寿山远景时，万寿山因为有倒挂的柳丝作为装饰而生动起来。

四、借景

大至皇家园林，小至私家园林，空间都是有限的。在横向或纵向上让游人扩展视觉和联想，才可以小见大，最重要的办法便是借景。所以计成在《园冶》中指出，"园林巧于因借"。借景有远借、邻借、仰借、俯借、应时而借之分。借远方的山，叫远借；借邻近的大树叫邻借；借空中的飞鸟，叫仰借；借池塘中的鱼，叫俯借；借四季的花或其他自然景象，叫应时而借。

五、夹景

当甲风景点在远方，或自然的山，或人文的建筑（如塔、桥等），它们本身都很有审美价值，如果视线的两侧大而无当，就显得单调乏味；如果两侧用建筑物或树木花卉屏障起来，使甲风景点更显得有诗情画意，这种构景手法即为夹景。夹景是运用轴线、透视线突出对景的手法之一，可增加园景的深远感。夹景是一种带有控制性的构景方式，它不但能表现特定的情趣和感染力（如肃穆、深远、向前、探求等），以强化设计构思意境、突出端景地位，而且能够诱导、组织、汇聚视线，使景视空间定向延伸，直到端景的高潮。如在颐和园后山的苏州河中划船，远方的苏州桥主景，为两岸起伏的土山和美丽的林带所夹峙，构成了明媚动人的景色。

第五节　中国古典园林与旅游鉴赏

中国古代园林的建造构思精巧，蕴含着极高的艺术价值。旅游者在游览时，如果不能领悟这些构思所包含的艺术及文化内涵，就无法真正欣赏中国古代园林。

一、中国古代园林建筑的特点及艺术风格

中国古代园林建筑的主要特点，用最简练的字来概括就是"巧"、"宜"、"精"、"雅"四个字。这四个字代表了四个方面，每个方面还包含着不同的层次。它们是既互相联系，又互相统一，是中国园林建筑的基本品格特征。①

---

① 韩福文，刘丽华. 中国旅游文化［M］. 长春：吉林人民出版社，2006：88.

第六章　中国旅游园林文化

1. 巧

"巧"就是"灵巧"、"巧奇"、"活变"的意思。中国传统建筑的"巧"主要得益于木结构的灵活性，同时在布局上又很注意以"巧"取胜，它从结构、造型、空间处理到建筑整体布局都是一种巧妙而和谐的安排，它的局部与整体之间是有机联系在一起的，具有灵活应变、活的、生长的特征。中国园林建筑，在"巧"字上表现得最为突出。

在中国园林中，无论是小范围内的私家园林还是大范围内的自然风景区，都有观景点。这里是观赏风景的视线交汇点，它观赏景物的角度最好，观赏距离最恰当，观赏到的景物画面最多，有时还能把园外的景色组织到院内来，成为园内景色的一个积极构成因素。这样的景观建筑位置的选择，需要经过现场的反复踏勘，需要对园林景物进行仔细而周到的观察、搜索与发掘，需要对园林意境由表及里、由片段到整体的深刻认识。这样的观景点，可以在水边，可以在山顶，可以在悬崖峭壁的边缘。因此，这个"巧"就是"以人巧代天工"，包含着人们认识自然、驾驭自然、征服自然的能力。

2. 宜

"宜"就是合宜、适用、合情合理、因地制宜，"宜"是应变能力的表现，是与"巧"联系在一起，统一在一起的。"宜"表现在对待人的态度上，中国人建造园林，是为了追求自然的美，获得身心上切实美的感受与满足；古人所说的四美："良辰、美景、赏心、乐事"，是中国园林追求的基本内容，园林建筑设计的中心课题，就是一切为了人，制造出人的空间，人的尺度，人的环境。

中国的园林是"园中有景，景中有人，人与景合，景因人异"。它总是十分注意研究人对空间环境的反应与回响，不是强迫人去被动地接受某种建筑物所给予的强调，而是自然而然地给人以某种情绪上的满足。它不断总结这种人对空间环境需求的心理，并把人们的愿望汇集到新的园林规划与设计中去。因此，了解人，并运用当时可能的物质手段来满足与体现人的愿望，就是中国园林建筑一贯遵循的准则。

3. 精

"精"就是精巧、精美、分寸感、少而精。中国园林建筑的第三个特色是精巧、精美的风貌。中国的园林建筑精美耐看，不管是经历了多长时间，也不论具有什么历史文化背景的人们，都能接受它、欣赏它，从中得到美的愉悦。

中国园林建筑的精美是一种风貌，从整体到细部都和谐地组织在一种美的韵律之中。它不仅注重总体造型上的美，而且注意装修、装饰的美，注意陈设的美，注意小品建筑的美，建筑的各个部分都协调在结构的精巧布置上，是一种合乎结构与构造的逻辑美。这种精巧、精美的特点不仅表现在视觉的感受上，还表

中国旅游文化

现在触觉的感知上：中国园林建筑与人贴近的地方，像柱子、凳椅、门窗、内檐的各种装修等，不仅看上去精巧、精美，摸上去也舒服；它的造型、木质和人之间有一种亲和感，让人愿意与它贴近，愿意抚摸它。"精"字点出了中国园林的着力所在。园林的"精"是造园家精心设计的结果。

现代建筑的技术发展，新材料增多了，也不能丢掉精美的特点。近年来不断出现许多讲究技术精美、讲究运用现代结构和材料创造典雅气息的作品和流派，许多现代建筑中运用家具、灯具、雕塑、小品、装饰等使建筑具有与人体的尺度和人的精神比较接近的精巧处理，产生了良好的效果。

4. 雅

"雅"是指建筑的格调、意境，是人们对园林建筑形象、色彩、气氛的一种感受，"幽雅"、"雅朴"、"雅致"都是这种感受的表达。"雅"的反面是"俗"，"俗"并不是"大众化"，而是一种涂脂抹粉的气息。中国园林建筑对"雅"的追求表现在几个方面：从建筑与环境的气氛要"幽雅"，从建筑的造型、装饰、细部的处理要"雅致"，从建筑的色调效果要"雅朴"。中国园林的特点之一就是含蓄，建筑物不是那么暴露。所以建造园林，总要"地偏为胜"。中国的许多寺庙也要建到人迹稀少的名山大川去，承德避暑山庄在山谷的幽深处建起一处处景点，就是为了追求这种"幽雅"的气氛。即使把园林建在闹市中，也要运用造园家的巧思，避害为利，"闹处寻幽"，创造出幽雅的环境气氛来。所以说："以人为之美入天然，故能奇；以清幽之趣药浓丽，故能雅。"中国园林的一个杰出贡献，就是能在城市内建筑密集的环境中一块不大的用地上，以人工的巧奇，创造出一种源于自然而高于自然的、宜人的幽雅境域来。

中国园林建筑在自然环境中的形象，并不以壮丽浓艳来取胜，而是以小巧、雅致而见长。清代的李渔在《闲情偶寄》中就说过：建筑的造型"贵精不贵丽。贵新奇大雅，不贵纤巧烂漫"。中国的民居与园林建筑都具有这样的特色，从建筑的总体形象到局部的装饰纹样，都"兹式从雅"，"从雅遵时"，细致而较精美，简单而有风韵，不干烦琐、堆砌的事。在镇江焦山别峰庵的跨园中，有几间清代大画家郑板桥的工作室，门板上刻有他亲笔题写的一副对联"室雅何需大，花香不在多"。这就是"少而精"、"少而多"的意思。但这个"少"并不趋向于无，而是走向"精"，走向"雅"，走向艺术的更高境界。园林建筑所选用的材料及色彩也强调要"时遵雅朴"，善于表现材料本质的美，不在砖木上任意雕镂而流于庸俗。风景区中的建筑就要多选用天然材料，就地取材。白粉墙、镂空墙、乱石墙以地势灵活运用，都能取得与自然环境的协调，既雅致又有山林野趣。石板地、卵石地也可获得坚固、自然、雅朴的效果。路径虽然看起来平常，但也要把它当作空间中的一个"面"来精心设计，摘除俗套，让游人领略到幽

· 132 ·

雅的自然风致。把中国园林建筑的主要特色概括为"巧"、"宜"、"精"、"雅"四个字，实际上代表了四个主要方面，每个方面又有它进一步的含义，反映了丰富的内容。当然不能仅从字面上去作简单化的理解，而应把握它的精神实质，用新的创作使它得到新的推动，并不断发扬光大。

二、中国古典园林艺术的精神蕴涵与文化鉴赏

中国古典园林，是把自然的和人造的山水以及植物、建筑融为一体的游赏环境。中国园林是中国建筑中综合性最强、艺术性最高的一种类型，是中国古代建筑中的珍品。它具有非常突出的审美特征，是一种蕴涵非常丰富、和谐而又具有自然韵致的景观体系。中国古典园林还被赋予了深致的精神内涵，中国文化中的人格精神、哲学思想、宇宙观念等都可以通过园林这个艺术方式而予以表现。中国古典园林蕴含的精神特征包括四个方面：本于自然、高于自然，建筑美与自然美的融糅，诗画的情趣，意境的蕴涵。

1. 本于自然、高于自然

在古典园林的地形整治工作中，筑山是一项很重要的内容。园林的假山都是真山的抽象化、典型化的摹写，能在很小的地段上展现咫尺山林的局面，幻化千岩万壑的气势。水体也是一个重要的因素，山嵌水抱一向被认为是最佳的成景态势，一般来说，古典园林中有山必有水。而植被则以树木为主调，以花卉为辅。以其形、色、香，赋予其不同的性格和品德，在园林造景中尽显其象征寓意。例如，梅花象征坚贞，竹子象征不屈，莲花象征高洁，牡丹象征富贵。

中国的古典园林讲究自然美，以山水为基础，点缀以植被，经过改造、调整、加工、剪裁，最终呈现出一番本于自然又高于自然的景象，即《园冶》起首篇提出的，"虽由人作，宛若天开"。唯有如此，像颐和园那样的大型天然山水园，才能够把具有典型江南景观的特征在北方大地上复现出来。

2. 建筑美与自然美的融糅

西方园林与中国古典园林的最大区别，就是西方园林注重规则和对称，以整齐划一为原则。而中国古典园林则力求将建筑融于自然，达到人与自然高度协调的境界——天人合一的境界。中国古典园林的建筑物拥有充分的灵活性和随意性，木架结构的个体建筑，内墙外墙可有可无，空间可实可虚，可隔可透。打破了对称、均匀的格局，完全自由随意，因山就水，高低错落，更强化了建筑与自然环境的嵌合关系。中国古人喜欢通过建筑物，透过门窗，接触大自然，就如杜甫的"窗含西岭千秋雪，门泊东吴万里船"，苏东坡的"唯有此亭无一物，坐观万亭得天全"，这都是将建筑融于自然环境中。

3. 诗画的情趣

中国古典园林的景物讲究"动静结合"，即在游动、行进中领略观赏，有静

态的山石和流动的水，熔铸诗画艺术于园林艺术，使得园林从总体到局部都包含着浓郁的诗、画情趣，这就是通常所谓的"诗情画意"。诗情，不仅是把前人诗文的某些境界、场景在园林中以具体的形象复现出来，或者运用景名、匾额、楹联等文学手段对园景做直接的点题，而且在于借鉴文学艺术的章法、手段使得规划设计获得类似文学艺术的结构。正如钱泳所说："造园如做诗文，必使曲折有法，前呼后应，最忌堆砌，最忌错杂，方称佳构。"

4. 意境的蕴涵

意境是中国艺术创作和鉴赏方面一个极重要的美学范畴。简单来说，意即主观的理念、感情，境即客观的生活、景物。意境产生于艺术创作中此两者的结合，即创作者把自己的感情、理念熔铸客观生活、景物之中，从而引发鉴赏之类的情感激动和理念联想。游人获得园林意境的信息，不仅通过视觉功能的感受或者借助文字信号的感受，而且能通过听觉、嗅觉的感觉。诸如十里荷花、丹桂飘香、雨打芭蕉、流水叮咚，乃至风动竹篁犹如遂于倾洒、流浪松涛之如天籁清音，都能意"味"入景，意"声"入景，而引发意境的遐思。曹雪芹笔下的潇湘馆，那"风味森森，龙吟细细"更是绘声绘色，点出此处意境的浓郁蕴藉了。

三、中国古典园林的旅游功能

自古以来，园林与旅游几乎是同时出现在人类历史的舞台上，人们在劳动、生活的过程中创造了物质文化和精神文化，出现了美的观念和审美要求，逐步缔造了光辉灿烂的古代文明和造园艺术。与此同时，人类在生产和生活的过程中也逐渐扩大了自己的活动范围，出现了多种多样的旅游活动。二者互为因果，彼此相得益彰。

1. 中国古典园林本身特有的功能

（1）修身养性。修身养性是中国古典园林的一大功能，是中华民族重视自身修养的外在表现形式，现存中国园苑中大部分都具有这种功能。

（2）居家游乐。这是起居生活的延续和扩大，在各期造园中都比较明显。所以，绝大多数园苑都建在城内或近郊，以使人们享受。宋朝以后的园林大都具有居家生活、享受园景的功能。承德避暑山庄、北京颐和园、上海豫园、苏州大部分私家园林中都辟有专门的生活区和游乐区，供园主长期居住或短期逗留，消闲度假，游览观赏，寻找乐趣，怡情冶性，展现了中国园林的实用性。

（3）处理政务、结交朋友。园林中往往设有专门的公务活动区，如颐和园的仁寿殿、避暑山庄内的"澹泊敬诚"殿、南京瞻园静妙堂、苏州沧浪亭之明道堂、拙政园之远得堂等，都是用来处理政事、公务的场所，逍遥之中办理政务，方显园主的志得意满和浪漫情调。

2. 作为旅游资源的旅游功能

旅游资源按它的属性可划分为自然风景旅游资源与人文景观旅游资源两大类。而园林属于人文景观旅游资源。我国园林是以"景自天成"为特点的，它源于自然，利用自然，高于自然。其灵活的风格、合理的布局、适宜的建筑体量和精巧的装修，取得了高度的艺术成就，达到了完整的自然美、人工美和理想美的统一，创造了世界上独树一帜的园林艺术，具有十分高的旅游价值。

（1）具有依自然之理，实现自然之趣的自然观赏属性。我国园林以"虽由人作，宛自天开"作为基本准则，要求造园时再现自然，正确处理自然与人为的关系。造园中，不但模仿自然风景，更重要的是适应、保持、改善生死存亡平衡和生物群落的自然规律，而且在运用建筑材料方面也充分利用自然资源特点。选址以因地制宜，因势利导，利用地势、地形为原则，利用环境来创造人工小气候。还通过选择大自然美好的景物、山水和植物，更好地表现自然景色，用巧夺天工的技艺达到创造园林美的目的，使之造成一个全新的、生动的生态环境。实现"自然之理，得自然之趣"的意念，把园林变成画的天地、诗的世界、人的乐园，可望、可行、可游、可居多种功能并存。这是吸引旅游者的自然属性。

（2）园林艺术境界激发了旅游者观赏与考察的动机。中国古典园林以其综合性的艺术手段，造就了人们获得理想美的深邃意境。通过巧妙组织园林建筑景物、文字、雕塑、绘画艺术，将皇家之天、宗教之神、官吏之贵、富商之华、文人之雅、士民之实等，以诗情画意的表现形式贯穿于园林之中，特别是将人的意愿和向往，突出地表现出来。如秦汉典范的太液池中置蓬莱、方丈、瀛洲三岛，其意即为求得长生不老；皇家园林中的唯我独尊、至高无上的意境随处可见；寺庙园林则多体现神祖保佑之意愿；江南私家园林都反映士绅文人以菊、兰、梅、竹四君子及岁寒三友的松、竹、梅来象征文雅古朴，向往桃源隐居之乐的意境。可见，艺术境界都是以意境为目标，它要求园林叠山、理水、筑室、铺路、架桥、砌墙、造林等，其形式、规模、用料、装饰体量、色彩等，都需有独特的讲究，甚至对方位、光线、风向等也能巧妙利用，再通过周密、灵活的布局和借景、对景、障景、框景、夹景等手法，使园林自成体系、相互通连，取得"步移景换之妙"，使游人在园中既能感受到自然美、人工美，又能领悟到造园者所要表现的感情和理想。

（3）高超的造园手法给人以奇趣、神妙之吸引力。我国园林布局在设计、空间艺术和自然景物统一方面，有奇趣神妙之吸引力。造园师们通过一定的造园手法，使得园林结构高低错落，登山临水，划分界境，隔而不断，步移景迁，整体融合，巧妙因借，主体突出，层次分明，园中有园；大小明暗，起伏开合，形成园中有画、画中有园、真假难辨的境界。并以园林建筑为主，因地制宜安排，功能与景物统一。如水际安亭，加以景物题名，使得游人在园中可憩、可钓、可舟、可登、可阅，引人入胜。

(4) 人文资源比较丰富。我国许多园林除本身的吸引力外，还与重大的历史事件、历史人物、著名篇章、传说故事等紧密相连，成为吸引旅游者的又一动因。皇家园林多与帝王活动有关，私家园林则与名人相关。如承德避暑山庄是慈禧太后发动宫廷政变之所，北海是囚禁光绪皇帝之地，南京煦园与孙中山，绍兴沈园与陆游、唐婉，拙政园与太平天国等，较多的人文历史景观，对了解历史文化知识具有十分重要的作用。园林的匾额、楹联、山石多有题刻，这不仅是装饰，且点出风景之妙，启发联想，或表达园主志趣，使游人思想。其文亦多名人名篇，常含典故，言辞隽永，耐人寻味；其书艺往往技高一筹，异常精湛，令人倾倒。可见，其对提高游人的艺术修养和鉴赏能力都将会有所裨益。①

本章案例

扬州古典园林旅游的可持续发展

扬州是国务院首批公布的全国24座历史文化名城之一，距今已有近2500年的历史。悠久的历史造就了独特、灿烂的一方文化，造就了独特的扬州园林文化。作为城市经济文化发展的产物，扬州市古典园林肇始于西汉、兴盛于隋唐、成熟于宋元、鼎盛于明清。早在唐代就有"园林多是宅，车马少于船"之称，到清代更有"扬州园林之盛，甲于天下"的美誉。

扬州市古典园林旅游依其分布区域大致可分为两类，即城市山林与湖上园林。湖上园林主要集中在瘦西湖一带，这些园林大多是清代盐商的郊外别墅，是由人工水系串联而成的私家园林群。城市山林，多散布于古城众屋之间，且又藏于宅内，不易为人所知。目前，扬州市区现存的古典园林有60多个，整修开放的城区园林仅个园、何园、汪氏小苑、二分明月楼。

面对扬州古典园林旅游体量小、分布散、不利于统一经营管理，古典园林旅游景观和周边环境遭到破坏、缺少品牌形象整体包装、管理队伍中缺乏旅游专业人才等问题，扬州市园林管理局制定出古典园林旅游保护和利用二十年规划，计划建立将多市局合并为扬州市园林文物旅游局的新体制，在保护古典园林、加强古典园林文化研究的同时，积极申报世界遗产，打响品牌。

通过科学规划、创新体制、加快建设、塑造品牌以及推进古典园林旅游产业

---

① 迎春. 中国古典园林的旅游功能 [J]. 内蒙古科技与经济, 2011 (8): 61-62.

化的进程等多种措施和手段,为进一步保护、恢复和建设扬州市古典园林旅游提供强有力的物质、体制、资金、人才上的支撑,为扬州市古典园林旅游再度辉煌,赢得过去曾有的"扬州园林,甲于天下"的美誉创造更好的条件,让每一位来到扬州的国内外游客,徜徉于精致而秀美的扬州古典园林旅游之中,感受到扬州"诗画瘦西湖,文史古扬州"的独特魅力。

(资料来源:徐亮. 对扬州市古典园林旅游可持续发展的一些思考[J]. 经济研究导刊,2009(34):164-167.)

案例分析

在积极开发扬州古典园林旅游资源同时,应避免注重眼前利益而忽视长远利益,旅游资源的可持续发展是壮大旅游产业的必然选择。可持续发展并不否定经济增长,而是站在保护扬州当地古典园林环境的立场上去发展。扬州园林的可持续发展要以园林自然资源为基础,同园林的旅游承载能力相协调;追求游客与景区景点相和谐;以提高扬州当地居民生活质量为目标,同社会进步相适应;在保持文化完整性、基本生态过程和生命维护系统的同时,满足经济、社会和美学的需要。

问题思考:为实现古典园林旅游的可持续发展,应具体做好哪些工作?

本章思考题

1. 中国园林如何分类?
2. 中国园林风格特点是什么?
3. 中国园林造园要素有哪些?
4. 中国园林构景手法有哪些?
5. 比较中西方古典园林的差异。

第七章　中国旅游饮食文化

本章提要

要求学生了解中国饮食文化的概念与研究现状及其特点；中国饮食文化的历史发展和传播；掌握饮食文化与旅游的相互关系；明确饮食文化旅游产品开发中应注意的问题与可采取的开发策略；了解中国的八大菜系及各地风味小吃；把握茶文化的整体，包括其起源和发展，茶类、茶品、茶具、茶人、茶艺、茶道等；理解酒文化的概念与表现形式。

章首案例

最佳美食城市——广州

俗语说："生在苏州，食在广州，住在杭州"，可见广州饮食闻名遐迩。广州菜是粤菜的主流，用料之多、之杂常令人瞠目结舌。凡飞禽走兽、鱼虾蟹螺、蛇虫鼠蚁，都可作馔。烹调手法有煎、炒、炆、焗、蒸、滚、炸、泡、扒、扣、灼、煲、炖、烤等。名厨殚精竭虑，制出一套色、香、味、形俱佳，令人目不暇接的广州食谱。广州人吃菜追求鲜嫩，最典型的是白切鸡和炒油菜。而广州的风味小食，当以炒田螺（或石螺、山坑螺）最受欢迎。夏秋两季，螺蚬肥美，过去此类不登大雅之堂，现在却成了席上之珍。名茶美点，更是广州饮食的一大特色。广州人素有饮茶的习俗，分早、午、晚三市，以早茶为主。茶楼、酒家、宾馆、饭店都经营茶市，是亲友聚会、洽谈业务的理想去处；离退休人士、有闲人士均喜在此流连，品茗谈心。

在"2005 欧中旅游论坛"上，广州喜获"欧洲人最喜欢的中国旅游城市"称号。根据最终的投票结果，西安、杭州、拉萨、广州、北京、丽江、昆明、成都、洛阳、威海等入选"欧洲人最喜爱的中国旅游城市"，广州居第四位。一提到广州,很多欧洲人首先想到的就是"广州美食"。"食在广州"已经成为吸引入境游客的一张城市名片。

番禺大道美食大道规划将建设长达13公里"美食街",这将是广州最长的一条美食街。为培育"食在广州"高端品牌形象,广州未来将创建一批国家级酒店,发挥名店、名菜、名师的品牌叠加效应,培育一批拥有知识产权和驰名品牌的具有国际竞争力的大型餐饮企业集团。

(资料来源:佚名.食在广州[EB/OL].广东文化网,2012-01-17.)

问题思考:广州不仅是花城、活力之城,而且是美食之都,拥有悠久的美食文化传统,讨论广州的美食对于旅游产业发展具有怎样的推动作用。

第一节 中国饮食文化概述

中国的饮食文化源远流长,历史悠久,独具特色。自古以来,我们的先人就把饮食列入文化艺术的范畴,饮食不仅仅满足于单纯的生理之欲,更要求色、香、味、形、器,甚至环境、礼仪、风俗等全方位的审美、协调,同时还与诗词歌赋、琴棋书画、音乐舞蹈、戏剧曲艺紧密结合,构成了一个深具东方特色的饮食文化氛围,成为古老华夏文明中的一朵奇葩,在中华文化中占有重要地位。①

一、中国饮食文化概述

"饮食"一词,约始于春秋战国时期。例如《礼记·礼运》:"饮食男女,人之大欲存焉。"需要说明的是,"饮食"一词在春秋战国时期不仅已被广泛使用,而且可以简称为"食",如孔子说:"君子食无求饱。"约至秦汉时期,"饮食"两字已可通称,饮可以统食,食亦可以统饮,有时饮、食二字都可以作为"饮食"一词的简称。广义的饮食,包括三个部分:一是饮食原料的加工生产,即制成产品的过程;二是制成的产品,即饮食品;三是对饮食品的消费,即吃和喝。狭义的饮食,仅仅指饮食品的消费过程。

1. 中国饮食文化的概念

饮食文化的含义,也有广义和狭义之分。广义的饮食文化是指人类在饮食生活中创造的一切物质文化和非物质文化的总和;狭义的饮食文化是指人类在饮食

---

① 胡爱娟.饮食文化与现代旅游[M].杭州:浙江大学出版社,2009:1.

生活中创造的非物质文化，如饮食风俗、饮食思想、饮食行为、饮食技术等。①

关于饮食文化的概念，众多专家有不同的说法。

较早的文献是季鸿昆（1994）的定义，他认为，饮食文化是在人类社会发展过程中，人类关于食物需求、生产和消费方面的文化现象，既包括人与自然的关系，也包括食物与人类社会的关系。

林乃燊（1997）认为，饮食文化是人类不断开拓食源和制造食品的各生产领域和从饮食实践中展开的各种社会生活，以及反映这两者的多种意识形态的总称。

赵荣光（2003）认为，饮食文化是指食物原料的开发利用、食品制作和饮食消费过程中的技术、科学、艺术，以及以饮食为基础的习俗、传统、思想和哲学，即由人们饮食生产和饮食生活方式、过程、功能等结构组合而成的全部食事的总和。

胡爱娟（2009）认为，"饮食文化"是一个涉及自然科学、社会科学及哲学的普泛概念，是指食物原料开发利用、食品制作和饮食消费过程中的科学、技术、艺术，以及以饮食为基础的习俗、传统、思想和哲学，即由人们生产和生活的方式、过程、功能等结构组合而成的全部食事的总和。

2. 中国饮食文化的特点

中国饮食文化的特点主要有以下六个方面：

（1）地域性。中国饮食风味多样，由于中国幅员辽阔，地大物博，有55个少数民族，各地各民族气候、物产、风俗习惯都存在着差异，长期以来，在饮食上也就形成了许多风味。中国一直就有"南米北面"的说法，口味上有"南甜、北咸、东酸、西辣"之分，有"四大菜系"、"八大菜系"之说，而林林总总的民族风味小吃更是不胜枚举。

（2）时间性。饮食四季有别，一年四季，按季节而吃（甚至按时辰吃），是中国烹饪又一大特征。自古以来，我国一直按季节变化来调味、配菜，冬天味醇浓厚，夏天清淡凉爽；冬天多炖焖煨，夏天多凉拌冷冻。古代的中国人还特别强调进食与宇宙节律协调同步，春夏秋冬、朝夕晦明要吃不同性质的食物，甚至加工烹饪食物也要考虑到季节、气候等因素。这些思想早在先秦就已经形成，在《礼记·月令》就有明确的记载，而且反对颠倒季节，如春"行夏令"、"行秋令"、"行冬令"必有天殃；当然也反对食用反季节食品，孔子说的"不食不时"，包含两重意思：一是定时吃饭，二是不吃反季节食品。

（3）艺术性。讲究美感。中国的烹饪不仅技术精湛，而且有讲究菜肴美感

---

① 冯玉珠，沈博. 饮食文化概论 [M]. 北京：中国纺织出版社，2009：2.

的传统，注意食物的色、香、味、形、器的协调一致。对菜肴美感的表现是多方面的，无论是一个红萝卜，还是一个白菜心，都可以雕出各种造型，独树一帜，达到色、香、味、形、美的和谐统一，给人以精神和物质高度统一的特殊享受。

（4）文化性。饮食文化在其发展过程中，经创造、传承和整合，不断积淀，饮食和文化相互渗透，相互融合。我国的饮食文化还很注重品味情趣，不仅对饭菜点心的色、香、味有严格的要求，而且对它们的命名、品味的方式、进餐时的节奏、娱乐的穿插等都有一定的要求。中国菜肴的名称可以说出神入化、雅俗共赏。菜肴名称既有根据主、辅、调料及烹调方法的写实命名，也有根据历史掌故、神话传说、名人食趣、菜肴形象来命名的，如"全家福"、"将军过桥"、"狮子头"、"龙凤呈祥"、"东坡肉"等。

（5）融合性。食医结合，饮食与医疗保健有密切的联系，在距今几千年前有"医食同源"和"药膳同功"的说法，利用食物原料的药用价值，做成各种美味佳肴，达到对某些疾病防治的目的。

（6）生存性、继承性和发展性。纵观饮食文化发展的历史，自原始社会初步形成以来，无论是朝代更迭，还是社会制度的变迁，都未对它产生影响，一直保持良好的发展势头。

二、中国饮食文化的发展与传播

饮食，是人类生存和改造身体素质的首要途径，也是社会发展的前提。饮食文化是与人类相伴随而产生发展的，它随着人类物质和精神文明程度的提高而日益丰富成熟。中国饮食文化的起源，国内学者一致认为是从使用火时开始的。火的使用促使人们脱离了"生吞活剥"、"茹毛饮血"的阶段，一方面为人类烹调技术多样化提供了可能，另一方面促使人类生产了烹饪用具，从此饮食文化出现端倪。

1. 中国饮食文化的历史发展过程

中国饮食文化历史悠久，从产生、发展到繁荣，经历了漫长的过程。其大致可分为五个阶段：萌芽时期、形成时期、蓬勃发展时期、成熟定型时期、繁荣创新时期。

（1）萌芽时期。原始社会，是中国饮食文化的孕育期。这一时期的历程最为漫长，人们的生活也最为艰辛。人们在艰难中慢慢地进步，从被动的采集、渔猎到主动地种植、养殖；餐饮方式从最初的"茹毛饮血"到用火熟食；从无炊具的火烹到借助石板的石烹再到使用陶器的陶烹；从原始的烹饪到调味品的使用；从单纯的满足口腹到祭祖、食礼的出现。原始社会后期，人们在饮食活动中开始萌生对精神层面的追求，饮食已经初步具有文化的意味。

中国旅游文化

(2) 形成时期。先秦时期中国饮食文化正在进入形成时期。商周时期人们根据五行学说提出五味,"五味调和之说"成为后来烹饪的指导思想。《礼记·内则》指出,无论饮食的内容还是调料,都应按四时之变而变,以天人之阴阳,达到天人的和谐统一。说明当时已初步建立起医食相关的理论。这段时期,与饮食有关的各种著述不断问世。《吕氏春秋》、《黄帝内经》、儒家的十三经以及《楚辞》和其他先秦诸子的著述,如《名子》、《韩非子》等,都广泛涉及饮食文化的许多方面,为后世的饮食文化发展打下了坚实的理论基础。

(3) 蓬勃发展时期。从秦朝开始,我国进入封建社会,到汉朝发展为第一个高峰,随后经历魏晋南北朝的长时间分裂,到隋朝重新统一。唐宋成为封建社会的第二个高峰,特别是唐代,国内外各民族相互融合,交流日渐频繁,带动了中国饮食的稳步发展。在这一时期,饮食原料无论数量还是种类都大大超过了以前,同时出现了一系列关于饮食文化的专著。受政治、经济和文化等高速发展的影响,我国饮食文化进入蓬勃发展时期。

(4) 成熟定型时期。元明清三朝,是中国封建社会的后期,尤其到清朝中期又出现了封建社会的第三个高峰。在这一时期,中国社会的政治、经济和文化都有极大变化,而这些变化促使饮食文化进入成熟定型时期。这一时期,食物原料进一步丰富,烹饪工艺形成了较为完善的体系,地方风味流派形成了稳定格局。同时,饮食著述日益丰富和完善,在饮食保健理论和烹饪技术理论方面取得了长足进展。

(5) 繁荣创新时期。20世纪以来,尤其是改革开放以来,我国从世界各国引进了许多新的优质食物原料。在厨房烹饪能源方面,越来越多地使用煤气、天然气、液化气、汽油、柴油、酒精、太阳能、电能等;在炉灶、炊具方面,煤炉、气灶、酒精灶、微波炉、电磁炉、电炉、烤箱等被广泛应用于烹饪活动。许多餐厅的厨房设备除了上述炊具外,还普遍使用冰柜、炒冰机、紫外线消毒柜、自动洗碗机、切面机、刨片机、绞肉机、不锈钢工作台和其他饮食机械设备。改变了我国"烹调技艺世界一流,厨房设备未入流"的局面。另外,工业食品的创制和食品工业的发展使食品生产质量更加规范化和标准化。

2. 中国饮食文化的传播

中国饮食文化直接影响到日本、蒙古、朝鲜、韩国、泰国、新加坡等国家,是东方饮食文化圈的轴心;与此同时,它还间接影响到欧洲、美洲、非洲和大洋洲,像中国的素食文化、茶文化、酱醋、面食、药膳、陶瓷餐具和大豆等,都惠及全世界数十亿人。中国饮食文化在全世界范围传播的一个突出表现是中餐馆的兴起,"中国人走到哪儿,中国餐馆就会开到哪儿"。许多海外华人从事餐饮业或与其相关的食品行业。特别是在英国、德国、荷兰。从某种程度上来说,中国餐馆的盛衰沉浮反映了华人在海外的生活状况。

第二节 饮食文化与旅游

我国饮食文化源远流长，博大精深。独特而丰富的饮食文化是我国各地区开发旅游业的天然优势和宝贵资源，深入挖掘各地区、各民族饮食文化内涵，对于促进旅游业和地方经济发展、民族与地方文化保护等方面均有重要意义。

一、饮食文化与旅游的关系

无论是政府开发旅游业或者是游客进行旅游活动，都离不开饮食文化的参与。"食"位列旅游六大要素之首，突出说明了饮食文化与旅游的紧密联系。具体来说，饮食文化与旅游的关系体现在以下方面：

1. 饮食文化是发展旅游业的重要基础

（1）饮食文化是旅游业重要组成部分。旅游从本质上来说是一种物质和精神的综合性活动。一方面，旅游者正常的旅行、游览等活动都基于对饮食需求的满足。没有饮食，旅游便无法进行，同时旅游者对饮食质量的评价又会直接影响对目的地的整体旅游感知。因此，发展餐饮服务业对于每一个旅游目的地都至关重要。另一方面，地方饮食文化是地方文化在饮食各环节中的体现，它是了解旅游地文化的最佳切入点。各色菜肴、小吃等与文物古迹一样都是每个目的地鲜明的地方文化标记，因而对旅游者具有较高的审美价值、文化体验价值。如品尝台湾小吃已经成为台湾游的重要活动之一，逢甲夜市、士林夜市等小吃街不仅带给旅游者各种宝岛美味，其本身就是富有宝岛特色的一处处文化景观。

（2）饮食文化可以提升旅游产品的文化品位。文化是旅游业发展的生命力所在，饮食文化开发在旅游业中的兴起能够满足旅游者日益提升的文化需求。与其他抽象的文化形式相比，饮食文化更为具体化，与人们日常生活紧密相关，因而更能普遍引起旅游者的兴趣。近年来，众多文化体验项目被各目的地与景区开发出来，其中饮食文化一直是旅游开发与规划人员最为重视的主题之一。在饮食文化的氛围之下，旅游地风土人情与民族特色能够很自然地转化为旅游者良好的文化体验，使旅游者易于感知、理解和接受，无形之中旅游产品的文化品位得到了明显的提升。

（3）饮食文化可以为旅游目的地带来更好的经济效益。获取经济收入一直是发展旅游业的主要目的之一。普通的观光旅游产品附加值有限，而饮食文化旅游产品则可明显提升其附加值,进而获得更好的经济效益。与普通餐饮食品相比,旅游目的地推出的特色菜肴、风味小吃价格更高,而且更受旅游者欢迎。同时,饮食文化也能给除餐饮业以外的其他旅游相关行业带来更可观的收入,从而促进旅游业整体经济效益的提升。如 2005 年韩国饮食文化主题古装剧《大长今》播出后,不仅带动了韩国料理餐馆的兴起,同时使当年前往韩国的游客人数同比增长了 15% 之多,产生了巨大的旅游经济效益。

2. 旅游活动对饮食文化具有积极的促进作用

旅游地无论开发何种形式的旅游产品,对餐饮行业的需求势必会随着当地旅游业的兴起而增加,当地独特的饮食文化通过目的地的旅游宣传与旅游者的相互推介提升了知名度,从而将拥有广阔的潜在市场。如随着旅游业的开发,广西巴马的香猪、油鱼、火麻鸡汤等作为长寿之乡的特色美食正在为越来越多的旅游者所熟知。此外,旅游业的发展必然会促进目的地与外界的文化交流,其中自然也包括对当地饮食文化的影响。在这一过程中,本地的饮食文化能够不断吸收外来精华,从而有利于它的革新与丰富。总之,旅游业为目的地饮食文化发扬光大提供了绝佳的发展机遇。

3. 饮食文化与旅游产品的开发需要两者的深度融合

所谓饮食文化旅游,就是指将饮食文化与旅游活动相结合,以品尝美食、了解饮食文化为主要内容,以游览所在地的自然景观与人文景观为辅助内容的特色旅游。① 饮食文化旅游作为饮食文化与旅游的结合,其体现的不仅仅是简单的地方饮食特色,而且是具有丰富内涵的地方饮食文化。饮食文化旅游并不是饮食文化与旅游简单的拼凑,而应是在地方文化体系的支撑下将两者进行深度的融合。

二、饮食文化旅游开发中应注意的问题

饮食文化与旅游关系密切,两者相互影响、相互促进,因此开发饮食文化旅游产品是各地发展文化旅游的主要方向之一。尽管不少地方通过发展饮食文化旅游获得了较好的经济效益,知名度也得到了一定的提升。不过由于我国饮食文化旅游的开发总体起步较晚,开发经验相对不足,因此在开发过程中也暴露出不少弊端。为实现饮食文化旅游的可持续发展,在产品开发过程中应注意以下问题:

1. 文化内涵问题

有些目的地的饮食文化旅游产品缺乏对文化内涵的挖掘和提炼。旅游者在享用完美食之后,留在印象中的只是一时的美味,故很难成为该目的地的回头客。有些饮食文化旅游产品中没有融入如菜肴典故讲解、当地曲艺文化欣赏等更多相

---

① 陈水雄,周义龙,卢洪. 旅游文化概论[M]. 哈尔滨:哈尔滨工程大学出版社,2012:54.

关的文化体验项目。随着文明的进步、文化的积淀，人们越来越注重进餐时的精神享受。中国的一些名菜小吃往往伴有神奇的典故传说，耐人寻味。这些传说使得食品和名菜更为诱人，如孔府菜式中的"烧秦皇鱼骨"、"带子上朝"、"油泼豆莛"、"诗礼银杏"等，一道菜一个典故。通过菜肴典故与传说的讲解，游客既可尝到孔菜的独特风味，又可领略到儒家风采。如能在此基础上开发相关的儒家文化体验项目，则可进一步提高饮食文化旅游产品的吸引力与附加值。

2. 地方特色问题

地方饮食文化作为该地本土文化的重要组成部分，是该地区别于其他地区的文化标记之一，因此没有地方特色的饮食文化旅游产品无疑是不成功的，也不可能使该地实现旅游业的可持续发展。然而，当前不少目的地没有踏踏实实地专注于对本地饮食文化的挖掘，而是尽可能多地引入其他地区的风味，或是特意研制一些与本地文化特色不相符的菜肴，以吸引更多的旅游者，追求经济利益的最大化。旅游者在每个目的地或景区基本上都能吃到全国各地的菜肴、小吃，如川菜馆、沙县小吃、兰州拉面等。这种盲目追求饮食的面面俱到会导致地方口味的不正宗、不地道，最终会严重影响目的地饮食文化的吸引力。另外，外来饮食的涌入还会逐渐改变当地人的饮食习惯，同时使当地珍贵的传统烹饪手艺失去赖以生存的根基。

3. 民族饮食文化开发问题

我国各少数民族在各个方面都表现出鲜明的文化特性，因此少数民族地区在开发旅游业上具有独特的优势。但在饮食文化旅游产品的开发上，仍然偏重于对汉族地区饮食文化的开发，而对少数民族风味美食关注程度不足。事实上，我国少数民族地区拥有众多宝贵的饮食文化遗产，如怒族、普米族的"石板粑粑"，这是远古石烹的历史遗存，具有极高的历史、文化价值。又如景颇族的"石头汤"，独龙族的"河麻芋头"，傣族的"石头煮青苔"，等等。若能加以合理地开发利用，必然能增强我国饮食文化旅游产品的整体深度与广度，同时既有利于少数民族地区旅游业的全面发展，又有利于本民族传统饮食文化的保护。

4. 生态保护问题

在不破坏生态环境的前提下进行旅游开发是当今旅游产品开发的共识与重要准则，饮食文化旅游产品的开发也必须符合这一要求。虽然就饮食本身而言，与生态保护没有直接的联系，但各色菜肴、小吃等饮食的原料无不来自大自然。自然生态环境的好坏直接决定了饮食产品的质量，而自然资源的数量也会影响饮食产品的供应。一些地区由于不注重生态环境保护，导致当地的一些新鲜食材受污染或濒临枯竭。这些问题最终会阻碍当地饮食文化旅游的可持续发展。总之，生态保护不仅关乎饮食旅游产品的开发，同时也与地方总体旅游业发展息息相关，因此这一问题同样需要引起旅游开发商以及相关部门的高度重视。

三、我国饮食文化旅游开发的策略

在饮食文化旅游开发方面，我国具备一系列得天独厚的条件，如食材广博、菜系众多，使中餐能够跻身世界三大菜系之一，同时饮食中蕴含着深厚的中国传统文化精髓。尽管当前我国饮食文化旅游的开发总体上并不是很理想，但从长远来看这类旅游产品拥有巨大的市场潜力。因此，旅游地应充分挖掘自身饮食文化旅游资源，采取针对性措施促进相关产品的开发。

1. 提升饮食文化旅游产品开发的地位

与其他文化旅游资源相比，饮食文化旅游资源的开发投入少、回报率高，而且开发出的产品生命周期长，同时一地饮食文化旅游兴起后又能转而带动其他旅游形式的发展。因此，旅游地应真正将饮食文化作为重要的文化旅游资源，提升饮食文化旅游产品在当地旅游开发中的地位，不能仅仅将其当作在其他旅游资源开发过程中的附属品，摆在可有可无的位置。各地旅游管理部门、旅游规划人员以及旅游企业经营者等都必须牢固树立大旅游意识，走大旅游、大市场、大发展道路，使饮食文化在当地旅游业发展中占有一席之地。同时，地方旅游部门还应与当地文化部门、工商部门以及卫生部门等共同在饮食文化旅游发展政策与规划、饮食文化挖掘与保护、旅游产品质量保障与提升等方面相互支持与合作，以更好地促进当地饮食文化旅游的可持续发展。

2. 多主体、多形式宣传地方饮食文化

饮食文化的宣传首先需要引起作为直接生产者与利益相关者的各地餐饮、烹饪业界的高度重视。另外，旅行社在进行旅游线路设计时，也应注重饮食文化因素的融入，将饮食文化作为线路中的一个重要部分，或设计专门的饮食文化旅游线路。对于当地旅游景区而言，则可以在各类旅游节庆活动中加入美食品尝环节，或者定期举办美食节、烹饪比赛等活动。旅游管理部门在对外进行官方旅游推介宣传中，更应将饮食文化作为不可或缺的重要部分。各旅游地可在旅游局官方微博、微信中定期介绍当地饮食文化与美食攻略，还可组织筹拍一部或几部反映当地饮食文化主题的微电影。如2012年四川省旅游局与《中国国家旅游》杂志联合推出四川旅游系列微电影《爱，在四川》，其中的《美食篇》在网络上一经播出便获得了广泛关注与好评，片中诠释了四川小吃、火锅等美食元素，成为依靠微电影成功宣传地方饮食文化的一个突出典范。

3. 注重地方饮食文化相关人才的培养

地方饮食文化旅游产品的开发需要相关人才的支撑与保障。这不仅关系到地方饮食文化旅游产品与相关服务的质量，也关系到地方饮食文化的传承与保护。

旅游地高等院校的旅游、酒店等相关专业中应尽可能将当地饮食文化作为必修课，同时加强对本地导游关于当地饮食文化相关知识的培训与考核。旅游地还可视自身条件建立专门的烹饪学校或在院校中设置烹饪专业，培养既掌握本地饮食烹饪技法又具备良好文化素养的高层次烹饪人才。另外也需要培养一批拥有良好服务意识与高服务水准的人才队伍，提升当地各类酒店、餐馆的服务质量。针对一些地区珍贵、传统的烹饪手艺面临失传的问题，当地文化部门应首先对这类非物质文化遗产进行全面普查，进而实施抢救性保护，对相关传承人给予各方面的支持。

4. 增强饮食文化旅游产品的主题性、体验性

鲜明的主题往往能提升旅游产品的品位，加深旅游者的感知，增强旅游者的满意度，因此饮食文化旅游产品应注重打造主题。主题不宜过于分散，同时在众多饮食文化中应着重选择那些既能突出反映当地独特历史文化又能符合旅游者需求的主题。确定主题后应深入挖掘与之相关的各类旅游要素，特别应注重在饮食文化旅游产品中融入体验性因素。如以茶文化为主题的旅游产品可以与说唱艺术相结合开发体验项目。在茶馆、茶楼、茶亭里一边品茗，一边听评书、相声、评弹或摆龙门阵，既享受了不同层次的饮食文化，又接受了民间艺术的感染，同时更是人们休闲放松的好机会。而酒文化体验之旅则可通过开展酒文化节、参观各类酿酒厂以及各种游戏比赛活动，让旅游者完全沉浸在酒文化的洗礼和熏陶之中。

第三节　中国八大菜系及地方风味小吃

我国的菜系，是指在一定区域内，由于气候、地理、历史、物产及饮食风俗的不同，经过漫长历史演变而形成的一整套自成体系的烹饪技艺和风味，并被全国各地所承认的地方菜肴。菜肴在烹饪中有许多流派。

一、中国的八大菜系

菜系，也称"帮菜"，是指在选料、切配、烹饪等技艺方面，经长期演变而自成体系，具有鲜明的地方风味特色，并为社会所公认的中国的菜肴流派。鲁、川、苏、粤四大菜系形成历史较早，后来，浙、闽、湘、徽等地方菜也逐渐出名，于是形成最有影响和代表性的也为社会所公认的有川、粤、苏、闽、浙、湘、徽、鲁菜系，即人们常说的中国"八大菜系"。

中国旅游文化

1. 鲁菜

鲁菜即山东菜系，由齐鲁、胶辽、孔府三种风味组成，是宫廷最大菜系，以孔府风味为龙头。山东菜系对其他菜系的产生有重要的影响，因此大多数人认为鲁菜为八大菜系之首。鲁菜被认为是中国最具影响力的菜系，很多烹饪方式都是从鲁菜发展而来的。当今北方的饮食流派，像天津、北京、东北的菜肴都可以归到鲁菜中。宋以后，鲁菜就成为"北食"的代表。明、清两代，鲁菜已成宫廷御膳主体，现今鲁菜是由济南和胶东两地的地方菜演化而成的。其特点是清香、味纯，以鲜咸脆嫩而著名，十分讲究清汤和奶汤的调制，清汤色清而鲜，奶汤色白而醇，选料精细，刀法细腻，注重实惠，花色多样，善用葱姜。

2. 川菜

四川菜系分为以川西成都乐山为中心的上河帮、川东重庆为中心的下河帮、川南自贡为核心的小河帮。四川菜系各地风味比较统一，主要流行于西南地区和湖北地区，在中国大部分地区都有川菜馆。川菜是中国最有特色的菜系，也是民间最大菜系。川菜风味包括重庆、成都和乐山、内江、自贡等地方菜的特色。川菜在秦末汉初就初具规模，唐宋时发展迅速，明清已富有名气，现今川菜馆遍布世界。正宗川菜以四川成都、重庆两地的菜肴为代表。重视选料，讲究规格，分色配菜，主次分明，鲜艳协调。其特点是酸、甜、麻、辣香、油重、味浓，注重调味，离不开三椒（辣椒、胡椒、花椒）和鲜姜，以辣、酸、麻脍炙人口，为其他地方菜所少有，形成川菜的独特风味，享有"一菜一味，百菜百味"的美誉。烹调方法擅长于烤、烧、干煸、蒸。川菜善于综合用味，收汁较浓，在咸、甜、麻、辣、酸五味基础上，加上各种调料，相互配合，形成各种复合味。

3. 粤菜

西汉时就有粤菜的记载，南宋时受御厨随往羊城的影响，明清发展迅速，20世纪随着对外通商，汲取西餐的某些特长，粤菜也推向了世界，仅美国纽约就有粤菜馆数千家。粤菜是以广州、潮州、东江三地的菜为代表而形成的。菜的原料较广，花色繁多，形态新颖，善于变化，讲究鲜、嫩、爽、滑，一般夏秋力求清淡，冬春偏重浓醇。调味有所谓五滋（香、松、臭、肥、浓）、六味（酸、甜、苦、咸、辣、鲜）之别。其烹调擅长煎、炸、烩、炖、煸等，菜肴色彩浓重，滑而不腻。尤以烹制蛇、狸、猫、狗、猴、鼠等野生动物而负盛名。

4. 苏菜

江苏菜系在烹饪学术上一般称为"苏菜"，而在一般餐馆中，常常会被称为"淮扬菜"。由徐海、淮扬、南京和苏南四种风味组成，是宫廷第二大菜系，今天国宴仍以江苏菜系为主。江苏菜系由原江浙菜系分出，原江浙菜系可分为淮扬风味、南京风味、苏南风味、浙江风味和徽州风味。后来浙菜、徽菜以其选料讲究，刀工精细，咸甜适中，讲究造型，鲜明特色各为八大菜系之一。原山东菜系的徐海风味和原江浙菜系的淮扬、南京和苏南风味组成淮扬菜，以淮扬和苏南风味为代表。其特点是浓中带淡，鲜香酥烂，原汁原汤浓而不腻，口味平和，咸中带甜。其烹调技艺以炖、焖、烧、煨、炒而著称。烹调时用料严谨，注重配色，讲究造型，四季有别。苏州菜口味偏甜，配色和谐；扬州菜清淡适口，主料突出，刀工精细，醇厚入味；南京、镇江菜口味和醇，玲珑细巧，尤以鸭制的菜肴负有盛名。

5. 闽菜

闽菜是以闽东、闽南、闽西、闽北、闽中、莆仙地方风味菜为主形成的菜系。它起源于福建省闽侯县，是以福州、泉州、厦门等地的菜肴为代表发展起来的。闽菜以闽东和闽南风味为代表，其特点以色调美观，滋味清鲜而著称。烹调方法擅长于炒、溜、煎、煨，尤以"糟"最具特色。由于福建地处东南沿海，盛产多种海鲜，如海鳗、蛏子、鱿鱼、黄鱼、海参等，因此，多以海鲜为原料烹制各式菜肴，别具风味。

6. 浙菜

浙菜即浙江菜系，以杭州菜为代表。浙江菜系各地风味比较统一，主要流行于浙江地区，和江苏菜系中的苏南风味、安徽菜系中的皖南、沿江风味较近。浙菜是以杭州、宁波、绍兴、温州等地的菜肴为代表发展而成的。其特点是清、香、脆、嫩、爽、鲜，菜式小巧玲珑、清俊秀丽。浙江盛产鱼虾，又是著名的风景旅游胜地，湖山清秀，山光水色，淡雅宜人，故其菜如景，不少名菜来自民间，制作精细，变化较多。烹调技法擅长于炒、炸、烩、溜、蒸、烧，重原汁原味。浙江点心中的面点品种多，团子、糕、羹口味佳。

7. 湘菜

湘菜是以湘江流域、洞庭湖区和湘西山区的菜肴为代表发展而成的，以长沙菜为代表。湖南菜系各地风味统一，主要流行于湖南地区。其特点是用料广泛，油重色浓，多以辣椒、熏腊为原料，刀法奇异，形态逼真，巧夺天工，口味注重香鲜、酸辣、软嫩。烹调方法擅长腊、熏、煨、蒸、炖、炸、炒。湖南菜最大特色一是辣，二是腊。在中国大部分地区都有湘菜馆，湘菜是民间第三大菜系。

8. 徽菜

徽菜中的大多数原材料，如蘑菇、茶叶、竹笋等均来自山里。黄山丰富的物产为徽菜提供了食材。徽菜中的名菜有火腿炖甲鱼、黄山炖鸽、清蒸石鸡等，是以沿江、沿淮、徽州三地区的地方菜为代表构成的。其特点是选料朴实，讲究火功，重油重色，味道醇厚，保持原汁原味。徽菜以烹制山野海味而闻名，早在南宋时，"沙地马蹄鳖，雪中牛尾狐"就是那时的著名菜肴了。其烹调方法擅长于烧、焖、炖。

二、地方风味小吃

风味小吃是一批在口味上具有特定风格特色的食品总称,是一种具有浓厚地方特色的小吃,既可以作为宴席间的点缀,也可以作为早点、夜宵的主要食品。风味小吃因为是就地取材的,所以通常能够突出反映当地的物质及社会生活风貌,往往用本地所特有的材料精制而成。所以吃风味小吃不仅能够品尝异地风味,而且可以借此了解当地风情风貌。

1. 民族特色的风味小吃

中国每个民族都有各自的饮食文化模式和特殊的菜肴风味,如蒙古族菜、满族菜、朝鲜族菜等。另外,某些民族或一部分人由于宗教原因,在饮食上有禁忌,如中国信仰伊斯兰教的民族以回族饮食文化为核心形成的伊斯兰教菜系,部分信仰佛教的民族又形成了素食菜系。其他民族特色的地方风味小吃还有如苗族、侗族、土家族的酸菜、酸肉、酸鱼,彝族的疙瘩饭、坨坨肉,瑶族的粽粑、油茶,纳西族、普米族的琵琶肉,怒族的"侠辣",傣族的油炸青苔、香炉草烤鱼、香竹糯米饭,等等。

2. 地方风味小吃

风味小吃因其具有地方特色,所以以地方分类,比较有名的有北京风味小吃、苏州风味小吃、福建风味小吃、台湾风味小吃、四川风味小吃等。

(1) 北京风味小吃。

1) 驴打滚,又称豆面糕,是北京小吃中的古老品种之一。制作后放在黄豆面中滚一下,如郊野真驴打滚,扬起灰尘似的,故而得名。

2) 艾窝窝,北京传统风味小吃,每年农历春节前后,北京的小吃店要上这个品种,一直卖到夏末秋初,所以艾窝窝也属春秋季节品种,现在一年四季都有供应。

3) 糖卷果。糖卷果是北京风味小吃中的名品,深受中外食者青睐,尤得女性食客的喜爱。糖卷果虽说是小吃,却被看作是名副其实的药膳,主料山药是中医传统的用药。

此外还有,姜丝排叉、奶油炸糕、蜜麻花、油茶、馓子麻花、沙琪玛(汉语为金丝糕)、焦圈、糖火烧、豆馅烧饼、豌豆黄等。

(2) 苏州风味小吃。苏州小吃是中国四大小吃之一,是品种最多的小吃,主要有卤汁豆腐干、松子糖、玫瑰瓜子、苏式月饼、虾子酱油、枣泥麻饼、猪油年糕、小笼馒头、苏州汤包、桃源红烧羊肉、藏书白切羊肉、奥灶面等。

(3) 福建风味小吃。福建小吃以海鲜著称,以味清、香醇、口淡、质嫩为特色。福州口味偏酸甜,闽南多香辣,闽西喜浓香醇厚。福建名点小吃有光饼、蛎饼、鱼丸、锅边、手抓面、花生汤等。尤以沙县小吃出名。

(4) 台湾风味小吃。我国的宝岛台湾小吃十分出名，台湾各地皆有美食，比如，桃园大溪有豆干，台北县的淡水有阿婆铁丹蛋和淡水鱼丸，台北县永和市则有正宗的永和豆浆，基隆市有螃蟹羹，彰化县有肉丸，新竹有贡丸和米粉，嘉义有鸡肉饭……不能尽述。至于蚵仔面线、炒花枝、菜脯蛋、鱼羹、卤肉饭、肉臊饭、担仔面，等等，差不多每一个小店都有。台湾风味的美食店到处可见。

(5) 四川风味小吃。四川小吃历史悠久、品种繁多，富有浓厚的地方特色。它同川菜一样，在我国烹饪技术遗产的宝库中，占有相当重要的地位。四川小吃主要特点是风味突出、善于用汤、注重质量、承受时令、翻新花样。此外，四川小吃在经营上随意方便，经济实惠。著名的四川小吃有担担面、龙抄手、九园包子、钟水饺、宜宾燃面、灯影牛肉、夫妻肺片等。

第四节　中国茶文化

茶，在世人眼里几乎像瓷器一样，已成为中国的代名词。因为中国是世界上最早种茶、制茶和饮茶的国家，是茶文化的发祥地。在当代，茶文化成为中国饮食旅游文化的一大招牌。

一、茶的起源与茶类

1. 茶的起源

"茶"字的音、形、义是中国最早确立的。茶叶从中国输往世界各地，1610年，中国茶叶作为商品输往欧洲的荷兰和葡萄牙，1638年输往英国，1664年输往俄国，1674年输往美国纽约，因此世界各国对茶的称谓均源于中国"茶"字的音，如英语"tea"，德语"tee"等，都是由闽南语茶字"tè"音译过去的。

关于中国饮茶起源众说纷纭，追溯中国人饮茶的起源，有的认为起于上古，有的认为起于周，起于秦汉、三国、南北朝、唐代的说法也都有，造成众说纷纭的主要原因是唐代以前无"茶"字，而只有"荼"字的记载，直到《茶经》的作者陆羽将荼字减一画而写成"茶"，因此有茶起源于唐代的说法。

茶的发现、利用，直到种植、加工成形商品和普遍饮用，经历了一个漫长的发展过程。史前虽然没有文字记载，但我们的祖先最早发现和利用茶饮这一史实对世界人类文明的贡献是不可磨灭的。

2. 茶的种类

各类茶叶都是由茶叶鲜叶采摘后经过加工制成的，中国茶叶可分为基本茶类和再加工茶类两大部分。基本茶类包括绿茶、红茶、青茶（乌龙茶）、白茶、黄茶、黑茶六大类；再加工茶类包括花茶、紧压茶、萃取茶、果味茶、保健茶、液体茶、速溶茶等。在以上类茶中，以红茶的数量最大，其次是绿茶，最少的是白茶。

（1）绿茶。绿茶属不发酵茶类，即将鲜叶经过摊晾后直接下到一二百度的热锅里炒制，以保持其绿色的特点。以细嫩的茶树新梢为原料，经高温杀青、揉捻、干燥等典型工艺制成，形成了绿茶"清汤绿叶，滋味收敛性强"等特点。按其干燥和杀青的方法不同，一般分为炒青绿茶（龙井）、烘青绿茶（黄山毛峰）、蒸青绿茶（恩施玉露）和晒清绿茶（滇绿）。绿茶中的"明前茶"、"雨前茶"是指在清明和谷雨前采摘嫩芽细叶制成的绿茶，品质特别优良。绿茶是历史最早的茶类，也是我国产量最大的茶类，其花色品种之多居世界首位。著名品种有杭州的西湖龙井茶、江苏的洞庭碧螺春、江西的庐山云雾、安徽的太平猴魁和六安瓜片、河南的信阳毛尖等。

（2）红茶。红茶与绿茶恰恰相反，是一种全发酵茶（发酵程度大于80%）。红茶以适宜制作本品的茶树新芽叶为原料，加工时不经杀青，经萎凋，使鲜叶失去一部分水分，再揉捻（揉搓成条或切成颗粒），然后发酵，使所含的茶多酚氧化，变成红色的化合物。这种化合物一部分溶于水，另一部分不溶于水，而积累在叶片中；经萎凋、揉捻、发酵、干燥等典型工艺过程精制而成，从而形成红汤、红叶。红茶的名字得自其汤色红。著名的红茶品种有安徽的祁门红茶、云南的滇红茶、江西的宁红等。红茶为我国第二大茶类。

（3）乌龙茶。乌龙茶亦称青茶，是一类介于红茶和绿茶之间的半发酵茶。乌龙茶在六大类茶中工艺最复杂费时，泡法也最讲究，所以喝乌龙茶也被人称为喝工夫茶。是我国几大茶类中，独具鲜明特色的茶叶品类。乌龙茶的加工工艺是采摘具有一定成熟度的茶树鲜叶，经晒青萎凋后进行多次摇青，然后高温杀青、揉捻、干燥而成。根据产地，乌龙茶分为福建（又分为闽南乌龙和闽北乌龙）、广东和台湾三大产区，著名品种有安溪铁观音、武夷大红袍、广东凤凰单丛系列、台湾冻顶乌龙等名品。

（4）白茶。白茶属轻微发酵茶，是我国茶类中的特殊珍品。因其成品茶多为芽头，满披白毫，如银似雪而得名。主要是通过萎凋、干燥制成的。白茶外形、香气和滋味都是非常好的。白茶的制作工艺，一般分为萎凋和干燥两道工序，而其关键在于萎凋。白茶制法的特点是加工时不炒不揉，只将细嫩、叶背满茸毛的茶叶晒干或用文火烘干，而使白色茸毛完整地保留下来；既不破坏酶的活性，又不促进氧化作用，保持毫香，滋味鲜爽。白茶是我国的特产，主要产于福建的福鼎、政和、松溪和建阳等县，主要花色有白毫银针、白牡丹、贡眉、寿眉几种。

（5）黄茶。黄茶属轻微发酵茶类，制作过程与绿茶有相似之处，不同点是多一道焖黄工序。人们从炒青绿茶中发现，由于杀青揉捻后干燥不足或不及时，叶色即变黄，经过不断的研究和实践，形成了另一种加工方法，于是产生了新的品类——黄茶。在制茶过程中，经过闷堆渥黄，因而形成黄叶、黄汤。主要名品有湖南的君山银针、安徽的霍山黄芽、四川的蒙顶黄芽等。

（6）黑茶。黑茶是我国生产历史十分悠久的特有茶类。原料粗老，加工时经渥堆长时间发酵变黑，使叶色呈暗褐色，故称黑茶。黑茶既可以直接冲泡饮用，也可以压制成紧压茶（如各种砖茶）。主要产于湖南、湖北、四川、云南和广西等省和自治区。因以销往边疆地区为主，故以黑茶制成的紧压茶又称边销茶。黑茶中最具代表性的是云南普洱茶。

（7）再加工茶类。以基本茶类的绿茶、红茶、乌龙茶、白茶、黄茶、黑茶为原料，经再加工而成的产品称为再加工茶。包括花茶、紧压茶、萃取茶、果味茶、液体茶、速溶茶和药用保健茶等，分别具有不同的品质风味和保健功效。

二、茶品、茶具、茶人与茶饮

1. 茶品

人有人品，茶有茶品。按《红楼梦》中妙玉的说法，泡茶的水须要收梅花上的雪，用金玉杯装了埋在地下五年才是正品。茶也要分清"六安"和"老君"的区别，饮茶更讲究"一杯为品，二杯即是解渴的蠢物，三杯便是饮牛饮骡了"。

（1）茶品的鉴定。茶叶品质的鉴定主要是依靠人的嗅觉、味觉、视觉、触觉和大脑来综合分析判断的。进行茶叶审评，主要是从干评（外形审评）和湿评（内质审评）两个方面。审评一般是根据这两个方面的综合情况来观察评定，仅茶叶的某一项因子或某几项因子是不能正确反映茶叶品质的。

（2）十大名茶。中国十大名茶，是由1959年全国"十大名茶"评比会所评选，包括西湖龙井、洞庭碧螺春、黄山毛峰、庐山云雾茶、六安瓜片、君山银针、信阳毛尖、武夷岩茶、安溪铁观音、祁门红茶。其他的"中国十大名茶"说法中，一般常见的是产于云南的"滇红"、产于湖北的"恩施玉露"、产于云南西双版纳的"普洱茶"等。

2. 茶具

（1）金属茶具。金属用具是指由金、银、铜、铁、锡等金属材料制作而成的器具。它是我国最古老的日用器具之一。金属贮茶器具的密闭性要比纸、竹、木、瓷、陶等好，具有较好的防潮、避光性能，这样更有利于散茶的保藏。因此，用锡制作的贮茶器具，至今仍流行于世。

（2）瓷器茶具。瓷器茶具的品种很多，其中主要有青瓷茶具、白瓷茶具、黑瓷茶具和彩瓷茶具。这些茶具在中国茶文化发展史上，都曾有过辉煌的一页。

（3）紫砂茶具。紫砂茶具，由陶器发展而成，是一种新质陶器。它始于宋代，盛于明清，流传至今。据说，北宋大诗人苏轼在江苏宜兴独山讲学时，好饮茶，为便于外出时烹茶，曾烧制过由他设计的提梁式紫砂壶，以试茶审味，后人称它为"东坡壶"或"提梁壶"。苏轼诗云："银瓶泻油浮蚁酒，紫碗莆粟盘龙茶"，就是诗人对紫砂茶具赏识的表达。但从确切有文字记载而言，紫砂茶具则出现于明代正德年间。

（4）漆器茶具。采割天然漆树液汁进行炼制，掺进所需色料，制成绚丽夺目的器件，这是我国先人的创造发明之一。我国的漆器起源久远，在距今约7000年前的浙江余姚河姆渡文化中，就有可用来作为饮器的木胎漆碗，但尽管如此，作为供饮食用的漆器，包括漆器茶具在内，在很长的历史发展时期中，一直未曾形成规模生产。特别自秦汉以后，有关漆器的文字记载不多，存世之物更属难觅，这种局面，直到清代开始，才出现转机，由福建福州制作的脱胎漆器茶具日益引起了世人的注目。

（5）竹木茶具。隋唐以前，我国饮茶虽渐次推广开来，但属粗放饮茶。当时的饮茶器具，除陶瓷器外，民间多用竹木制作而成。陆羽在《茶经·四之器》中开列的28种茶具，多数是用竹木制作的。这种茶具，来源广，制作方便，对茶无污染，对人体又无害，因此，自古至今，一直受到茶人的欢迎。

（6）玻璃茶具。玻璃，古人称之为流璃或琉璃，是一种有色半透明的矿物质。用这种材料制成的茶具，能给人以色泽鲜艳、光彩照人之感。我国的琉璃制作技术虽然起步较早，但直到唐代，随着中外文化交流的增多，西方琉璃器的不断传入，我国才开始烧制琉璃茶具。近代，随着玻璃工业的崛起，玻璃茶具很快兴起。

（7）搪瓷茶具。搪瓷茶具以坚固耐用，图案清新，轻便耐腐蚀而著称。它起源于古代埃及，以后传入欧洲。搪瓷工艺传入我国，大约是在元代。明代景泰年间（公元1450至1456年），我国创制了珐琅镶嵌工艺品景泰蓝茶具，清代乾隆年间（公元1736至1795年），景泰蓝从宫廷流向民间，这可以说是我国搪瓷工业的肇始。我国真正开始生产搪瓷茶具，是20世纪初。

3. 茶人

茶人，原本有两个解释，一是精于茶道之人，二是采茶之人或者制茶之人。还应该宽泛些，因为何谓茶道，茶究竟有没有必要上升到道的地步，历来都有不同看法，只要是爱茶惜茶的人，即使不够精于此道，也可以算作茶人。①

茶人对茶的要求不仅是要好的品质，而且要将自己带到这个冲泡过程中，体会不同茶的优点，并将发挥它到极致作为追求。

(1) 茶人及诗歌。在唐代著名诗人白居易的 2800 部诗歌作品中，与茶有关的有 60 首。而他本人也是品茶行家，一天到晚茶不离口。唐代诗人卢仝所作《走笔谢孟谏议寄新茶》脍炙人口，经久不衰。"一碗喉吻润，二碗破孤闷。三碗搜枯肠，唯有文字五千卷。四碗发轻汗，平生不平事，尽向毛孔散。五碗肌骨清，六碗通仙灵。七碗吃不得也，唯觉两腋习习清风生。"北宋范仲淹作《斗茶歌》描绘了茶文化在当时的盛行。北宋苏轼《汲江煎茶》描写诗人在月明之夜亲自用大瓢取活江水烹茶的情景："活水还须活火煮，自临钓石取深清。大瓢贮月归春瓮，小杓分江入夜瓶。雪乳已翻煎处脚，松风忽作泻时声。枯肠未易禁三碗，坐听荒城长短更。"

(2) 茶人及散文、书信。著名的有柳宗元《为武中丞谢赐新茶表》、刘禹锡《代武中丞谢赐新茶表》、吕温《三月三日花宴序》、皮日休《茶中杂咏序》、苏东坡《叶嘉传》、唐庚《斗茶记》、张岱《闽老子茶》与《阳和泉》、张潮《中冷泉记》等。

(3) 茶人及茶帖。茶帖著名的有唐怀素《苦笋帖》、宋苏东坡《啜茶帖》、《季常帖》与《新岁展庆帖》、宋蔡襄《精茶帖》与《天际乌云帖》、宋米芾《笤溪帖》、宋赵令畤《赐茶帖》、清金农《玉川子嗜茶帖》等。

(4) 茶人及茶画。茶画最著名的是唐阎立本的《萧翼赚兰亭图》，根据唐何延之《兰亭记》所作。除此之外还有唐周昉《调琴啜茗图》、元赵元《陆羽品茶图》、元赵孟頫《斗茶图》与《茶榜》、元倪云林《龙门茶屋图》、元颜辉《煮茶图》、元胡廷《松下烹茶图》、元钱选《卢同煮茶图》和《品茶图》、明丁云鹏《玉川烹茶图》、明文徵明《惠山茶会图》、明唐寅《事茗图》与《卢同煎煮茶》、清胡锡圭《洗砚烹茶图卷》、清高凤翰《天池试茶图》、清高翔《煎茶图》等。

(5) 茶人及茶学专著。茶专著最著名的是唐陆羽的《茶经》。此外还有唐张又新《煎茶水记》、唐苏廙《十六汤品》、宋蔡襄《茶录》、宋徽宗《大观茶论》、宋熊蕃《宣和北苑贡茶录》、宋审安老人《茶具图赞》、明朱权《茶谱》、明顾元庆《茶谱》、明屠隆《茶说》、明许次纾《茶疏》、明程用宾《茶录》、明冯时可《茶录》、明闻龙《茶笺》、《洞山岕茶系》、明周高起《阳羡茗壶系》、清刘源长《茶史》、清余怀《茶史补》、清冒襄《岕茶汇钞》等。

---

① 潘向黎. 茶可道 [M]. 北京：生活·读书·新知三联书店，2011：67.

4. 茶饮

茶饮一般是指饮茶的行为方式、风俗习惯等，有时也指茶汤制成的饮料。

（1）茶饮方法的变革。我国饮茶史在数千年的历史中，饮用方法经历过多次改良变革。主要经历了烹茶、点茶以及泡茶等几个阶段。第一阶段是烹茶阶段，烹茶即煮茶，也称煎茶，最早见于三国时期张辑的《广雅》记载。宋代，点茶法取代烹茶法，使茶饮进入第二阶段，即点茶阶段。明代，朱元璋下令改饼茶为散茶，称为撮泡法，使茶饮进入第三阶段，即泡茶阶段，此法一直沿用至今。同时，随着现代生活节奏的加快，也出现了袋泡茶、速溶茶、浓缩茶和罐装饮料茶等新产品。

（2）茶饮的好处。由于茶具有防止人体内固醇升高、防治心肌梗塞的作用，茶多酚还能清除机体过量的自由基，抑制和杀死病原菌。此外，一般茶还有提神、消除疲劳、抗菌等作用。敦煌罗布麻茶有安神、提高免疫、活化血液、延年益寿的功效，这对健康人体来说是需要的。茶饮料还可以净化水质，减少放射性物质对人体的伤害。因此，在当前自然环境污染严重的情况下，特别是在城市居住的人们，更应经常喝点茶。

（3）保健茶饮及选择。中国传统医学的"天人合一"理论认为，人生活在大自然中，必须顺应一年四季气候的变化规律，才能健康长寿。正如《灵枢·四气调神大论》认为："夫四时阴阳者，万物之根本也，所以圣人春夏养阳，秋冬养阴，以从其根。"养生类茶饮方一般适合健康人在一年四季饮用，但应注意不同的年龄、体质特点，伤病患者应在医生指导下饮用，以免与正在服用的其他药物产生不良反应。

三、茶艺与茶道

1. 茶艺

简单的理解茶艺就是"茶"和"艺"的有机结合。讲究环境、气氛、音乐、冲泡技巧及人际关系等。茶艺是茶人把人们日常饮茶的习惯，根据茶道规则，通过艺术加工，向饮茶人和宾客展现茶的冲、泡、饮的技巧。把日常的饮茶引向艺术化，提升了品饮的境界，赋予茶以更强的灵性和美感。

茶艺可以分为三类，表演性茶艺、实用性茶艺和宣传性茶艺。表演性茶艺，着重于表演，当然也要泡好一壶茶；实用性茶艺主要目的是泡好茶，把茶叶的内含物质充分溶解到茶汤中，使营养成分和口感达到最佳效果，适当照顾好艺术性；宣传性茶艺则是企业或者茶乡为了宣传自己的茶文化，把当地文化和茶文化结合起来，比如推出的少数民族茶艺等。

2. 茶道

"茶道"是一种以茶为媒的生活礼仪和修身养性的方式，最早起源于中国。

中国人至少在唐或唐以前,就在世界上首先将茶饮作为修身养性之品,唐朝《封氏闻见记》中就有这样的记载:"茶道大行,王公朝士无不饮者。"这是现存文献中对茶道的最早记载。南宋绍熙二年(公元1191年),日本僧人荣西首次将茶种从中国带回日本,从此日本才开始遍种茶叶。在南宋末期(公元1259年),日本南浦昭明禅师来到我国浙江省余杭县的经山寺求学取经,学习了该寺院的茶宴仪程,首次将中国的茶道引进日本,成为中国茶道在日本的最早传播者。

在博大精深的中国茶文化中,茶道是核心。所谓茶道,是通过饮茶而修道、悟道并力求最终证道的一种生活艺术,是饮茶健体与修身证道的统一。茶道之大要有四:茶艺、茶礼、茶镜、修道。① 文化背景不同形成中国四大茶道流派。贵族茶道生发于"茶之品",旨在夸示富贵;雅士茶道生发于"茶之韵",旨在艺术欣赏;禅宗茶道生发于"茶之德",旨在参禅悟道;世俗茶道生发于"茶之味",旨在享乐人生。

第五节　中国酒文化

中国的酒,形态万千,色泽纷呈;品种之多,产量之丰,皆堪称世界之冠。地无分南北,人无分男女老少,饮酒之风,历经数千年而不衰。饮酒的意义远不止生理性消费,在许多场合还作为一种文化符号。可以认为,有了丰富的酒文化,中国餐饮才得以升华为夸耀世界的饮食文化。

一、酒的种类

酒的种类包括白酒、黄酒、葡萄酒、啤酒、米酒、药酒等。

1. 白酒

白酒是中国特有的一种蒸馏酒,由淀粉或糖质原料制成酒醅或发酵醪经蒸馏而得,又称烧酒、老白干、烧刀子等。酒质无色(或微黄)透明,气味芳香纯正,入口绵甜爽净,酒精含量较高,经贮存老熟后,具有以酯类为主体的复合香味。白酒以曲类、酒母为糖化发酵剂,利用淀粉质(糖质)原料,经蒸煮、糖化、发酵、蒸馏、陈酿和勾兑酿制而成。

2. 黄酒

黄酒是中国的民族特产,也称为米酒(ricewine),属于酿造酒,在世界三大

---

① 刘晓航. 旅游文化学 [M]. 天津:南开大学出版社,2009:155.

酿造酒（黄酒、葡萄酒和啤酒）中占有重要的一席。酿酒技术独树一帜，成为东方酿造界的典型代表和楷模。其中以浙江绍兴黄酒为代表的麦曲稻米酒是黄酒历史最悠久、最有代表性的产品。它是一种以稻米为原料酿制成的粮食酒。不同于白酒，黄酒没有经过蒸馏，酒精含量低于20%。不同种类的黄酒颜色亦呈现出不同的米色、黄褐色或红棕色。山东即墨老酒是北方粟米黄酒的典型代表；福建龙岩沉缸酒、福建老酒是红曲稻米黄酒的典型代表。

3. 葡萄酒

葡萄酒是用新鲜的葡萄或葡萄汁经发酵酿成的酒精饮料。通常分红葡萄酒和白葡萄酒两种，红葡萄酒是红葡萄带皮浸渍发酵而成；白葡萄酒是葡萄汁发酵而成的。

4. 啤酒

啤酒是人类最古老的酒精饮料，是水和茶之后世界上消耗量排名第三的饮料。啤酒于20世纪初传入中国，属外来酒种。啤酒是根据英语Beer译成中文"啤"，称其为"啤酒"，沿用至今。啤酒是以大麦芽、酒花、水为主要原料，经酵母发酵作用酿制而成的饱含二氧化碳的低酒精度酒。现在国际上的啤酒大部分均添加辅助原料，有的国家规定辅助原料的用量总计不超过麦芽用量的50%。

5. 米酒

米酒，酒酿又名醪糟，古人叫"醴"，是南方常见的传统地方风味小吃。米酒的主要原料是江米，所以也叫江米酒。酒酿在北方一般称它为"米酒"或"甜酒"。

6. 药酒

药酒，素有"百药之长"之称，将强身健体的中药与酒"溶"于一体的药酒，不仅配制方便、药性稳定、安全有效，而且因为酒精是一种良好的半极性有机溶剂，中药的各种有效成分都易溶于其中，药借酒力、酒助药势而充分发挥其效力，提高疗效，从古至今的著名药酒有妙沁药酒，现在新兴的药酒有龟寿酒、劲酒等。

二、酒文化的概念与表现形式

1. 酒文化的概念

在中华民族5000年的历史长河中，酒和酒类文化始终占据着重要的地位。酒文化是一种特殊的文化形式，在几千年的文明史中，酒文化是中国传统文化的重要组成部分，它包含着每个历史时期政治、经济、文化和社会心理等留下的痕迹，酒几乎渗透到社会生活中的各个领域。酒已不仅仅是一种客观的物质存在，更是一种文化象征，即酒神精神的象征。酒神精神以道家哲学为源头，庄周主张物我合一、天人合一、齐一生死，倡导"乘物而游"、"游乎四海之外"。追求绝对自由、忘却生死名利荣辱，是中国酒神精神的精髓所在。在文学艺术的王国中，酒神精神无处不在，它对文学艺术家本人及其传世之作的创造产生了极为深远的影响。因为，自由、艺术和美是三位一体的，因自由而艺术，因艺术而产生美。

2. 酒文化的表现形式

（1）酒器文化。中国人向来讲究"美食不如美器"，人们饮酒时不仅讲究对象、环境、时令，而且讲究酒器的精美与否、适宜与否。因而酒器的生产和发展几乎像酒一样源远流长、千姿百态。新石器文化时期出现了类似后世酒器的陶器，专门用于饮酒。这些酒器有罐、瓮、盂、碗、杯等，而且酒杯的种类繁多，有平底杯、圈足杯、高圈足杯、高柄杯、斜壁杯、曲腹杯等。商周青铜器制造技术提高，青铜器制作达到前所未有的繁荣；秦汉之际又出现了漆制酒具，并成为两汉、魏晋时期的主要类型；东汉时期，瓷器开始流行，并沿用至今。历史上还有一些独特材料或造型的酒器，虽然不是很普及，但有很高的欣赏价值，如金、银、象牙、玉石、景泰蓝等材料制成的酒器。纵观酒器的发展史，可以说，酒器是中国酒文化的典型代表。

（2）酒诗酒人。酒是水制的诗，诗是心酿的酒。在中国古代文学中，文人纵酒之普遍、酒诗之发达是十分独特而有趣的现象。"饮酒赋诗"、"诗酒唱和"的文人风习，到魏晋、唐代达到了极致。"琴棋书画诗酒花，柴米油盐酱醋茶"，在这幅"七雅七俗"的对联中，把"诗酒"并列在"七雅"中，足见诗与酒德缘分由来已久。

（3）酒德①。历史上，儒家的学说被奉为治国安邦的正统观点，酒的习俗同样也受儒家酒文化观点的影响。儒家讲究"酒德"，这两字最早见于《尚书》和《诗经》，是说饮酒者要有德行，不能像夏纣王那样，"颠覆厥德，荒湛于酒"。《尚书·酒诰》中集中体现了儒家的酒德，例如"饮惟祀"（只有在祭祀时才能饮酒）、"无彝酒"（平常少饮酒，不要经常饮酒，以节约粮食，只有在有病时才宜饮酒）、"执群饮"（禁止聚众饮酒）、"禁沉湎"（禁止饮酒过度）。儒家并不反对饮酒，用酒祭祀敬神，养老奉宾，都是德行。

中国儒家经典历来提倡酒德，劝人戒酒或节饮。《易经》释困卦为"九二，困于酒食"，释未济卦为"饮酒滞首，亦不节也"，都是凶险的征象，语含警戒。《诗经·小雅·宾之初筵》就表彰宾客各就席，揖让不失礼，批评"目既醉止，威仪沙沙；是曰既醉，不知其秩"（一到喝醉了，就仪态失度，轻薄张狂，连普

---

① 隗静秋. 中外饮食文化 [M]. 北京：经济管理出版社，2010：111.

中国旅游文化

通的礼节也忘了)。此外,《尚书》有《酒法》篇,《抱朴子》有《酒诫》篇,晋代庚阐作《断酒戒》,唐代皮日休撰《酒箴》,宋代吴淑撰《酒赋》,苏辙撰《既醉备五福论》,都谆谆告诫制欲节饮;元代忽思慧的《饮膳正要》,明代李时珍的《本草纲目》,明清之际顾炎武的《日知录》,也提醒酒为"魔浆"、"祸泉",少饮有益,烂醉伤身。总体来说,中国传统主张是让酒回归到文化的本位,讲求以下的酒德:量力而饮,节制有度,饮酒不能强劝。

(4) 酒礼。饮酒作为一种食文化,在远古时代就形成了大家必须遵守的礼节。如果在一些重要的场合下不遵守,就有犯上作乱的嫌疑。再加上饮酒过量,不能自制,容易生乱,所以,制定饮酒礼节就显得尤为重要。明代的袁宏道,看到酒徒在饮酒时不遵守酒礼,深感长辈有责任起到教导的作用,于是从古书中采集了大量资料,专门写了一篇《觞政》。

古代饮酒的礼仪有四步:拜、祭、啐、卒爵。具体就是先作出拜的动作,表示敬意;接着把酒倒一点在地上,以祭谢大地生养之德;然后尝尝酒味,并加以赞扬,取悦主人;最后仰杯而尽。在酒宴上,主人要向客人敬酒(叫酬),客人要回敬主人(叫酢),敬酒时还应说上几句敬酒辞。客人之间相互也可敬酒(叫旅酬)。有时还要依次向客人敬酒(叫行酒)。敬酒时,敬酒的人和被敬酒的人都要"避席",起立。普通敬酒以三杯为度。

(5) 酒道。在中国古代先哲看来,万物之有无生死变化皆有其"道",人的各种心理、情绪、意念、主张、行为亦皆有"道"。因此,饮酒也就自然而然有酒道。

中国古代酒道的根本要求就是"中和"二字。"未发,谓之中",即对酒无嗜饮,也就是庄子的"无累",无所贪。"发而皆中节",有酒,可饮,亦能饮但饮而不过、饮而不贪。饮似未饮,绝不及乱,故谓之"和"。和,是平和协调,不偏不倚,无过亦无不及。意思其实是,酒要饮到不影响身心,不影响生活和思维规范的程度为最佳,以不产生任何消极的身心影响与后果为度。对酒道的理解,不仅是着眼于既饮而后的效果,而且是贯穿于酒事、自始至终的全过程。"庶民以为饮,君子以为礼"。合乎"礼",就是酒道的基本原则。但"礼"并不是超越时空永恒不变的。随着时代的变迁,礼的规范也在不断变化中。在"礼"的淡化与转化中,"道"却没有淡化,相反,变得更实际和科学化。

(6) 酒令。酒令也称行令饮酒,是酒席上饮酒时助兴劝饮的一种游戏。通常是推一人为令官,余者听令,按一定的规则,或划拳,或猜枚,或巧编文句,或进行其他游艺活动。负者、违令者、不能完成者,无罚饮;若遇同喜可庆之事项时,共贺之,谓之劝饮,含奖勉之意。相对来说,酒令是一种公平的劝酒手段,可避免恃强凌弱,多人联手算计人的场面,人们凭的是智慧和运气。可以说，酒令是酒礼施行的重要手段。酒令是我国酒文化中的一朵别有风姿的奇葩，它是劝酒行为的文明化和艺术化。

（7）酒俗。

1）时节酒。时节酒如清明酒，清明节祭扫祖坟，人们总是全家老小带上酒及各种祭品，带去的酒菜在坟地祭过后就送给"坟亲"享用，自己回家喝清明酒。有些人家没去墓地祭祀，也在家摆酒祭奠祖宗，俗称"堂祭"，祭后族人聚饮，这也是"清明酒"。端午酒，端午节家家门前要挂菖蒲、艾蒿用以避邪，中午要喝端午酒。还有七月半酒、冬至酒。

2）此外还有婚嫁酒、生丧酒、岁时酒、生活酒、开业酒、饯行酒等。生活上的酒俗与酒习还有和解酒，人与人之间有了纠纷，有人出面劝之和解，以酒为中介物化解矛盾，增进感情。宴宾酒，除游乐性的如"元宵赏灯"、"中秋赏月"、"重阳登高"、"赏菊品蟹"等约亲友小酌外，尚有"洗尘酒"、"接风酒"等。另外，还有"会酒"、"罚酒"、"谢情酒"、"仰天酒"等。

本章案例

《舌尖上的中国》掀起美食旅游热潮

央视纪录片《舌尖上的中国》播出后带来的经济效应，从餐饮界迅速蔓延到旅游市场。近日，携程、淘宝旅行等旅游网站纷纷推出"舌尖上的旅行"主题旅游，并受到网友的追捧，掀起了一股美食旅游热。

"看到纪录片热播后，我们迅速梳理国内著名餐饮美食，与相关的团队游、自由行产品结合，打造了云南的过桥米线、海南的和乐蟹、陕西的肉夹馍、内蒙古的涮羊肉、西藏的酥油茶等国内20多个省份的美食旅游线路，在网上推出'舌尖上的旅行'旅游主题。还通过微博与网友互动直播。"携程旅游业务部副总经理何勇告诉记者，"舌尖上的旅行"自2012年5月中旬推出以来，每天都有大量网友报名，例如北京和丽江的美食线路刚上线才几天就成团，还带动了相关线路的自由行预订量。半个多月，报名美食主题旅游的游客比以前增加了一倍。

"舌尖上的旅行"美食旅游有何特色？以云南丽江线路为例，推荐当地特色餐厅供游客选择，并可提前"订座"。美食游·北京私家团推荐的用餐地点，都是北京最具特色的海碗居、馅老满、利群烤鸭、东来顺饭庄、九十九顶毡房等餐馆。有一条呼伦贝尔"那达慕"大会旅游线路，安排有手把肉、烤全羊、室韦喀秋莎俱乐部俄式风味餐等传统美食。

在淘宝旅行自由行中，有超过60%的驴友有特产游的需求。为了满足这部分驴友的需求,淘宝旅行上不少卖家纷纷推出"舌尖上的旅行",在既有的旅行线路上增加一个吃遍当地美食环节,让驴友们不仅能领略到当地人文美景,更能一饱口福。

(资料来源:赵珊.《舌尖上的中国》掀起美食旅游热潮[N].人民日报海外版,2012-06-09.)

案例分析

享受美食是旅游的重要体验,美食与旅游的结合具有重要意义。美食旅游预示着旅游市场由传统、标准的团队观光旅游向个性化休闲旅游转型的趋势。随着旅游市场越来越细分,美食旅游将会成为今后旅游市场新的热点。如今很多城市、很多景点千篇一律,而美食最能体现地方特色。越来越多的游客希望自由体验和探索目的地风土人情,品尝地道美食。这就需要旅游服务商提供吃、住、行、游、购、娱一站式服务,开发新的市场,创新服务模式。

问题思考:《舌尖上的中国》体现了中国哪几个文化带或文化区?讨论它们各自的代表性美食与当地人文地理的关系。

本章思考题

1. 中国饮食文化的发展经历了哪几个阶段?每个阶段各有什么特点?
2. 在发展旅游业过程中,可通过哪些方式进行地方饮食文化的宣传?
3. 茶文化、酒文化可以开发哪些特色旅游体验项目?
4. 结合实际,举例说明如何利用你所在地的饮食文化资源来促进地方旅游业的发展。

第八章 中国旅游民俗文化

本章提要

通过本章的学习,掌握民俗文化的概念、分类、特征及功能;了解服饰、饮食、居住民俗、岁时节日、人生礼仪等民俗文化;认识传承和弘扬优秀传统民俗文化与旅游业开发的深远意义。

章首案例

中国首发"牛郎织女"邮票弘扬七夕文化

2010年8月16日"七夕节"当天,中国首次对外发行了一套《民间传说——牛郎织女》特种邮票,共4枚,以邮票形式来弘扬七夕文化所表现的那段古老的忠贞不渝的爱情观。牛郎织女传说是中国四大民间传说之一。河南省鲁山县是中国民间文艺家协会命名的"中国牛郎织女文化之乡",当地的牛郎织女文化传承保留了原生态的面貌。《民间传说——牛郎织女》邮票首发式暨中国牛郎织女文化之乡七夕爱情节在鲁山县举行,并在全国相关邮政网点同步发行。4枚邮票分别是"盗衣结缘"、"男耕女织"、"担子追妻"、"鹊桥相会",串联起来,正是一段有关"痴男"牛郎和"怨女"织女的凄美爱情故事。为使该套邮票充满七夕文化气息,16日,当地邮政部门还特地启用了"牛郎洞"、"织女潭"、"孙氏祠堂"三枚风景邮戳和首发纪念戳,以便引来更多关注者。

(资料来源:李志全.中国首发"牛郎织女"邮票弘扬七夕文化.中国新闻网:http://www.chinanews.com/cul/2010/08-16/2469674.shtml,2010-08-16.)

问题思考：各地旅游景点如何利用"七夕节"开发特色旅游项目？

第一节 民俗文化概述

民俗是人类文化的一个重要组成部分，生活中的各种民俗无论是在文化的形成、发展，还是在文化的保持、传递和延续的过程中，都占有非常重要的地位。

一、民俗的定义

民俗，就是民间风俗，它是在一个国家或民族中，由广大人民群众创造、享用并加以传承的一种生活文化。

民俗起源于人类社会群体生活的现实需要，它在特定的民族、地域和时代中不断形成、扩展和演变，无论是工人、农民，还是商人、军人，只要是在"官方"之外的具有某种共同的社会关系的群体，都可被视为"民间"。

"风俗"一词是指广大民众在社会生活当中世代传承、相沿成习的某种特定生活模式，它是社会成员在行为和心理上的集体习惯。即便是统治阶级中的成员，也都有公务活动与私人生活的差别。在公务活动中，他们需要遵守官方的规则；而在私人生活中，除了保持着上层社会的一些生活习惯外，还要与民族共有的习俗惯制保持某种一致性。由此可以看出，民俗作为由广大人民群众创造、享用并加以传承的一种生活文化，既包括农村和城镇民俗，也包括都市民俗；既包括古代的民俗，也包括刚刚产生的民俗；既包括以物质形式传承的民俗，也包括以行为、心理等方式传承的民俗。当然，民俗是有一定范围的，它是民间文化中有明显的集体性、传承性和模式性的一种社会现象，属于社会中下层文化的一部分。

二、民俗的分类

民俗文化学研究的对象是社会民俗文化现象，范围十分广泛。外延几乎包括了人类生活的各个领域，内容也还在不断变化和扩大。因此，对民俗种类的划分，中外学者各抒己见，但无论是纵收还是横取，都难以做到详备。中国民俗文化大体上有两种分类。[①]

[①] 康玉庆，何乔锁. 中国旅游文化［M］. 北京：中国科学技术出版社，2005：63.

第一种分类范围几乎包括了人类生活各个领域的民俗内容,按表现形式分为三类:①心理民俗。以信仰为核心,包括各种禁忌在内,反映了心理上的习俗。②行为民俗。是心理民俗的反映,但它更多的还是表现在仪式、节日、游艺等活动上,是通过各种特有的有形活动表现各种无形心理的民俗活动。③语言民俗。主要是以语言为手段,艺术为形式,表现人们的理想、愿望与要求,包括神话、传说故事、诗歌及说唱、戏剧等。

第二种分类是按照内容分类,可分为四类:①物质民俗文化。也称经济民俗文化,它包括生产民俗文化(采集、狩猎、畜牧、农业和手工业民俗文化等)、消费民俗文化(服饰、饮食和居住民俗文化等)、流通民俗文化(市商、交通运输和通信民俗文化等)。②社会民俗文化。包括家族和亲族民俗文化、村落、民间社会经济政治组织民俗文化、个人人生礼仪习俗文化(诞生礼、成年礼、婚礼和葬礼等)、岁时节日民俗文化等。③语言民俗文化。以口承语言为手段的民间神话、民间传说、民间故事、民间歌谣、民族史诗、民间叙事诗、谚语、谜语等。④精神民俗文化。包括民间信仰民俗文化(含宗教信仰、巫术迷信、礼俗禁忌等)、民间艺术民俗文化(含民间音乐、美术、舞蹈等)、民间娱乐民俗文化(含民间游戏、娱乐小戏、杂技和体育竞技等)。

三、民俗文化的本质特征

民俗文化在社会历史的舞台上,显示着多种多样的功能,多姿多彩的民俗文化活动,以丰富的形式对本民族进行传统文化的教育,帮助他们学会劳动技能,了解本民族祖先创造的辉煌历史文化,增强民族凝聚力。民俗文化种类浩繁,区域与民族千差万别,除了具有其他文化现象的共性外,有着自身的独特的鲜明个性,主要有以下五个方面的特征:

1. 社会性和集体性

风俗习惯的社会性是指人类在共同生活中形成约定的社会行为模式,风俗习惯的集体性是指社会民俗现象的产生与流传,都是集体智慧的结晶,任何一种民俗必须是社会公认的集体行为,民俗作为一种社会文化现象有鲜明的区域性、民族性,创造过程、传承过程都离不开民众的响应,没有社会民众,也就不可能产生民俗。

2. 传承性和播布性

民俗的传承性是指民俗在历史时间上的纵向发展过程,播布性是指民俗文化在空间上的横向发展过程,其传承性和播布性是风俗习惯的两种延续方式,是历史和社会延续的文化形式。民俗也是在纵向的传承、横向的播布中发展壮大的,民族风情、民俗文化圈也因此形成。没有空间上的传播,民俗就构不成风情,文化圈也就无从谈起；没有时间上的传承，民俗文化就没有了生命线。

3. 民族性和地方性

民俗的民族性是指不同的民族诞生不同的独特标志性民俗，这种独特民俗起着区别于其他民族的标志性作用；民俗的地方性是指民俗文化在横向空间上表现出来的浓郁的地域性和乡土气息。各类民俗因地理与自然的差异而有着自己浓厚的地方色彩，中国辽阔的地域、多样的气候，造就了鲜明特色的民族与民俗，成为丰富多彩的旅游资源，深受世界各地游客的青睐，成了很受欢迎的特色旅游品牌。

4. 原始性和神秘性

民俗的原始性是指民俗久远的野性。许多原始的民俗虽历经传承与变异，一些原始的野性因子依然保存下来了，现在一些偏远山区，还有处在内陆深处与世隔绝的少数民族，处于人类自然原始的早期阶段，当地的民风民俗带有浓烈的现实原始性。民俗神秘性是指人们在进行某些民俗活动时的神秘心理、神秘力量，当地民众在进行自己民俗活动时虔诚的表现，使得民俗具有神秘性特点，主要表现在信仰与崇拜上，如中国的图腾崇拜、带宗教色彩的信仰等。

5. 规范性和服务性

民俗的规范性是指民俗文化对民众具有语言、行为、心理的内在、外在规范性制约作用；服务性是指民俗文化依人之需要而具有的调节心理、协调关系、规范行为、教化思想的功能。所以，民俗在变化中发展，长久地服务于人类。民俗的创造是规范和服务人类的，民俗中的生产、生活经验，更是规范服务于民，民俗生动活泼的形式极大满足了人们审美心理之需，这些都是民俗规范性和服务性作用之所在。①

第二节　服饰民俗

服饰是人类特有的文化现象。作为物质文化，它是人类物质生产的产物；作为精神文化，它又是人们政治、宗教、哲学、伦理、审美等观念的结晶。服饰民俗是一个地区生活风尚的表征，服、饰结合的民俗，既指衣饰，也含穿着者的行为和文化习惯。

---

① 黄昌霞. 中国旅游历史文化 [M]. 北京：化学工业出版社，2007：97.

第八章　中国旅游民俗文化

一、服饰民俗概述

服饰是有关人体外部装饰的总称。服饰具有两重民俗性格，一是保护身体，二是装饰。服饰主要包括衣着、各种装饰物、具有装饰作用的生产工具、护身武器和日常用品等。

1. 服饰民俗的产生和发展

关于服饰民俗产生的解释，最早比较流行的是"遮羞布"理论。它以现存原始部落的人们，无论男女都用树叶、草或条带物遮蔽自身性器官为证。这在民俗学中是没有根据的立论，因为古老民俗对性的崇拜，是对人类自身再生产的原始信仰，只有加强保护的动机，没有引起羞耻的可能。因此，服饰的保护作用才是第一的。

服饰由最初的遮身蔽体之物发展到今天，经历了巨大的变化。这种变化，大体经历了下述四个阶段：

（1）第一阶段，以遮身蔽体、防寒御暑为主要目的。这时期服饰的特点是性别差异、年龄差异还未形成，地区之间的差异也很小，差异性主要因自然条件的不同而形成。

（2）第二阶段，服饰除用遮身蔽体之外还以适应生产需要为主要目的，并因生产条件的不同而产生明显差异。如游牧民族多穿宽大长袍，以便于骑马放牧，并保护腰腿不受风寒；水乡渔民多穿短衣短裤，便于撒网捕鱼。

（3）第三阶段，服饰成为社会角色和等级身份的标志，随着家族制度、社会制度的变化和社会等级的变化而变化，身份的尊卑、地位的高低在服饰上都有所显示。黄色衣服是皇家的标志，紫色衣服是达官贵人的标志，灰色、蓝色衣服成了平民百姓的标志。

（4）第四阶段，服饰除具有上述功能外，还能反映出某些社会观念、政治观念方面的变化。在社会观念、政治观念复杂化之后，服饰的功能也随之产生了某些变化，遮体蔽身的实用性依然保持，但服饰的样式、图案、花纹则涵纳了更多的社会内容，如礼仪伦常、求吉心理及民族自我意识等。

随着历史的发展，人民生活的领域越来越扩大。但服饰的演变却走着相反的道路，即越来越简单，越来越大方。现代服饰的等级身份界限和行业界限也在逐渐削弱或消失。许多民族只在节日庆典才穿民族服装。

2. 影响服饰民俗的主要因素

服饰在世世代代的民俗传承中形成了各种类型和品目，它们又形成了多姿多彩的民俗风貌，影响这些服饰民俗风貌的主要因素有以下方面：①

---

① 吴忠军．中外民俗［M］．沈阳：东北财经大学出版社，2011：19 – 20．

（1）性别。自古以来，男女性别在民俗上就有重要区别，不仅在信仰习俗中认为：男为天，属阳；女为地，属阴；就是在服饰上也有重要差别。以周代王室衣服为例，按阴阳之别，男女祭仪之差，把天子之服定为九种，祭服六，常服三；王后之服定为六种，祭服三，常服三。

（2）年龄。消费生活总是有儿童、少年、青年、中年、老年（暮年或晚年）的差别，于是服饰也形成不同年龄的类型。如男子二十岁行冠礼，要改服装，戴冠帽，与少年时代告别。

（3）职业。人们穿着衣服时要方便自己所从事的职业活动，同时，衣物的构成原料也往往与自己的职业有一定关系。比如，猎户的猎装，既要方便狩猎，又常常是用猎物的毛皮制成。

（4）地位。人的服装本来不具备地位标志，但是，随着家族制度、社会制度和阶级等级的分化，身份的尊卑、地位的高低都促成了服饰习俗的变化，形成了不同地位、不同等级的人穿戴也对应不同的特点。

（5）用途。穿着打扮经常受到社会生活需要的制约。从个人生活需要出发有内衣、外衣等区分；从个人活动需要出发又有便服、常服与劳动服、礼服之分；从社会礼仪需要出发，还有冠服、婚服、寿服、丧服及各种节日的专用礼服。

（6）民族。由民族传统及民族差别形成的装束上的特点，是服饰最鲜明的标志。民族生活和文化传统形成了各民族在服饰上的审美标准，服饰样式、花色都按本民族惯例形成。

（7）季节。不同地带气温产生不同的服饰，同时，春、夏、秋、冬四季所分单、夹、棉、皮四季衣服，也各有类型，以适应不同季节的气候。

（8）质料。质料是和经济生产、自然地理条件有关系的因素。由原料的经济价值和质量派生出了服装质料的差异以及由此而标志的身份、地位的差异。

（9）色彩。色彩的服饰民俗有两种性质：一种是色彩所标志的装饰美的性质；另一种是色彩所标志的信仰方面的性质。两者在民俗发展中往往是结合的。

（10）样式。服饰在发展中根据人体各部位的活动便利及特点形成规格，又不断创新，发展至今。衣服样式的关键部位在领、袖、襟、带上；衣服的规格在长短、宽窄、肥瘦上。

（11）工艺。由编制、印染、绣嵌、裁缝等技巧的传承所构成的工艺服饰习俗。

以上各要素融汇在一起，经过成百上千年才形成了整个服饰民俗。因此，服饰民俗是综合的，不能从某一项单一要素去考察它的特点。

3. 服饰民俗的文化内涵

服饰的构成要素有五个方面，即质、形、饰、色、画。在人类社会早期，服饰的变化主要来自构成要素的变化。而人类跨入文明时代之后，服饰的变化主要来自观念的变化，服饰成为观念变化的载体，具有丰富的文化内涵。以中国服饰为例所体现的社会观念，大致有以下几个方面：

（1）崇宗敬祖，强调礼仪伦常。儒家思想在我国各民族中占据重要地位。儒家重礼仪伦常，重视孝行。中国宗教信仰最突出的特点是祖先崇拜。这种社会意识在服饰民俗中有很突出的表现：在人生礼仪中，最重要的有诞生礼、成年礼、婚礼和丧礼四次重大礼仪产生四次换装，每次换装都以不同的方式、不同的内容，体现了中国的礼仪伦常和崇宗敬祖观念。

（2）求吉心理。求福趋吉，是一种最普遍的心理趋向。这种趋向反映在许多方面，衣服图案和装饰是其中重要方面。比如，彝族妇女戴的鸡冠帽，来源于雄鸡鸣叫吓走恶魔的传说，认为戴这种帽子可以避邪，缀饰帽上的大小银泡，则是头顶月亮、星星的象征，以示光明永在、幸福长存。

（3）表现民族的自我意识。民族的自我意识表现在许多方面，服饰是其中一个重要方面。因为服饰是各民族在形成发展过程中凝结起来的属于各民族独有的心理状态的视觉符号，穿着同一种服饰的人时时都在传递着同一个信息：我们是同一民族的人，并因此而强调同一民族的内聚性和认同心理。

（4）成为某种政治观念的载体。服饰还十分敏感地反映着政治观念的变化。历史上实行明治维新的日本人和推行洋务运动的我国清朝官吏之间关于服饰问题的一场争论，就很能说明问题。日本明治维新之后，不仅接受西方的科学技术，还同时改穿西装。对此，推行洋务运动的李鸿章很不以为然，他坚持穿清代朝服，其理论根据是"易其器而不易其道"。这场争论，实际表明了对于接受西方科学技术和民主政治的两种态度：一种是比较彻底的革新；另一种是在维持旧体制、旧观念基础上的修修补补。

此外，服饰还包含着各种不同的审美观念。在历史上，某些重大的历史性变革，也常常会引起服饰的相应变化。服饰中所包含的各种观念，往往交叉组合，多向延伸。总括来说，服饰具有丰富的文化内涵，由此也就可以理解为什么许多民族房屋十分简陋，服饰却十分讲究，甚至不惜花费重金，用很长时间制作各种服饰了。现代人崇尚个性发展，服饰个性化是其主要表现之一，服饰风格是一个人文化素养的体现。

二、中国少数民族服饰民俗

在中国的历史发展过程中，各民族在不同的自然条件和社会背景下，形成了本民族的服饰民俗，具有浓厚的民族特色和地方风格，使中华民族服饰文化更加绚丽多彩。

1. 东北少数民族服饰

（1）满族。满族过去一年四季都穿袍服，袍服中最具有特色的是旗袍。满族妇女的旗袍最初是长马甲形，后演变成宽腰直筒式，长至脚面。领、襟、袖的边缘镶上宽边作为装饰。坎肩是满族服饰的重要组成部分，其制作精致，不仅镶上各色花边，而且绣有花卉图案。过去男子留长发、结辫，而妇女不仅留发、结辫，还挽髻等。满族把深绛色看作福色，倍加宠爱。另外还崇尚白色，常用作镶边的饰物。满族妇女擅长刺绣，服饰的衣襟、鞋顶、荷包及枕头上，到处都可看到龙凤、鹤鹿、花草等吉祥图案。

（2）朝鲜族。朝鲜族男子通常穿短款上衣，斜襟、左衽，宽型袖筒，下身穿宽腿、肥腰、大裆的长裤。外出时喜欢穿斜襟长袍，无纽扣，以长布带打结。过去习惯戴笠，现在青年男子戴鸭舌帽，中老年人戴毡帽。儿童上衣的袖筒多用色彩斑斓的"七色缎"作料，就像彩虹在身上飘逸。女服则为短衣长裙，喜欢选用黄、白、粉红色衣料。朝鲜族的鞋从木屐、草履到草鞋、麻鞋，直至近代男子宽大的长方形胶鞋、妇女鞋头尖面跷起的船形胶鞋，无不别具一格。

2. 西北少数民族服饰

（1）蒙古族。蒙古族男女老少一年四季都喜欢穿长袍，春秋穿夹袍，夏季着单袍，冬季着棉袍或皮袍。男袍一般比较宽大，尽显奔放豪迈；女袍则比较紧身，以展示出身材的苗条和健美。男装多为蓝色、棕色；女装则喜用红色、粉色、绿色、天蓝色。蒙古族服饰包括首饰、长袍、腰带和靴子；腰带是蒙古族服饰重要的组成部分，用长三四米的绸缎或棉布制成；蒙古族钟爱的靴子分为皮靴和布靴两种，蒙古靴做工精细，靴帮等处都有精美的图案；佩挂首饰、戴帽是蒙古族习惯，玛瑙、翡翠、珊瑚、珍珠、白银等珍贵原料使蒙古族的首饰富丽华贵。

蒙古族的男子，头顶都留有长辫，腰间挂小刀和火镰。已婚妇女梳两个长辫，用黑布做两只辫套把辫子装在里面吊在胸前，辫套上绣有花纹图案或缀以银质圆牌首饰，蒙语叫"哈都尔"。蒙古族妇女佩带的饰物，除了头饰、耳环、项链、手镯、戒指以外，还有种佩挂在袍子右上襟扣子上的饰物，叫"哈布特格"，"哈布特格"有时候被作为友谊、爱情的信物，送给朋友或恋人。

（2）维吾尔族。维吾尔族传统的民族服装为男子穿绣花衬衣，外套斜领、无纽扣的"裕拌"，"裕拌"身长没膝，外系腰带。在北疆因天气较寒冷，外套常常有纽扣。妇女则喜欢穿色彩艳丽的连衣裙，外面往往还套穿绣花背心。男女皆喜欢头戴绣花小帽，脚穿长筒皮靴。维吾尔族在此服装用料上喜欢选用纯毛、纯棉、真丝、真皮，妇女喜欢艳丽的衣物，并以耳环、戒指、手镯、项链等饰物点缀。手工刺绣是维吾尔族的传统工艺，衬衣、背心及小圆帽上均绣有花纹图案。

（3）哈萨克族。哈萨克族是以草原游牧文化为特征的民族，服装便于骑乘。男子服装主要有皮大衣、皮裤、衬衣、长裤，多选用白布为原料制作而成。衬衣采用套头式，青年男子还喜欢在衣领处绣有花纹图案，五颜六色，十分漂亮。妇女多穿以绸缎、花布、毛纺织品缝制的连衣裙，喜欢选用红色、绿色、淡蓝色。姑娘和少妇的连衣裙，袖子绣花、下摆缝花边，十分艳丽。妇女的帽子、头巾颇为讲究。哈萨克传统的手工艺术是颇具盛名的刺绣，手法有挑、贴、补、钩、刺等，各种美丽图案处处可见，颜色五彩斑斓。

（4）回族。回族由于散居的原因，在服饰上最具有民族特色的就是礼拜帽，一般是用白布制作，式样为无檐小圆帽，也有戴黑色的，最初是作礼拜时戴，现在已成为民族标志，平日也随处可见。回族妇女习惯戴披肩盖头，只把脸露在外面，根据年龄的不同，选用的颜色有所不同，姑娘用绿色的，中年用青色的，老年用白色的。

3. 西南少数民族服饰

（1）藏族。藏族服饰在藏族文化中占有重要的地位。农区男子一般穿黑白氆氇（藏族地区出产的一种羊毛织品，可做床毯、衣服等）或哔叽藏袍，衣裤套穿在白衬衣上，外束色布或绸子腰带；妇女藏袍的用料同男装，冬袍有袖，夏袍无袖，内衬各色绸衫，腰前围一块毛织的彩色横条"帮典"，风格独特。牧区男子多穿肥大袖宽的皮袍，大襟、袖口、底边等处都镶着平绒或毛呢，外束腰带；妇女也穿皮袍，皮袍以"围裙"料和红色、蓝色、绿色呢镶宽边，美观漂亮。藏靴主要有"松巴鞋"和"嘎洛鞋"。藏族男女的头、手、胸、腰上都喜欢佩戴用珠宝、金、银、铜、玉、象牙等制作的精美首饰。

（2）傣族。傣族的传统服饰，男子多穿对襟或大襟无领短衫，肥筒长裤，也有少数人穿深色筒裙，用白色、青色、浅蓝色、淡黄色的布包头；女子服饰因地域不同而有明显差异。西双版纳的妇女上穿白色、绯色或淡绿色紧身窄袖短衫，下着各种花样的长及脚面的筒裙，束银腰带，喜欢留长发，并挽髻于顶，插上梳子或鲜花，典雅大方；也有用大布巾包头的。德宏和耿马的妇女上穿齐腰短衣，下着色彩艳丽的筒裙，发髻位于脑后，余发散拖一绺在背后。服饰衣料过去为土布，现多为丝绸、细花布，更显傣女亭亭玉立、婀娜多姿的身材。

（3）白族。白族崇尚白色，男子的包头，女子的帽箍，男女上衣、裤子都喜欢用白色和接近白色的浅绿、浅蓝等颜色。白族妇女常将色彩艳丽的图案绣在挂包、裹背、腰带、包头布、鞋等饰物上。淡雅朴实，色调和谐，审美境界高雅。大理的白族男子身着白色对襟上衣和黑领褂，下穿白色长裤，头缠白色或蓝色头帕，肩挂手绣挂包。妇女多穿白色或穿浅蓝色右衽上衣，下着白色或浅蓝宽裤，腰系绣花或缀有乡花飘带的短围裙，足蹬绣花鞋。

（4）纳西族。纳西族过去以自织的麻布或粗布为衣料，青壮年喜穿白色，老年人喜欢黑色，以表现其二元对立的宇宙观。纳西族女子喜欢穿红色、蓝色、紫色并用彩色布镶边、钉双排扣子的上衣，浅蓝色或白色的衫里的双层百褶长裙，用丝线绣五彩花边。腰束红色、黄色彩带，脚穿青布绣花鞋。纳西族最具特色的服饰是妇女的"七星披肩"，缀以圆形花片。双肩各有一个大的，背上并列7个小的，分别象征日、月、星辰，表示披星戴月勤劳不息，恶鬼不敢近前。

（5）彝族。彝族服饰款式繁多，一般男女上衣右开襟、紧身，袖口、领口、襟边都绣有彩色花边。身披羊毛织成的斗篷"擦尔瓦"，颜色多为黑色或羊毛本色。下装男女有所不同，男子又有3种不同大小的裤脚，最大的达到2米，最小的仅能包住脚颈。女子下装为"其长曳地"的百褶裙，是由几种不同颜色的布料连接起来的，缝合处粘贴花边，绚丽多姿，十分漂亮。男子蓄发堆髻于头顶，再缠数丈长的包头帕，把前面缠裹成尖堆状，斜插额前的头帕外，做成勇武的"英雄结"，左耳戴缀有红丝线的红黄大耳珠，不留胡须。妇女包绣花头帕，喜戴耳坠、手镯、戒指、领花等金银饰物。

（6）侗族。侗族男子上衣有对襟、左衽和右衽3种，下着长裤，裹绑腿。缠头布为3米长的亮布，两端用红绿丝线绣着一排锯齿形图形。盛装时戴"银帽"，并佩戴其他银质饰物。女子穿裙时，上身以开襟紧身衣相配，胸部围青色刺绣的剪刀口状的"兜领"；裹绑腿穿裤时，以右衽短衣相配。盛装时，妇女多穿鸡毛裙，也有穿右衽无领上衣，以银珠为扣，环肩镶边，足蹬翘尖绣花鞋。侗族妇女喜欢佩戴银花、银帽、项圈、手镯等银质饰物。侗族的衣料多为自织自染的"侗布"，有粗纱、细纱之分。侗族妇女擅长刺绣，手工技艺精湛。

（7）苗族。苗族妇女较典型的装束是短上衣、百褶裙。苗族衣料过去以麻织土布为主，普遍使用独具特色的蜡染、刺绣工艺。裙子以白色、青色居多，服饰的用料、颜色、款式、刺绣等方面，都极具民族风格。配饰以头、颈、胸及手等部位的银饰为多见，苗族的银饰在各民族首饰中首屈一指。

（8）布依族。布依族男子上穿对襟或大襟的短衣。下着长裤，也有穿长衫长裤，缠青色或花格头巾，色调以青蓝色或白色为主。妇女一般穿大襟短衣，下着长裤，衣襟、袖口等处镶着彩色花边，裤脚处也镶着花边，头缠青色或花格头巾，或将白色印花头帕搭在头上，青年女子的胸前还挂着绣有漂亮花纹图案的围腰。布依族妇女喜欢佩戴银质的手镯、耳环、项圈，足蹬尖鼻绣花鞋。布依族服饰整体色调淡雅朴素，与自然界保持着天然的和谐。

（9）壮族。壮族男子多穿对襟上衣，纽扣以布结之。胸前缝一小兜，与腹部的两个大兜相配，下摆往里折成宽边；下裤短而宽大，有的缠绑腿，扎绣有花纹的头巾。妇女穿藏青色或深蓝色矮领、右衽上衣，衣领、袖口、襟边都绣有彩色花边；下着黑色宽肥的裤子，也有穿黑色百褶裙，上有彩色刺绣，下有彩色布贴，色彩绚丽耀眼。扎布贴、刺绣的围腰，戴绣有花纹图案的黑色头巾。节日或赶墟歌场穿绣花鞋，披戴绣花垫肩。

（10）瑶族。瑶族各支系服饰存在较大差异，男子服装以青蓝色为基本色调，以对襟、斜襟、琵琶襟短衣为主，也有的穿领长衫，配长短不一的裤子，扎头巾、打绑腿，朴实无华。妇女服饰有穿大襟上衣，束腰着裤的；有穿圆领短衣，下着百褶裙的；还有穿长衫配裤的。瑶族服饰的花构图风格独特，整幅图案均为几何纹。瑶族头饰特点更为突出，有"龙盘"形、"A"字形、"飞燕"形等。瑶族染织业发达，服装均用自染的土布制作，有一套完整的蓝靛印染技术。色彩常用红色、绿色、黄色、白色、黑色五种，服饰制作采用挑花、刺绣、织锦、蜡染等工艺。

（11）京族。京族服饰特点鲜明，简便飘逸。男子一般穿及膝长衣，袒胸束腰，衣袖较窄。妇女内挂菱形遮胸布，外穿无领、对襟短上衣，衣身较紧，衣袖很窄，下着宽腿长裤，多为黑色或褐色。外出时，外套淡色旗袍式长外衣，衣袖仍然很窄。妇女染黑齿、结"砧板舍"的习俗依然存在于少数妇女当中。京族最有特色的装饰是他们的斗笠。

（12）毛南族。毛南族男子以前有着唐装的，也有穿琵琶襟上衣的。妇女则穿右襟上衣，宽脚滚边裤。上衣的襟边及袖口有三道镶边，一宽两窄，十分别致。毛南族的衣料多为青色、蓝色，以银质的手镯、项圈等装扮，蓝白分明，格外清秀。小姑娘系一块绣着精美花纹的长方形围腰，更显得婀娜多姿。"顶卡花"（花竹帽）是毛南族手工产品中的精品，毛南族妇女视为精美、珍贵的装饰品，帽顶编几十个蜂窝眼，内衬以油纸及花布，使蜂窝眼与周围花纹相映衬，极其美观。防雨防晒，美丽容颜，兼具实用与装饰两种功效。

4. 中南少数民族服饰

（1）土家族。土家族男子过去穿琵琶襟上衣，缠青丝头帕；妇女着左襟大褂，滚二三道花边，衣袖比较宽大，下着镶边筒裤或八幅罗裙，喜欢佩戴各种金、银、玉质饰物。现在土家族平日着装已没有民族特色，只有喜庆节日、隆重集会或边远山村，才有展示传统民族服饰风采的机会。

（2）畲族。畲族男子过去一般穿着色麻布圆领、大襟短衣，长裤。冬天套没有裤腰的棉套裤；老年男子扎黑布头巾，外罩背褡。结婚礼服为青色长衫，祭祖时则穿红色长衫。妇女服饰因居住地区不同，款式各异。畲族妇女服饰以象征万事如意的"凤凰装"最具特色，即在服饰和围裙上刺绣着各种彩色花纹，镶金丝银线，高高盘起的头髻扎着红头绳，全身佩挂叮叮作响的银器。畲族对自然

中国旅游文化

之色蓝色和绿色具有特殊的爱好,除此之外,红、黄、黑也是畲族妇女服饰常用的颜色。服饰条纹图案排列有序,层次分明,衣领上常绣一些水红色、黄色的花纹。

(3) 黎族。黎族男子一般穿对襟无领上衣和长裤,缠头巾插雉翎;妇女服饰有地区差异,有些穿黑色圆领贯头衣,衣服的饰物很多,领口用白、绿两色珠串连成三条套边,袖口和下摆以贝纹、人纹、动植物纹等装饰,前后身用小珠串成彩色图案。下穿紧身超短筒裙,花色艳丽。有些身着黑色、蓝色平领上衣,袖口上绣白色花纹,后背有一道横条花纹,下着色彩艳丽的花筒裙,裙的合褶设在前面。盛装时头插银钗,颈戴银链、银项圈,胸挂珠铃,手戴银圈,头系黑布头巾。黎族妇女擅长纺织。黎锦、筒裙等衣物,色彩斑斓,图案新颖,质地细腻,经磨耐用。

第三节 饮食民俗

饮食是人类生活的重要组成部分。它是一个人生存和改造自身身体素质的物质基础,同时也是人类社会发展不可缺少的物质力量。在我国,不同的地区和民族有不同的饮食习惯,在长期的历史传承过程中,形成了不同的饮食民俗,它们共同构成了我国丰富多彩的饮食文化。如今,随着旅游业的兴起,饮食及其民俗也成了重要的旅游资源。

一、饮食民俗概述

饮食民俗是指饮料和食物在加工、制作和食用过程中所形成的习俗。它是民俗中最富有特色的事项之一。

1. 饮食民俗的形成

(1) 饮食民俗形成原因。我国饮食民俗文化源远流长,如果探寻其成因,则源于以下四个方面:

1) 经济原因。饮食民俗虽然是一种文化现象,但其孕育和变异无疑会受到社会生产力发展程度和农业生产力布局的制约。有什么样的物质生产基础,便会产生相应的膳食结构和肴馔(饭食)风格。而农业生产的多样性又为各地饮食民俗多样性提供了物质基础。农副产品是人类食物中最重要的物质来源,在自然条件和社会经济条件的共同影响下,我国的农业生产布局、耕作制度、农副产品种类等都有很大差异。东部以种植业为主,西部以牧业经济为主;北方农区以面粉、杂粮为主食,南方农区以稻米为主食,茶和酒为主要饮料。

2) 自然条件的原因。自然地理条件是人类赖以生存和发展的物质条件,饮食民俗对自然条件有很强的选择性和适应性。我国地域辽阔,自然环境复杂,各地的地形、气候、水文、土壤、生物等因素都有较大的差别。地域及气候等条件不同,食性和食趣也不一样,如东辣西酸南甜北咸的口味嗜好。东南待客重水鲜,西北迎宾多羊馔,均与就地"取食"的生存习性相一致。这种饮食民俗的地域差异,正是各种民间风味和各种菜系形成的重要原因。

3) 民族原因。我国是一个由56个民族组成的多民族国家,由于各民族所处的自然和社会条件不同,人们在长期的生产和生活实践中,经过世代传承和变异,形成了区别于其他民族的自己所特有的传统饮食民俗。

4) 宗教信仰的原因。人们常说,"民俗是退化的宗教",这一说法有一定道理,不少饮食民俗就是从原始信仰崇拜和某些人为宗教仪式演变而来的。道教、佛教、伊斯兰教的兴起、传播和流行,对我国的饮食民俗有着较大的影响,特别是教义和戒律对教徒的约束力很大,因此,这类约束民俗一旦形成就很难改变。

(2) 饮食民俗的发展阶段。追溯历史,人类饮食民俗文化的形成经历了生食、熟食和烹调三个阶段。

1) 生食。生食指原始人采集到任何果实以及抓到任何动物及鱼类等,均不用火烤,稍加处理就直接食用。如今,在许多地方还有古老的生食习俗的"遗留",如"吃生鱼"。另外,如:有些地方还有腌制生鱼、生肉的习俗,显然这也是古老食俗的一种变异传承。

2) 熟食。熟食分烤食和煮食(炒食)两类。当火发明之后,首先出现的是烤制食品,逐渐地生食习俗也就被取而代之了。但生食习俗并没完全消失,它以另一种方式传承下来,如:有些地方煮鸡蛋时,并不把鸡蛋完全煮熟就吃了。烤是古老的食俗,方法很多,如用烧红的石片、石块烤肉吃。还有的地方是这样烧烤鸡块的:先杀鸡,掏干内脏,后用泥封好埋入地下,再在地面上烧烤起来,到时挖出,呈现在面前的就是喷香的烤鸡了。还有傣族的香竹饭,其制作方法是砍断香竹,从有节的地方断开,盛入米和水,封口,放在火里烧,隔一段时间后破竹取食。

3) 烹调。烹调是在熟食的基础上发展起来的。随着生产的发展,社会的进步,人类的食物来源扩大了,也丰富了,从而也就有了主食和副食的划分。稻米、小麦、玉米、高粱、小米等成了人类社会的主要食物;蔬菜、禽蛋、肉类成了副食。各种主食与副食的不同配制,形成了不同的风味和民族特色食品。

总之,饮食习俗的形成、发展和传承,在生活民俗中占有重要位置,研究它对于了解各民族的饮食习俗具有重要意义。

2. 饮食结构和类型

饮食结构是指日常生活中一日三餐的主食、菜肴和饮料的配制方式。饮食结构是一个复杂的问题，不同地区、不同民族的饮食结构往往有很大不同，这与一个地区的经济发展、生产方式有关。从这一点来说，饮食结构是带有地区和民族特色的。在我国，粮食作物是作为主食的重要原料。不过，受气候条件的影响，我国南方和北方粮食作物差别较大。南方和部分北方种植稻米的地区，以米饭为主食；而秦岭—淮河以北广大地区及部分南方山地是种植小麦的地区，则以面食为主食；还有些地方种植青稞、玉米、高粱、谷物等作物，日常生活就以杂粮为主食。总之，不同地方的饮食结构取决于当地的生产方式。

菜肴，是饮食结构的重要组成部分。菜是蔬菜的总称；肴是煮熟的鱼肉。菜肴即指饮食结构中的素菜和荤菜。过去，素菜是平常吃米饭或面食时的食品，荤菜只有在节假日或生活水平较高时，才能进入平常的饮食结构。如今，随着我国经济的发展，荤菜在普通老百姓家中已是常见食品了。在日常生活中，用来配制菜肴的原料有蔬菜、鱼肉、禽蛋、调味品四类，这四类原料不同的搭配和烹制，产生了我国风格各异的烹调艺术，形成了不同的菜系。每种菜系都有非常有名的菜肴。

饮料，常常作为饮食结构的补充，在生活中也不可或缺。饮料有酒、茶、奶等，其中又以酒和茶为主。总之，饮食结构和类型的形成，受到客观生活水平的制约。主食、菜肴和饮料的配制，也因地、因民族而不尽相同，这样就形成了我国丰富多彩的饮食习俗。

3. 饮食的惯制

中国是世界四大文明古国之一，历史相当悠久。在这漫长的历史长河的累积下，我国各民族的饮食民俗形成了一定的惯制，主要表现在以下几个方面：

（1）日常生活需要的饮食惯制。以汉族为例，南方多一日三餐，早餐多喝粥，外加包子、馒头、油条等；午餐、晚餐吃大米饭，副食主要为蔬菜、荤菜和饮料等。北方有些地方在农闲季节有一日两餐之习俗，而在农忙季节则一日四餐，除早、中、晚三餐之外，下午加一次点心。这些习俗还是有一定科学性的，一来有利于生产，二来有利于生活。

（2）岁时节日的饮食惯制。中国众多的节日中，在饮食上也是有区别的，并且带有浓厚的地方性与民族特色。如饺子、年糕、腊八粥、元宵（汤圆）、粽子、月饼、重阳糕、糌粑（青稞麦炒熟后磨成的面。吃时用酥油茶或青稞酒拌和，捏成小团，是藏族人的主食）、馕（一种烤制成的面饼，维吾尔族、哈萨克族等当作主食）、手抓肉、抓饭、酥油茶、乌饭等，这些食品主要对应相应的节日，供不同的民族食用。

(3) 礼仪饮食惯制。在人生的种种礼仪中，各地方各民族都有相应的饮食习俗惯制，如过生日，少不了生日蛋糕；老年人庆寿，离不开长寿面；婚礼上新婚夫妇要饮交杯酒、要吃同心莲；葬礼上，有的地方要吃"豆腐饭"，不可吃荤菜，等等。

(4) 信仰上的饮食惯制。大多表现在供奉祭祖后为活人所享用的食品上，据说吃了不瞌睡，眼睛更有精神。如初一、十五满盛一碗白米饭，供奉以后再倒进饭盆里由家人享用；节日中油炸食品先供奉一番，然后家人再食用；还有过端午节时饮用雄黄酒；还有的地方在正月初二上坟，作为祭牲的鸡在上坟用完后，把它与萝卜混煮食用，等等。

除上述几点外，中国饮食民俗还有出于医食疗法的健身风味饮食，如酒酿蛋、红枣枸子酒、莲子粥等。

另外，在中国的宴席中，也形成了一定的习俗惯制，它除了品尝风味，解决肚饥以外，还有社交、联络感情的目的和意义，其中的私宴——结婚、儿女满月、接风、饯行、拜师、谢师等都有各民族的饮食民俗惯制。

二、中国少数民族饮食民俗

中国少数民族生存环境较为复杂，在饮食上呈现出多样性。总体来说，西南少数民族多食酸辣食品；西北少数民族多食清真食品；东北各少数民族受汉族饮食影响较大。①

1. 东北少数民族饮食民俗

(1) 满族。满族人喜吃小米、黄米干饭与黄米饽饽（豆包），过节则喜吃"哎吉格饽"（饺子），除夕必吃手抓肉。风味食品有白煮猪肉、炙猪肉及糕点"沙琪玛"等。

(2) 朝鲜族。朝鲜族人以大米、小米为主食，喜食干饭、打糕（年糕）、冷面。嗜酸辣，每日不离大酱和清酱，爱吃狗肉、猪肉、泡菜、咸菜，不吃羊肉和肥猪肉及河鱼、花椒、带甜味的菜，爱喝烧酒、饮花茶。

(3) 赫哲族。赫哲族人旧以鱼肉为主食，今以小米、面粉为主食。鱼食方法尤为多样：有将鱼肉切成薄片，拌以食盐、姜葱生食，冬天仍生食冻鱼；有将鱼肉串在烧杈上，放在火上熏烤，抹以食盐烤食；有将鱼加工成鱼条子、鱼披子等鱼干储藏起来，平日食用；有将鱼肉加工成"鱼毛"（鱼松）食用。尤以大马哈鱼加工成的鳇鱼骨、鳇鱼筋为名贵。兽肉除烧、烤、煮食外，也有加工成肉干食用的。一般嗜烟、酒。

---

① 刘秀梅，高照明. 中外民俗 [M]. 河南：郑州大学出版社，2006：61.

中国旅游文化

（4）鄂伦春族。鄂伦春人以兽肉为主食，主要是狍、鹿及野猪肉等。今有以粮为食或肉食、粮食掺半的。早上多吃肉粥，午间与晚上多吃烤肉与煮肉。喜生吃兽肝和腰子，在猎获狍、鹿等野兽后，即扒出肝和腰子，晾凉后生吃。另外还喜食肉干。在一个家庭公社（乌力楞）内有传食习惯，即在野外围绕一个火堆，把烤好的兽肉一个人吃一点，再传给另一个人，今在饮酒时仍有此习。

2. 西北少数民族饮食民俗

（1）蒙古族的饮食。蒙古族以牛、羊肉和奶酪品为主食。喜吃烤肉、烧肉、手抓肉和酸奶疙瘩等。一般一日三餐：早餐多为奶茶、馍馍和酥油；中餐不定时，随饿随吃；晚餐吃肉，有汤，内放少许面条。饮料有马奶、牛奶、羊奶以及奶茶、泡子酒、奶子酒、砖茶等。嗜饮砖茶，冬日喜喝泡子酒，夏季多为奶子酒，亦喝烈性酒。农区以米面为主食，喜吃包子、饺子、蒙古馅饼和炒面等。

（2）回族的饮食。回族以米面为主食，喜吃牛肉、羊肉和鸡、鸭、鹅、鱼、虾等。在宰杀牲畜前，要请阿訇念经。喜喝茶，不嗜烟、酒。有的地区喜吃油茶。

（3）哈萨克族的饮食。哈萨克族的主食主要是牛肉、羊肉、马肉，其次是用面粉制成的馕（一种烤制的面饼）、面条以及抓饭等。哈萨克族最喜欢的食物有"金特"，用奶油混合幼畜肉，装进马肠里，蒸熟后食用。还有"那仁"，用碎肉、洋葱加香料，搅拌蒸熟。马奶酒和茶在哈萨克族的饮食中占有特殊地位。哈萨克族人多喝砖茶，次为茯茶。茶中加奶称为奶茶；加少量酥油，更是香味扑鼻。

（4）维吾尔族的饮食。维吾尔族以面粉、大米为主食，肉食以羊肉为主。常见的面食为"馕"，喜庆节日或待客则吃"抓饭"。喜喝奶茶或喝茶水、吃奶油。一般每日三餐，早饭吃"馕"，喝奶茶或茶水；午餐是各类主食，并有副食佐餐；晚餐亦为"馕"和茶，有时也有副食。饭前饭后习惯洗手漱口，以壶冲洗，下以盆接，且只限三下。吃"抓饭"时，还须先剪甲，喝汤用木勺，吃饭时将"饭布"铺于炕上，然后一家人围坐就餐。①

3. 西南少数民族饮食民俗

（1）壮族的饮食。壮族以大米、玉米、木薯、红薯为主食。木薯一般煮吃或加工成粉烘粑粑吃。年节则爱吃粽子糍粑（把糯米蒸熟捣碎后做成的食品）和米粉。壮族古俗不吃牛肉，至元朝才盛行食牛肉之风。至今在少数偏僻山区，仍存不食牛肉古俗。

（2）布依族的饮食。布依族以大米、玉米为主食，辅之以小麦、荞麦、薯

---

① 吴忠军. 中外民俗 [M]. 沈阳：东北财经大学出版社，2011：48－49.

类等。喜食酸辣，饮水酒、吸叶子烟。节日常以糯米粑粑为主食。有的地方喜用顶罐煮饭，其味极香。

（3）侗族的饮食。侗族以大米为主食，平坝地方多吃粳米，山区多吃糯米。喜吃酸辣，吸叶子烟及饮酒。

（4）瑶族的饮食。瑶族以大米、玉米为主食，此外尚有木薯、芋头、马蹄、棕衣苞、棕心、芭蕉心、飞花菜等，既作粮、亦作菜。一日三餐，半年全吃干饭。平时天亮前吃一顿，天黑后吃一顿，中午则以芭蕉叶包饭到田间食用。农忙时如住在田间，则在住地生火煮食。嗜饮酒，下地劳动时往往以竹筒、瓦罐将白酒带至田间，兑上清水饮用。清明节吃一种染色的"花饭"。

（5）白族的饮食。白族多以稻米、小麦为主食，山区则以玉米、荞子为主。吃饭时，长辈坐在上席（首席），晚辈依次围坐两旁，并添饭泡汤。喜吃酸冷、辣味。善腌火腿和制作弓鱼、螺蛳（淡水螺的通称，一般较小）酱、油鸡棕等食品，尤喜饮茶，常以烤茶待客。

（6）傣族的饮食。傣族以大米为主食，德宏地区主要吃粳米，西双版纳一带爱吃糯米。肉类以猪肉为主，牛肉次之。喜油煎炸而食，不喜炒食；好食酸冷食物，善饮酒，甜米酒是男女老少喜爱的饮料。一般每日吃两餐，中午只吃早晨做好的少许米饭。吃饭时全家人席地而坐，围一小篾桌。用碗筷，如吃糯米饭，则用手握成团而食。

（7）纳西族的饮食。纳西族以小麦、大米、玉米为主食，山区另掺一些青稞、荞麦和洋芋。喜食酸辣。有的地区早午两餐吃粑粑、杂粮，晚上多吃米饭。有的地区受藏族影响，爱喝酥油茶，以青稞、大麦和荞子为主食。吃饭时用木制餐具，吃肉时由父亲掌勺平分，媳妇负责加添饭菜。一般喜爱饮酒，吸草烟。

（8）羌族的饮食。羌族以大米、青稞、洋芋和荞子为主食，辅以小麦和玉米。青稞和小麦的吃法主要是做成炒面，供旅途或放牧时食用。玉米或磨成细颗粒，蒸成玉米饭，称为面蒸蒸；或掺入大米混蒸，称为金裹银或银裹金；或加蔬菜煮成玉米稀饭，称为面汤；或磨成面，不经发酵，而加以麦面做成馍馍，先用锅炕而后再用火烧食，称为"锅塌子"。多食酸菜或腌菜，喜欢"咂酒"，吸"兰花烟"，吃熏干"猪膘"等。

（9）苗族的饮食。苗族大多是一日三餐，也有吃四餐的，早餐与晌午餐（上午11点钟要吃一次饭）以杂粮（玉米、红薯等）为主食，午餐和晚餐以大米为主食。早餐和晌午餐苗族人叫做吃茶。苗族的日常饮食多为素食，在肉食方面，逢年过节或宴会待客时，才以猪肉、牛肉、鸡、鸭等为珍品。在蔬菜方面，除家种蔬菜外，还常食用野菜。苗家喜爱川盐，喜爱烧酒（玉米酒）、米酒和糯米甜酒，喜爱油麻糖、阴米糖，喜爱吸烟，但极少有妇女吸烟。苗族还喜欢用酸坛制作肉食，苗族人几乎家家都备有酸菜。桂林龙胜苗族一日三餐前，都要先饮油茶。

（10）藏族的饮食。藏族以青稞、小麦为主粮，此外还有玉米和豌豆。日常主食是糌粑，吃糌粑时加上点酥油和奶渣。牧民以牛、羊肉和奶制品为主食。奶制品有酥油、酸奶、奶渣、奶酪，均爱吃酥油茶。每日三、四餐不等。活佛、喇嘛饭前先念经，一般藏民也有的在吃饭前先用手蘸酒或茶在桌上点三滴，表示供佛。餐具是一把小刀和一只木碗，一般不乱用别人的碗，也不用自己的碗在人家缸里取水。吃糌粑、吃肉皆用手抓，通常无用筷习惯。

（11）彝族的饮食。彝族以荞子、玉米、洋芋为主食，也有以大米为主食的。喜饮酒，吸旱烟，喝烤茶，酒用荞子、玉米制成。食具通用木碗、木盘、木盆、竹箩及木勺（彝名马勺子）。分为有漆和无漆两种，漆为彩漆，往往绘成近似雷电纹的图案，有黑色、红色、黄色三种。有的用牛皮制碗。

（12）京族的饮食。京族人民逢年过节喜欢吃糯米饭和糯米糖粥。肉食以鱼虾为多，并喜以鱼汁作调味品下饭。"风吹饼"是用米粉蒸成直径两尺的很薄的圆形饼，撒上芝麻晒干后，放在炭火上烤制而成的。"一丝"，即干粉丝是将"一丝"与海螺肉、蟹肉拌煮而成的肉汤，这两种食物是京族人民喜爱的食品。

4. 中南少数民族饮食民俗

（1）土家族的饮食。土家族以大米为主食，山区主食玉米。喜食酸辣，有"辣椒当盐"之说。善饮酒，有的地区喜喝茶汤。玉米吃法一般是磨成粉，蒸熟，做成玉米粉子饭，拌"合渣"而食。

（2）黎族的饮食。黎族以大米为主食，辅以木薯、红白薯。一般一日三餐，习惯在收割时将稻穗摘下，储置仓中，吃时一把一把拿出来放入木臼中脱粒，舂一次吃一次，故妇女黎明即起来舂米。以山石为灶，用陶锅煮食。肉食以火去毛，或火烤或拌以米粉、野菜腌渍成酸而食。男子嗜烟、酒，习惯用陶缸盛酒喝，烟以竹制水烟筒吸食。有的地区以小竹管吸酒敬客。妇女喜嚼槟榔，裹以贝壳灰和青萎叶。

（3）畲族的饮食。畲族的饮食以大米、红薯、面粉、豆类为主。把大米和番薯丝放在锅中煮胀后，捞出来放甑中蒸熟，叫"番薯丝饭"。景宁畲村有这样一种习惯，一甑要煮三种饭：白米饭捞一角，以招待客人；半米半番薯丝的，给老人孩子吃；绝大部分是番薯丝的给年轻力壮的吃。饮茶是畲民的传统习惯，畲区茶叶都是烘青。客人一到或隔壁邻舍来串门都要以茶相待，一般要喝两碗。有种说法："喝一碗是无情茶。"还有一种说法："一碗苦，二碗补，三碗洗洗嘴。"所以，只要接过主人的茶就要喝第二碗。如果很渴就喝第三碗、第四碗……再重沏也行。畲民喜欢喝酒。畲家以有酒喝为生活好的标志。畲族的"豆腐儿"略带甜味,调上辣椒,放在锅中边煮边吃,又热又辣,吃得满头大汗,极为舒服。

第四节 居住民俗

居住民俗是指一个国家、民族或地域的广大民众在居住活动中所创造、享用和传承的属于本群体独特的民俗习惯模式。如居所新建时的一系列仪式、居所内部物品的摆设、家庭成员住房的分配以及住房之间的相互协调,等等。

一、居住民俗概述

1. 居住民俗的形成

自地球上产生了人类以来,就出现了他们赖以休养生息的居住处所,但由于当时人类改造自然的能力限制以及外界条件的恶劣,所以原始居民的居住方式只能是利用各种天然空间,如穴居、巢居等。随着生产力的逐步提高和发展,出现了人工住所的营建,在世界各地因自然条件不同,又产生了迥然不同的居住方式,而居住民俗的形成是随着居住方式这个物质基础的演进而演变的。根据人类居住方式的变化,可以将居住民俗分为三个时期:①

(1)创始时期。这一时期的居住方式以穴居、巢居为主,其特点是原始群居、生死分居、住所不稳定。

(2)过渡时期。这一时期的居住方式以风篱、原始帐篷为主,其特点是住所出现稳定化趋势、出现火塘。

(3)形成时期。这一时期的居住方式以帐篷、窑洞、干栏式、庭院式等为主,其特点是体现了深厚的文化内涵、居住民俗的多样化。

2. 居住民俗的文化内涵

居住所表现的多种多样的形式和异彩纷呈的特点,显示了多种因素之间复杂的相互作用和影响。从各式民居中也可探知其中所蕴含的深厚文化内涵,这主要体现在:

(1)实用性。民居是一种为人们生活所需产生的人工产物,因此,它也就是人类最基本的一种文化。像其他一切社会文化事物一样,现在的民居,也是一种历史进化的产物。由于各地人群生活发展的不平衡,在今天的陆地上,既有数

---

① 吴忠军. 中外民俗[M]. 沈阳:东北财经大学出版社,2011:63.

中国旅游文化

十层的高楼大厦,还有洞穴式的窑洞,或用茅草、竹木盖成的小屋,但不管什么形式,它的作用是住人,是为人们生活的安全、舒适服务。因此,它是一种最实用的文化,任何人都不能缺少。

(2)艺术性。民居既是一种实用的文化产物,又是一种艺术的文化产物(或者说,多少带有一定审美意味的文化产物)。民居即使形式很简陋,但跟它的实用性结合一起,也产生一些审美感。因为,它在形体的构成和材料的选择、安排等方面,制作者自觉或不自觉地要遵循某些美学的法则。例如蒙古包,它是逐水草而居的牧民住宅。不管它的内部安排怎么样,单就它的外形来看,它那四周圆形和穹形的屋顶,就给观者一种美的享受。特别是把它放在大草原和蓝天的背景之中去看,更是如此。至于那些较高层次的楼房建筑以及附有各种装饰点缀的住宅,它的审美意义就更为丰富了。

(3)伦理性。一般民居,除了体现它的有用和美观性质外,还体现着一种社会伦理的性质。就我国汉族的情形来说,一家民居,大部分为几个房屋,在名称上有正房、有偏房;有前房、有后房。有的还有附带房室,如厨房、厕所、仓库等。在那些正式的房间里,谁住正房、谁住偏房、谁住后房等,大都有一定讲究,需遵循特定的伦理规范。有的还有一定禁忌,如女儿的闺房,不但外人,就是家人如兄弟等也不能随便进入。外来客人的接待和留住,也有一定的房室。这种居住上的安排,伦理色彩是相当浓厚的,这种居室的伦理意义,在少数民族中也有相似情形。谁住正房,谁住偏房或楼房的上、下层,各民族虽然不尽相同,但都按照自己民族的伦理逻辑加以安排,绝不容许错乱。总之,人们可以从民居内部居住房室的安排,清楚地看到这些居民乃至这个民族的家族伦理观念和准则。

(4)宗教性。传统民居,在体现审美的、伦理的性质同时,也体现着民间宗教信仰的性质。在许多民族建筑物中,有不少是专门为宗教信仰而建立的,如中国各地民间的祖宗祠堂、坟墓、佛寺道观以及各种神庙等。但是,在这之外,民居也大都具有这种宗教的功能。在过去汉族的建筑物中,不但供奉祖先牌位,还供奉其他神灵如灶神、财神,乃至天、地、君、亲、师的综合神位。①

二、中国少数民族居住民俗

中国少数民族众多,居住较为分散,东西南北各有不同:西北各民族多住土结构平房,西南各民族多住"干栏"式建筑或土石结构建筑;东北各民族多住土木结构式蒙古毡包。②

---

① 吴忠军.中外民俗[M].沈阳:东北财经大学出版社,2011:68-69.
② 刘秀梅,高照明.中外民俗[M].郑州:郑州大学出版社,2006:77.

1. 东北少数民族居住民俗

（1）满族。满族民居多为土木结构，一般是三间或五间，中间开门，两旁为窗。以土筑墙，"章茅"铺顶，然后以草绳或灰泥固定，屋脊多用草编成。通常坐北朝南，室内里间北、西、南三面围炕（俗称"转圈炕"或"万字坑"），西炕供神供祖，来客不能进西炕。长辈睡南炕，晚辈睡北炕。满族住房的烟筒不在屋顶，而在房子一侧，室内火炕的火道与烟道相通，使得整个房屋美观、安全、卫生。满族习惯不同辈的人不同炕而眠，子女长大了也不同室同炕。

（2）朝鲜族。朝鲜族村落多位于山坡下的平地上，几十户、十几户住在一起。村内房屋面向东南、南或西南方向，没有院落。一般是木结构的平房，屋顶为四斜面，用稻草、谷草或瓦片覆盖，墙壁用泥沙混合而成。屋内用砖和平坦的薄石板铺成平炕，一般都间隔成四室：寝室、客房、厨房、仓库。炕面用木纤维板铺成，上刷黄亮油，平滑透亮。进屋则脱鞋上炕，席炕而坐，席炕而卧。房舍内外皆用白灰粉刷。

2. 西北少数民族居住民俗

（1）蒙古族。蒙古包是蒙古族的住房，"包"，是借用满语"家"、"屋"的意思。蒙古包古时称作"穹庐"，又叫"毡帐"或"毡包"。蒙古包大小不一，一般直径4.5米，高4米，由木栅栏和白毛毡构成。周围的栅栏用红柳枝做成，呈斜方格，可以折叠。栅栏外用白羊毛毡包裹。圆形顶棚上开有直径约80厘米的天窗，上面覆一块可以移动的毛毡，白天打开采光和通风，晚上和雨雪天可以遮盖。蒙古包还有一扇高150厘米、宽80厘米左右的小门。为避免北风直吹，门一般都朝东或南开。包内摆设，一般是正面放长方矮桌，桌右端放大小衣箱，左边是橱、水桶、奶桶等家具，包的正中放炉灶，烟筒直通包顶。蒙古包分移动和固定两种，前者在牧区使用，后者在半农半牧区使用，外观相仿。由于蒙古包不像一般房屋那样有坚实的地基和稳定的墙壁，所以不宜倚靠。

（2）哈萨克族。哈萨克族人多从事畜牧业。为了迁移方便，他们住的多是轻便而简易的毡房（又称"哈萨包"），牧民在春、夏、秋三季居住。冬天则住土房和木屋。"哈萨包"和"蒙古包"不同，其顶部呈弧形，四壁支杆与外面所罩的毡之间，嵌有用芨芨草制成的席子。"哈萨包"内前半部放物品用具，后半部住人和待客，右上方是长辈的床位，左上方是晚辈的床位，右下方放置炊具和食品，左下方放置乘具、猎具和幼畜，正上方放置衣箱等。毡房内地上铺有地毯或毡，正中对天窗处有火炉或锅掌子。靠右手有专为老人设的木床，其他人不得在上面坐卧。有时床上遮挂布幔，客人切忌牵动，否则就是失礼。

（3）维吾尔族。阿以旺住宅是新疆维吾尔族住宅的一种常见形式。多为土木结构平房（土坯外墙，木架，密肋），方形、矮小，向北开门，前带廊，四壁无窗,但在屋顶开有天窗,屋顶平坦,可晾晒、堆放瓜果、粮食和杂物,亦可供人纳凉。室有夏室、冬室之分。夏室在前,作起居、会客用;冬室在后,作卧室用。屋内砌土炕,三面靠墙,高一尺左右,实心,不烧火,供起居坐卧。室内墙上挖壁阁,放置食物用品,一般以壁毯作装饰。多有庭院,呈方形,大门忌朝西开。住宅有较深的前廊,庭院多栽花木果树,门前往往种植葡萄,形成凉棚。

(4) 回族。回族民居与汉族基本相同,多为砖木结构瓦房。较有特点的是在商店门前或一些住屋门头、客房里,时常可见用阿拉伯文字写的招牌、门额、条幅、中堂等。有的地区在屋内不挂人像,喜挂花草和山水画。

3. 西南少数民族居住民俗

(1) 白族。白族人聚居于平坝的村落之中,住房以土木结构的瓦房为主。就整体结构来讲,白族的建筑属于地道的东方建筑形式,斗拱重叠,串角飞檐。以东西轴线安排房屋,重院则按横向的南北轴线深入。大门设在东北角上,主房坐西朝东,主房和厢房、对厅(或照壁)围成一封闭式院落。组合形式有"一房一廊"、"三房一照壁"、"四合五天井"等。所谓"房"是指三间两层的一个建筑单元。"一房一廊"是由一房带两瓦房组成的小院;"三房一照壁"是由主房和两厢房,加上主房对面的照壁所围成的封闭式院落。此外还有"四合五天井"以及由"一进两院"和"一进五院"的群体组成的"六合同春"形式。

白族居民十分重视照壁和门楼的建筑。照壁起到分隔建筑空间、增强空间层次的效果。它由对称的高低两台"滴水"组成,庑殿式瓦面,四角上翘,墙上饰以泥塑、彩画、书法等。照壁的整体给人以和谐、大方、精巧的美感。门楼的基本造型有"一滴水"与"三滴水"两种。"一滴水"即普通的坡屋面式,简朴大方,为一般民居通用;"三滴水"则宏伟壮观,有精致的斗拱。白族民居建筑充分体现了白族悠久的历史文化和精湛的建筑艺术水平。白族人不仅讲究住房舒适,还注重环境的优美。多数人家的天井内都砌有花坛,植一两棵山茶、缅桂花或丹桂、石榴、香橼等,花香四溢、恬静幽雅。

(2) 京族。京族的房屋各地不尽相同,广西万尾等地多为竹结构的矮长住宅,墙壁也以竹篾编成,有的并涂上泥土,屋顶以稻草或瓦覆盖,上压石头,屋内以竹条或木条架高形成地板,离地约五寸,上铺草席,入屋脱鞋,坐卧、饮食都在这上面。

(3) 壮族。壮族的房屋为竹木结构的"干栏"式建筑,"干栏"一作"干阑",又称"麻栏"、"栏",壮语是屋的意思。用木柱或竹柱做成离地面相当高的底架,再在底架上建造成住宅。楼上住人,楼下养牲畜和堆放杂物。

(4) 侗族。侗族的房屋全部为木质结构,多为外廊式两三层小楼房,也有四五层的大高楼。顶盖瓦或杉树皮,楼两端搭有偏厦,呈四面流水形。另有一种若干幢连在一起的大楼房，廊檐相接，可以互通，多为一房族内的若干户同住。依坡或傍河的寨子，多建吊脚楼，吊脚高达两三丈，一般楼上住人，楼下两侧放石堆、柴草堆、杂物和圈牲口。堂屋设神龛，两侧厢房作卧室及安置火塘，也有在堂屋设火塘的。侗族的另一特色建筑是著名的鼓楼，一般为多层宝塔形，下层为方形中心大厅，可容纳数百人。上面屋檐为六角形塔式或四边形殿式，飞阁重檐，层层而上，高达四五丈，为侗族人民休息娱乐和集会议事场所。侗乡寨寨皆有鼓楼，大的村寨，一个族姓就有一座鼓楼，有的多到三五座。

（5）傣族。傣族的住所多为竹结构的楼房，称"竹楼"。以数十根（一般是二十四到四十根）竹子支撑，离地七八尺处铺以楼板或竹篾，顶上盖以茅草纺织的草排（现大多数改为砖柱瓦顶），楼下一般作关牲畜、舂米、堆柴或建小仓库用。楼上住人，进屋一堂屋，中间铺以大块竹席，是吃饭、休息或待客的处所。堂屋中有一火塘，支三角铁架，供做饭烧茶用。往内是用木板或竹篾编成的卧室，一家数代分室而宿，席楼而卧，外人不得入内。上楼时先把鞋子脱在楼梯旁边或走廊上，然后赤脚进屋。

（6）藏族。藏族民居多为平顶狭窗的土石结构房屋。一般为一层，用土石围墙，上架木料或树枝，覆盖泥土，房顶用当地风化了的"垩嘎"土打实抹平。内室住人，外院圈牲口。另有碉房和牧区的帐篷等。碉房一般用石块砌成平顶，门窗上端用斗拱作檐。也有比较高大的楼房，底层关养牲畜，或作伙房、库室，楼上住人，楼顶平台可以晒打粮食，有高到三至五层的，四周围墙，周围是房间，中间是天井，边沿有走廊。房屋旁边皆有转经筒，屋顶插经幡。室内一般都供有神龛、经书，也有木柜、矮桌等家具和火盆、炊具等物。通常不用床铺和桌椅，睡卧和坐都在布或毛制的垫子上。帐篷是牧区的主要住房式样。用羊毛纺线，织成粗氆氇，缝成长方形帐篷，当中支撑木杆，外面用毛绳拉开钉在四周地上，周围用草饼或粪饼垒成墙垣，一方开门。白天将帐篷对开分撩两边，人可出入；晚上放下用带结紧。近门中央，支石埋锅为灶，帐顶露一长缝，沿缝缀小钩，便于通气和启闭。

（7）苗族。苗族住房以吊脚楼最具特色，一般建筑在坡斜地段或有两三层阶梯的坡地上，分两层或三层，最上层很矮，只放粮食不住人；楼下堆放杂物或作牲口圈。其余多为平房，一般以竹编泥糊作壁，以草作顶。

（8）彝族。彝族民居多为土木结构的平房，俗称土掌房。以块石为墙基，由土坯砌墙或以土筑墙，有的大梁架在木柱上，柱上垫木，铺上茅草或稻草，草上覆盖一层稀泥，再放上细土捶实而成；有的大梁放置墙上，梁上铺木板、木条、树枝或竹子，上面再铺一层土，经洒水捉揉，形成平台屋面，滴水不漏，可作晒场。分三间，正中一间开有大门，作厨房；左侧为主人内室，外人不得入

· 185 ·

内；右侧为牛栏及畜养猪、羊之所，或兼作马房、存放杂物。一般搭一简易楼台，堆放粮食或供子女就寝。也有两三层楼建筑。

（9）布依族。布依族民居多为木结构，一般称"半边楼"。其依山傍水，利用倾斜地势建成，一半是楼房，一半是平房，前面低，故建成楼房；后面高，故建成平房。屋顶盖茅草或稻草，当地称为"草房"；也有盖瓦的，称"瓦房"；有盖石板的，称"石板房"。堂屋内一般都设有"神龛"，左右两边分别隔成灶房、寝室、客房等；室内有火炕，以供取暖。

4. 中南少数民族居住民俗

（1）土家族。土家族有典型的"吊脚楼"式建筑，依山傍水而居，同姓十户或几十户居于一村或一寨。原为"木杈房"，现多为一正房两厢房，中间的一间为堂屋，作祭祖先、迎宾客和办理婚、丧事之用；堂屋左右两间为"人间"，是住人的。不论大小房屋都有板楼和条楼，卧房上面是板楼，用木板铺的楼板，放各种物件和装粮食的柜子、桶子。在伙房上面是条楼，用木条或竹条铺成有间隔的条楼。有的在正屋两头转个"马屁股"，一头安个偏屋。厢房楼上是姑娘楼、客房、书房等。

（2）黎族。黎族民居多为竹木结构的楼房或草房。金字塔形屋顶，上盖茅草，用竹条或树枝扎成墙架，再以泥糊，屋内间隔成厅房。旧式住宅为"船形屋"，用竹木扎构成轮廓，状如船篷，盖以茅草，成半圆筒形。屋内一般不分间隔，以藤条或竹片编成地板，分平房和双层两种，平房离地约半米，双层离地约两米，上层住人，下层养畜。按黎族人的习惯，在"船形屋"门外插某种标志，表明屋内有特定的事情或活动；比如，门上插了荔枝树叶或龙眼树叶，说明这家生了男孩；插了菠萝蜜树叶，说明这家生了女孩。

（3）畲族。畲族称住房为"寮"，即简陋的临时性民居，现代的畲族住土木结构的瓦房，称"瓦寮"，由梁柱、墙等基本构件组成。瓦房的形式，最基本的是"四扇厝"（方言，房屋），又称"四井寮"。"四扇厝"又有"三间四扇"和"六间四扇"两种。前者的布局是三间平列，中间为正厅，左右两间为卧房和厨房。后者的布局是先把前者的四扇墙向后延伸一定的长度，使原来的三间隔成六间，即在大厅的中间用木板隔成前后厅，隔板左右两边各开一个小门，前厅左门顶上贴有所敬祀的神祇名称，右门顶上安放祖宗牌位。前厅有大天井，紧接大门，为进出主要通道；后厅有小天井，接山壁。前厅为会客和敬神的活动场所，后厅作为寿终正寝安放遗体之用。左右厢房以板壁隔成四间作为卧室，左前厢房为长子所居，其余为次子、幼子所居。有的腾出一间作为厨房。后厅置一火塘，作为烤火取暖之用。卧室上面通常有一层小楼，高一两米，用以储藏粮食和杂物，一般不住人。①

第五节 民俗文化旅游的开发

旅游作为当今人们一种文化生活，正以极快的速度扩展开来。旅游者来到异地，就会感到不同的风土人情。风味迥异的饮食、陌生的人生礼仪和祭祀仪典、五颜六色的衣饰、风韵独特的音乐舞蹈，都给人一种完全不同的文化氛围。

民俗文化与旅游联姻，给我国新兴的旅游事业带来了新的生机，可谓"文旅联姻生奇子"，使过去的传统旅游升华到了高层次的文化旅游。因此，如何更好更快地发展新时期的民俗文化旅游，是人们正在探讨和实践中的一个问题。

一、民俗文化旅游资源的特点和功能分析

一般来说，每个地区和民族都具有自己独特的生活方式、风尚习俗和风土人情，这些都是地区特质的重要表现形态，具有独特的审美价值。在各地区的各个生活层面，最能显示其民风特点和文化风貌的当属本地区或本民族在长期历史发展过程中形成的风尚习俗。民俗文化中强烈的地域性和民间性，体现了一个地区生活方式、心理素质的积淀，也是该地区特色最直接、最真实的表现。民俗文化的特征主要包括以下几个方面。

1. 民俗文化旅游主要以人为载体

民俗文化旅游资源是以人为载体的，人类创造的文物古迹类旅游资源多以物为载体将人的生产、生活及人际关系等方式表现出来。但没有当地人的参与，再丰富的民俗文化旅游资源也表现不出来。因此，开发必须突出旅游者与旅游目的地居民的交流，要提供各种机会、途径让游客与当地人接触。游客只有深入到当地居民中去，才能体验到纯正的民俗文化风情。

2. 民俗文化旅游以动态活动为主

由于民俗文化旅游资源是以人为载体的，所以它的表现形式不是静态的展示，而是动态的活动，动态性的特征要求民俗文化旅游资源的开发必须以设计各类演出和游客参与性强的活动为主，通过表演集中展现民俗文化，或由游客在实际参与过程中去仔细品味其中的乐趣。例如，三国城推出"三英战吕布"的表演，马术员化装成三国群英，打斗场面很吸引人。

---

① 吴忠军. 中外民俗［M］. 沈阳：东北财经大学出版社，2011：78–81.

3. 民俗文化旅游具有浓郁的民俗性和地方性

民俗文化旅游资源的民俗性和地方性色彩更浓，它的民族特色鲜明，艺术品位高雅，新颖多彩。首先，民俗文化旅游具有参与性，利用民俗文化类旅游资源设计参与性旅游活动项目相对容易，可以说能够参与是民俗文化旅游资源的第一大旅游功能。其次，传播文化，增进民族间、地区间的了解，友谊交流与合作是民俗文化类旅游资源开发带来的又一大功效。在人与人的接触中，旅游者不仅可以耳闻目睹其他民族的传统风俗，还可以结交朋友，学习地方语言和文化，享受地方饮食，购买地方土特产等。对于长时间忙于工作而无暇与他人交往的现代人来说，是给他们创造了一个交流的机会。

二、民俗文化旅游的开发

深厚的文化底蕴是民俗文化旅游的灵魂。深入民众的生活，才能了解到和感悟到当地的文化环境，才能体会当地人民生活方式和思想意识，才能达到追求文化差异或文化认同、实现审美与自我完善的旅游目的。

1. 开发民俗文化旅游应注意的问题

（1）因地制宜，挖掘、开发、建设各具特色的产品。"靠山吃山，靠水吃水"，利用当地固有资源，就地取材，发挥自身特色，把健康的、先进的、文明的民俗文化呈现给旅游者。

（2）自然风光、文物古迹与民俗文化有机结合，相得益彰。把自然风光与文物古迹有机结合起来，筹建民俗文化村、民俗博物馆等，带动旅游。

（3）采取相对封闭的民俗文化保护措施，保持民俗文化的特色。民族民俗文化极易遭到异地文化的冲击，所以要采取相应的封闭措施，真正体现出朴实感、亲切感和神秘感，带来更多游客。

2. 民俗文化旅游资源的主要开发途径

民俗文化旅游资源的开发有八种比较有代表性的模式：集锦芬草式、复古再现式、原地浓缩式、实物静态展示式、原生自然式、主题附会式、短期表现式、原地生态式。这是对开发模式比较具体的总结。集锦芬草式强调建设主题公园，原地浓缩式也强调建主题园；实物静态展示式在内容上有浓缩和集锦的味道；带"原"字的有三个，在空间上具有同一性，其他模式未必要离开"原"地，空间观念介入了分类，却没有贯彻它的一致性。在借鉴八种模式提法的基础上，依据自然程度的高低，从低到高归纳为三种模式。

（1）集中式开发。将民俗文化旅游资源集中于一处、一时进行开发。这种集中可以是对民俗文化旅游资源时间上的集中，将本来属于历史上某个年代的或多个年代的民俗文化旅游资源集中开发出来；也可以是对民俗文化旅游资源空间上的集中,将各个地域中的民俗文化旅游资源集中起来开发;还可以是时间和空间上的融合开发。这个集中点可以选在原地,也可以选在远离原地的其他地方。这种开发主要是针对某些民俗文化旅游资源分散甚至没有,为了形成和扩大吸引力或对某些民俗文化旅游资源进行保护拯救而进行的。人为痕迹非常明显,如"民俗博物馆"、"民俗文化村"、"民俗陈列馆"、"民俗主题公园"等形式。可对应于八种模式中的实物静态展示式、原地浓缩式、复古再现式、集锦荟萃式、主题附会式、短期表现式。

(2) 生活式开发。这种开发依赖于百姓的现实生活,尊重民俗文化演变的客观规律,让游客走进人们的生活,进行角色换位,真正融入百姓生活。这种开发主要针对那些生活方式具有鲜明民族、地方特色的地区,在八种模式中主要对应于原生自然式。如北京市旅游局依其京味十足的百姓生活向国外和外地游客推出"做一天北京人"的旅游项目,还有建设"民族村寨"等形式。

(3) 生态系统式开发。这种方式强调文化遗产应原状地保护和保存在其所属社区及环境之中,一切有关的文化记忆要原始地保留,作为这种文化延续和继承的见证,以排除因实物的征集而破坏了的社区记忆完整性。社区的居民是文化的拥有者和主人,不能将他们从社区里分离出去。这种开发模式对应于原地生态式,它的典型代表是民族生态博物馆。

民俗风情旅游是以观光、休闲、体验和参与各民族独特的风俗习惯为主要目的的旅行。广泛散布于乡村和城市的民族民间文化为民俗风情旅游开发储备了取之不尽的资源。旅游与生活一体化的构想为建立充满生命活力的文化生态系统提供了理论保证,也为民族民间文化指出了实现自我拯救的有效途径。民俗风情旅游的开发模式经历了一个不断发展的过程,在民俗风情旅游开发中必须打破中心与边缘、旁观与参与的界限。

本章案例

云南少数民族民俗文化旅游品牌的打造

说到云南的旅游,人们会油然而生地想到它那秀丽的自然风光,其中风景优美的丽江和大理,又因特别深厚的民族民俗文化蕴涵而享誉海内外。历史文化沉淀丰富,民族文化奇异独特,这是丽江和大理最具潜力的资源和财富。在漫长的历史发展过程中,丽江和大理的少数民族创造了丰富而灿烂的民族民俗文化,形成了独具特色的民族民俗传统艺术。丽江纳西族的"打跳"、摩梭族的"走婚"、大理白族的"三道茶"等丰富多彩的民俗活动,就是他们民族民俗文化最生动的体现。

1. 纳西族的"打跳"

丽江纳西族群众在长期的生产劳动和社会活动中,创造了形式多样的民间舞蹈,"打跳"是其中的一种形式。"打跳"富有浓郁的乡土气息,手持短笛或芦笙的伴奏者首先登场,舞者们手挽手,尽情地欢跳。凡是到丽江旅游的游客,无论你能否跳上几下,都会被纳西族男女老少"打跳"的群舞所吸引,激情加入到"打跳"的队伍里去。"打跳"在各个旅游景点,成了一道亮丽的旅游商品风景线。

2. 摩梭族的"走婚"

丽江的宁蒗县,有一个美如仙境的泸沽湖。湖泊周围居住着古老而神秘的三万多名摩梭族人,他们至今保留着母系大家庭和"男不婚、女不嫁"的阿夏"走婚"习俗,被誉为古代人类家庭和婚姻形态的"活化石","地球上最后的女儿国",摩梭人的奇异风俗,令无数游客所神往。近年来经新闻媒体的炒作,摩梭人"走婚"习俗已成了到泸沽湖旅游的代名词。现在,前往泸沽湖旅游,撩开摩梭族人"走婚"的神秘现象,已经成为国内外游客旅游的"民"心所向。

3. 白族的"三道茶"

大理人说,不喝"三道茶"不算游大理。风情浓郁、风格独特的大理白族"三道茶",有头道苦、二道甜、三回味的特点,取苦尽甘来之意。白族人认为,喝了三道茶,才算是尽了待客的盛情。这种别具中国民族特色的茶道艺术被大理人糅合到白族的民间表演艺术活动后,成为大理旅游产业中一个响亮的民俗文化旅游品牌。

探究丽江和大理人的旅游智慧,可以窥视出他们的旅游经济思维。他们深刻地认识到了民族民俗文化活动与地方经济社会发展的关系,既看到了民族民俗文化活动在民族历史发展过程中所起的重要作用,更看到了民族民俗文化活动在地方经济建设和社会发展中能够发挥的独特功能。从而对民族民俗文化活动进行完整的认识,全面的研究,把继承和创新有机地结合起来,打造出既有传统精神和民族特色,又有时代特征的民族民俗文化旅游产品,把它们融入旅游市场,形成旅游商品,产生巨大的社会和经济效应。

(资料来源:张顺心. 民俗文化旅游品牌形成的比较研究 [EB/OL]. 中国城市发展网, http://www.chinacity.org.cn/cspp/lypp/51517.html, 2010-01-22.)

案例分析

云南丽江和大理等地打造少数民族民俗文化旅游品牌的思维值得借鉴。一些地区的少数民族民俗文化活动资源作为民俗文化旅游的开发,局部利用得多,整体开发得少;单个展示得多,系统组织得少。资源的优势没有得到深层次的发掘整理，不能形成流动着民俗文化情愫的文化旅游景观体系。因此，各地要转变观念，用文化经济的理念打造少数民族民俗文化旅游品牌，同时要拓展文化资本内涵，将民俗的文化资产物化为文化资本。民俗文化属于无形资产，当它物化为文化商品时，就成了文化资本。在发展文化经济时，必须搞好民俗文化与经济间的链接关系，将民俗文化资源优势转化为经济优势，发挥民俗文化资本的作用，以其资本效率不断提高去促进文化经济结构的优化，实现民俗文化资产向资本的转化。

问题思考：在打造少数民族民俗文化旅游品牌过程中，应如何将民俗文化资产物化为文化资本？

本章思考题

1. 民俗文化有哪些特征？试述民俗文化的传承性与播布性特征。
2. 从中国传统服饰中，可以看出哪些社会观念？
3. 饮食民俗是怎样形成的？
4. 对于当今社会部分传统节日越来越失去影响力，你有何看法？
5. 如何正确有效开发民俗文化旅游资源？

第九章 中国旅游民间工艺文化

本章提要

通过本章的学习要求学生了解中国民间工艺文化特点以及发展与传承；掌握中国民间工艺品与旅游商品开发之间的关系；了解陶瓷、织绣、剪纸、雕塑、编织等中国民间工艺的发展历程和特点。

章首案例

北京礼物：京味浓，游客爱

2012年五一期间，多家"北京礼物专卖店"相继亮相京城，名街、名景区内的"北京礼物店"所展示的商品，涵盖传统工艺品、旅游纪念品、北京特产等。这些高品质的旅游商品，让只有烤鸭、果脯、酱菜等较为单调的北京礼品购物市场变得五彩缤纷。

蕴含北京传统文化色彩的义利面包、京剧玩偶、手工泥塑等200余种、1000余款印有"北京礼物"标识的特色商品，受到众多游客青睐。"北京礼物"除了覆盖一些知名景区、知名古街外，并向星级酒店辐射。

"北京礼物"包括字画、都市工业品、工艺美术品和旅游纪念品四大种类。产品设计完成后，须经专家评审认定后才能进店销售。特许运营商根据不同景区、不同街巷的受众特点、文化主题等，设计具有街区、景点特色的"北京礼物"。

颐和园的"北京礼物店"内橱柜中就汇集了旅游纪念品、工艺美术品、都市工业品和字画等多类"北京礼物"，从多个角度体现了不同的北京文化元素。

其中包括"老北京人"耳熟能详的老字号品牌,同时展现的还有代表新时期北京文化特色的现代工艺品,如以水立方等奥运场馆为造型的水杯、茶壶、钥匙扣、服装配饰等。绘集"老北京"衣、食、住、行等画面的生活用品,向游客展示了怀旧感的"北京记忆"。其中,凸显"亲民性"与实用性的"北京礼物"很得人气。

(资料来源:冯新生. 北京礼物:京味浓,游客爱 [N]. 中国旅游报,2012-07-20.)

问题思考:民间工艺如何才能更吸引旅游者?

第一节 中国旅游民间工艺文化概述

民间工艺,顾名思义,是由于它源于"民间"、活跃于"民间"、为"民间"所享用。中国传统的民间工艺通常不刻意追求华贵,而是多以表现劳动人民真实生活、直接抒发劳动人民质朴纯美感情的形式出现,因而从古至今都受到人民的珍视和喜爱。中国民间工艺作为广大民众所创造、享用和传承的民间生活中的物质文化遗存和精神文化的物化遗存,在中国历史文化中有着重要的地位。①

一、中国民间工艺文化特点

1. 美观与实用相结合

民间工艺最初的最基本功能是满足人们日常生活需要,便利人们的生活,而在此基础之上,工艺作品往往还能够起到美化和丰富生活的作用,劳动人民通过制作和使用工艺作品来寄托情感、表达敬意,达到满足审美情趣的需要。

2. 传承方式单一

民间工艺通常采取传统手工生产,这种制作方式在保证了工艺精湛的同时,也带来了制作工序复杂、依靠工艺人个人修为的程度高低、传授困难等问题。民间工艺一般采取口传、身教的方式传授,学徒边看边学,再经过多年不断的制作实践积累经验,才能练就一手制作精美工艺作品的绝活。

3. 与自然、生态相适应

在发展之初,人们从自然中获取了大量的物质资料作为生活之需,同时人们

---

① 徐艺乙. 中国历史文化中的传统手工艺 [J]. 江苏社会科学,2011 (5):223.

中国旅游文化

开始有目的地选择和利用各种自然物，如木、石、土等进行加工，发明了结构简单的原始工具，这就是最初的民间工艺。尽管社会发展和生活方式不断演进，但民间工艺始终保持着从取材到制作工艺再到其自身寓意都来源于自然的特点。

4. 制作工艺的随意性和经验性

民间工艺的传承是在一代一代的工艺人在口传身授的过程中实现的，受时间、地点、方法的局限较小，因此，各人不同的性格和素质也就造就了不同的人才。以制陶为例，除了师承制作的原料、技巧、方法等方面，陶器的造型、大小及器形变化等往往通过制作者充分发挥想象力，施展自身技艺能力水平，并自主创新而成，从而具有随意性和经验性。

5. 地区差异与民族差异

民间工艺是不同地区不同民族劳动人民文化的浓缩与体现，因此是民族性与地域性的完美结合。每一个地区、每一个民族都存在着不同的文化特质，这些文化特质通过民间工艺体现出来，是文化再创造的过程，也显示了不同文化的相互传递和融合。

二、中国民间工艺文化的发展与传承

中国民间工艺的发展有着悠久的历史。在各个不同的历史时期，不同材质、不同手段和形态各异的民间工艺及其作品在人们的社会生活中发挥了巨大的作用，或者是批量制作、大量生产，以满足人们日常生活的基本需求；或者是拾遗补阙、修旧利废，以满足人们不同层次的特殊需求；或者是精工细作、巧夺天工，以体现某种观念，寄托某种情感。中国民间工艺，作为广大民众所创造、享用和传承的民间生活文化中的物质文化遗存和精神文化的物化遗存，在中国的历史文化中有着重要的地位。中国民间工艺的发展与传承大致可分为：萌芽时期、进步完善时期、蓬勃发展时期、成熟定型时期。

1. 萌芽时期

中国历史上的民间工艺始于对自然物的利用和工具的制造与使用。上古时期，人们利用天然的木棒、树枝和石块制成工具，用以防御野兽和获取食物。早期的石制工具打制方法简单，没有过多加工。后来人们逐渐掌握了打制加工的方法和手段，制造出可用来进行刮削、锤击、砍劈、锥刺等不同形态的石制工具，同时还利用这种原始的工具对骨头、木料进行刮削、打磨，从而创造出具有不同功能的骨制、木制等质地的工具。随着新石器时代的到来，农耕作业的收获使人们过上了相对稳定的生活，于是产生了制陶的工艺技术，制造出各种形制不同、大小不一的陶器。制陶工艺技术的发明，使处于萌芽阶段的手工艺和原始手工艺产业产生了质的飞跃。新石器时代中期，制陶工艺技术的发明与改进，标志着人

第九章 中国旅游民间工艺文化

的创造性在人类的生产活动中可以得到更为完全的发挥。

2. 进步完善时期

秦汉时期,中国进入了封建社会的发展阶段,社会生产力和科学技术的进步,也促进了民间工艺的大发展,民间工艺有了不同类型的分工。无论是产品的品种数量,还是制作的水平都比过去有了很大提高。秦代的生产工具、纺织、青铜器、漆器、陶瓷、玉器等民间工艺门类都很发达,呈现出全面发展的态势。西汉时期,政府中设立了专门的手工艺产业管理机构,从中央到地方对传统手工艺实行分级管理,采取了多项积极措施,促进了各地区造物活动的发展。纺织是当时重要的手工艺产业生产部门,丝织物的数量众多,制作精美;青铜器开始向着日用器具方向发展,传统的鼎、壶等物继续生产,又有盘、洗、熨斗、灯、炉、铜镜等与生活密切相关的新产品问世。漆器的使用范围逐渐扩大,已有替代青铜器具的趋势。陶瓷的生产技术也有所创新,釉陶的造型精美,色泽鲜艳,另外,早期的青瓷制造工艺在东汉时期也逐渐成熟。

三国魏晋南北朝时期,南方地区相对北方的连年战争与动荡,社会发展状况相对平和,各类传统手工艺的技术水平在逐渐恢复的过程中得到提高,各种生产制作工具不断得到完善,陶瓷、漆器、染织和金属等民间工艺得到普遍发展。在这一时期的作品中,与佛教有关的飞天、莲花等图案与其他传统装饰纹样一起得到广泛应用。此后,唐代宫廷设置专门机构对陶瓷、织染、金银器等手工艺行业进行管理,有力地促进了民间工艺的进步,各品种的民间工艺制作技术和艺术水平已经相当成熟。各种工艺作坊也随着城市工商业的发展而逐渐扩大,织锦坊、染坊、纸坊等民间作坊遍布各地城镇,品种繁多的生活用品与内容丰富的社会生活相得益彰,有着强烈的时代特色。

3. 蓬勃发展时期

宋代的陶瓷、染织、料器等门类的手工艺品,无论是造型风格,还是装饰纹样,都以清秀含蓄、富于内涵而区别于前一时期的灿烂辉煌。生产工具的改良发展,织染刺绣的精美繁盛,料器工艺的创新拓进,文房四宝的完美集成,日用瓷器的典雅高逸,都是这一时期造物艺术发展成就的集中体现。与此同时,在辽、金、西夏等少数民族政权管辖区域的手工艺,虽然不同程度地受到汉地影响,但依然保留了粗犷质朴的民族特色。从总体上看,这一时期北方地区的手工艺由于受到少数民族观念意识的影响,其造型风格多豪放洒脱;而南方地区以端庄大气的元青花为代表的手工艺,继承了宋代以来的传统,显现出清隽典雅、简洁明朗的风格。

4. 成熟定型时期

明清时期的民间工艺有着独特的风格和时代气息,承自宋代的"巧夺天工"

价值取向在民间工艺领域得到进一步强化。随着社会经济文化的发展,手工艺产业内部有了比过去更加细密的专业分工,瓷器、织造、刺绣、金工、髹漆等在社会生活中有着重要作用的传统手工艺,均在技术和艺术等方面取得了重大成就,形成了空前繁荣的局面。中国民间工艺发展到了清代,已是门类齐全、产品丰富的产业,其行业内部有了更为精细的分工,工艺技术的规范也向着条理化、规则化发展。另外,明清时期的一些优秀的手工艺人在总结行业经验的基础上,撰写出专门的工艺专著,由文人记录的各式工艺以及与之有关的著作也相继产生。

中国民间工艺伴随着中华民族走过了几千年的历史,经过远古时期、古代、近代、现代的漫长发展和演变,正面临着蜕变和再生的考验。如今,民间工艺因社会发展、文明转型等种种原因出现了后继乏人的濒危局面,但作为中华文明的瑰宝,民间工艺是我国文化不可或缺的一部分。因此,必须坚持自主创新、继承发扬的观念,推动民间工艺的可持续发展。

三、中国民间工艺品与旅游商品开发

在对中国民间工艺文化有了初步的认识与了解之后,我们还要从民间工艺文化的保护和传承的角度来看待旅游商品的开发。

1. 旅游商品:民间工艺文化的重要载体

民间工艺品是指各劳动人民为了适应生活需要和审美要求而就地取材,并以手工或半机械方式制作的生活用品、工艺美术品或纪念品。旅游商品是在旅游业发展中产生的一种新产品,它是在原有工艺品的基础上开发和创新出来的。它的产生和发展,主要是为了满足旅游市场的需求。工艺品,特别是民间工艺品,又是旅游文化艺术产品中的一个重要部分。旅游业中民间工艺品的开发对旅游商品的开发有较大的影响,民间工艺品开发得好坏,直接关系到该市场的开发前景、生产者的经济利益、民族艺术文化的传承和保护等问题。

由于我国各地区、各民族所处的地理环境、社会历史、风俗习惯和审美观念不同,其民间工艺品或纪念品亦各有特色、千差万别。民间工艺品实际上是一种工艺美术品,它在劳动人民的传统生活中有着广泛的应用和表现。任何民间工艺美术的基础,都在于满足人们生活的基本需要。"艺术的功能是建立经济的价值,并且刺激人类精良技巧的发展。""只有把某种艺术品放在它所存在的制度布局中,只有分析它的功能,即分析它的技术、经济,以及科学的关系,才能给这个艺术品一个正确的文化定义。当这种工作完成后,所剩下的内在艺术动机,则只有从观察者本人的直接艺术反应中去了解。"人类学者认为,文化是一个统一的有机整体,尽管人们对"文化"的定义及其分类存在意见分歧,但"文化"无

疑实存于我们的社会当中，而且它是历史的产物。[①]

民间旅游工艺品与其说是民间工艺文化的一个层面，不如说是民间文化的深层体现。在很大程度上，民间旅游工艺品是劳动人民生活的"物态化"，它体现着我国古代劳动人民的思想意识、思维逻辑、审美情趣、时空观念、认知体系及其文化实践。因此，民间旅游工艺品实质上是我国劳动人民生活及文化的重要载体，它以"缩影"的形式汇聚与辐射着民间劳动文化的基本信息。

民间工艺美术品往往是一个地区劳动人民的文化象征和该地区生活方式、文化习俗、历史传承及自然物产的体现。世界各地多元化的地理环境和自然物产，造就了人类社会多元化的文化艺术。作为服务于人类物质生活和精神生活的工艺美术品，则是这种多元文化的物化和载体。它们所体现的，是人与自然、人与其所处的社会环境及历史文化的种种关系。

2. 民间工艺文化商品化与旅游商品开发的内在联系

文化源于人民的劳动与生活，因此是人们劳动、生活中至关重要的一个部分。文化是由那些生存于不同环境中的人们创造出来的，人们通过文化来认识、征服、改造和利用其劳动及生活的环境，以创造生存条件并维系人类文明延续。旅游商品开发是旅游发展的必然产物，为发展旅游业而开发民间工艺品，实际上是民间工艺文化的商品化过程。开发何种旅游工艺品，在很大程度上取决于当地人们的文化水平，开发出什么样的旅游工艺品，则主要依赖当地人们的技术水平，而这一切又与当地人民的生存环境存在莫大关系。

中国民间工艺是中华民族文化资源中的宝藏，将这一宝藏转化为商品，使其进入旅游消费品市场，转化为旅游商品，增强旅游的吸引力，不仅能够创造更多的经济利益，同时能更好地保护和传承传统工艺文化。自旅游业迅速发展以来，民间工艺一直在旅游商品开发中发挥着重大的作用，如何顺应时代的发展改善传统工艺，将民间工艺文化商品化，开发出适应市场需求的旅游商品，成为当前民间工艺文化与旅游商品开发亟待解决的关键问题。融入现代技术及理念改善民间工艺，增加旅游商品的科技含量，是旅游商品开发中的必然趋势。

在旅游商品的开发设计过程中，民间工艺和现代技术及理念的结合必须要根据旅游者的消费和审美特点，灵活地处理好传统与现代的结合关系，找到民间工艺和现代技术及理念的最佳结合点。在旅游商品开发的过程中，不能仅关心经济价值的开发，更应该注重民间工艺文化的传承与创新，才能达到经济效益与社会效益的双赢。

---

① 廖杨. 旅游工艺品开发与民族文化商品化 [J]. 贵州民族研究，2005 (3)：134 – 141.

第二节 中国民间陶瓷文化

陶瓷是陶器和瓷器的总称,是以黏土为主要原料以及各种天然矿物经过粉碎混炼、成型和煅烧制得的材料以及各种制品。陶瓷文化和中国神话传说,以及传统民俗文化都有着渊源的联系。

一、陶瓷文化与神话传说

中国陶瓷制造历史悠久,早在距今七八千年前的新石器时代,就已经有了最早的陶器作品;在商代时期,先民们更是烧制出了原始瓷器。我国的陶瓷工艺,经过宋代的普遍发展,到明代进入一个新的阶段。如果说,在明代以前,我国陶瓷的釉色,是以青瓷为主,明代以后,则主要是白瓷。白瓷的发展,为陶瓷工艺的装饰,开辟了广阔的新天地。唐宋时期流行的普遍采用刻花、划花、印花等方法,已经渐渐衰落。画花的装饰方法,主要是青花、五彩等,成了陶瓷的主要装饰方法。明代以来,景德镇形成了全国的制瓷中心,产量最多,规模也最宏大,最盛时有官窑五十多个,民窑达九百多个。所谓"工匠来四方,器成天下走"。有人曾记述当时制瓷的盛况:"昼间白烟掩空,夜间红焰烧天。"明代官窑器,开始用年号作款,一直延续明清两代,达五六百年。陶瓷生产分工很细,技术提高,以吹釉代替蘸釉,以陶车旋坯代替竹刀旋坯。陶瓷品种繁多,大如龙缸,薄如卵幕,陶瓷工艺进入又一个发展高潮。明代的陶瓷工艺,各个时期具有不同的艺术特点,并都有新的创造。

可以说,陶瓷发展史是中华民族发展史中的一个重要组成部分,中国人在科学技术上的成果以及对美的追求与塑造,在许多方面都是通过陶瓷制作来体现的,并形成各时代非常典型的技术与艺术特征。因此,中国素有"瓷国"之称。而许多人们众所周知的神话传说与陶瓷文化也有着密切的关系。

1. 精神内涵

中国的陶瓷艺术家们,会选择神话传说作为题材,而且多半选取诸如"女娲补天"、"后羿射日"、"夸父逐日"、"大禹治水"等有着英雄主义和积极浪漫主义的神话传说故事作为艺术创作的题材,这些神在艺术家的创作下,都是舍己为人的英雄,艺术作品本身也就有了一种阳刚之美的主题。

2. 艺术特征

作为文学艺术的神话传说,在陶瓷艺术家手中,变间接形象为视觉、触觉形象,而且经过艺术再创造,比原作的形象更加完整、更加丰富。夸张荒诞的文学形象,成为美妙的可视的艺术形象,这就是艺术的神奇之处。

3. 艺术语言

作为语言艺术的神话传说,是以夸张为其特征的。作为视觉艺术的陶瓷作品形象,它是火的作品,除了具有与文学共有的特征之外,还有着泥土味与火的痕迹。神话传说的艺术特征,给陶瓷艺术家进行艺术创作带来深刻的启示。①

二、陶瓷文化与民俗文化

民俗文化作为在民间形成的风俗习惯,也是人类生活的一种极普遍的社会现象,是一种民间文化的传承,是一定时期内的社会经济反映。在中华民族的文化宝库中,民俗文化也是一种数量最多、范围最广、影响最大、生命力最强的艺术奇葩。陶瓷是一种工艺美术,同时更是一种民俗艺术、民俗文化,因此,它与民俗文化的关系极为密切,表现出相当浓厚的民俗文化特色,广泛地反映了我国人民的社会生活、风俗习惯和我国人民的审美观念、审美价值、审美情趣与审美追求。从古及今,表现喜庆、幸福的祥瑞题材,一直是艺术品所表现的重要题材和基本的文化特征,当然,陶瓷也不例外。

祥瑞意识的产生已很久远了,早在商周时代,就有凤凰的造型出现于殷商玉器上。祥瑞题材,主要围绕着"福、禄、寿、喜、合、吉祥如意"等内容而展开。一些祥瑞题材在约定俗成中,还形成了一整套具有中国特色的具有象征意义的纹样体系。这些纹样在中国陶瓷艺术品中时有出现,如莲生贵子(婴儿抱莲花)、福寿双全(蝙蝠寿字)、竹报平安(小儿放爆竹)、吉祥如意(小儿骑白象执如意)等。

中国古代社会是以血缘关系为单位的社会,并以此为基础结成相应的族群。因此,祈求光宗耀祖、门庭昌盛、富贵荣华便成了一个普遍的社会心理。在祥瑞题材的陶瓷艺术品中有许多这样的内容。祥瑞题材的产生,与先民对自然崇拜的原始信仰有着密切关系,像某些云气纹样和鱼纹等的出现,就体现了对大自然的颂赞。祥禽瑞兽的出现,是人民抚爱万物、与万物同其节奏的一种反映。祥瑞题材的产生就是一种民族心理表现,也是一种民族文化和民族哲学。对中国民族心理和文化影响最大的是儒家哲学。儒家讲究天人合一,认为人与自然的关系不是一种对立关系,而是一种亲和关系,赋予花、鸟、虫、鱼、兽等以祥瑞寓意,便是这种亲和关系的表现。另外,像瑞鸟、哪吒闹海、龙舟、女寿星等,在陶瓷中也是经常被表现的题材。陶瓷艺术还广泛地关注社会生活和社会现象以及广袤的

---

① 邱玉德. 中国旅游文化 [M]. 北京:科学出版社,2006:42.

中国旅游文化

大自然，并有非常鲜明的贴近现实、亲和自然的理性品格。

第三节 中国民间织绣文化

织绣是用棉、麻、丝、毛等纺织材料进行织造、编结或绣制的工艺。中国织绣工艺品种繁多、绚丽多彩，是我国重要的传统工艺美术品。本节主要介绍中国织绣的发展历程，以及丝织和刺绣艺术。

一、中国织绣的发展历程

中国是世界上最早养蚕织绸的国家，考古发现的丝织残片最早可追溯到五六千年前。据考古发掘的资料证明，我国的丝织物始于东南地区新石器时代的良渚文化，那时我们的祖先就已经学会用麻、丝织作平纹组合或罗纹组合的"布"。

1. 先秦时期

商朝时期，除平纹织物外，出现了斜纹、提花织物。经过殷商的发展，春秋战国时期的织绣工艺，已具有较高的水平。到了战国时期，各种丝织品和各种绣品已经十分繁盛，出现了锦、绢、罗、纱。

2. 秦汉至南北朝时期

秦汉的织绣工艺，尤其是汉代，在继承战国传统的基础上有了飞跃的发展。西汉时期，丝织物的使用已经非常广泛，品种丰富，色彩绚丽，工艺精美。六朝时期的织绣纹样，在继承汉代传统的基础上，有所发展变化，改变了汉代云气纹高低起伏的不规则变化格式，构成了有规则的波状骨架，形成几何分割线，更加样式化。

3. 唐宋时期

唐代，中国的丝绸经"丝绸之路"远销中亚、西亚、地中海沿岸欧洲各地。随着"丝绸之路"的发展，中国的纺织技术有了更大的发展。唐代的织绣工艺十分发达，封建中央设有织染署专门管理生产，分工很细；民间的织绣生产几乎遍及全国，而且产量很大。唐代织绣工艺努力追求华丽的色彩效果，丝织的品种很多，而以织锦最著名，一般称为"唐锦"。宋代的织锦具有时代特色，组织规则严整，色调沉静典雅，称为"宋锦"。缂丝是那个时期新兴的一种丝织品。宋锦除作为服饰、赏赐及经济贸易外，还作为装裱书画的特用材料，为书画家所乐用。

4. 明清时期

明清时期是织绣工艺发展的鼎盛时期。明代的织绣工艺，丝织得到了较大发展。全国有江南、山西、四川、闽广等四个丝织产区，而以江南为主要产地。明锦有三类主要品种，即库缎、织金银、妆花。明锦花纹丰富多彩，有云龙凤鹤、花草鸟蝶、吉祥锦纹等，其造型敦朴大方，富于程式化的装饰美；明代刺绣工艺中又以"顾绣"最为有名。清代织绣品主要产自清宫内务府管辖的江宁（南京）、苏州、杭州三大织造，统称江南三织造。中央还设立官局，主管生产供宫廷消费的丝织品。此外，全国各地各种具有地方特色的织绣珍品也源源不断地贡进宫廷。民营丝织业兴盛，由于地区不同和技艺的演变，形成了苏绣、湘绣、粤绣、蜀绣四大名绣，更具民族风格和地方特色。这些织绣品代表了当时绣品工艺的最高水平。

二、中国丝织艺术

丝织是以蚕丝或化学纤维长丝作经、纬，织制成丝织物的工艺过程。丝织物也称"丝绸"、"绸缎"，传统上指蚕丝织物，现在也指代人造的、具有与天然丝绸一样光泽的纺织品。丝织代表了一种民族文化传统，虽然在历史上高贵的丝织品为贵族所享用，但却从未割断与民间的联系。有不少优秀的织造工艺和样式首先是在民间确立而流变于整个社会的。

根据考古发掘的资料证明，中国的丝织物开始于新石器时代东南地区的良渚文化。长期以来，中国不但是发明丝和丝绸的国家，并且是唯一拥有这种手工艺的国家。由于高级丝织品的向国外输出，中国因而被世界各国誉为"丝国"。① 新石器时代时期，我国已发明丝绸织造以及朱砂染色技术，公元前2700多年前就已能生产丝织物。此后随着织机的不断改进，印染技术的不断提高，丝织品种日益丰富，并形成了一个完整的染织工艺体系，使我国古代的丝绸染织技术领先于世界各国。

汉代丝织生产有了相当规模，大量精美的丝织物通过"丝绸之路"远销到中亚和欧洲。在唐代，又通过海路远销到了日本和东南亚地区。宋代时由于普遍使用拉花机，丝织技术又有发展。至明代，南京"云锦"、苏州"宋锦"、四川"蜀锦"成为举世闻名的三大名锦。清代时仅金陵（现南京）一地就有丝织机5万台，苏州、杭州一带则是"机户万家，日出万绸"。唐中叶至明清近1000年间，我国丝绸生产在融会了西方纺织文化的基础上形成了新的技术体系，束综提花机被广泛应用，缎、绒织物的出现使丝织品种更为丰富，图案风格趋于写实并

---

① 邱玉德. 中国旅游文化[M]. 北京：科学出版社，2006：45.

中国旅游文化

富有吉祥寓意。丝绸业中心逐渐移至江南地区，生产呈现专业化趋势。海上"丝绸之路"更是成为丝绸贸易的主要通道。

在中国的丝织工艺中，织锦工艺最为发达。织锦是指有花纹图案的丝织品，成品富丽华贵、色彩斑斓，极具鲜明的民族特色。织锦工艺产生在2000年前的西周时代。成都的织锦业早在汉代就很发达，朝廷还设置锦官来管理，所以成都又称为锦官城。苏州是我国著名的丝绸古城，为锦绣之乡、绫罗之地。宋锦历史悠久，可追溯至隋唐，它是在隋唐的织锦基础上发展起来的。宋高宗为了满足当时宫廷服饰及书画装裱大力推广宋锦，并专门在苏州设立了宋锦织造署，这使得宋锦得到了极大的发展，并形成了独特的风格，以至于后世谈到锦，必称宋。宋锦色泽华丽，图案精致，被赋予中国"锦绣之冠"。南宋时，杭州成为中国丝织业的中心，官营锦院规模庞大，织机数百架，工匠千余人；民营丝织作坊也同时兴起。明清两代杭州织锦业以工巧闻名全国。

织锦画卷细腻逼真，惟妙惟肖，在这丝丝缕缕的交织中，变幻出一个美不胜收的大千世界。用织锦做衣料被面、装饰面料，显得雍容华贵、富丽堂皇、云蒸霞蔚，浓郁的民族传统气息扑面而来，真可谓"天上取样人间织"。苏州宋锦、南京云锦、四川蜀锦，被誉为我国的"三大名锦"。除此之外，云南傣族地区傣锦、壮族地区的壮锦同样也是中华民族丝织工艺的瑰宝。

三、中国刺绣艺术

刺绣，又名"针绣"，俗称"绣花"，是用针引线在绣料上穿刺出一定图案和色彩花纹的装饰织物。我国刺绣驰名中外，被誉为"东方艺术明珠"。刺绣作为一个地域广泛的手工艺品，各个国家、各个民族通过长期的积累和发展，都有其自身的特长和优势。苏绣、湘绣、粤绣、蜀绣并誉为中国"四大名绣"。四大名绣形成于19世纪中叶，它的产生除了本身的艺术特点外，另一个重要原因是绣品商业化的结果。由于市场需求和刺绣产地的不同，刺绣工艺品作为一种商品开始形成了各自的地方特色，其中苏、蜀、粤、湘四个地方的产品销路尤广，影响尤大，故有"四大名绣"之称。

1. 苏绣

文化古城苏州，素有"人间天堂"之称，在这优美环境里孕育出了一颗璀璨的艺术明珠——苏绣。苏绣距今已有2600多年历史，其以针法精细、色彩雅致而著称，图案秀丽，色泽文静，针法灵活，绣工细致，形象传神。技巧特点可概括为"平、齐、细、密、匀、顺、和、光"八个字，作为我国的四大名绣之一早已名扬海内外。苏绣针法有几十种，常用的有齐针、抢针、套针、网绣、纱绣等。最能体现苏绣艺术特征的是"双面绣"，使人可以从正反两面观赏，双面绣《金鱼》、《小猫》是苏绣的代表作。苏绣先后有 80 多次作为馈赠国家元首级礼品，在近百个国家和地区展出，有 100 多人次赴国外作刺绣表演。

2. 湘绣

湘绣是以湖南长沙为中心的带有鲜明湘楚文化特色的湖南刺绣产品的总称。湘绣吸收了苏绣和粤绣的优点，并结合本地民间刺绣的基础，其绣品主要用真丝丝线在真丝织物上绣制图案，早期湘绣以绣制日用装饰品为主，以后逐渐增加绘画性题材的欣赏艺术品。湘绣巧妙地将我国传统的绘画、书法及其他艺术与刺绣融为一体，常以中国画为蓝本，色彩丰富鲜艳，十分强调颜色的阴阳浓淡，形态生动逼真，风格豪放，曾有"绣花能生香，绣鸟能听声，绣虎能奔跑，绣人能传神"的美誉。最显著的特点是强调颜色的阴阳浓淡，形象逼真，构图章法严谨，画面质感强、极具立体感，无愧于"远观气势宏伟，近看出神入化"的艺术效果。湘绣以狮、虎为代表作，有"苏猫湘虎"的说法。

3. 粤绣

粤绣，又称广绣，是广东地区的刺绣名品，包括潮州绣。先前的绣工多为广州、潮州男子，这是极为罕见的。粤绣是国家级非物质文化遗产，分"广绣"和"潮绣"两个绣派。粤绣构图丰满，繁而不乱；图案工整，富于夸张；色彩富丽，光彩夺目，对比强烈；针法多样，善于变化，纹理分明，多使用浓郁的七彩原色及光影变化，具有西方绘画韵味。粤绣运用"水路"的独特技法，使绣出的图案层次分明，和谐统一。粤绣历史悠久，最初创始于少数民族——黎族，国内以故宫藏品为最多，最具代表性，有乾隆嘉庆时期粤绣挂屏、团扇、背心之类多件。粤绣题材广泛，其中以龙、凤、牡丹、百鸟朝凤、南国佳果（如荔枝）、孔雀、鹦鹉、博古（仿古器皿）等传统题材为主。

4. 蜀绣

蜀绣，又名"川绣"，是以四川成都为中心的刺绣品的总称，起源于川西民间。其历史悠久，据晋代常璩《华阳国志》载，当时蜀中刺绣已很闻名，同蜀锦齐名，都被誉为蜀中之宝。清代道光时期，蜀绣已形成专业生产，由于受地理环境、风俗习惯、文化艺术等各方面的影响，经过长期的不断发展，逐渐形成了严谨细腻、光亮平整、构图疏朗、浑厚圆润、色彩明快的独特风格。具有形象生动，色彩鲜艳，富有立体感，短针细密，针脚平齐，片线光亮，变化丰富，具有浓厚的地方特色。蜀绣以软缎、彩丝为主要原料，其绣刺技法甚为独特，至少有 100 种以上精巧的针法绣技，如五彩缤纷的衣锦纹满绣、绣画合一的线条绣、精巧细腻的双面绣和晕针、纱针、点针、复盖针等都是十分独特而精湛的技法。

第四节 中国民间剪纸艺术

剪纸，又叫刻纸，是一种镂空艺术，是中国汉族最古老的民间艺术之一，其在视觉上给人以透空的感觉和艺术享受，它的历史可追溯到公元6世纪。本节主要介绍中国民间剪纸的历史以及剪纸艺术的特点与风格。

一、中国民间剪纸概述

剪纸是中国最普及的民间传统装饰艺术之一。大约因其材料易得、成本低廉、效果立见、适应面广而普遍受欢迎；更因它最适合农村妇女闲暇时制作，既可作实用物，又可美化生活。全国各地都能见到剪纸，甚至形成了不同地方风格流派。剪纸不仅表现了群众的审美爱好，并含蕴着民族的社会深层心理，也是中国最具特色的民间艺术之一，其造型特点尤其值得研究。

过去人们经常用纸做成形态各异的物像和人像，与死者一起下葬或在葬礼上燃烧，这一习俗在中国境外有时仍可见到。剪纸艺术一般都有象征意义，此外剪纸还被用作祭祀祖先和神仙所用供品的装饰物。现在，剪纸更多的是用于装饰。剪纸可用于点缀墙壁、门窗、房柱、镜子、灯和灯笼等，也可为礼品作点缀之用，甚至剪纸本身也可作为礼物赠送他人。人们以前还常把剪纸用作绣花和喷漆艺术的模型。熟练的民间艺人只打腹稿就直接用剪刀把纸剪成图形，专业艺人则用刻刀在蜡版上制作，称"刻纸"。经起稿、剪刻、粘贴、揭离、修整而成，可以一次刻透多层纸，而提高产量。剪纸因材料单薄，多用满幅铺排匀称而物像互相串联的平面构图法，形象多富装饰性，避免大块黑白，用精致花纹点缀装饰主体人物。平面重叠铺陈的手法不仅造成浓烈的民族风味，并且扩大了画面的容量、提高了剪纸的表现力。绝大多数剪纸并不都追求严格写实，而是群众心目中意象的表现。

扬州是我国剪纸流行最早的地区之一。隋炀帝三下扬州，广筑离宫别馆，恣意游乐。每到冬天，园苑中花树凋零，池水结冰，炀帝游兴不减，令宫女们仿照民间剪纸，用彩锦剪为花叶，点缀枝条，挂于树上，同时剪成荷花、菱芰、藕芡等物，去掉池中冰块，逐一布置水上，如同春夏之交艳丽景色，以赏心悦目。大诗人杜甫写有"暖汤濯我足，剪纸招吾魂"诗句，即谓此。明清时，扬州剪纸增强了装饰性，欣赏结合实用，既用于妇女儿童的装饰，作为刺绣的底样，剪制鞋花、枕花、台布花、床单花等；也用于民间风俗"仪饰"，如年节图案、喜庆图案、门前花饰、灯采花、龙船花、斗香花之类。民间剪纸艺人凭着一把剪刀、几张宣纸，百般变化，寓意多端，剪出象征吉祥、如意、福寿、财喜等花样来。直至清末民初，扬州仍有不少艺人依赖剪纸手艺谋生。

新中国成立后，剪纸同其他传统手工艺一样得到了党和政府的重视。1955年，成立了民间工艺社，把民间流散的艺人组织起来，并安排了良好的工作条件，大大激发了他们的创作热情。现在品种已有1000多种，销售至几十个国家和地区，为国内外文化艺术交流作出了贡献。著名老艺人张永寿，是扬州剪纸艺术的优秀代表。他从12岁起随父学艺，经历了70多个艺术春秋，创作了数千幅剪纸。其主要作品有20世纪50年代的《百花齐放》、20世纪70年代的《百菊图》和20世纪80年代的《百蝶恋花图》三部剪纸集。《百花齐放》剪纸集出版时，郭沫若同志为之写诗云："扬州艺人张永寿，剪出百花齐放来。请看剪下出春秋，顿使东风遍九垓。"1979年，张永寿被国家授予中国工艺美术大师称号，日本朋友称誉他为"人间国宝"。

二、中国剪纸艺术的特点与风格

作为中国民间传统工艺的剪纸，是劳动人民，尤其是农村妇女的杰作，因此它的题材与农民的日常生活和农作活动有密切的关系。剪纸的内容很多，寓意广泛。祥和的图案企望吉祥避邪；娃娃、葫芦、莲花等图案象征多子，中国农民认为多子便会多福；家禽家畜和瓜果鱼虫等因与农民生活息息相关，也是剪纸表现的重要内容。作为民间艺术的剪纸，具有很强的地域特点，归纳起来，剪纸艺术主要有北方和南方两种风格。剪纸虽然制作简便、造型单纯，但其能够充分反映百姓的生活内涵，具有浓郁的民俗特色，是中国农村众多民间美术形式的浓缩与夸张。从对剪纸的了解中，可以便捷地了解中国民间美术的其他方面。

剪纸的基本材料是平面纸张，基本单元是线条和块面，基本语言符号是装饰化的点、线、面，加上由于受到材料的限制，剪纸不善于表现多层次复杂的画面内容和光影效果及物象的体积、深度和起伏，因此只有扬长避短，在构图上采用平视构图，民间剪纸用展开式的思维方式，极度地随心所欲。在创作者的剪刀下，剪纸成了没有体积、没有空间、不讲透视、不顾比例，凭着经验和灵性任意取舍地自然挥洒，大胆地创造。为表现自己的想法，创作者可以打破自然的客观法则和空间的限制，将不同时空和不同空间的物体放在同一个平面上。这种平面化取物的表现手法，增强了剪纸的主观性、时空性、立体性、全面性，其最终目的是为了追求造型的完整。

民间剪纸来源于生活，创作者们把对生活、自然的认识、感悟以剪纸这种特殊的艺术形式表现出来，是内心情感的一种表达，因此，这种艺术表达重在表现神似，而不是表现形似。常采用突出表现对象轮廓特征的手法，运用变形、夸张，以突出表现对象的特征。因此，夸张和变形成为剪纸中最常用的表达语言之一。剪纸造型的夸张，是对繁杂内容条理化、规范化的过程，不是对自然客观的描摹。因此，剪纸中的形象比原型更突出，更引人注目。剪纸的创作过程，是通过夸张的手法经过现实生活的"真"，向艺术的"美"演化、深化的过程，是创作者的思想感情、审美心理和对美的追求、体现的过程。

三、中国剪纸艺术的代表性地区

我国古代剪纸具有代表性的地区如下：

1. 福建泉州剪纸

泉州剪纸在唐代已普遍流行，宋代以"红笺"驰名，以刻麒麟、鲤鱼跳龙门与"福"、"寿"字结合的"福符"及喜鹊登梅、五谷丰登的"长金"等最有特色。泉州艺人刻纸还应用在建筑中的家具上，作复印漆画的底版。

2. 广东佛山剪纸

佛山剪纸源于宋代，盛于明清时期。从明代起佛山剪纸已有专门行业大量生产，产品销往省内及中南、西南各省，并远销南洋各国。佛山剪纸色彩强烈、金碧辉煌，富有南方特色。既有纤巧秀逸又有浑厚苍劲的表现手法，按使用的需要而选材施艺。多作为建筑、家具雕刻底稿，以苍劲古朴、雄伟奔放驰名。

3. 江苏扬州剪纸

江苏扬州剪纸历史悠久、源远流长，扬州是我国剪纸流行最早的地区之一。唐代，扬州已有剪纸迎春的风俗。立春之日，民间剪纸为花，又剪为春蝶、春钱、春胜，或悬于佳人之首，或缀于花下，相观以为乐。剪纸还有一些特别的用途，民间剪纸人、纸马及纸钱等，用来祭奠鬼神。

4. 山西浮山剪纸

山西浮山以盛产窗花、礼花及丧葬、祭祀用花而驰名，构图简洁，线条流畅。民间剪纸与各地风俗习惯密切结合，蕴含着民族精神和民族心理的基本素质，是民族传统文化的有机组成部分。举凡岁时节令、居住、服饰、诞生成年、婚葬、寿筵，都在剪纸中得到了反映。

5. 河北蔚县剪纸

河北蔚县剪纸源于明代，以"天皮亮"剪花驰名，它在云母片上着色，别具特色。其风格独特，是在国内外享有盛誉的民间艺术，其制作工艺在全国众多剪纸中独树一帜，这种剪纸不是"剪"，而是"刻"，它是以薄薄的宣纸为原料，拿小巧锐利的雕刀刻制，再点染明快绚丽的色彩而成。

6. 陕西剪纸

陕西剪纸被专家们称为"活化石"，因为它较完整地传承了中华民族古老的造型纹样，如鱼身人面、狮身人首，以及与周文化相似的"抓髻娃娃"。陕西剪纸形式多样、内容丰富，以窗花最为普遍。

7. 山东高密剪纸

山东高密剪纸花样繁多，富于生活气息，有潍县年画的特点。山东民间剪纸从造型风格上大致可分两类：一类是渤海湾区域粗犷豪放的风格，与黄河流域其他省份的剪纸一脉相承；另一类是山东胶东沿海地区以线为主，线面结合的精巧型剪纸，它似乎与山东汉代画像石细微繁缛的风格一脉相承，以其花样密集的装饰手段，使单纯爽快的外型更饱满丰富。

第五节 中国民间雕塑文化

雕塑艺术，是造型艺术的一种，又称雕刻，是雕、刻、塑三种创制方法的总称。本节阐述了中国民间雕塑文化的起源和种类。

一、中国民间雕塑的起源与发展

中国雕塑艺术始于新石器时期陶塑。原始时期的雕塑艺术，大致可以追溯至公元前 4000 年以前。最初的雕塑可以从原始社会的石器和陶器算起，这是中国雕塑的序幕。造型多样的陶器，为中国雕塑的多样性发展奠定了基础。随着旧石器时代的结束，新石器时代的黄河流域以及东北地区已经出现了独立意义上的雕塑作品。当然，它经历了一个相当漫长的过渡时期。最早的原始石器，可以算作雕塑萌芽，有大量的精细石器具备了雕塑的性质。

新石器时代的后期，出现了陶器。它们造型丰富、纹饰多样，既是生活中的必需日常用器，也是可以欣赏的艺术品。这时的陶器还没有脱离实用的目的，但它对后期的青铜器、象形器物的影响是显而易见的。中国原始雕塑的最初形态是陶制品，它与其实用价值密不可分。从工艺手段上讲，大致可以分为以下几种：一是以动物外形为器皿，如仰韶文化遗址出土的陶制鹰鼎。二是装饰部分的雕塑，它们有的以配件的形式出现，如盖钮、把手等，有的以表面浮雕等形式出现。题材有动物、植物、人物，等等。三是小型动物或人物捏塑，这种小雕塑都是古代工匠不借任何工具而信手捏制成的，形体小巧，带有浓厚的人情味。

与原始陶塑的性质一样，商、周时代的青铜器也并非实际意义上的雕塑，是用于祭祀、生活、乐器、兵器、工具等方面的实用器物。有历史学家将夏、商、周称为"青铜时代"。另外，在这个时期还有用石、玉、陶等材料制成的雕塑作品，这类雕塑是用于祭祀、日常生活用品、服饰等方面，其中以玉雕最为突出。春秋、战国时期的其他雕塑作品，文献上有零星记载，但实物已无处可见。还有一个重要的雕塑艺术范畴是建筑中使用的配件或装饰，这一类作品最常见的是瓦当，一般都有各种纹样的浮雕，以动物、云气、几何纹为主要内容。这一时期的雕塑者群体亦开始明朗起来，随着手工业的发达，专门对铜、玉、石、木进行加工的行业明显比以前分工更细，并有专门管理"百工"的人员和机构。

秦代在雕塑方面有重大发展，最引人注目的是大型陶兵马俑和铜车马。虽然在整个雕塑史中，秦代只占据短短的十五年，但只一个兵马俑的出现，就足以改变中国雕塑史。汉代是中国封建社会中最具魄力的一个时期之一，汉风气势，我们可以从现存的雕塑清楚地看到。如西汉霍去病墓，至今还存有一批杰出的石雕艺术作品。西汉的工艺装饰性雕塑也十分发达，其一为铜镜装饰；其二为西汉的金银嵌镶工艺也比较发达，最有代表性的一件作品为"错金银"博山炉。西汉的玉雕也是不可忽视的小型雕刻艺术之一。

历先秦三代，经秦汉、南北朝的发展至隋唐达到鼎盛时期。东汉前以墓葬陶俑、陵墓雕刻、青铜器水平最高，并兼有写实与装饰的两种风格。此后由于佛教的传入，由两晋至清代，以佛像雕塑为代表的宗教雕塑艺术，无论在造型规模还是在艺术水平上，都得到空前发展。它以凝重而飞动的艺术风格，在世界宗教艺术史上独树一帜。现代雕塑的进步，无论在语言的表现方面，还是在材料的运用方面，都开创了雕塑史上的新纪元，它们无不尽情地表现出鲜明的时代精神和民族特色。

二、中国民间雕塑的种类

雕塑艺术是中国文化中的瑰宝，是造型艺术的重要门类。雕塑按照材质分为泥塑、木雕、石雕、铜雕、冰雕、沙雕、蜡像等，在雕塑上施以粉彩的叫彩雕或彩塑；按照作品题材内容的性质，雕塑分为纪念碑或纪念性雕塑等；按照环境、用途、放置位置，雕塑又分为城市雕塑、园林雕塑、室内雕塑、室外雕塑、案头雕塑、架上雕塑以及奖杯、奖牌等。

1. 石雕

石雕是雕刻艺术中影响最广的门类之一。中国石雕工艺多集中在帝王陵墓周围。石雕除人物外，主要有马、虎、狮、鸵鸟、独角兽等。明清时期，民用石雕也得到发展。自南北朝起，中国传统雕塑同佛教艺术相融合，形成了中国式的石窟艺术。其中敦煌石窟、云冈石窟和龙门石窟中的佛像石雕艺术举世闻名。中国的石雕工艺分布极广，其中尤以浙江青田、福建惠安、寿山、河北曲阳的石雕产品最负盛名。青田石雕始于宋代，它以镂雕见长，兼有圆雕、浮雕等，具有构图丰满、层次重叠的特点,富有浓厚的江南色彩。寿山石雕的名气是与寿山石的名贵分不开的。寿山石有百种以上,尤其以田黄石最佳,有"一两田黄一两金"说法。寿山石雕以浮雕和圆雕为主,多雕刻花鸟禽兽和民间故事人物。因材施艺、巧用俏色是寿山石雕的特色。惠安石雕以龙柱、石狮、人物蜚声九州。石雕工艺分圆雕、浮雕、影雕三大类。曲阳汉白玉石雕始于汉代,多以神话故事和历史传说为题材,善表现人物、动物的神采。

2. 竹雕

竹雕汲取了各种艺术形式的优点。主要有阴刻、镂雕、浮雕、拼嵌、烙画、着色、压烫、腐蚀等技法。最著名的邵阳竹雕很有特点,品种以盒、瓶、屏风、框架为主,另有盘、碟、筒、架以及大型挂屏100多种。

雕塑中的塑造艺术,在中国起源很早,新石器时代就已相当发达了。特别是秦始皇陵兵马俑的发现,更表明中国塑造技艺所达到的无与伦比的高度。

3. 木雕

木雕是以黄杨木、樟木、龙眼木、紫檀木为主要用材,按一定的艺术设计而精雕细刻而成的工艺用品,多用于建筑、家具等,也用于装饰以及文具、摆设、神像、面具等雕刻。其中,东阳木雕、潮州木雕最为著名。东阳木雕主要用于建筑装饰(如屏风、壁挂)、家居装饰(如箱、橱)等,有浅雕、深雕、透雕、圆雕等技法,而以浮雕镂空等技法见长。潮州木雕以广东潮安、潮阳、揭阳、饶平、普宁、澄海等县最为发达;主要用于建筑装饰(如门窗、屏风)、家居装饰(如茶几、桌椅、橱柜)等;雕刻方法有浮雕、沉雕、通雕、圆雕等几种;潮州木雕雕刻以后磨光,层层上漆,最后贴金,作品金碧辉煌、富丽壮观,因此又称"金漆木雕"。

4. 根雕

根雕,是以树根(包括树身、树瘤、竹根等)的自生形态及畸变形态为艺术创作对象,通过构思立意、艺术加工及工艺处理,创作出人物、动物、器物等艺术形象作品。根雕艺术是发现自然美而又显示创造性加工的造型艺术,所谓"三分人工,七分天成",就是说在根雕创作中,大部分应利用根材的天然形态来表现艺术形象,少部分进行人工处理修饰,因此,根雕又被称为"根的艺术"或"根艺"。

5. 铜雕

铜雕产生于商周,是以铜料为坯,运用雕刻、铸塑等手法制作的一种雕塑。铜雕艺术主要表现了造型、质感、纹饰的美,多用于表现神秘有威慑力的宗教题材。铜雕的制作一般都要经过金属冶炼、锻造、雕刻、镀金、磨光、上红等几个重要的工序。工序比较复杂,工艺也十分考究。铜雕造型多呈威严粗犷、端庄沉稳之态，表现出坚实浑厚、富丽堂皇的质感。铜雕的纹饰主要为饕餮纹，或以动物头部造型，再以鸟、兽、虫、鱼部分形体组成抽象的图案来衬托铜雕造型。

6. 不锈钢雕塑

不锈钢材质具有耐空气、蒸汽、水等弱腐蚀介质和酸、碱、盐等化学浸蚀性介质腐蚀的特性，由于不锈钢有诸多的优越性，很多的城市雕塑都是以它为材料。不锈钢制作出的雕塑简洁大方，形体感明显，且光影效果强烈。

7. 冰雕

冰雕，是一种以冰为主要材料来雕刻的艺术形式。同其他材料的雕塑一样，冰雕也分圆雕、浮雕和透雕三种。冰雕塑与其他材质的雕塑一样，讲究工具使用、表面处理、刀痕刻迹，但由于它材质无色、透明，具有折射光线的作用，故此雕刻出的形象立体感不强，形象不够鲜明。为了弥补这一缺陷，造型时采用石雕和木雕手法，强调体面关系，突出形体基本特征，力求轮廓鲜明，在此基础上，精雕细刻，或者实行两面雕刻，使线条互相相交，雕痕纵横交错，在光线反射作用下，尤显玲珑剔透，从而取得远视、近视俱佳的观赏效果。

8. 泥塑

泥塑，也称彩塑。它是在黏土里掺入少量棉花纤维，搅匀后，捏成各种形象的泥胎，阴干后，先上粉底，再施以彩绘。著名的泥塑有陕西彩泥偶、无锡惠山泥塑、河北白河沟泥塑、苏州泥塑，其中影响最大的是天津泥塑及"泥人张"。

9. 雪雕

雪雕，是雕刻艺术的一种形式，主要就是将雪当作塑形材料，把它捏成固定的形状，再组合起来并修整细节，跟沙雕的原理颇为相近。冰雕与雪雕常常容易被搞混，雪雕其实是塑形，跟冰雕的雕刻不太相同，像堆雪人就可以算是一种最简单的雪雕。冰雕有晶莹剔透之美，雪雕则是不透明的白色，有朴实的造型之美。

10. 沙雕

沙雕正式发展成为一门现代艺术已有20年之久。沙雕是现代艺术与现代商业完美的结合体，一直与旅游业密不可分。沙雕因其参与性、娱乐性、大众性，每到一处，都为所在城市创造出新的旅游节目，带来可观的商业利益。现代艺术与现代商业的相互契合，是沙雕艺术20年来在世界范围内迅速推广发展的根本原因。目前，沙雕已遍布100多个国家和地区，尤其在著名滨海城市。沙雕艺术的诞生，为滨海城市创造了全新的旅游节目，成为最受人们欢迎的海洋旅游项目之一。

11. 蜡像

蜡像是一门被称为"立体摄影"的超级写实主义雕塑艺术。蜡像艺术比一般雕塑更接近人物原型，它所塑造的人物往往栩栩如生，具有很强的观赏性，更有还原历史人物的独特功能。蜡像艺术自20世纪80年代从国外传入我国，经过我国艺术家们的不懈努力，现已达到世界先进水平。蜡像艺术馆的建立，吸引着越来越多的游客欣赏蜡像，感悟历史、珍视现实，与自己崇尚的人物"近距离"接触，使蜡像这门艺术趋于大众化、仿真化。

第六节 中国民间编织艺术

编织是将植物的枝条、叶、茎、皮等加工后，用手工进行编织的工艺，是人类最古老的手工艺之一。本节简单介绍中国竹文化与竹器编织、中国结等具有代表性的编织艺术。

一、中国竹文化与竹器编织

在植物资源中对中国文化影响最深的是竹子。英国学者李约瑟说，东亚文明乃是"竹子文明"。中国是竹的故乡，全世界约有100属1000多种竹子，而我国有37属约500种。我国不仅竹类竹质资源丰富，而且养竹用竹的历史悠久。早在距今7000年前，我们的祖先已用竹子制作箭头、弓弩等武器，用于娱乐、捕猎或战争。竹与人类的文化生活结下不解之缘，自古以来，在中华民族的日常衣食住行中，到处都有竹的影子。宋代文豪苏东坡曾感叹地说："食者竹笋、庇者竹瓦、载者竹筏、炊者竹薪、衣者竹皮、书者竹纸、履者竹鞋，真可谓不可一日无此君也。"

竹编是中国人的最早发明，它是一种用竹篾编结的工艺品。据《易经·系辞》记载，旧石器时代，人类即以植物韧皮编织成网罟（网状兜物），内盛石球，抛出以击伤动物。在西安半坡、庙底沟、三里桥等新石器时代遗址出土的陶器上，印有"十"字纹、"人"字纹，清楚地显示出是由篾席印模上去的，有的还发现陶钵的底部黏附有篾席的残竹片。浙江余姚河姆渡遗址出土的苇席，距今约有7000年历史。新石器时期已有了竹编器具，浙江钱山文化遗址中出土了200余件竹编器物，说明当时我们的先人已有了较娴熟的编织技能。古时，人们外出以竹笠遮雨，竹鞋踏泥；东汉时有了竹布；唐代岭南一些州县将漂亮的竹布作为贡品，进献皇宫。随着社会发展、文化生活的不断进步，竹器种类花样翻新、日益增多中国的竹编工艺品已达数万种，质量高超的大型竹编立屏九龙壁荣获国际珍品称号，竹编白尾海雕被送入美国白宫。

瓷胎竹编产品技艺独特，以精细见长，具有"精选料、特细丝、紧贴胎、密藏头、五彩图"的技艺特色。瓷胎竹编产品只使用竹材表面一层，纤维十分致密，同时进行了特殊的处理，能够耐干燥、不变形、不虫蛀、耐水可清洗。瓷胎竹编产品只有四川生产，以其纪念性、地方性成为中外宾客优选的旅游纪念品。特别是5CM、7CM系列的工艺小花瓶以及工夫茶具等小巧玲珑、便于携带的瓷胎竹编产品非常受旅游客人的青睐。瓷胎竹编工艺品也可作外事接待、出国人员礼品和国内大型活动的礼品、纪念品。瓷胎竹编产品还是欣赏与实用相结合的实用工艺品。不少日本客人和东南亚客人购买回去，不仅作为工艺品欣赏，也作为实用品自赏或待客，甚至作为茶道用具。

二、中国结

中国结是中国传统艺术中的一种，是中国特有的民间手工编结装饰品，经过几千年的结艺演变，现已成为广受人们喜爱的精致华美的艺术品。因为其外观对称精致，可以代表中华民族悠久的历史，符合中国传统装饰的习俗和审美观念，故命名为中国结。在中古时期，中国结是女孩子们的必修课，也是女红当中的一种。中国结的历史源远流长，可上溯到上古时期，在《周易》上有这样记载"上古结绳记事，后世圣人易之以书契"。当时中国结的功用和今天文字差不多。商代有文字后，中国结的文字功能衰退，但中国结没有衰退，例如，周代人喜欢美玉，当时的美玉都是用中国结穿连。唐代，中国结又有了新的发展，从当时的绘画和雕塑当中能看出来，例如当时的很多观音上都有万子结；清代，由于长期的民族融合和中外文化交流，又有发展：吸收了一些西洋结的精华，除了作为服饰的功用外，还可以作为礼品和装饰品。现在的中国结除了这些作用外，还作为艺术品，并出现很多新的结饰，例如，作为手链或书上、酒瓶上的包装，或者以中国结的结型作为一些设计的样式，最出名的是中国联通的标志，用了中国的盘长结。

中国结年代久远，其历史贯穿人类史，漫长的文化沉淀使中国结渗透着中华民族特有的、纯粹的文化精髓，富含丰富的文化底蕴。"绳"与"神"谐音，中国文化形成阶段，曾崇拜过绳子。中国结的每一个结头，从头到尾都是用一根丝线编结而成，每一个基本结又根据其形、意命名。把不同的结饰互相结合在一起，或用其他具有吉祥图案的饰物搭配组合，就形成了造型独特、绚丽多彩、寓意深刻、内涵丰富的中国传统吉祥装饰品。中国结给人以团结、向上的感觉，它身上所显示的情致与智慧正是中华古老文明中的一个侧面。

中国结与现代生活相结合，已发展成为多个产品，其中主要有两大系列：吉祥挂饰和编结服饰。每个系列又包括多个品种，如吉祥挂饰有大型壁挂、室内挂件、汽车挂件等；编结服饰有戒指、耳坠、手链、项链、腰带、古典盘扣等。如果把不同的结相互结合,再与其他的吉祥饰物搭配,便形成了中国传统吉祥装饰品,不同造型的组合表示一种强烈、浓郁的美好祝福,赞颂与传达衷心至诚的祈祷和美好心愿,每个结都体现着中国人的聪明才智。

第七节 中国民间其他工艺艺术

除了以上介绍的这些民间工艺之外,中国璀璨的民间工艺还包括景泰蓝工艺、漆器工艺、扇艺以及石文化等。

一、景泰蓝工艺艺术

景泰蓝,北京著名的传统手工艺品。又称"铜胎掐丝珐琅",俗名"珐蓝",又称"嵌珐琅",是一种在铜质的胎型上,用柔软的扁铜丝,掐成各种花纹焊上,然后把珐琅质的色釉填充在花纹内烧制而成的器物。因其在明朝景泰年间盛行,制作技艺比较成熟,使用的珐琅釉多以蓝色为主,故而得名"景泰蓝"。景泰蓝距今已有600多年的历史,是最具北京特色的传统手工艺品之一,它采用金、银、铜及多种天然矿物质为原材料,集美术、工艺、雕刻、镶嵌、玻璃熔炼、冶金等专业技术为一体,古朴典雅,精美华贵,具有鲜明的民族风格和深刻文化内涵,被称为国宝"京"粹。2006年,景泰蓝入选首批国家级非物质文化遗产名录。景泰蓝的品种数以千计,因工艺造型优美、纹样丰富、色泽深厚、富丽堂皇而蜚声国内外。适用于鉴赏收藏、商务礼品、日常用品、室内外建筑工程装饰等。

景泰蓝作为一种美术工艺品,13世纪由云南传到北京,盛于明朝景泰年间,又多用宝石蓝、孔雀蓝等蓝色珐琅釉料,而且初创时只有蓝色,又以蓝釉最为出色,因此称之为景泰蓝。景泰蓝是古代劳动人民智慧的结晶,在历经元、明、清三代王朝的历史变革中,勤劳智慧的工匠艺人用他们的双手创造了灿烂的景泰蓝文化。他们用简单的工具锤击紫铜板制成胎型,用手工掰丝掐成花卉等各种不同类型的图案,用小铲填充各种彩色釉料,用炉火将釉料烧结在掐好丝的铜胎上,用脚踏带动轮轴转动,并手持沙石木炭磨光。在散布在京都和郊外的众多工艺作房里,制胎、掐丝、点蓝、磨光,劳动人民用勤劳的双手创造着景泰蓝灿烂的历史文化。旧时的景泰蓝艺术品专供皇宫贵族享用,是权力与地位的象征,在昔日的皇室圣地紫禁城、皇家园林颐和园里,游人还可以看到那时留下来的为数不多的景泰蓝艺术珍品,现今民间亦流传着一些元、明、清朝代时的景泰蓝珍品。

新中国成立后,景泰蓝的发展历经时代的变迁,有了很大的发展,目前品种包括景泰蓝和花丝景泰蓝两大类。景泰蓝产品又分为金地景泰蓝和蓝地景泰蓝两大部分;花丝景泰蓝又分为金地花丝景泰蓝、银地花丝景泰蓝和蓝地花丝景泰蓝三大部分,同时花丝景泰蓝里还包括金地泡丝、银地泡丝产品。景泰蓝以其悠久的历史、典雅优美的造型、鲜艳夺目的色彩、华丽多姿的图案、繁多的品种造型、富丽堂皇和精美华贵的视觉感受以及全部为手工完成的、凝结着制作者聪明才智的工艺美术品为北京所特有,被世界各国人民所喜爱,已经成为家居生活中不可缺少的装饰品和长久不衰的工艺品。

二、漆器工艺艺术

中国现代考古发掘实物证明,中国是世界上最早发现并使用天然漆的国家。生漆是从漆树割取的天然液汁,主要由漆酚、漆酶、树胶质及水分构成。用它作涂料,有耐潮、耐高温、耐腐蚀等特殊功能,又可以配制出不同色漆,光彩照人。用其涂在各种器物的表面上所制成的日常器具及工艺品、美术品等,一般称为"漆器"。在中国,漆的性能从新石器时代起就被认识并用以制器。历经商周直至明清,中国的漆器工艺不断发展,达到了相当高的水平。

中国漆器制作始于距今六七千年以前。在距今 7000 年前的浙江余姚河姆渡原始文化遗址中已经出土了木胎涂漆碗。夏、商、西周三代已逐渐从单纯使用天然漆到使用色料调漆。人们不断熟悉、了解漆的性能,改造、利用漆所特有的经久耐牢、不褪色、不怕潮湿、鲜亮美观等性能,为美化自己的生活服务。经过长期的实践,人们在对漆器胎质的选择、制作,对色漆的调配、使用,对漆器纹饰的绘制组合等方面,积累了越来越丰富的经验,把漆器制作发展成为一门专门的工艺,并达到很高的水平,形成中国所特有的漆器工艺。我们的祖先为人类留下了无数精美的漆器工艺品。夏之后,漆器品种渐多,在战国时期,漆器业独领风骚,形成长达五个世纪的空前繁荣。漆器生产工序复杂,耗工耗时,漆器品种又特别繁多,不仅用于装饰家具、器皿、文具和艺术品,还应用于乐器、丧葬用具、兵器等。这时的漆器很昂贵,新兴的诸侯把对青铜器的兴趣转向了光亮、洁净、易洗、体轻、隔热耐腐、嵌饰彩绘的漆器。漆器一般髹朱饰黑,或髹黑饰朱,以优美的图案在器物表面构成一个绮丽的彩色世界。

漆器是中国古代在化学工艺及工艺美术方面的重要发明。汉代漆器也是以黑红两色为主,汉代是漆器的鼎盛时期,漆器的品种有所增加,同时还开创了新的工艺技法。漆器图案根据不同的器物,以粗犷简练的线条或繁缛复杂的构图表现,增强人或动物的动感与力度。黑红互置的色彩产生光亮、优美的特殊效果,在红与黑交织的画面上,形成富有音乐感的瑰丽多彩的艺术风格,展现了一个人神共在、流动飞扬、变幻神奇的神话般的世界。

今人以推光、雕填、彩绘、镶嵌玉石等技法，制作出各种精美的髹漆工艺品。当代漆器生产主要分布于北京、福建福州、江苏扬州、四川成都、山西平遥、贵州大方、甘肃天水等地。其中，北京雕漆是在木胎或铜胎上髹饰数十层甚至上百层，再进行浮雕，色彩以朱红为主，风格富丽华贵。江苏扬州漆器以镶嵌螺细为其特色，在光线照映下，非常精美。福建脱胎漆器，以色泽光亮、轻巧美观、不怕水浸、能耐温耐酸碱腐蚀为其特点。四川漆器，多用推光的髹饰技法或以雕填见长，或以研磨绘著称。此外，还有厦门漆线装饰、天水的雕填等，都各有不同的艺术特色。北京雕漆与江西景德镇瓷器、湖南长沙湘绣，并称为中国工艺美术"三长"。

三、中国扇艺

在源远流长的岁月中，小小的扇子除日用外，还孕育着中华文化艺术的智慧，凝聚了古今工艺美术之精华，是民族传统文物中的艺术瑰宝。下面介绍扇子的源流、发展和百花争艳的民间扇艺。

1. 扇子的源流与发展

我国扇子的起源很早，许多学者认为扇子起源于虞舜时代。晋崔豹《古今注》云，舜为了"广开视听，求贤人以自辅，故作五明扇"。商代就有扇的雏形，我们的祖先先后用羽毛、竹篾、绢纱制作扇面，随着造纸业的发展，后来又用纸来糊制扇面。扇子最早出现在殷代，用五光十色的野鸡毛制成，称之为"障扇"，故"扇"字里有个"羽"字。当时，扇子不是用来扇风取凉，而是作为帝王外出巡视时遮阳挡风避沙之用。

最早的扇子图像是四川成都百花潭出土的战国金银错铜壶上的奴隶手执长柄扇，而最早的扇子实物是湖北江陵天星观楚墓出土的木柄羽扇残件，以及湖南长沙马王堆出土的西汉篾丝编木制长柄扇。马王堆出土的长柄扇长1.76米，是一种仪仗用扇，由奴隶或仆从执掌，用以障尘蔽日，也象征主人的权威。西汉以后，扇子开始用来取凉。东汉时出现团扇，因其形状团圆如月，暗合中国人合欢吉祥之意，又名"合欢扇"；又因其由丝织物制成，故又称"纨扇"或"罗扇"。

三国时期诸葛亮轻摇鹅毛扇，"羽扇出风缓软，不入腠理"。在扇子上题诗作画第一次出现于三国，唐代张彦远的《历代名画记》载有曹孟德的主簿杨修与魏太祖"画扇误点成蝇"的故事。《晋书·王羲之传》有一则王羲之为老妇题扇的佳话。今浙江绍兴有"题扇桥"，相传便是王羲之题扇处。折扇至北宋时才出现，携带极为方便。折扇，亦叫"聚头扇"、"撒扇"，或称"聚骨扇"。到了南宋，画扇、卖扇、藏扇之风盛行，并出现了扇铺和画商。

中国旅游文化

明代开始流行折扇,这或许是由于永乐时期明成祖的倡导。扇股扇面的制作日趋精良,且各有名家;扇面书画广泛流行,在文人雅士中得到认可。明清文人墨客题扇画扇成为一种时尚,此时我国的制扇业十分繁盛,扇和人们的生活结下了不解之缘。清代更是中国折扇大发展时期,扇子在文人官员间的使用更加频繁。扇子不仅是用以生风凉的工具,也不仅是一种艺术品,它成为一种身份地位与趣味的象征,成为他们社会角色的道具。乾隆时期,广州的商人曾专门生产适应欧洲贵妇趣味爱好的象牙折扇,折扇成了中国文化的象征和与世界文化交流的使者。

民国时,折扇保持了它在中国艺术上和生活中的重要性,但没有什么超出前代的,而值得一提的创新是集锦扇。在此之前,虽然也有多人在同一扇面上合作绘画,或分段书写各自署款的扇子,但集锦扇却是将扇面空间用不同的方法加以分割,然后由多名书画家分别作书绘画。

2. 百花争艳的民间扇艺

中国扇文化有着深厚的文化底蕴,是民族文化的一个组成部分,它与竹文化、佛教文化有着密切关系,历来中国被誉为制扇王国。扇子主要分平扇和折扇两类,以江苏的檀香扇、广东的火画扇、四川的竹丝扇、浙江的绫绢扇最为出名,并称中国的"四大名扇"。

(1) 江苏檀香扇。檀香扇是用檀香木制成的各式扇子,主要使用对象为女性,亦称文扇。檀香木制成的檀香扇具有天然香味,用以扇风,清香四溢。有扇存香在的特点,保存十年八载,依然幽香阵阵。夏令既去,藏入衣箱,还有防虫、防蛀的妙用。檀香扇的生产和制作产地,国内主要有苏州、杭州、广州等。苏州以绢画为多,杭州和广州以拉花著称。苏州檀香扇为江苏著名传统工艺品。苏州檀香扇工艺精良、玲珑纤巧、芬芳馥郁,富有地方特色,深为各界妇女珍爱。扇面用绢面、扇骨拉制图案,式样有全面、格景、中空和西泠等。苏州檀香扇以"四花",即拉花、烫花、雕花和画花见长。色泽秀丽、典雅大方,在泥金扇面上绘工笔重彩,高贵富丽。檀香扇以其独特技艺、独具风格,富有工艺性,而至今深受人们的喜爱。

(2) 广东火画扇。火画扇产于广东新会,其制作精美,清秀典丽,永不褪色,具有浓郁的地方特色。因用一种特制的"火笔"在葵扇上作画,故名"火画葵扇"。据说火画葵扇始创于清代同治末年。当时,诗书画风较盛,新会有位著名画师将诗画剪贴于玻璃扇上,但一经受潮便会脱落,又用墨汁或颜料直接把诗画画在扇上,但也容易褪色,后将画在扇面上的诗画用香火烙焦,才显示出诗画来。到1914年前后,工艺又有所发展,方法是选用薄玻璃扇两柄,先将扇的脊骨和柄削去,然后合成一柄双面扇。这样,扇的两面均可用火笔作画。又把扇

· 216 ·

边用彩色丝绒缝制，逐步发展成为三脊和五脊火画扇，款色高雅，美观大方。扇柄也有多种多样的装饰，有用竹制的，也有用象牙或藤条缠柄的。其中的象牙火画扇，装饰华丽、名贵，是欣赏、收藏的扇中精品，富豪之家多用之为互相馈赠的礼物，产品扬名中外。

（3）四川竹丝扇。竹丝扇俗称"龚扇"，有灿若云锦、薄如蝉翼的美评。扇面多是桃形，形似纨扇，由细如绢丝的竹丝精心编织而成。它颜色嫩黄，薄而透光，绵软而细腻，恍若织锦，图案皆为惟妙惟肖的山水人物，或花鸟虫鱼，加上象牙或者牛骨做的扇柄，丝质扇坠，简直玲珑剔透，精美绝伦，被誉为巧夺天工的国宝。平整光亮的竹丝扇是扇子中的一种，选用优质竹丝精心编织而成的。因为编织这种竹丝扇的技艺是由清代末年的龚爵五创造的，而且在龚家已传了四代，所以，人们习惯称自贡竹丝扇为"龚扇"。

（4）浙江绫绢扇。绢扇是宫扇的一种，原是贵族妇女的赏玩之物，是用细洁的纱、罗、绫等制成的一种扇子。一般多圆形，故又名"团扇"；亦有腰圆、椭圆和"钟离式"等，以苏州生产的最精良。造型美，画面精，用铁丝作外框，用绢糊面，彩带沿边。以绘画、刺绣、缂丝、抽纱、烫花、通草贴花等作扇面装饰。扇柄用材有湘妃竹、棕竹、梅录竹、楠木、红木和牙骨等，并装有流苏，贵重的配有宝石扇坠。秀丽典雅，高洁精美，尤为年轻妇女所喜爱。绢扇以扇画面的格调高雅为主要特色。绫绢在折扇出现之前就广泛用来制作纨扇扇面，如今也用来作折扇的扇面，凡是用绫绢作扇面的扇子都可以称为绫绢扇。绫绢扇扇面轻如蝉翼、薄如晨雾、色泽光亮，给人以温文尔雅之感。

四、中国石文化

石材是人类发展历史上最早的建筑材料。石文化应是以石为对象的精神财富的总和，由以石为载体和以石为题材两部分精神财富组成。下面着重介绍中国石文化的悠久历史及其发展。

1. 中国石文化的悠久历史

石材以其天然之美，装饰着人们的室内外环境，在古今中外建筑史上谱写了石材的雄伟篇章与绚丽佳作，形成了独特的石文化，成为世界绚丽文化中的重要组成部分。石器时代是石文化的奠基阶段，石器是人类对自然石形态改变的结果，石器时代是石文化的重要实践过程，也是人类自觉地、能动地与自然抗争的过程。石器的制造经过了由简而繁、由单一到多样，进而到定型化、艺术化的过程。先民从旧石器时代利用天然石块为工具、当武器到新石器时代的打制石器，从营巢穴居时期简单地利用石头为建筑材料到现代化豪华建筑中大量应用的花岗岩、大理石等装饰材料，从出土墓葬中死者的简单石质饰物到后来的精美石雕和

中国旅游文化

宝玉石工艺品，各种石头始终伴随着人类从蛮荒时代，逐步走向现代文明，直至久远的未来。因此，古今一切利用石头的行为及其理论，就构成了石文化的基本内容。中国石文化丰富多彩，石成为中国人的生活中不可缺少的部分。在宗教、建筑、园林、陵园等领域，石文化独树一帜。

中国的石艺起源很早，我们的祖先在很早以前，就开始将石材应用于装饰艺术了。汉代石材画像的丰富内容记载了当时社会现实生活、远古神话、天文图像等。各历史年代开凿的石窟，既反映了当时社会各阶层对于宗教的认同程度和建筑艺术的发展过程，同时也给石艺从业者们提供了一个广阔的天地，使他们创造了无数座精美的石雕作品，这些都是中华民族传统文化的组成部分。

从巍巍壮观的万里长城建造到魏晋南北朝时期开凿的敦煌石窟，从富丽的十三陵到南京中山陵建筑，从故宫、颐和园皇家建筑到人民大会堂、上海外滩建筑，从皇宫庙宇雕刻到民间石艺，距今万年前的古老岩画，西汉霍去病墓石群雕，举世闻名的"敦煌、云岗、龙门石窟"等地的石雕造像，唐、宋的陵墓石雕，中国历代帝王的宫苑建筑以及首都天安门前的华表与石狮，这些无一不是祖国的瑰宝，同时也是一个民族文化发展的历史缩影。石文化是中国文化的一个重要组成部分。①

2. 中国赏石文化的发展

赏石是石文化中以人们积淀的审美情趣，通过石载体发挥展现社会意识形态和通过对这种载体的记述、描绘、渲染来发挥展现社会意识形态的一种文化艺术门类。

赏石文化则是人类石文化现象中的一个重要分支，其基本内容是以天然石块（而非石制品）为主要观赏对象，观赏天然奇石而总结出来的一套理论、原则与方法。因此，其发展历史比广义的石文化史要年轻得多、晚得多。中国赏石文化比较注重人文内涵和哲理，有比较抽象的理念和人格化的感情色彩，其观赏主体（自然石种、天然石形）往往丰富多彩，甚至可随心所欲、因人而异。可以这样说，中国赏石文化实际上是东方民族传统文化（感情、哲理、信念和价值观）在赏石领域中的反映与延伸。

中国是东方赏石文化的发祥地。在以自然奇石（而非石制品）为观赏对象的活动方面，中国历史上有文字记载的，至少可追溯到3000多年前的春秋时期。据《阚子》记载："宋之愚人，得燕石于梧台之东，归而藏之，以为大宝，周客闻而现焉。"其实，远在此前的商、周时代（公元前20世纪），作为赏石文化的先导和前奏——赏玉活动就已十分普及。由于玉产量太少而十分珍贵，故以"美

---

① 邱玉德. 中国旅游文化 [M]. 北京：科学出版社，2006：53.

石"代之,自在情理之中。因此,中国赏石文化最初实为赏玉文化的衍生与发展。《说文》云,"玉,石之美者",这就把玉也归为石之一类了。于是奇石、怪石后来也常跻身宝玉之列而成了颇具地方特色的上贡物品。《尚书·禹贡》曾载:当时各地贡品中偶有青州"铅松怪石"和徐州"泗滨浮磬"。很可能这就是早期的石玩,即以天然奇石为观赏对象的可移动玩物。

随着社会的进步,由于早期园林的出现使得赏石文化首先在造园实践中得到了较大的发展,从秦汉时期古籍、诗文所描述的情景得知,秦始皇建"阿房宫"和其他一些行宫,以及汉代"上林苑"中,点缀的景石颇多。即使在战乱不止的东汉及三国、魏晋南北朝时期,一些达官贵人的深宅大院和官观寺院都很注意置石造景、寄情物外。东汉巨富、大将军梁冀的"梁园"和东晋顾辟疆的私人宅院中都曾大量收罗奇峰怪石。1986年4月,考古学家在山东临沂发现北齐天保元年(公元550年)魏威烈将军长史崔芬的墓葬,墓中壁画多幅都有奇峰怪石。其一为描绘古墓主人的生活场面,内以庭中两块相对而立的景石为衬托,其石瘦峭、鼓皱有致,并配以树木,表现了很高的造园、缀石技巧。可见,中国赏石文化早在公元2世纪中叶的东汉便开始在上层社会流行,到南朝已达到相当水平。公元6世纪后期开始的隋唐时期,是中国历史上继秦汉之后又一个社会、经济、文化比较繁荣昌盛的时期,也是中国赏石文化艺术昌盛发展的时期。众多的文人墨客积极参与搜求、赏玩天然奇石,除以形体较大而奇特者用于造园、点缀之外,又将"小而奇巧者"作为案头清供,复以诗记之,以文颂之,从而使天然奇石的欣赏更具有浓厚的人文色彩。

3. 观赏石的价值与特点

观赏石七彩纷呈、质朴秀雅,它是高洁、坚贞的象征。其不仅可供观赏、陈列、收藏,还可陶冶人们的情操,激发爱国热情,提高审美能力,增进科学知识,甚至可用作国际间的交流,增进世界人民的友谊。观赏石有其独特的观赏价值,人们欣赏它那千姿百态的造型、姹紫嫣红的色彩和变幻无穷的花纹,尤其赞赏它没有"春荣冬枯"、"朝华夕殒"之时,却有"始终如一日,坚贞沉静孤高竹节"的气节。

观赏石具有以下特点:

(1)天然性。观赏石通常是浑然天成且保持天然产出状态者。

(2)奇特性。观赏石在色彩、形态、质地、纹理、图案、内部特征等方面往往表现出妙趣横生或生动形象等特点,成为"新、奇、美、异、独、特"的奇矿异石。

(3)稀有性。"物以稀为贵"的珍稀自然资源价值评价标准同样适用于观赏石。

（4）科学性。某些观赏石包含深奥的科学道理，反映某一阶段的科学事件，具有重要的科学研究价值（如陨石、南极石等）。

（5）艺术性。观赏石能够给人回味，产生美感、联想和激情，从赏石中陶冶人们的情操，提高美学水平。

（6）可采性。所有观赏石都应能采集于自然界中，并用于室内收藏、陈列与装饰，或玩赏于股掌之间，否则只能称为自然景观。

本章案例

安徽：徽州民间工艺品成重要旅游商品

2008年6月，徽州民间工艺精品展在我国首个历史文化保护街区屯溪老街启幕，展品达100余种、数十万件；汇聚安徽各地民间能工巧匠创作的工艺精品也在黄山市徽州文化博物馆精彩亮相。这些体现了安徽地域特色的工艺精品在旅游城市黄山逐渐成为重要的旅游商品，深受各地游客的喜爱。

据悉，最早的徽州民间工艺起初只是当地人谋生的一种生活或生产工具，后逐步演变为师徒相授的专门手艺。比如闻名遐迩的徽州木雕，源起当地盛产木材，遍及城乡的建筑物绝大多数都是砖木石结构，尤以使用木料为多，这就为当地木匠提供了发挥聪明才智的用武之地。

徽州民间工艺从依赖于山区资源、根植于乡野平民的谋生技艺，演化成中华文明长河中的艺术奇葩，一个重要因素是当地积淀厚重的文化底蕴。徽文化以儒家文化为内核，不仅表现在器物文化方面，还涵盖哲、经、史、医、科、艺等诸多领域，体系极为完整，并在不同的历史时期和众多领域涌现出一批杰出的领军人物，对当时中国经济社会的发展产生了重要影响。在徽文化这样的大背景下，徽州人形成了自发的保护意识和自觉的传承意识。徽州民间工艺原本为当地人的一种生活或生产工具，在博大精深的徽文化日久天长熏陶下，谋生技艺逐渐演变为精美的民间工艺，并兼具了经济和文化双重属性。

但是，徽州民间工艺也面临着诸多困境：一是时尚生活导致许多年轻人对传统工艺兴趣不大，随着一批批老艺人溘然长逝，一些民间工艺濒临失传；二是所有民间工艺全部是传统手工生产，工序多、周期长，难以形成规模效应；三是许多民间工艺逐步丧失了原有的生产生活等实用功能，且成本大、价格高，难以形成市场优势；四是现代科技的进步，一些民间工艺的手工制作被工业化生产所替代，传统技艺正逐渐消失。

民间工艺是中华文明的重要组成部分，是民族文化的传播使者，是提升文化

第九章 中国旅游民间工艺文化

软实力建设的重要内容。要挖掘、保护和传承民间工艺,重要的一点是必须加大法律和制度层面建设。近年来,黄山围绕旅游城市特点,加快包括民间工艺在内的徽文化与旅游深度结合,将徽文化元素渗透到旅游的各个环节之中,着力传承创新传统的徽菜饮食文化,开发利用有徽派建筑特色的乡村旅店,组合推介文化景观精品线路,开发提升以"徽州三雕"为主的旅游商品,打造具有徽文化地域特点和风情的文化演出项目,进一步提升了旅游产品的吸引力,也激发了徽文化传承创新的活力。

(资料来源:安徽省旅游信息中心.安徽:徽州民间工艺品成重要旅游商品[EB/OL].中国国家旅游局网站,http://www.cnta.gov.cn/html/2008-6/2008-6-27-12-7-53-149.html,2008-06-17.)

案例分析

我国的民间工艺品种类繁多、内涵丰富,对传统手工艺的挖掘和开发不仅有着极高的历史文化价值和艺术价值,同时能够将高品位、高吸引力的旅游资源带入到旅游业的发展中来。但在民间工艺品开发为旅游商品的过程中仍面临着诸多困境,主要表现在民间工艺品的传承、生产以及市场潜力等方面。面对这些困境,如何将民间工艺品更好地开发,使其为旅游业的发展提供更强大的动力,这一问题迫在眉睫。

问题思考:如何解决在民间工艺品开发为旅游商品的过程中所面临的困境?

本章思考题

1. 中国民间工艺发展与传承分为几个阶段?每个阶段各有哪些特点?
2. 陶瓷文化与神话传说的关系体现在哪些方面?
3. 简述观赏石的价值与特点。
4. 简述中国民间工艺品与旅游商品开发之间的关系。

第十章　中国旅游文学艺术

本章提要

通过本章的学习，了解中国旅游文学的类别、审美特征，以及中国主要传统艺术形式的艺术特色；初步具备对传统艺术品的欣赏能力；理解旅游文学艺术的基本概念、内涵和功能，认识到旅游文学艺术对旅游业发展和旅游从业人员的重要性。

章首案例

鹤峰以旅游文学笔会推介景区

2009年6月13日，因木林子旅游文学笔会的举行，来自湖北省、州及部分县市的作家和摄影爱好者，走进恩施鹤峰木林子省级自然保护区和董家河生态旅游风景区观光、采风。

鹤峰县委、县政府十分重视此次活动，林业部门和旅游部门给予了极大支持，希望借此机会，向省、州作家和摄影爱好者们推介鹤峰生态旅游。

木林子省级自然保护区距县城约50公里，是一片待开发的处女地。这里独特的生态环境和秀美景观让来宾赞叹不已，作家谢克强认为这里是个适合创作的地方，文学爱好者杨大美即兴赋诗。

董家河位于鹤峰燕子乡境内，是州首批新农村建设试点之一，距县城45公里。董家河景区的魅力体现在树与水的完美结合。"树在水中生、水在树中流"的独特景观，成为远近闻名的一道风景。

作家们泛舟董家河，频频按动快门。青山碧水、枯树新枝、鸳鸯戏水与水中的倒影构成了一幅绝美的图画。卧于河面的土家风雨桥，远远望去，似一道美丽的彩虹。那些在水中生长了不知多少年的老树似栽在水中的盆景，其树干早已死

第十章 中国旅游文学艺术

亡成为母体,被鸟儿衔来或被风儿吹来的树种在上面生根发芽,形成一棵树上长着十多种不同树种的独特景观。站在船头远眺,满目青绿,特色民居分散于山坡、田间,充满浓郁田园风情。

据悉,该地通过招商引资,重庆老板梁吉秋决定投资2500万元,对董家河旅游资源进行系列开发。在业主的建设规划里,将在保护董家河原有景观的基础上,增设部分基础设施,将其建设成为一个休闲娱乐的度假场所。

(资料来源:杨春苗. 才入木林子又进董家河——鹤峰以旅游文学笔会推介景区 [EB/OL]. 恩施新闻网,http://www.enshi.cn/20090210/ca148667.htm, 2009 – 06 – 20.)

问题思考:怎样理解旅游文学与地方旅游发展的关系?

第一节 旅游文学艺术的含义和功能

旅游文学艺术是指与旅游诸要素相结合,反映旅游活动、构成旅游资源的文学艺术。本节主要介绍旅游文学艺术的含义及功能。

一、旅游文学艺术的含义

旅游文学是反映旅游生活的文学,是以旅游景物、旅游者及其活动为对象的文学作品。它主要通过对山川风物等自然景观以及文物古迹、风俗民情等人文景观的描绘,抒写旅游者及旅游工作者的思想、情感和审美情趣。抒情性、审美性、知识性、反映社会生活的片段性是旅游文学的特点。旅游文学是中国旅游资源的重要组成部分,具有独特的魅力,吸引着国内外的旅游者。

旅游文学艺术主要由以下几部分构成:

(1) 直接构成旅游吸引物或吸引因素的文学艺术作品,吸引旅游者前往旅游,自身成为一种景观或景观的一部分,比如一些文学名篇、楹联、碑刻、书法、神话传说、舞蹈、雕塑、戏曲等。

(2) 以旅游为审美对象的文学艺术作品,这是文学艺术与旅游主体的结合,反映旅游活动,如以写景抒情为主的山水诗和风景散文、游记等。

(3) 旅游业务、旅游服务类文学艺术,这是文学与旅游业的结合,通过把旅游资源介绍给旅游者或潜在的旅游者,来给他们提供直接、具体的帮助,如一些文学性较强的旅游指南、风物志、导游词及影视风光片解说词等。

二、旅游文学艺术的功能

旅游文学艺术的功能主要体现在以下几个方面：

1. 旅游文学艺术的宣传功能

旅游文学艺术具有重要的宣传作用，旅游文学所反映的内容，本身就带有旅游资源的属性，而且是一种极富感召力的旅游资源，这种资源亦可称为旅游文学资源。借助文学的作用和艺术感染力，把作为资源的"景"和作为旅游者的"情"，以及客观现实和丰富的想象结合起来，实现旅游与文学的统一，从而形成一种经人类"加工"的文学旅游，就能产生观赏对象对旅游者的宣传功能。书法、碑刻、舞蹈、雕塑、戏曲等传统艺术风格独特、意蕴深远，本身就是极具魅力的旅游资源，吸引旅游者前往；而山水文物、风俗民情、奇闻轶事因借助于文学艺术，其美学内涵、传奇色彩、历史价值才广为人知。名胜与名文相结合，交相辉映。

具体而言，旅游文学艺术的宣传功能表现为以下两方面：

（1）吸引功能。许多旅游景点之所以闻名，主要得力于有大量相关的旅游文艺作品，如苏州阊门西封江的封桥和苏州西南的寒山寺，在唐代以前并不为人关注，但自张继《枫桥夜泊》一诗后，这里的景观身价百倍、名扬天下。在由潜在旅游者转变为现实旅游者的过程中，旅游文艺作品有着巨大的鼓动、促进、吸引作用。

（2）导游功能。旅游诗文、楹联、匾额、题刻等的导游作用或表现在对具体景物外观、景色的描绘和蕴含意义的揭示上，或表现在作者对观赏线路、角度、距离等的选择上，或两者兼而有之。许多旅游诗文不仅描绘景物，作者还注重在行文中点明自己的行踪，记载时间、地点、游程以及观察点等。而名胜楹联、匾额和题刻则辅以精美的书法，点缀在奇山秀水、亭台楼阁之间，不但增添了旅游地的诗情画意，而且启迪游人入境，引导游人欣赏山水名胜，作画中游、诗中行。

2. 旅游文学艺术的资源功能

旅游文学艺术的资源功能是指文学艺术能促进、导致旅游资源的形成。因旅游文学艺术而产生的旅游资源，按其产生方式可以分为三类：

（1）附会型。即原有的一些条件并不具备旅游开发的潜力，但文艺作品使它具备了一定影响力，提高了知名度，从而引起人们的关注，成为现实的旅游资源。一般而言，当吸引物具备两个条件时，就能依赖文艺作品的附会而成为旅游资源，一是相似性，二是有一定说服力的证据。

（2）确定型。即某些文艺作品所述故事发生地点或原型已成定论，这类吸引物因其确定性一般只有一处。如江苏连云港花果山，本来就是吴承恩创作《西游记》的素材之一，而《西游记》的创作成功又给花果山增添了新的光彩，使之成为旅游胜地。

（3）人造型。即本来并不存在，按照文艺作品描述而建造出旅游景观来。这类多为人文景观，也可分为两种：一种是对已毁景观的重建，如武汉黄鹤楼是以清代黄鹤楼为蓝本而建造的；另一种是根据文艺作品首次建造，如开封清明上河图以宋代画家张择端的《清明上河图》为蓝本，景区按照画中的布局，再现画中所展示的北宋都城汴京的繁华景象、宋代民间艺术、民俗风情。

3. 旅游文学艺术的审美功能

旅游的过程也是审美的过程，在实际的旅游观赏过程中，人们在观赏眼前景物的同时，潜心品味相关的诗词歌赋等，不仅能够助兴或提高游兴，而且能够丰富景观对象的审美价值，有益于引导旅游者深化其审美体验，提高观赏者的审美理解水平。因此，从旅游审美的角度分析，旅游文学艺术在以下三个方面会对旅游者产生积极的影响：

（1）典型形象美。在文学艺术中，在所有与景物相关的作品中，其本身的创作，大多都艺术化了或典型化了，为现代旅游者或观赏者提供了用之不竭的旅游文化资源或审美催化剂。因此，旅游者从中所感悟和想象出的景观形象，是艺术化了的典型形象。在现代旅游活动中，人们亲临特定的景观，品味相关的文艺作品，会从所反映的典型形象中得到一定的指向性审美信息，在增加人们"游兴"的同时，强化人们的审美感受。

（2）诗情画意美。旅游景观不仅是人们自由游赏的对象，而且是人们抒情感怀的凭借。事实上，中国文人历来有"触景生情"的文化心理习惯与"托物寄情"的艺术创作传统。许多文艺作品，如山水诗等，便基于客观的景物、作者的情感和音乐般的节奏，采用特殊的艺术描写方法彰显了相关景物的诗情画意美，从而也为当今的旅游者创造了观赏"景外之景"的可能性，并进一步丰富和美化了景观的审美价值。

（3）哲理内涵美。旅游文艺作品不仅描绘旅游景观的美，还寓理于景，蕴含着丰富的哲理内涵。也就是说，作者以写景状物为凭借或手段，表现自己的意趣、志向、抱负以及政治和生活态度，道出深刻哲理，用以提醒和激励自己与他人。作为旅游文化或旅游审美文化的丰富资源，这些具有哲理内涵美的文艺作品有益于提高旅游景观的审美文化价值和深化旅游活动的审美教育意义。①

---

① 邱德玉. 中国旅游文化[M]. 北京：科学出版社，2006：211－212.

第二节 中国旅游文学的发展轨迹

旅游是人类社会发展到一定阶段才产生的，旅游文学也只有当文学发展到一定的时代才随着旅游生活萌芽、发展、成熟起来。中国旅游文学源远流长，按照其发展水平与历史贡献，大体上可以划分为五个历史阶段：先秦两汉奠基期、魏晋南北朝兴盛期、唐宋繁荣期、元明清持续发展期以及现当代突变期。

一、旅游文学的奠基：先秦两汉

1. 先秦旅游文学

先秦旅游文学的起源可以追溯到上古漫长的岁月。当时以审美观赏为内容的、完整的旅游文学还没有产生，但含有旅游因素的神话传说已在民间口口相传。在旅游文学的萌芽时期，其主要表现形式是诗歌。先秦旅游诗歌主要见于《诗经》与《楚辞》。《诗经》中有许多诗篇反映了先秦时期多种多样的旅游生活，比较突出的有以下三类：①反映节庆郊野嬉游的，代表作如《郑风·溱洧》；②反映军旅行役宦游之旅的，如记叙周宣王巡猎的《车攻》；③反映送别相思之情的，如《燕燕》，抒写卫君送别其二妹远嫁情景。《楚辞》中有多篇涉及旅游，如《涉江》、《哀郢》、《悲回风》、《远游》等，以大量笔墨摹写自然景观，并表达作者高尚情操。

先秦旅游散文比较简略，一般未独立成篇，主要出现在三类著作中：历史散文，在记人记事中描写"旅游"情节；诸子散文，多为精心构撰的寓言故事，如《庄子·秋水》中"望洋兴叹"；杂著，代表作为《穆天子传》，全书六卷，前五卷记录周穆王驾八骏西游的故事。

2. 秦汉旅游文学

秦代旅游文学成就以旅游碑文为主，丞相李斯随秦始皇巡行天下，为歌颂秦始皇功德而在泰山、琅琊、会稽等地刻石为文，对后世碑文，尤其是碑刻记游诗文有一定的影响。

两汉旅游文学最突出的是旅游赋。汉代赋作繁盛，其中有很多旅游之作。如西汉司马相如的《上林赋》描写汉天子狩猎上林苑，摆宴听乐，大肆铺陈上林苑的宏丽及天子射猎的盛举；而东汉张衡的《归田赋》，用清新语言描写了仲春气清、草荣、鸟欢的美景，烘托归隐后怡然自得的心情，情景相恰。其他著名旅游赋还有蔡邕的《述行赋》等。

两汉旅游散文传世不多，其中马第伯《封禅仪记》被誉为中国旅游文学史上单篇登山游记的开山之作。此文翔实地记载了建武中元元年（公元56年）正月二十八至二月二十五日，随从光武帝刘秀登泰山封禅的经历和感受，文辞精练，写景状物抒怀，首创日记体游记格式，为后代沿用。

汉代旅游诗规模渐大，多与帝王游宴风气及吟诗传统相关。如汉武帝行幸河东，祀后土，环视帝京，于舟中与群臣宴饮之际，欣然而作《秋风辞》。汉代还出现了两种新诗体：一是乐府民歌，来自社会底层，形式以五言为主，内容涉及旅游的作品如《江南》、《艳歌行》等；二是五言诗，以东汉《古诗十九首》为代表作，其中《涉江采芙蓉》、《回车驾言迈》等描写旅人心态，真挚动人，朴素自然。此外，四言诗数量仍相当众多，其中曹操《观沧海》是中国文学史上第一首规范、标准的山水诗。

二、旅游文学的兴盛：魏晋南北朝

魏晋南北朝时期，尽管政治上动荡不安，却是文学的兴旺时期。在此期间，我国的山水诗与游记散文在很大程度上都得到了发展。涌现了一大批"模山范水"的作家，其中以曹操、曹植、陶渊明、谢灵运、鲍照、谢朓等为代表，散文家则以陶弘景、吴均、郦道元等为代表。魏晋南北朝是旅游文学的勃兴期，其兴盛标志包括：第一，以山水游览为主体，自觉而积极地产生各种旅游活动并行诸文学作品，已经成为知识分子阶层的普遍风气；第二，涌现出一批以旅游文学著称的名家名篇。

1. 魏晋旅游文学

魏晋社会盛行游山玩水，宴乐聚会，产生了以走向山水大自然为乐的人生取向，促进了旅游文学的兴盛。

汉末魏初的"建安文学"时期，诗歌创作出现了高潮，五言诗占据主体地位。其中有大量作品涉及旅游内容，如曹植《赠白马王彪》、陈琳《饮马长城窟行》、曹丕《至广陵于马上作》、《于玄武陂作》等，或写旅途跋涉、离别，或写乱世旅途所见惨象，或写郊野游宴赏景之乐，皆广为传颂。

西晋旅游文学主要是旅游诗，多表现人生闲适游赏情趣，反映失意文人怡然自乐的心态。如嵇康在《酒会诗》中写道："淡淡流水，沦胥而逝。"

东晋旅游文学成就最高者当属陶渊明，其《桃花源记并诗》描绘出一幅没有压迫剥削、生活无忧、安居乐业、理想的社会生活画卷。陶渊明旅游诗状写游历、山水风光，抒发游娱之乐，文辞淡泊，风格自然，将丰富的人生情感寄托于叙事、写景、议论之中。东晋旅游赋数量与质量都很可观，在景物的描绘上也有新的突破，比较著名的如孙绰《游天台山赋》。

2. 南北朝旅游文学

南北朝是中国旅游文学史上一个承前启后的重要时期，其成就主要表现在以下五个方面：

（1）刘宋年间山水诗勃兴，将山水作为独立的审美对象，逐渐形成一个独立的门类，既开拓了旅游诗的表现领域，更提高了旅游诗的艺术品位。谢灵运是文学史上第一个大量创作山水诗的著名作家。

（2）齐武帝永明年间（公元483～493年），出现了讲究平仄对应、音韵协调、对仗工整为特征的"永明体"，成为南朝中后期旅游诗的主要表现形式。成就最高的是谢朓，世人将其与谢灵运合称为"大小谢"，代表名篇为《游东田》。

（3）南北朝骈文创作盛极一时，形成文学史上空前绝后的骈文高潮，其中也产生了一批旅游骈文，辞藻华丽、对偶工整、句式匀称，又具备平仄抑扬顿挫的音乐美。如祖鸿勋《与阳休之书》向友人描述了游憩故乡雕山之乐。

（4）北魏出现了《水经注》。北魏郦道元在历年实地勘察的基础上，广泛收集各种资料，撰写出《水经注》，其中有大量山河景色的描写，具有非常高的地理文献和旅游文献价值及文学艺术价值。

（5）南北朝赋衍变出俳赋、律赋，将赋的形式美和音律美推向极致。此时旅游赋名篇如鲍照《芜城赋》、江淹《别赋》、庾信《春赋》等。《春赋》描述春游之乐，"新年鸟声千种啭，二月杨花满路飞，河阳一县并是花，金谷从来满园树。一丛香草足碍人，数尺游丝即横路。开上林而竞入，拥河桥而争渡"。

三、旅游文学的繁荣：唐宋

唐宋是中国文化发展的昌盛期，也是中国旅游文学创作繁荣期。这一时期，国力强盛，版图辽阔，政治开明，交通发达，中外文化自由交融，各种旅游活动络绎不绝，无疑也促进了旅游文学向更高的领域发展。

1. 隋唐五代旅游文学

旅游诗在这一时期达到了创作的黄金时代。初唐旅游诗个性鲜明，体例主要是五言、七言律诗，代表作有杜审言《登襄阳城》、王绩《野望》、张若虚《春江花月夜》、王勃《送杜少府之任蜀川》等。盛唐是中国诗歌的巅峰期，不但群星璀璨，佳作如云，且涌现了传诵千古的山水田园诗派和边塞诗派，山水田园诗派代表作家是孟浩然和王维，边塞诗派代表作家有高适和岑参等；出现了众多伟大的诗人，如李白、杜甫等，旅游佳作不断。中唐诗坛名家辈出，韦应物、白居易、韩愈、柳宗元、刘禹锡、李贺、孟郊、贾岛等的旅游诗题材广泛，风格多样。

唐代旅游文赋数量激增，佳作迭出，王勃《滕王阁诗序》、王维《山中与裴秀才迪书》、李白《春夜宴从弟桃花园序》、元结《右溪记》、白居易《庐山草堂记》等皆为古代游记中的佳作。

旅游词是唐代新兴的文学体裁,白居易、刘禹锡、温庭筠、韦庄、李煜等唐五代词人旅游词作广为传诵,五代后蜀赵崇祚所编词集《花间集》影响极大,为后代词作奠定了风格。

2. 宋代旅游文学

宋代诗歌方面也有许多的写景佳作。反映社会生活与山川风物的面也较广,写景状物尤富传神风致,宋代旅游词就内容而言,大体可分为:抒发旅游情绪类,如柳永《安公子·远岸收残雨》、秦观《踏莎行·郴州旅舍》等;描绘自然景物类,如李清照《怨王孙·湖上风来波浩渺》、吴潜《水调歌头·焦山》、苏轼《念奴娇·赤壁怀古》、吴文英《望江南·三月暮》等;凭吊、咏叹历史古迹类,如辛弃疾《水龙吟·登建康赏心亭》、孙浩然《离亭燕·一带江山如画》、张孝祥《水调歌头·过岳阳楼》、吴潜《满江红·豫章滕王阁》等。

宋代旅游诗数量也特别多,广泛反映社会生活和山川风物,如欧阳修《丰乐亭游春三首》、苏轼《游金山寺》、黄庭坚《雨中登岳阳楼望君山》、杨万里《晓出净慈寺送林子方》、陆游《醉中下瞿塘峡中流观石壁飞泉》、文天祥《扬子江》等流传一时,是公认的优秀旅游诗作。

宋代旅游文、赋较唐代发展更为突出,游记文学十分普及,篇数猛增,名家名作荟萃,苏轼、苏舜钦、欧阳修、范成大、陆游、朱熹、陆九渊、范仲淹、王安石等佳作不断,如《赤壁赋》、《石钟山记》、《沧浪亭记》、《醉翁亭记》、《峨眉山行记》等,而且出现了日记体游记,如范成大《吴船录》。

四、旅游文学的持续发展:元明清

1. 元代旅游文学

元代的代表文学是元曲,元曲包括元代的散曲与杂剧两部分。旅游散曲借记事写景以抒情言志,语言清新通俗,句型长短参差,佳作如关汉卿《一枝花·杭州景》、白朴《天净沙·秋思》、张养浩《山坡羊·潼关怀古》等。杂剧中有一些以旅游情节为"关目"的名作,如关汉卿《关大王单刀会》、《望江亭中秋切脍旦》,尚仲贤《柳毅传书》,李好古《张生煮海》等。

旅游词不乏佳作,如元好问《游黄华山》气势磅礴,意境壮阔;萨都剌《百字令·登石头城》借景怀古,风格豪迈,气势宏大。

2. 明代旅游文学

明代旅游文学创作十分普及,而且出现了一批旅游作家,也有不少佳作。在公安派的"三袁"中,袁宏道的写景之作最为出色。他的大量游记中写北京的

中国旅游文化

就有《满井游记》、《游高梁桥记》、《崇国寺游记》等,他的这些游记清新活泼、秀逸洁净,写景抒情,不拘一格。文学流派、创作群体迭起,使得旅游文学创作流派纷呈、各具特色,如《徐霞客游记》被誉为"千古奇书",还有王士性《五岳游草》、《广志绎》,袁中道《游居柿录》等。

明代小说创作繁盛,以旅游为主要或相关情节的小说数量激增,且由笔记小说、短篇小说发展为长篇小说,如余象斗《南游记》、罗懋登《三宝太监下西洋》等,还出现了白话小说,如"三言二拍"中《转运汉巧遇洞庭红》、《施润泽滩阙遇友》、《程元玉店肆代偿钱》等作品,通俗易懂。

3. 清代旅游文学

清代是中国古代旅游文学大发展的时期,多样的思潮、多彩的旅游生活在作品中得到了反映,涌现了大批艺术精品,它们各展其长、各具风格,名声楹联的繁盛也为这一时期的旅游文学增光添彩。清代旅游文学具有几个典型特色:一是明末清初,涌现出一批爱国作家,如顾炎武、王夫之、黄宗羲等,创作了许多慷慨悲壮的爱国旅游诗文;二是清代文学流派意识更为浓厚,争奇斗胜,繁荣了旅游文学的创作;三是旅游作品更加贴近生活,内容丰富。

鸦片战争后,帝国主义侵略加剧,旅游文学随时代的变化也发生了一些转变:忧患意识强烈,充满爱国主义精神,如林则徐《出嘉峪关感赋四首》抒发了忧国忧民的情感;反映海外旅游文学作品数量增大,影响日广,广泛介绍西方文明,传播新知识、新思想,如黄遵宪《日本国志》、张德彝《航海述奇》、斌椿《乘槎笔记》、康有为《欧洲十一国游记》、梁启超《新大陆游记》、王韬《扶桑游记》等。

五、旅游文学的突变:现当代

辛亥革命、五四运动、新民主主义革命、社会主义革命和建设,百年中国风云变幻,旅游文学也深刻反映出中国社会的巨大变化与古老文明的推陈出新,相对于古代旅游文学发生了根本性的转变。

1. 文学宗旨

提倡以世界先进文化为借鉴,中国人不断走出国门,从事外交、留学、考察、商贸、观光等活动,写下了不计其数的旅游作品。或传播西方文明,如朱自清《莱茵河》、徐志摩《我所知道的康桥》,或颂扬东方名胜古迹,如季羡林《琼楼玉宇,高处不胜寒》,或凭吊胜地、名人故居,如瞿秋白《到达莫斯科》、胡君《访马克思故居》,或歌颂祖国河山,如刘白羽《长江三日》等。

2. 文学题材

在旅游文学题材上除了表达传统的山水风光、名胜古迹、闲情逸致内容外,还注重以普通大众的旅游活动为对象,反映了海内外生活美、社会美、自然美的多层次性,大大拓展了旅游文学的多元性和表现领域。

3. 文学语言

旅游文学语言逐步通俗化、普及化,由文言文、半文言文发展到白话,并逐步取代传统诗词曲的主流地位,口语化、通俗化,贴近大众生活,扩大了旅游文学的读者群和创作群,扩大了旅游文学的阅读面和创作面。

4. 文学形式

旅游文学形式上由于科技发展的影响而呈现出多样性,出现了电影、电视、文学剧本,产生了以互联网为平台的网络旅游文学,传播范围和影响力较大。

第三节　中国旅游文学的类别

旅游文学是光辉灿烂的中国文学宝库的一个重要组成部分。中国旅游文学主要是以诗歌、词曲、散文及楹联等形式出现的,它们从不同角度和方面揭示和歌颂了我国自然风光和风土人情,在中国旅游文化中占有极其重要的地位。

一、诗歌

旅游诗歌在我国旅游文学中是产生较早、作品最为丰富的一个品种。诗歌中的山水诗、花鸟诗、怀古诗、风物诗几乎都和旅游有关。

1. 旅游诗歌的审美特征

(1) 追求人与自然的和谐。我国从周代开始就产生了"天人合一"的观念,肯定人为自然的一部分,认为人类与自然界同样遵循一个普遍的规律,人生的理想是天人的和谐。具备这种世界观的旅游诗人面对自然景观,往往就感到欣喜、陶醉,在旅游诗中就体现为自然与人生交织的情形,陶醉于自然美,达到"物我一体"的人与自然高度和谐的审美境界。

(2) 时间与空间的融贯。旅行是一种空间逾越形式,旅游诗人登山涉水,把亲身经历而获得的美感经验,用诗的形式表现出来。中国诗人和中国画家一样,多重透视,常从不同视点、不同时间看同一景物,在同一张画或同一首诗中表现出来。中国旅游诗往往在空间与时间的交替关系中来表现美感。旅游诗人在欣赏空间的广阔、宏伟时,同时也赞叹时间的永恒、无限。时空的融贯使人领会到万物生生不息而变化无穷的运动力量美。

(3) 自我追求与社会责任感的统一。中国传统思想重人生、重道德,强调人与人之间的和谐，人对社会的责任，讲求"修身、齐家、治国、平天下"。旅游诗人景观，往往追念历史，念江山而思人物，感慨良深，如感叹"出师未捷身先死"（杜甫《蜀相》），总要表现出对人生与社会的思考，个人的理想追求往往和社会责任感结合在一起，并力求把美与善统一起来。①

2. 旅游诗歌名篇赏析

（1）谢灵运《登池上楼》。

潜虬媚幽姿，飞鸿响远音。薄霄愧云浮，栖川怍渊沉。
进德智所拙，退耕力不任。徇禄反穷海，卧疴对空林。
衾枕昧节候，褰开暂窥临。倾耳聆波澜，举目眺岖嵚。
初景革绪风，新阳改故阴。池塘生春草，园柳变鸣禽。
祁祁伤豳歌，萋萋感楚吟。索居易永久，离群难处心。
持操岂独古，无闷徵在今。

谢灵运（385~433年）这首诗视角和景观不断地变换，对山水景物的声、色、光都有生动描绘，画面斑斓、多姿多彩。对仗工整，语言整饬华美，色彩明暗均成对比，有声有色，写出了景物的韵味情思，清新可读，情景交融，传神写意，给人以美的享受。

（2）张若虚《春江花月夜》。

春江潮水连海平，海上明月共潮生。
滟滟随波千万里，何处春江无月明。
江流宛转绕芳甸，月照花林皆似霰。
空里流霜不觉飞，汀上白沙看不见。
江天一色无纤尘，皎皎空中孤月轮。
江畔何人初见月？江月何年初照人？
人生代代无穷已，江月年年只相似。
不知江月待何人，但见长江送流水。
白云一片去悠悠，青枫浦上不胜愁。
谁家今夜扁舟子？何处相思明月楼？
可怜楼上月徘徊，应照离人妆镜台。
玉户帘中卷不去，捣衣砧上拂还来。
此时相望不相闻，愿逐月华流照君。
鸿雁长飞光不度，鱼龙潜跃水成文。

---

① 邱德玉. 中国旅游文化 [M]. 北京：科学出版社，2006：218.

>昨夜闲潭梦落花,可怜春半不还家。
>江水流春去欲尽,江潭落月复西斜。
>斜月沉沉藏海雾,碣石潇湘无限路。
>不知乘月几人归,落月摇情满江树。

张若虚,唐代扬州人。《春江花月夜》兼写春、江、花、月、夜及其相关的各种景色,以众景含哲理、寓深情,揉诗情、画意、人生哲理为一体,语言清新优美,韵律宛转悠扬,给人以澄澈空明、清丽自然的感觉,从而汇成一种情、景、哲理水乳交融的优美而又邈远的意境。

(3)杜甫《望岳》。

>岱宗夫如何?齐鲁青未了。造化钟神秀,阴阳割昏晓。
>荡胸生层云,决眦入归鸟。会当凌绝顶,一览众山小。

杜甫(712~770年),唐朝著名诗人。杜甫是唐代的写景大家,他的诗篇妇孺皆知。《望岳三首》写出了东岳泰山、南岳衡山、西岳华山的巍峨高大、神奇秀丽,给人以勇登绝顶、俯视一切的心胸气魄。全诗以"望"字统摄,形象鲜明,意境开阔,格调高昂,字里行间洋溢着青年诗人朝气蓬勃的灵气,昂扬向上、积极进取,给人以无限的启示和激励。

(4)李白《峨眉山月歌》。

>峨眉山月半轮秋,影入平羌江水流。
>夜发清溪向三峡,思君不见下渝州。

李白(701~762年),唐代浪漫主义诗人。李白是个大家,常以独特的视角、夸张的手法、惊人的想象写出奇情壮采的山水诗。这首诗大约是诗人青年时期"仗剑去国,辞亲远游"离开蜀地时的作品。李白的诗歌对后来的山水诗词影响久远,其为景点写的诗多使景点增色添彩,光耀古今,誉播遐迩。

二、词曲

宋代词进入繁盛阶段,北宋前期的百年承平、城市繁华养成了统治者娱宾遣兴、歌舞升平的作风。南宋时尽管山河残破,但统治者奢靡之风不减,其间既有文人雅士以高度艺术技巧、清新明丽的词句描写山水,也有胸怀政治抱负的文人借辞章描写山川的阔大雄浑,以寄托自己的报国之志。

散曲又被称为"清曲"、"乐府",由诗词演变而来,可以配乐演唱,是金、元以来的一种通俗韵文。在语言上,它比宋词通俗,能尽量吸收民间的口语;在句法上,它可以在一定曲牌的格律中增加衬字,比词更活泼;在内容上,和诗词一样用于抒情、写景、叙事,且便于清唱,有别于剧曲。

中国旅游文化

1. 旅游词曲的内涵

（1）画山绣水，写景抒情。这类词曲歌颂大好河山，描绘自然风光，状写人间百态，寄托个人情思。如柳永《望海潮》以巧妙的联想、典雅华丽的语言，浓墨重彩地描绘了杭州的繁华、钱塘江的壮观和西湖的美景，也抒发了作者对游人的良好祝福。

（2）观赏玩味，描摹景物。这类旅游词曲也写到山水，但它着重于对景物的观赏、描摹，细腻精致，耐人寻味。如元代徐再思《中吕·朝天子·西湖》："里湖，外湖，无处是无春处，真山真水真画图，一片玲珑玉。宜酒宜诗，宜晴宜雨。销金锅锦绣窟。老苏，老逋，杨柳堤梅花墓。"写西湖的湖光山色，极尽秀丽繁华和雅致风流。

（3）写亭台之美，抒登临之感。这些游览词曲既写所见之美景，更抒发游览中的感叹，且加入人间世事，使旅游诗包含更多的历史和社会意义。如辛弃疾的《菩萨蛮·书江口造口壁》于写景中交织着个人身世之感、民众疾苦与国家兴衰之感，表现出强烈的爱国思想，以及恢复中原的壮志和坚持抗敌的决心，倾吐壮志难酬的悲愤。

（4）追怀古代遗踪，寻访历史胜迹。这些咏吊之作，大都寓意深刻，能给后来者以某种启迪或思索。如苏轼《念奴娇·赤壁怀古》上阕咏赤壁，下阕怀周瑜，最后以自身感慨作结。江山、历史、人物一齐涌出，以万古心胸引出怀古思绪。①

2. 旅游词曲名篇选读

（1）苏轼《南歌子·山与歌眉敛》。

山与歌眉敛，波同醉眼流。游人都上十三楼。不羡竹西歌吹古扬州。
菰黍连昌歜，琼彝倒玉舟。谁家水调唱歌头。声绕碧山飞去晚云留。

苏轼（1037～1101年），北宋文学家、书画家。苏轼是豪放派词宗，他的诗词文赋无一不佳，其中不少都是歌颂山水的华章，他是追寻江山风月、探索人生哲理、抒发报国情怀的。这首词写的是杭州游赏之乐，但并非写全杭州或全西湖，而是写宋时杭州名胜十三楼，这十三楼是临近西湖的一个风景点。他的笔下，杭州不仅是游赏地、栖身所，更是摆脱烦恼的精神遁逃薮。

（2）柳永《望海潮》。

东南形胜，三吴都会，钱塘自古繁华。烟柳画桥，风帘翠幕，参差十万人家。云树绕堤沙，怒涛卷霜雪，天堑无涯。市列珠玑，户盈罗绮，竞豪奢。

---

① 邱德玉. 中国旅游文化［M］. 北京：科学出版社，2006：220.

重湖叠巘（yǎn）清嘉，有三秋桂子，十里荷花。羌管弄晴，菱歌泛夜，嬉嬉钓叟莲娃。千骑拥高牙，乘醉听箫鼓，吟赏烟霞。异日图将好景，归去凤池夸。

柳永（约987～1053年），北宋词人，婉约派创始人。钱塘江畔的杭州自古就是著名的大都市，风景秀丽，人文荟萃，经济繁荣，生活富足。在这首词里，柳永以生动的笔墨，把杭州描绘得富丽非凡。这首词一反柳永惯常的风格，以大开大阖、波澜起伏的笔法，浓墨重彩地铺叙展现了杭州的繁荣、壮丽景象。

（3）关汉卿《南吕·一枝花·杭州景》。

普天下锦绣乡，环海内风流地。大元朝新附国，亡宋家旧华夷。水秀山奇，一到处堪游戏，这答儿忒富贵。满城中绣幕风帘，一哄地人烟凑集。

［梁州第七］百十里街衢整齐，万余家楼阁参差，并无半答儿闲田地。松轩竹径，药圃花蹊，茶园稻陌，竹坞梅溪。一陀儿一句诗题，一步儿一扇屏帏。西盐场便似一带琼瑶，吴山色千叠翡翠。兀良，望钱塘江万顷玻璃。更有清溪绿水，画船儿来往闲游戏。浙江亭紧相对，相对着险岭高峰长怪石，堪美堪题。

［尾］家家掩映渠流水，楼阁峥嵘出翠微，遥望西湖暮山势。看了这壁，觑了那壁，纵有丹青下不得笔。

"钱塘自古繁华"，特别是南宋以杭州为都城，经过100多年的经营，使它成为当时世界上少见的美丽城市。这篇《杭州景》是赞美杭州的绮丽风光，市井繁华的著名作品。关汉卿借这套散曲抒发了自己对杭州景色风物的切身感受，又渗透了自己对祖国锦绣河山的深厚感情，同时又寄寓了他对山河更替、朝代兴亡的无比感慨，显示出不同于前人歌咏杭州景色的特色。

三、旅游散文

旅游散文不拘泥于狭义或广义，旅游是社会、政治、经济、文化等活动的一部分，是与时俱进的一种人文现象，也是现代人所追求的一种生活时尚。因此，凡是在旅游活动中，包括休闲、度假、健身、商贸、社交等活动中，以散文为表达形式，截取生活的片段，或绘景状物，或记人叙事，以抒发作者的感受，揭示事物本质的文章，都称为旅游散文。

1. 旅游散文的类型及审美功能

（1）以写景为主的散文。这类作品主要是通过对自然风光的描写，使读者开阔视野，增长知识，获得审美的愉悦。作品的功能主要是审美、娱乐和消闲。这类旅游散文所描写的对象，一般是新鲜奇异的，或者是作者独特发现的自然风光，或从新颖独特的角度出发。

中国旅游文化

（2）写景抒情明理的散文。这类散文，在描绘自然风光的同时抒写作者的人生感悟，揭示某种生活哲理，可以使读者在欣赏自然美的同时，又能获得思想的启迪。我国古代的记游散文中，如宋代王安石的《游褒禅山记》、苏轼的《石钟山记》，是这类旅游散文的典范。

（3）时代散文。这类旅游散文在记述作者的行程游踪、描写自然风物的同时，力图展现出时代风貌，折射出时代精神，反映人民群众的愿望，或者揭示某些社会问题，同时融入作者的生命体验，袒露作者的内心世界，以引起人们的注意。如著名散文作家杨朔的旅游散文，最大特征是艺术地和诗意地讴歌当时社会新生活和具有美好品德的人物及新事物，讴歌劳动、创造、贡献、和平和祖国，如《荔枝蜜》。

（4）旅游文化散文。这类作品以某处自然景观或人文景观为载体，偏重于历史知识和文化知识的描述介绍。如当代散文作家余秋雨的旅游散文蕴含着深厚而沉重的现实历史积淀，一处处人文景观便成了历史的浓缩，再由历史显现出文化，作者以独特视角、独到的表现方式以及深沉思考体现出强烈的人生感、民族感和历史沧桑感。

2. 旅游散文名篇选读

（1）范仲淹《岳阳楼记》。

予观夫巴陵胜状，在洞庭一湖。衔远山，吞长江，浩浩汤汤，横无际涯；朝晖夕阴，气象万千。此则岳阳楼之大观也，前人之述备矣。然则北通巫峡，南极潇湘，迁客骚人，多会于此，览物之情，得无异乎？

若夫霪雨霏霏，连月不开；阴风怒号，浊浪排空；日星隐曜，山岳潜形；商旅不行，樯倾楫摧；薄暮冥冥，虎啸猿啼。登斯楼也，则有去国怀乡，忧谗畏讥，满目萧然，感极而悲者矣。

至若春和景明，波澜不惊，上下天光，一碧万顷；沙鸥翔集，锦鳞游泳；岸芷汀兰，郁郁青青。而或长烟一空，皓月千里，浮光跃金，静影沉璧；渔歌互答，此乐何极！登斯楼也，则有心旷神怡，宠辱偕忘，把酒临风，其喜洋洋者矣。

嗟夫！予尝求古仁人之心，或异二者之为，何哉？不以物喜，不以己悲；居庙堂之高则忧其民；处江湖之远则忧其君。是进亦忧，退亦忧。然则何时而乐耶？其必曰："先天下之忧而忧，后天下之乐而乐"乎？噫！微斯人，吾谁与归？

此文写出了洞庭湖边岳阳楼上观看洞庭湖的乐趣，墨韵彩色，恣肆淋漓，由事入景，由情化理，历来脍炙人口。

（2）王安石《游褒禅山记》。

褒禅山亦谓之华山，唐浮图慧褒始舍于其址，而卒葬之；以故其后名之曰"褒禅"。今所谓慧空禅院者，褒之庐冢也。距其院东五里，所谓华山洞者，以其乃华山之阳名之也。距洞百余步，有碑仆道，其文漫灭，独其为文犹可识曰"花山"。今言"华"如"华实"之"华"者，盖音谬也。

其下平旷，有泉侧出，而记游者甚众，所谓前洞也。由山以上五六里，有穴窈然，入之甚寒，问其深，则其好游者不能穷也，谓之后洞。余与四人拥火以入，入之愈深，其进愈难，而其见愈奇。有怠而欲出者，曰："不出，火且尽。"遂与之俱出。盖余所至，比好游者尚不能十一，然视其左右，来而记之者已少。盖其又深，则其至又加少矣。方是时，余之力尚足以入，火尚足以明也。既其出，则或咎其欲出者，而余亦悔其随之，而不得极夫游之乐也。

于是余有叹焉古人之观于天地、山川、草木、虫鱼、鸟兽，往往有得，以其求思之深而无不在也。夫夷以近，则游者众；险以远，则至者少。而世之奇伟、瑰怪、非常之观，常在于险远，而人之所罕至焉，故非有志者不能至也。有志矣，不随以止也，然力不足者，亦不能至也。有志与力，而又不随以怠，至于幽暗昏惑而无物以相之，亦不能至也。然力足以至焉，于人为可讥，而在己为有悔；尽吾志也而不能至者，可以无悔矣，其孰能讥之乎？此余之所得也！

余于仆碑，又以悲夫古书之不存，后世之谬其传而莫能名者，何可胜道也哉！此所以学者不可以不深思而慎取之也。

四人者：庐陵萧君圭君玉，长乐王回深父，余弟安国平父、安上纯父。

至和元年七月某日，临川王某记。

本文以全新角度写探险之游和哲理之思，不是纯客观描绘山水，在刻画奇景同时把自己对生活的认识寄托于游山探奇的感受中，使自然之景与人生之理巧妙地熔于一炉。

四、旅游楹联

楹联是我国广为流传的独特文学样式，也是风景名胜中装点景观、表现景观文学韵味不可缺少的项目。我国各个旅游胜地几乎随处可见悬挂或雕刻在山石上的楹联，不仅对环境起烘托和渲染作用，而且其本身就是一道难得的风景线，成为我国旅游的一大特色。

1. 楹联欣赏常识

欣赏旅游胜地的楹联，应具备以下基本常识：

（1）分清上下联。上下联最后一个字的平仄要求比较严格，上联最后一个字多收仄声，下联最后一个字多收平声，以此可以来区分上下联；还可以按照左右分：以面对楹联为基准，挂在右侧的是上联，挂在左侧的是下联。

（2）学会断句。实地的楹联一般都不会有标点符号，对于一些长联，准确断句比较困难。要句读分明地读出长联，除了从内容上理解外，还应该运用对仗的知识，上下联相互参照，帮助断句。

（3）了解文字、书法常识。楹联与书法艺术紧密相联，欣赏楹联艺术同时也就是欣赏书法艺术。我们既要认识繁体字，又要熟悉异体字、古体字，如"豐"即"丰"、"識"即"识"。同时，还有不少楹联是用甲骨文、钟鼎文和篆体、草体书写的，我们也应该有这方面的知识。

（4）注意上下款。楹联的上下款内容较丰富，有的是交代时代、作者，有的说明楹联写作的背景，有的用行书注明楹联正文的内容（一般用于甲骨文、钟鼎文一类较难辨认的楹联），关注上下款，有助于理解楹联所表达的内容。

（5）掌握一定的背景史料。旅游胜地都有丰富的文化内涵，而楹联中又常常会运用一些相关的典故，所以能理解欣赏楹联的人也往往是知识积淀较深、有一定文化底蕴的人。作为旅游工作者，就要多丰富知识，努力提高文化素养。

2. 旅游胜地楹联选读

（1）长白山高山亭。

千峰拔地；万笏朝天

长白山主峰白头山多白色浮石和积雪，高山亭在长白山县境内的长白山上。寥寥八字，短促响亮，气势不凡。

（2）故宫中和殿。

仁寿握乾符，万国车书会极；
中和绵鼎篆，九天日月齐光。

故宫旧称紫禁城，是明清两代的皇宫。中和殿是故宫三大殿之一。此联是赞颂四海归一，国运兴盛。

（3）五台山塔院寺。

静坐常思自己过，闲谈莫论他人非。

塔院寺是五台山五大禅处之一，此联可谓格言联，劝谕众人修身养性。

（4）青海湖日月山石碑。

日上山，月上山，山上日月明；
青海湖，水海湖，湖海青水清。

青海湖为我国最大的内陆湖，此联为绞连对，对仗颇为巧妙。

（5）拙政园。

拙补以勤，问当年学士联吟，月下花前，留得几人诗酒；
政余有暇，看此日名公雅集，辽东冀北，蔚成一代文章。

拙政园为苏州四大古典名园之一。此为嵌字联，联首点出园名。

（6）温州江心寺。

云朝朝朝朝朝朝朝散；
潮长长长长长长长长消。

此联利用了异字同音或异音同字构成，指云每天都会出现朝霞，也会随之散云；潮水常常涨上来，也会消失下去。通过巧妙利用"朝"、"长"的多音多义的特点，构成云聚云散，潮涨潮落，描绘江心岛的风云变幻。

（7）滕王阁。

我辈复登临，目极湖山千里而外；
奇文共欣赏，人在水天一色之中。

滕王阁在江西南昌市赣江畔，此联上下联的前半句，分别借用唐孟浩然和晋陶渊明的诗句，上下联的后半句，均用《滕王阁序》的文章。

（8）泰山南天门。

门辟九霄，仰步三天胜迹；
阶崇万级，俯临千嶂奇观。

泰山山峰突兀，雄伟壮丽，南天门在泰山盘道近处。此联写出南天门在俯仰之间的泰山雄伟景观。

（9）成都武侯祠。

能攻心，则反侧自消，自古知兵非好战；
不审势，即宽严皆误，后来治蜀要深思。

武侯祠的联作颇多，尤以清人赵藩之联作脍炙人口而又发人深省。好的对联要准确描述景物的妙处，更要由景抒发情感，并能使后人进行深邃的思考。这副对联，语意简略明白，但文采照人，叙事寓情，颇富哲理。怀古喻今，感时叹世，抒情寄怀，深深地打动着每个读者的心，教育历代执政者以治军治国的道理。

（10）昆明大观楼。

上联：五百里滇池，奔来眼底，披襟岸帻，喜茫茫空阔无边。看东骧神骏，西翥灵仪，北走蜿蜒，南翔缟素。高人韵士，何妨选胜登临。趁蟹屿螺洲，梳裹就风鬟雾鬓；更苹天苇地，点缀些翠羽丹霞，莫孤负四围香稻，万顷晴沙，九夏芙蓉，三春杨柳。

下联：数千年往事，注到心头，把酒凌虚，叹滚滚英雄谁在。想汉习楼船，唐标铁柱，宋挥玉斧，元跨革囊。伟烈丰功，费尽移山心力。尽珠帘画栋，卷不及暮雨朝云；便断碣残碑，都付与苍烟落照。只赢得几杵疏钟，半江渔火，两行秋雁，一枕清霜。

上联写滇池风光，从横的方面写出东西南北，山的高峻蜿蜒，岛的秀丽多姿，萍草芦苇的丰茂，翠羽飞翔的自由。下联则从纵处落笔，历数汉唐宋元对云南的武功，兴盛隆替，既有追思怀远，也有扼腕慨叹。该联有景有情、有叙有议，有"古今第一长联"、"四海长联第一佳者"之誉。

五、其他

1. 传说轶闻

中国山水名胜中的传说轶闻十分丰富，为旅游地增添了更多的神秘和魅力。首先是笔记小说和广大群众口头创作的结合。汉魏以来，历代笔记、小说中都有山水传说，如《世说新语》、《容斋随笔》、《西湖佳雨》等。这些山水传说又与民间传说结合，不断丰富。比如绍兴王羲之的故事很多，其中鹅池的故事就很有名，流传最广的是王羲之为道士写《黄庭经》，道士送他一笼白鹅，这就是书成换鹅的故事。因绍兴城内确有戒珠寺内的鹅池和城外兰亭的鹅池，并有鹅池碑，相传为王羲之手书，正是因为遗迹中的蛛丝马迹，才使人们对故事深信不疑。

其次，这些山水传说大多是历史真实和艺术真实的结合，大的方面，即历史背景、社会生活环境、人物的主要经历和基本性格特征方面具有一定的真实性和可靠性，而具体的故事情节，以及与中心人物相关的一些人物等，则带有很大的虚构成分。如合肥包公祠，其中流传了包公的诸多故事，对于断案的具体过程，就有许多是按照后来人的意愿和想象加工出来的。

最后，山水传说总是褒扬着民族精神。山水传说中无论是历史上的名人，还是普通百姓都注重刻画人物的精神面貌，注重突出人物的高尚品质。例如，山东曲阜孔府孔庙中孔子诲人不倦、虚怀若谷、善思己过的哲人风采。历代人民口传心授，不断加工丰满，使山水故事具体而形象地弘扬民族最宝贵的精神。

2. 小说

以旅游生活为题材的小说不仅继承了古代旅游诗、游记等对山水景物意境的创造，而且着重于山水意境中人物性格的刻画，塑造个性鲜明的形象。阅读这些小说，不仅能领略到自然美、文物美，而且从这些人物形象上可以体会到旅游的魅力及巨大作用。旅游小说在质量和数量方面不及旅游诗词曲及散文等，但其有强大的生命力，原因如下：

（1）旅游小说比较适合反映旅游生活。相对于旅游诗文，旅游小说不仅可以容纳大量的题材内容，而且可以在更大的范围内进行艺术虚构，把真实的旅游资源和人物等作为原型或背景，有更大的创造余地，通过有限的篇幅揭示出更深广的旅游生活内容。旅游小说塑造艺术形象的手法也更为丰富多彩，显示出更多的风格特征。

（2）旅游小说比较适合当代多数读者的阅读口味。旅游小说以其完整的故事情节和鲜明的人物性格吸引不同文化程度的读者；而且旅游小说中的故事和人物更为接近读者，读者能更为直接、具体和多方面地从中汲取感兴趣的东西，来丰富自己、提高自己，并进而选择自己的旅游方式。这就使得旅游小说较旅游诗文拥有更多的读者。

3. 影视作品

首先，当前旅游记录影视片十分丰富，不但有自然风光片，还有反映民族风情、民俗民事、风味佳肴、工艺特产、古建筑园林等多种内容的旅游影视片。这些影片形式多样，有导游式的，从导游的视角向观众介绍风景等；游记式的，以游踪为线索，以第一人称记下线路风光和活动；专题式的，集中介绍某一个主题或旅游景点、目的地等。

其次，反映旅游工作者和旅游者工作、生活为主要内容的旅游故事影视片，有意识地把旅游观赏和旅游工作纳入写作题材，描写旅游者和旅游工作者的思想感情，充分展示旅游给人们带来的欢乐，揭示旅游在丰富人们精神生活方面所起的巨大作用。

最后，一些优秀的影视作品对旅游资源的形成、宣传与开发有着不可低估的作用。电影《庐山恋》上映持续时间之长、放映场次和观众人数之多，对庐山游的宣传价值极为可观。生产影视作品的工厂和拍摄场地也是旅游资源，如美国的好莱坞，江苏无锡的"三国城"、"水浒城"，浙江横店"影视城"等。

第四节　中国主要旅游传统艺术

在旅游活动中，涉及大量的艺术形式。本节主要介绍旅游活动中涉及的笔补造化的书法艺术、神似取胜的绘画艺术、气韵生动的雕塑艺术以及流派纷呈的戏曲艺术。

一、书法艺术

中国书法和旅游是紧密相连的，书法作为旅游文化中的一朵奇葩，在中国任何一处旅游景点都能看到书法作品，无论是门额还是对联，或者是石刻，可以说是无处不在。每一风景点或游览地都会有名人的笔迹，用传统的表现手法，来体现抒发此地此景，给人以情景交融、文入景中的感受。书法艺术与旅游紧密结合主要体现在以下几个方面：

1. 书法展览精品纷呈

几乎无一综合性博物馆不收藏中国书法作品，而专题博物馆更是有数千或数万书法珍品，这些书法作品很多是书法家的代表作，或是陵墓中出土的独一无二的作品，或是辗转异国他乡，不惜重金搜求的作品。故宫中的书画馆中所藏历代书画已达10万件以上，其中还不包括运去台湾地区的书画名迹，能一睹这些珍品的风采当然是一种乐事。这些珍贵的作品和收藏保存的动人故事就是开展旅游活动有形和无形的资源。

2. 对联匾额是景点建筑重要的饰品

中国厅堂自有其民族的布置方法，室内的书法中堂、条幅，立柱上的楹联抱柱，堂上悬挂的匾额都是书法作品。可以说这些对联匾额、书法作品都是古今名人此地彼时所作，名为应景之作，但多将情景交融，成为点睛之笔，令游人思绪万千。甚至有时有些景点很平常，但因文人雅士的书法便提高了景点的品位。

3. 摩崖石刻与碑林

中国旅游景观中的人文价值很多是通过碑刻实现的，不仅人文景观中碑刻众多，自然景观中也不乏碑刻。摩崖石刻，借助于高山丘陵的石壁，将名人书法刻于其上，此种手法历代相承，使石壁成为历代书法家大展身手之地。比如山东泰山上的石刻、广西桂林象鼻山还珠洞石刻等。摩崖石刻是人们触景生情的即兴之作，也是旅游的宝藏，若能拓片整理，按年代编排，探究古代思想发展的脉络，了解游客的特有心态，更可追溯风俗民情中的精华。

4. 书法名人故地

我国一些人文景观专为书法名人而设，原因是这些景点与名人的经历和书法有着联系，而后人到此凭吊活动多是围绕名人书法展开。书法名人故地总是追求书法的清新、淡雅、中和之美，这种内蕴的美使得景观的生命之树常绿。以兰亭为例，兰亭是为纪念东晋时著名书法家王羲之而建，其以《兰亭集序》的意境定出全园的基调；又以文中内容构景，显现书法家人生的片段；再以文章的翰墨风采显示兰亭的个性特征，使得兰亭跻身江南著名园林行列。

二、绘画艺术

从旅游角度讲，中国绘画作为极具开发价值的旅游资源，不仅表现事物，反映客观存在，而且更注重的是人文情怀，反映的是人的心声，表达的是社会的呼声和人们的寄托。

中国画本为人们生活实践和精神寄托及抒发情感的产物，因而它源于生活又高于生活，同时又与人的信念相关。中国画讲究"外师造化，中得心源"，追求天人合一的意念，向往山水的激情，崇尚实现艺术形象与主客观统一的神韵，强调意境，强调人与自然的和谐，追求形神统一。无论是国色天香、岁寒三友还是高山流水、钟馗捉鬼，一山一石一草一木一水一舟一人一鸟，内含着丰厚的文化底蕴，昭示着中国传统文化的无穷魅力。

中国画的第一个特征是追求神似，也就是说，无论是画人物还是画山水花鸟，都要充分掌握对象的神，即神韵和性格。因此，不讲求形式，采用散点透视法，用动态的观点，从不同角度来描绘事物。此外，国画在画人物时，也不讲求人体各部分之间的比例关系，而是"以形写神"，透过外形之似探索人类无形灵魂的真实。

中国画的第二个特征是讲求象征性和意境。作者在绘画时，往往注入了自己的主观色彩。如画家笔下冰雪中的梅、松和菊就象征着不畏严寒的精神，而山水画则常常同追求隐逸的思想有相关。所谓意境，是指画面所描绘的生活图像和画家所表达的思想感情融合一致而形成的艺术境界。

中国画的第三个特征是时空上的灵活性。它突破自然的界限，把不同时空的景物巧妙地安排在同一画面上。

此外，中国画在绘画与诗文、绘画与书法篆刻之间相互影响、关系密切，在绘画工具，即笔、墨、纸、砚、绢和画幅形式上，都有许多独到之处。

三、雕塑艺术

雕塑艺术，包括雕刻和雕塑两大类。简单地讲，雕刻是在金属、牙、角、骨、石、竹、木及其他材料上面刻出形象。

中国的雕塑艺术发展到了秦汉，形成了以陵墓为主的新特点，众所周知的秦始皇陵兵马俑雕塑群的出土震惊了世界，客观地反映出秦代大气雄浑的风格。中国雕塑艺术的另一发展趋势，就是东汉以来随着佛教的传入，大规模兴起的营造石窟、雕塑佛像的活动。尤其是南北朝时期，全国修寺兴佛风气大盛，中国最大的石窟群，如敦煌石窟、云冈石窟、龙门石窟和麦积山石窟均开凿于这一时期。中国雕塑传承五千多年的文化，在发展进程中，既继承传统，又有每个时代的性格，汇聚成一种独特的、深邃的艺术语言，独步于世界艺坛。

中国雕塑的种类，依出现的时代先后，大致可分为结合实用的雕塑、宗教雕塑、陵墓雕塑、赏玩陈设、公共雕塑及艺术创作。

1. 结合实用的雕塑

在原始社会，雕塑还没有成为独立的造型艺术门类，而是作为图腾崇拜的对象,或出于巫术礼仪要求而制作的具有雕塑性质的形象,或作为某种器具的附饰或构件而出现,主要不是作为审美对象而制作的。当时具有雕塑性质的作品多是陶器的盖纽、把手、附着物,或者器物的整体形象是模拟鸟兽或人形。原始社会除出现陶器等结合实用的雕塑外,也有一部分玉石工艺品,具有很高的雕塑观赏价值。

2. 宗教雕塑

原始社会及奴隶社会除先后出现各种结合实用的雕塑之外,还有大量具有宗教用途或带宗教性质的雕塑,包括原始崇拜的图腾和神像,如红山文化女神泥塑像。

商代青铜器大都是用于祭祀、礼制和享用的奢侈品,具有浓厚的宗教、政治礼仪的意义。有一部分造型明显与原始社会流行的自然崇拜、图腾崇拜、祖先崇拜有联系。器物稳定庄严的造型,富丽神秘的雕饰,人兽巧妙组合的神化形象,体现了一种宗教与政治权力相结合的情感和理念。

南北朝以后佛教传入,儒、释、道发展,由此出现的石窟与寺观,更成为宗教雕塑的主要园地。

3. 陵墓雕塑

陵墓雕塑主要有神道瑞兽、俑、明器、纪功造像、仪卫雕塑等。古代统治者和贵族阶级曾以活人殉葬,后逐渐改用模拟人形的"俑"。俑以草扎或陶、木、金属等材料制作,男俑多为武士或侍从,女俑为奴婢、伎乐、舞女。随葬明器有镇墓兽,以及其他石、木雕等。随着宫殿、苑囿雕造纪念性雕塑的同时,帝王陵前均放置石麒麟、石辟邪、石兽、石马之类的石雕,臣僚墓前亦置有石羊、石虎、石人、石柱等,作为墓地的象生,等同于生前之仪卫。

4. 赏玩陈设

宋元时期,出现大量专用于赏玩陈设的雕塑品。

宋代不但民间喜爱泥、木、竹、石、陶瓷类的赏玩雕塑,在宫廷、贵族之家也流行这类玩物。每年七夕,家家购买泥娃,取喻吉祥宜男,南宋杭州有专以擅塑泥孩儿而出名的街巷;鄜州(今陕西富县)田氏作泥孩名满天下,这类泥塑今难以见到,但陶瓷娃娃仍有出土。北方的磁州窑、钧窑、当阳峪窑,南方的景德镇窑、龙泉窑,都有玩赏性雕塑出土。明清时期,嘉定、金陵仍流行竹雕。在观赏雕塑中,也有佛道题材的作品,以及动植物的观赏性雕塑。

5. 公共雕塑及艺术创作

随着美术教育事业的发展、兴盛,艺术家社会身份的独立和现代城市的出现,雕塑家艺术创作不断取得进展,随之出现了个人艺术创作和公共雕塑(又称环境雕塑)。特别是纪念碑性质雕塑的需要,促进了大型雕塑以及名人雕像的发

第十章 中国旅游文学艺术

展,成为重要的教育工具和旅游资源。如南京中山陵孙中山先生全身像、北京八达岭青龙桥车站詹天佑纪念像都是具代表性的作品。

四、戏曲艺术

中国古典戏曲是中华民族文化的一个重要组成部分,它以富于艺术魅力的表现形式,为历代人民群众所喜闻乐见。而且,在世界剧坛上也占有独特的位置,与古希腊悲喜剧、印度梵剧并称为世界三大古剧。

中国著名的戏剧剧种如下:

1. 京剧

京剧又称"京戏"、"国剧"、"皮黄",为中国戏曲剧种之首,腔调以西皮、二黄为主,用胡琴和锣鼓等伴奏,被视为中国国粹。京剧表演讲究唱、念、做、打并重,常用虚拟动作,重视情景交融,声情并茂。京剧脸谱,是具有民族特色的、以人的面部为表现手段的图案艺术。

2. 昆曲

昆曲,又称昆剧、昆山腔,发源于苏州昆山一带,被联合国教科文组织命名为"人类口头遗产和非物质遗产代表作"。唱腔优美,在演唱上注重对声音节奏速度的控制,讲究咬字吐音,从而形成以缠绵婉转、柔曼悠远见长的独特风格。

3. 越剧

越剧,发源于浙江嵊州,发祥于上海,主要流行于上海、浙江、江苏、福建、江西、安徽等广大南方地区,是中国第二大剧种。越剧借鉴了昆曲、京剧中的舞蹈身段和程式动作,同时也吸收话剧、电影刻画人物性格、心理活动的表演方法,形成自我独特的写意与写实结合的风格。

4. 黄梅戏

黄梅戏原名黄梅调、采茶戏,是在皖、鄂、赣三省毗邻地区以黄梅采茶调为主的民间歌舞基础上发展而成。其唱腔委婉清新,表演细腻动人。

5. 评剧

评剧又名"平腔梆子戏",俗称"唐山落子"、"蹦蹦戏",是中国北方地区的代表戏种之一,主要在华北、东北等地流行。它是在莲花落、蹦蹦戏的音乐基础上,逐步吸收并借鉴梆子、京剧的唱法形成的。

6. 豫剧

豫剧又称河南梆子、河南高调,俗名"靠山吼"。它是河南省的地方戏曲,流行于河南、陕西、甘肃、山西等地。唱腔吐字清晰、行腔酣畅、节奏鲜明,唱词口语化。

7. 秦腔

秦腔也称"乱弹",是现存最古老、最大的剧种,被誉为百戏之源,流行于

中国旅游文化

遍及中国西北地区的陕西、甘肃、青海、宁夏、西藏一带。表演朴实、粗犷、细腻、深刻,以情动人,富有夸张性。

8. 粤剧

粤剧又称"广东梆黄"、"广东梆子"、"广东大戏",是广东省地方代表戏曲之一。它结合广东本地民间曲调,汲取弋阳腔、昆山腔、秦腔、徽班等地方戏曲的优点,逐渐发展形成,流行于广东、广西、香港和澳门等地。

9. 汉剧

汉剧俗称"二黄",又有"楚剧"、"汉调"两种叫法。它为湖北主要的戏曲剧种。主要流行于湖北省境内长江、汉水流域以及河南、湖南、陕西、四川部分地区。

10. 川剧

川剧是以昆、高、胡、弹、灯五种声腔为一体而构成的剧种。主要在四川、云南和贵州三省流行。川剧的表演特点是真实细腻、幽默风趣、乡土气息浓厚。

本章案例

逸逸千年的"浙东唐诗之路"

"唐诗之路"是指晋唐以来文人墨客往来频繁、对唐诗发展有着重大影响的一条山水人文旅游线路。古人自钱塘江入绍兴古镜湖,而后由浙东运河、曹娥江至剡溪,再溯源至石梁而登天台山,这是贯穿于浙江东部的一条古道。剡溪为这条古道的精华地段,由于会稽、天台、四明三座名山在此盘结,山间清流汇聚成溪,风光如画的剡溪在魏晋六朝即成为高士名流隐居遨游的好去处。

古人游浙东以水路为主,水尽则登山而歌。据统计,在《全唐诗》收录的 2200 余位诗人中,有 400 多人游览过这条风景线。大诗人李白、杜甫也都曾经乘舟溯剡溪而上,饱览了"山色四时碧,溪光十里清"的美景,留下了《梦游天姥吟留别》、《壮游》等千古绝唱,在浙东一带形成了一条飘逸着翰墨清香的"唐诗之路"。

"浙东唐诗之路"的概念由新昌县一位学者兼社会活动家竺岳兵先生首先提出。20 世纪 90 年代初他撰写的关于"唐诗之路"的论文一经刊发,立即受到学术界的重视。竺岳兵提出这一概念后,还多次邀请国内外研究唐代文学的专家学者沿曹娥江、剡溪至新昌、天台等地踩线考察。专家们经过缜密论证后指出,这是一条世界上绝无仅有的诗歌文化旅游线路。

1993 年 8 月,中国唐代文学学会正式发文批准"浙东唐诗之路"的专用名称。自此之后,在新昌召开了 6 次全国性和国际性的唐诗之路研讨会。"唐诗之路"成为继"丝绸之路"、"茶马古道"之后的又一条文化古道，并且产生了国际影响。近10年来，许多中外游客来到浙东，寻觅中国古代诗人的足迹，了解当地的风俗民情，感受"连峰数十里，修竹带平津"的旖旎风光。中国是诗的国度，唐诗是其中最绚丽的花朵，携一卷唐诗进行浪漫的山水人文之游，可以从中领略中国文化的博大精深。

2007年，浙江省新昌县人民政府成立了"浙东唐诗之路申报世界遗产领导小组"。自那时以来，"唐诗之路"所经之地，各市、县也纷纷开始了申报世界遗产的行动。嵊州市和上虞市人民政府相继成立了"浙东唐诗之路申报世界遗产领导小组"和"浙东唐诗之路申遗联谊会"。台州市则以台州大学为中心，进行了"唐诗之路"综合实践活动的案例研究，还开展了"唐诗之路"——天台山申报世界文化遗产工作；舟山市则结合本地历史和区域特点，提出探寻"海上唐诗之路"的构想。

有专家认为，按照世界文化遗产的具体评定标准，浙东"唐诗之路"有7项标准符合申遗要求：中国山水诗的发祥地、中国山水画的发祥地、佛教中国化时期的中心地、中国佛教化时期的中心地、道教巩固充实时期的中心地、中国书法艺术的圣地以及土族文化的荟萃地。

（资料来源：徐文潇．浙东"唐诗之路"申遗动力足［N］．中国旅游报，2011-05-02．）

案例分析

浙东山水本身具有自然资源优势，开发时不需要刻意修饰，也不需要太多投入，关键是要与"唐诗"的文化内核匹配起来。马鞍山市的"唐诗节"值得借鉴，可在浙东"唐诗之路"上开发国内或国际吟诗节（如李白吟诗节、浙东唐诗吟唱节），可立诗碑、建诗亭，将诗谱成曲，让游客同吟同唱等。如沿线各地可举办相关节庆文化旅游活动等，宣传浙东山水文化旅游资源的开发，提高浙东"唐诗之路"山水文化旅游品牌效应。

问题思考：作为一条涉及浙东多个市、县的旅游线路，各地在共同开发"唐诗之路"旅游产品时可进行哪些方面的合作？

本章思考题

1. 简述旅游文学艺术的功能。
2. 概述中国诗歌的审美特征。
3. 中国书法艺术与旅游的关系是怎么体现的？
4. 中国雕塑艺术有哪些种类？
5. 现当代旅游文学具有哪些特点？

第十一章　中国旅游宗教文化

本章提要

要求学生理解宗教的定义和本质；掌握佛教、道教、基督教以及伊斯兰教文化的不同和相似之处；掌握宗教和旅游业发展的关系。

章首案例

神木县二郎山景区举办首届宗教旅游论坛

2014年5月19日上午，由神木县旅游局主办的"三教合一，大善济世——中国·神木二郎山首届宗教旅游论坛"在神木县二郎山景区启动。

儒、释、道是中国传统文化的主体。二郎山儒、释、道三教合一的宗教形态让二郎山具有了丰厚的宗教底蕴，自然与人文的神奇交融让二郎山焕发出迷人的神韵，在近600年的发展史中，儒、释、道三教汇聚、共居一山的景观，也同样充分发挥了以教化民、弘善济世的社会功能，对促进神木及周边地区的和谐发展作出了非常有益的贡献。

此次论坛邀请了儒、释、道三教名人嘉宾相聚二郎山，观山、说教、论道，通过嘉宾主题分享、圆桌论坛、现场观众互动等方式互动交流，全面、客观地向省内外媒体展示与介绍了神木地区在发展宗教旅游文化产业方面的宝贵经验。

文化搭台，旅游唱戏，和谐发展。此次"三教合一，大善济世——中国·神木二郎山首届宗教旅游论坛"的启动，以三教合一的二郎山为文化传播基础，继续加强三教文化建设，发挥三教文化正能量，更有利于发掘二郎山在陕北三教合一发展中的历史地位和文化内涵，促进当地文化旅游和经济的发展。同时也能借船出海，向全国推出神木二郎山及神木各历史文化遗迹和旅游胜地。

(资料来源:《儒释道名家聚二郎山 说教论道传播正能量》[EB/OL]. 第一旅游网,2014-05-28.)

问题思考:神木县二郎山如何通过弘扬宗教文化来促进宗教旅游的发展?

第一节 宗教的定义与本质

宗教是社会意识形态之一,是上层建筑的重要组成部分。它相信在现实世界之外还存在超自然、超人类的神秘境界和力量,主宰着自然和社会,因而对其敬畏和崇拜。

一、宗教的定义

宗教,按照佛教的理解,具有教之分派之含义,因为佛陀所说为教,佛弟子所说为宗,宗为教的分派,合而言之则为宗教。"宗教"一词的现代理解源于西文,其范围就广泛得多。

我国宗教学家王治心说:我们一提"宗教",便会联想起巍峨的庙宇,高耸的礼拜堂,以及一切有制度有组织的物质;殊不知那种有形式的物质宗教,都是源于无形式的精神而来。这种无形式的精神,我们叫它宗教思想。所以,宗教思想,必定有任何组织、任何制度,在原始人类以至现代文明中,日常生活所表现出来的崇拜与神秘思想,不属于它的范围之内。

著名学者吕大吉认为,宗教有四个基本要素,即宗教组织制度、宗教行为、宗教体验、宗教的观念。在这四要素中,宗教观念是核心的层次。只有在有了宗教观念的前提下,才可能产生宗教的体验与感受,所以,第二层次是宗教体验或感受。宗教的崇拜行为(巫术、祭祀、祈祷等),是宗教观念与宗教体验的外在表现,故为第三层次。宗教制度、组织则是宗教规范化、制度化的结果,所以,它处于最外层次或第四层次。这四个层次,也可以分为内外两个层面,即将宗教观念、宗教体验作为内在层面,宗教崇拜、组织作为外在层面。按照吕大吉先生的理解,可以得出下面定义:"宗教是关于超人间、超自然力量的一种社会意识,以及因此而对之表示信仰和崇拜的行为,是综合这种意识和行为并使之规范化、体系化的社会文化体系。"

徐玉成认为,宗教是人类社会发展到一定历史阶段,人类思维能力发展到一定水平以后产生的社会现象。宗教作为意识形态,首先表现为一种特定形式的社会信仰；同时宗教也是一种文化现象，在历史上曾对社会文化、文明和社会进步作出过重大贡献。宗教是世界文明的一个重要组成部分，宗教与人类文明同步。世界上的一切国家、民族都有不同的宗教存在，不同宗教也反映了不同的社会文化、民族习惯、法律意识和政治制度，宗教是人类社会普遍的文化现象。

按宗教发展的历史形态分类，我们将宗教的类型概括为下列四种发展趋向和进程。

第一，从自发的原始宗教到人为的有组织的现代宗教。

第二，从氏族部落宗教到民族国家宗教乃至世界宗教。

第三，从万物有灵的自然崇拜到多神信仰和一神崇拜。

第四，从原始俗信，经中世纪神学统治，到近代以来的世俗化趋向，最后必将走向宗教的消亡。

二、宗教的本质

历史上，每一个研究宗教的学者都很关心宗教的本质问题。对宗教本质问题的研究从古希腊就开始了，近代，费尔巴哈、马克思和恩格斯对此问题做了系统的论述。

费尔巴哈是德国伟大的唯物主义哲学家，在德国近代哲学发展史上，他的最大功绩就是恢复了唯物主义的权威，并在此基础上完成了德国资产阶级对封建神学的批判。宗教问题，始终是费尔巴哈整个著述活动的中心，他认为，宗教是"自己思想和自己生活的主要对象"。在他看来，宗教的本质就是人的本质，宗教是被还原为人的自身本质的一种反映，也就是说不是上帝创造了人，而是人创造了上帝。

1844年，马克思在《黑格尔法哲学批判》导言中，科学评价了黑格尔派批判宗教的功绩，在此基础上，提出了自己对宗教本质的看法。第一，宗教是那些还没有获得自己或是再度丧失了自己的人的自我意识和自我感觉。第二，国家、社会产生了宗教，即颠倒了的世界观，因为它们本身就是颠倒了的世界。第三，宗教把人的本质变成了幻想的现实性，因为人的本质没有真实的现实性。第四，宗教是人民的鸦片。

恩格斯曾在《反杜林论》中对宗教的本质作了高度的概括。他指出："一切宗教都不过是支配着人们日常生活的外部力量在人们头脑中的幻想的反映，在这种反映中，人间的力量采取了超人间的力量的形式。"这段话说明：第一，宗教就其内容和对象来说，与其他社会意识形态一样，都是社会存在的反映，宗教信仰和崇拜的对象并不是什么不可捉摸的神秘权能，而是与人们日常生活密切相关，但却支配着人们日常生活的自然力量和社会力量。宗教的内容不管多么神秘玄虚，我们都可以在世俗社会找到它的"原型"。第二，宗教之为宗教，它与其他社会意识形态的区别在于：从反映形式上看，它是那些支配人们日常生活的外部力量在人们头脑中的"幻想的反映"，是人们幻想的产物。一切宗教信仰和崇拜的对象都是幻想出来的东西，客观上并不存在；从基本特征上看，宗教是一种信仰和崇拜"超人间力量"、"神"或"神灵"的宗教，信仰超人间力量是宗教最显著的本质特征。

第二节 佛教文化

佛教起源于印度，后在中国流传。虽然曾对社会进步和历史发展起过一定的消极作用，但同时也影响了中国的文化。佛教通过把自身的哲学思想和艺术形式与中国的传统文化结合起来，形成了有别于印度佛教文化的中国佛教文化，进一步丰富了中国文化的内容和形式。

一、佛教的起源与发展

公元前6世纪，在古印度恒河中下游流域出现了一些以城市为中心的国家，比较大的国家有拘萨罗国和摩揭陀国。与拘萨罗国相邻的有一个释迦族小国叫迦毗罗卫国，这个小国后来成了举世闻名的地方，因为在公元前5世纪的时候迦毗罗卫国的国王净饭王和摩耶王后在蓝毗尼生下了一位太子。这位太子叫乔达摩·悉达多，就是后来成为佛教创始人的释迦牟尼佛。释迦牟尼佛作为释迦族的圣人和觉悟者——佛陀，他在45岁时开始了漫长的弘法传教活动，直至80岁涅槃。其出生地蓝毗尼花园、成道地菩提伽耶、初转法轮地鹿野苑、涅槃地拘尸那迦是举世闻名的佛祖四大圣迹。

释迦牟尼时代的佛教属原始佛教，最初的教义是"四谛"、"八正道"、"十二因缘"等。佛陀在说法的同时建立了僧团和道场。佛经中经常提到的祇园精舍、竹林精舍、大林精舍等都是很有名的道场。佛陀在世时虽然讲述了很多佛教教义和戒律，但并没有文字记录。佛陀去世后，弟子们先后进行了四次佛经结集。第一次结集在摩揭陀国首都王舍城举行。由释迦牟尼最重要的弟子迦叶主持，释迦牟尼另外一位重要弟子阿难与其他五百弟子参加了这次活动。程序是由一些弟子分别背诵释迦牟尼在世时讲述的教义或戒律，众人听后确认为佛陀所说，便正式记录下来成为佛经，这个过程就叫结集。这次结集意义重大，佛教得以传世与此次结集有直接关系。此后一二百年间又进行了两三次结集，结集过程虽然导致了教派分裂，但佛教也因此而得到了发展。

公元前271年，古印度孔雀王朝第三代国王阿育王即位。阿育王皈依佛教后，大力推行佛教，不仅设专门机构发展佛教，颁布石刻法敕，修建佛寺佛塔，而且派了很多高僧四处传播佛教。

佛教的发展大致经历了以下几个时期：

1. 原始佛教时期（至释迦牟尼涅槃后100年）

佛教创立后，在印度几经演变。佛陀及其直传弟子所宣传的佛教，称为根本佛教。佛陀涅槃后，弟子们奉行四谛、八正道等基本教义，在教团生活中维持着他在世时的惯例。

2. 部派佛教时期（释迦牟尼涅槃后100～400年，约公元前4世纪到公元前1世纪）

由于佛陀在世时在不同场合对不同的对象有不同的说法，弟子们对此产生了不同的理解。约在佛灭后100年，佛教分裂为上座部、大众部两大派，称根本二部。此后100余年间续有分裂，先后分成十八部或二十部，称枝末部派。

3. 大乘佛教时期（公元1世纪中叶至7世纪）

这一阶段从大众部演化而成的大乘佛教在印度急剧发展，教化地区亦随之扩张。原上座部佛教被贬称小乘佛教。大乘佛教认为十方世界都有佛，修行果位分为罗汉、菩萨、佛三级，修行的最终目的在于成佛。小乘佛教又名上座部佛教，在理论和实践的基础体系上仍接近于原始佛教，认为世上只有一个佛，即释迦牟尼。教义重自我解脱，修行的最高果位为罗汉。

4. 密乘佛教时期（公元7世纪至12世纪）

印度密教是大乘佛教部分派别吸收婆罗门——印度教及民间信仰诸神因素而形成的特殊宗教形态。它以高度组织化了的咒术、仪轨、世俗信仰为其特征。密宗自称受法身佛大日如来秘密教旨传授，为"真实"言教，故名密教。

二、佛教的传播

1. 佛教在世界范围的传播

公元前3世纪，印度孔雀王朝阿育王时期，佛教开始向印度以外地区传播。从世界范围来说佛教的传播有三条路线：

（1）南传佛教。公元前3世纪，阿育王的儿子和女儿先后去斯里兰卡传教，使佛教在斯里兰卡迅速传播。后佛教又传入柬埔寨、缅甸、泰国、老挝及我国云南地区，形成了现在的南传佛教。

（2）藏传佛教。藏传佛教是北传佛教的一支，俗称喇嘛教，发源于中国西藏地区。西藏原始的宗教信仰是苯教，公元7世纪佛教从中国汉地和印度传入后，苯教和佛教相互融合，形成了具有西藏地方特色的佛教。主要流传于中国的西藏、内蒙古以及尼泊尔、锡金、俄罗斯、蒙古等国家和地区。

（3）北传佛教。佛教成立后，大约经过了500年从古印度传入中国，中国成为北传佛教的中心。北传佛教以大乘佛教为主，也包括密乘佛教。其经典主要属于汉语，亦称汉地佛教。后由中国传入朝鲜、韩国、日本、越南等国。

2. 佛教在中国的传播

佛教由印度传入中国后，经过长期传播发展，形成了具有中国民族特色的中国佛教，中国的佛教包括了南传、北传和藏传佛教三大体系，可以说佛教的起源在印度，发展却在中国。根据不同阶段佛教传播的特点，可以将佛教在中国的传播分为四个阶段：

（1）译传阶段。佛教传入中国大约在两汉时期，从两汉到后来的三国、两晋、南北朝，佛教在中国的主要传播活动是佛典的翻译。这一阶段，魏都洛阳和吴国的都城建业都是传播活动中心。这阶段的译经工作和对佛教教义的研究、宣传，为以后佛教发展打下了良好的基础。

（2）创造阶段和鼎盛阶段。隋唐时期是中国佛教发展的创造时期和鼎盛时期。在这一时期，思想理论有了新的发展，各个宗派先后兴起，创建了各自的理论体系，汉地佛教形成了八个主要宗派。但这一时期佛教未能与中国的道教及儒家思想相融合。

（3）融合阶段。宋、元、明、清时期佛教在中国的发展进入了与中国传统文化相融合的阶段。主要表现在两个方面：一方面，佛教与道教及儒家思想融合；另一方面，佛教借助文学、绘画、建筑等传统艺术形式，成为民间生活的一部分。①

（4）具有中国特色的阶段。新中国成立后，佛教内部进行了改革和发展，废除了原来残留的封建特权和带有封建剥削性质的一些不合理的制度；1953年成立了中国佛学会；1956年成立了中国佛学院；实行宗教信仰自由政策，等等。佛教在中国的发展进入了具有中国特色的佛教阶段。

三、佛教的基本教义和供奉对象

1. 佛教的基本教义

（1）缘起。"缘起"即"诸法由因缘而起"。简单地说，就是一切事物的一切现象的生起，都是相对的互存关系和条件，离开关系和条件，就不能生起任何一个事物或现象。"因缘"一般的解释，就是关系和条件。"缘起"是指若此有

---

① 周敦源. 旅游文化［M］. 杭州：浙江大学出版社，2005：98-99.

则彼有，若此生则彼生，若此无则彼无，若此灭则彼灭，这四句话就是表示同时的或异时的互存关系。

（2）四谛。"谛"是真理的意思，所谓四谛即四条真理：苦谛、集谛、灭谛、道谛。其中，"苦"指人生一切皆苦，苦海无边；"集"指造成人生痛苦的各种原因；"灭"指引导人们最终达到的理想境界；"道"指达到理想彼岸的手段和方法。

（3）八正道。"八正道"是把"四谛"进一步具体化，指出了通往彼岸世界的八种方法。即正见（正确的见解）、正思维（正确的思考）、正语（正确的言论）、正业（正确的行动）、正命（正确的生活）、正精进（正确的努力）、正念（正确的意念）、正定（正确的禅定）。①

（4）十二因缘。"十二因缘"即佛教"二世轮回"的基本理论，是对人生苦难缘由所做的分析。所谓"因缘"，即原因和条件。善有善报，恶有恶报，这便是因果报应论；过去世的因，造成现在世的果，而现在世的因，又造成未来世的果，这便是二世两重因果。

（5）法印。"印"指的就是印玺。皇帝、国王、君主的印玺可以证明文件的真实，借以比喻佛教的主要教义，也符合"法印"，为真正的佛法，所以称为法印。"诸行无常，诸法无我，涅槃寂静"，并称为三法印。

2. 佛教的供奉对象

（1）佛。所谓佛，即自觉（正觉）、觉他（等觉）、觉行圆满（圆觉）者。寺院经常供奉的佛有以下几种：

1）三身佛。根据天台宗的说法，佛（释迦牟尼）有三身，即法身佛——毗卢遮那佛，代表佛教真理（佛法）凝聚所成的佛身；报身佛——卢舍那佛，指以法身为因，经过修习得到佛果，享有佛国（净土）之身；应身佛（又称化身佛）——释迦牟尼佛，指佛为超度众生，来到众生之中顺缘应机而呈现的各种化身，特指释迦牟尼之生身。

2）三方佛（又名横三世佛）。三方佛体现净土信仰。佛教称世界有秽土（凡人所居）和净土（圣人所居佛国）之分，每个世界有一佛二菩萨负责教化。世界十方都有净土，但最著名的净土为西方极乐世界、东方净琉璃世界和上方的弥勒净土。"三方佛"正中为婆娑世界（即我们人类现住"秽土"，"婆娑"为"堪忍"之义）教主释迦牟尼佛，其左胁侍为文殊菩萨，其右胁侍为普贤菩萨，合称"释家三尊"。右侧为西方极乐世界教主阿弥陀佛，其左胁侍为观世音菩萨，右胁侍为大势至菩萨，合称"西方三圣"，或称"（阿）弥陀三尊"。

---

① 李星明. 旅游文化概论［M］. 武汉：华中师范大学出版社，2007：137-138.

3）三世佛（又名竖三世佛）。三世佛从时间上体现佛的传承关系，表示佛法永存，世代不息。正中为现在世佛，即释迦牟尼佛。左侧为过去世佛，以燃灯佛为代表。佛经上说，约3900亿年以前，释迦牟尼前世未成佛时曾借花献给燃灯佛，燃灯佛为他"授记"（预言他将来要成佛接班）。在有的寺院中，过去佛为（释迦牟尼前一任佛）迦叶佛。右侧为未来世佛，即弥勒佛。

4）华严三圣。毗卢遮那佛、文殊菩萨和普贤菩萨，三者合称为"华严三圣"。有的寺院专门供奉"华严三圣"，有的寺院则没有。

（2）菩萨。所谓菩萨，即指自觉、觉他者。寺院中常见的菩萨：文殊菩萨、普贤菩萨、观世音菩萨、地藏菩萨、大势至菩萨。他们又分别组合为"三大士"（文殊、普贤、观世音）、"四大士"（文殊、普贤、观世音、地藏，又称"四大菩萨"）和"五大主"（文殊、普贤、观世音、地藏、大势至）。

1）文殊菩萨。文殊师利菩萨——简称文殊菩萨，意译为"妙德"、"妙吉祥"，专司智德（即佛教认识论）。手持宝剑（或宝卷），象征智慧锐利；身骑狮子，象征智慧威猛，人称大智菩萨，相传其道场在山西五台山。

2）普贤菩萨。普贤菩萨——专司理德（即佛法）。手持如意律，身骑六牙大象（表示六度），人称大行菩萨，相传其道场在四川峨眉山。

3）观世音菩萨。观世音菩萨——也称为观自在、观世音等。为避唐太宗李世民讳，故又称观音。其左手持净瓶，右手持杨柳枝，因其大慈大悲，救苦救难，广大灵感，人称大悲菩萨。为普济众生，观音可以示现三十三身。观音作为菩萨本无性别，但在南朝后，为更好体现大慈大悲和方便闺房小姐供奉，产生女身观音像。为中国老百姓所喜闻乐见的还有千手千眼观音，有两种：一种为四十只手，每只手上有一眼睛，每只手和眼睛有二十五种功能，相乘后得千手千眼；另一种为一面二百五十只手，四面则一千只手，每只手上一只眼睛，为实际的千手千眼。常见的还有海岛观音，又名渡海观音，此观音普度众生，解脱苦海，其左胁侍为善财童子菩萨，其右胁侍为龙女菩萨。相传观音菩萨的道场在浙江普陀山。

4）地藏菩萨。地藏菩萨——因其"安忍不动犹如大地，静虑深密犹如地藏"（《地藏十轮经》），所以称地藏王菩萨。又因其决心"众生度尽，方证菩提，地狱未空，誓不成佛"，所以人称大愿菩萨。他手持锡杖，或手捧如意球。相传其道场在安徽九华山。①

5）大势至菩萨。大势至菩萨——《观无量寿经》载，他"以智慧光普照一切，令离三涂（指地狱、饿鬼、畜生'三恶道'）得无上力"，因此称为大势至菩萨。他头顶宝瓶，内存智慧光，让智慧之光普照世界一切众生，使众生解脱血

---

① 周敦源．旅游文化［M］．杭州：浙江大学出版社，2005：100－101．

火刀兵之灾，得无上之力。相传其道场在江苏南通的狼山。

（3）罗汉。全称为阿罗汉，即自觉者。称已灭尽一切烦恼、应受天人供养者。他们永远进入涅槃不再生死轮回，并弘扬佛法。寺院中有十六罗汉、十八罗汉和五百罗汉。还有民间传说的济公也列在罗汉之中。

（4）护法天神。本是古印度神话中惩恶护善的人物，佛教称之为"天"，是护持佛法的天神。著名的护法天神有四大天王、韦陀、哼哈二将（密迹金刚）、珈蓝神关羽等。

第三节　道教文化

道教信仰主要源于道家思想和古代神话，在发展过程中又吸收了儒家思想和佛教精神，构成独具特色的道教文化，对中国古代文化的发展产生了巨大影响。

一、道教的起源与发展

1. 道教的起源

道教是中国本土宗教，创立于东汉末年，创始人为张陵（又称张道陵），属多神教。东汉顺帝时（125～144年），张陵自称太上老君授以义道法，命其为天师。他造作道书，倡导五斗米道。张陵之孙张鲁继续弘扬其教，奉老子为教主，以《老子五千文》为主要经典。因老子宣扬"道"，所以"五斗米道"即为早期的道教。后来张陵被尊为张天师，亦被尊为道教的创始者。

建安二十年（215年），张鲁归降曹操，拜将封侯，五斗米道遂得合法传播，影响日增。

2. 道教的发展

魏晋以后，道教内部逐渐分化。一部分向上层次发展，东晋葛洪总结战国以来神仙方术的理论，为道教构设了种种修炼成仙的方法，建立一套成仙的理论体系，对道教的发展有较大的影响。北魏寇谦之（365～448年）、南朝宋陆静修（406～477年）等道士，对道教做了多方面的改造以适应上层统治阶级的需要，陆静修的再传弟子陶弘景（456～536年）整理构筑了一个整齐有序的神仙世界，并且主张佛、道、儒三教合流，对后世道教的发展影响极大。道教在上层化的同时，民间仍然流行"通俗道教"。

隋唐北宋时期，由于皇室扶持，道教发展达到兴盛的顶峰。这一时期，高道辈出，像隋唐时的王知远、孙思邈、吕洞宾，北宋的陈抟、张紫阳、陈景元等，都是道教史上有影响的人物。宋末,中国南北分裂,异族入侵,民众苦难,天师道在朝野失去人心。金元时期,北方兴起了全真教派,道教分为全真、正一两大派系,一直延续至今。明代中期以后,道教逐渐转衰。清代皇帝重佛抑道,使得道教的社会地位更趋衰落。①

3. 道教的兴盛及教派的创立

隋、唐、北宋时,不少帝王崇奉道教。唐代统治者,自称老子后裔,奉行崇道政策。宋真宗称赵玄朗为其族祖,奉为道教尊神。唐、宋统治者的崇道措施,对道教的发展起了促进作用。金、元以来,全国道教形成全真道与正一道两大教派。

(1) 全真道。金大定七年(1167年),北方王重阳创立了全真道,以《道德经》、《般若心经》和《孝经》为主要经典,主张三教合一。全真道清规戒律较严,道士必须出家住宫观。宫观采用佛家十方丛林制度,各地全真道士均可云游学道。元代,王重阳门下七大弟子分别开创了全真道的七个支派,其中以长春子丘处机所创的龙门派影响最大。现在,全国的宫观大部分属于全真道。

龙门派教义思想继承了全真道教祖王重阳之传,以清心寡欲为修道之本;至清代王常月中兴,力图恢复全真初宗,强调真功真行,以持戒为基,见性为主;闵一得进一步融摄儒佛,开"龙门方便法门",以三教同修,修身寡过。"惩忿窒欲、融汇儒佛、遵行戒律、勤练内丹",此四者大体上是现今龙门派最基本的修炼观点。

(2) 正一道。源于早期张陵所创五斗米道,即天师道。相传其创教时,称太上老君"教以正一新出道法"。张陵第四代孙张盛迁居江西龙虎山后,尊张陵为"正一天师"。正一道以《正一经》为主要经典,善行符箓(即画符念咒,降神驱鬼,祈福攘灾)。元成宗大德八年(1304年)授江西龙虎山二十八代天师张与材为"正一教主",主领三山符箓。江南道教三大宗——以江西龙虎山为本山的正一派,以江西阁皂山为本山的灵宝派和以江苏句容茅山为本山的上清派,正一道不接纳云游道士。正一道士可以不居宫观在家修行,正一道主要流行在我国江南地区和台湾省。

二、道教的基本教义和供奉对象

1. 道教的基本教义

(1) "道"为万物之母。道教创立之初,奉老子为最高天神及祖师,以所著《道德经》为圣典,道德经中两个基本概念"道"和"德"为道教最根本的信

---

① 周敦源. 旅游文化[M]. 杭州:浙江大学出版社,2005:111.

仰。以后,道教各派、各经典都把"道"作为最高精神境界加以崇奉,认为"道"是宇宙的本源与主宰,为万物之母,无所不在,无所不包,无时不存。宇宙由"道"派生,宇宙生元气,元气演化成天地、阴阳、四时、五行,再产生出万物。

与道并提的是德。德者得也,得于道果谓之德,道之在我就是德。"道"与德制约一切,驾驭一切。在道教典籍中,对道德的解释很多,应用广泛,如道为天,德为地;道主生,德主养;道为阴阳,德为五行;道为原理,德为方法等。总之,道是宇宙的本源,是天地人万物的主宰,取得这种本源的体性便是德,能体现宇宙本源的就是最高天神。道教的宇宙观、人生观均以道德为构建基础。道德也成为所有道派的行为准则。

(2)追求长生不老,肉身成仙。道教认为"道"可因修而得,只要认真修炼,就能"使道与生相守,生与道相保,二者不相离","神与道合,谓之得道",得道即可长生不老,成神成仙。道教的修炼方法称为道术。道术很多,归纳起来不外乎内养、外养、房中术、斋醮、符箓、守庚申等,因道派不同而有差别。

1)内养。内养是指运用一定的方式对精、气、神进行修炼,基本方法有内观守静、抱一存神、吐纳行气、炼内丹等。

2)外养。外养指服食药物,使身体健康,长生不老。

3)房中术。房中术是指道教修炼之术,后来房中术多被误解为亵渎之术,道教中也有人不提倡,此术渐趋消亡。

4)斋醮。斋醮是道教祭祷仪式,基本程序有设坛、摆供、梵香、化符、念咒、上章、诵经、赞颂。常配以音乐、烛灯、禹步,以祭告神灵,祈求消灾免难,添福增寿。斋醮既是道教信众的基本修行方式,也是与大众结缘的常见法事仪范。斋醮活动时颂赞辞章,唱念音乐,乐器伴奏,内容丰富,保存了大量文学、音乐史料,是宝贵的文化遗产。

5)符箓。"符"是帝王下达指令的凭证,有无上的权威。"箓"即记录之意。方术之士认为,天神都有符,或为图形,或为箓文,在天空以云彩的方式出现。道教初期的太平道和五斗米道都大量制作和使用神符。历朝有一些皇帝受箓,既表示崇信道教,又表示其帝位为神所授。

6)守庚申。守庚申也是常见的道术。道教认为人体内有三虫,分别位于头、腹、足中,它们是欲望和百病的根源,在人体内靠俗气生存。如果人不食五谷,断其谷气,三虫就无法存活。唐宋时代,守庚申在修道人乃至平民百姓中都很盛行。

2. 道教的供奉对象

（1）尊神。

1）三清。玉清、上清、太清合称三清。道化为三清，统御诸天神，宇宙万物皆出其创造，是道教信奉的最高尊神。①玉清又称元始天尊，居清微天之玉清境；②上清又称灵宝天尊，居禹余天之上清境；③太清又称道德天尊，亦即太上老君，居大赤天之太清境。①

2）四御。指地位仅次于三清的四位大帝，即总执天道的玉皇大帝及协助玉皇的紫微北极大帝、勾陈南极大帝、后土皇地祇（俗称王母娘娘）。玉皇大帝和后土皇地祇民间尊称"天公地母"。

3）四方护卫神。道教的四方护卫神由黄道圈上的二十八宿诸星组合而成，即东青龙、西白虎、南朱雀、北玄武。其中北方七宿玄武呈龟蛇形象，后被人格化称玄武大帝或真武大帝，备受推崇。道教还把日、月、金星、木星、水星、火星、土星及北斗星奉为很高的神灵。文昌帝君、魁星也是人格化的星宿神，因其主文运功名而颇受古代读书人的尊奉。

4）三官。指天官、地官、水官，是早期五斗米道尊奉的神灵：天官赐福，地官赦罪，水官解厄。据说此三官的诞辰日分别在上元正月十五、中元七月十五和下元十月十五，故三官大帝又称三元大帝。

（2）神仙。神仙是道教理想中修真得道、神通广大、长生不死的仙人。道教相信众生均可修道成仙。如流传民间的"八仙"——铁拐李、汉钟离、张果老、何仙姑、蓝采和、吕洞宾、韩湘子、曹国舅，即为道教的八位神仙。他们多为高道，在历史上确有其人。后经民间传说和道教的渲染，变成了仙人。

（3）护法神将。

1）关圣帝君，即关羽。道教尊其为关圣帝君。道教称，关圣帝君具有司命禄、佑科举、治病除灾、驱邪避恶乃至招财进宝、庇佑商贾等"全能"法力。

2）王灵官。王灵官名王善，是宋朝蜀人萨守坚的弟子，后成为道教重要护法神将，专门镇守道观山门，镇妖压魔。

第四节 基督教文化

基督教是信仰耶稣为救世主的各教派的统称，在世界三大宗教中流传最广、

---

① 周敦源. 旅游文化 [M]. 杭州：浙江大学出版社，2005：113-115.

拥有教徒人数最多。"基督",源自希腊文,其意为"救世主",是基督教对其创立者耶稣的专称。

一、基督教的起源与发展

1. 基督教的创立

基督教创立于公元1世纪初罗马帝国统治下的巴勒斯坦地区。其创立者耶稣是巴勒斯坦拿撒勒人,30岁左右开始传教。由于他在传教的同时施行了许多"神"活动,受到犹太教士上层势力的嫉恨,最后被罗马驻犹太总督彼多拉以谋叛的罪名钉死在十字架上。相传他死后三天复活,多次向他的信徒显灵。40天后,他应上帝号召返回到天国。据称到世界末日那天耶稣将重返人间,进行最后的审判,在世上建立公正和平的"千年王国"。

初期的基督教徒大多是贫民和奴隶,对统治者极端仇恨。因而受到罗马帝国的残酷迫害。公元2~3世纪,分散在各地的社团开始走向统一,教会逐渐形成。基督教亦由于中上层人士加入并逐渐取得领导权而改变其早期的性质。公元3世纪中期,基督教为罗马皇帝所镇压,被称为"教难时期"。公元313年,罗马皇帝君士坦丁大帝颁发《米兰敕令》,承认基督教的合法地位。公元392年,罗马皇帝狄奥多西一世正式承认基督教为罗马帝国国教。

2. 基督教的发展

耶稣死后十几年内,信徒们以耶路撒冷为中心,过着"凡物公有"的集体生活,核心领袖是彼得和雅各,以后信众逐步向小亚细亚等地发展,公元2世纪传向地中海地区。由于基督教徒不敬拜皇帝塑像,并举行秘密活动,与罗马统治者常有摩擦。3世纪中叶,罗马皇帝戴奥克里下令镇压基督教,解散其组织,没收其财产。这段时期被称作"教难时期",教会转为"地窖活动"。罗马统治者的镇压没有削弱教会,反而促使了它的发展。公元312年,罗马皇帝君士坦丁颁布敕令,承认基督教的合法权利。公元380年,奥多西皇帝把基督教定为国教,将大批的土地、农奴和各种经济特权给予教会。基督教迅速发展,成为罗马帝国统治者的精神支柱。

以后,基督教在欧洲地位越来越高,以致达到神圣不可侵犯的地步,哲学、政治、法学乃至人们的日常生活习俗都在神学的控制下,教会的权力高于一切。中世纪基督教由最高统治者直接控制,教权依附于国家政权,经院哲学发展起来,基督教理论日趋完善。

1054年,基督教分裂为东西两部分。西部以罗马为中心,被称为罗马教会、天主教、加特力教或罗马公教。东部以希腊为中心,叫希腊正教或东正教。16世纪,马丁·路得提倡宗教改革,罗马教会又分裂成新旧两派。

3. 基督教的教派

基督教有罗马公教、东正教、新教三个大教派。中国人把罗马公教称为天主教，把新教称为基督教。

（1）罗马公教。"公教"一词来源于希腊文，意思是"普遍的"、"全世界的"，意译为公教，其中心在罗马，故又叫罗马公教。其传入中国后，信众将他们所信奉的神称为"天主"，意思是至高无上的主宰，其教便叫"天主教"，所以天主教是中国信徒对罗马公教的称呼。罗马公教的最高首领为教皇，住在罗马城西的梵蒂冈。梵蒂冈面积为0.44平方千米，是君主制政教合一的独立主权国，用高墙与罗马隔开。罗马公教注重教阶，其教阶如下：教皇—红衣主教—总主教—主教—神父—修士修女。罗马公教执行七件圣事，即洗礼、坚振、圣体、告解、终傅、神品、婚配。宗教活动仪式和服饰隆重庄严，教堂内装饰豪华壮观。神职人员不结婚，神学体系以彼得神学为主要依据，强调"和解救赎"，礼仪语言是拉丁语。

（2）东正教。基督教产生不久，就逐渐分化成以希腊语地区为中心的东派教会，和以拉丁语为中心的西派教会。1054年，东西两派正式分裂，以君士坦丁堡为中心的东部教会认为自己是基督教的正统，自称正教（"正教"即有正统教义和正宗教会之意）。它们不接受罗马教皇的领导，实行牧首制。18世纪，东欧一些国家的东正教又陆续脱离君士坦丁堡的牧首管理，各自独立，只在名义上承认君士坦丁堡牧首为首席牧首。

东正教的主要特点：①保守性，对古代基督教教义和礼仪不做任何改变；②神秘性，强调隐修、禁欲，与世隔绝；③依附性，依附于世俗政权，受制于皇帝；④多中心，各教区各自发展势力形成多中心。

东正教以约翰神学思想为主要依据，强调"道成肉身"。教堂华丽，庄严隆重，气氛浓郁，圣乐团演奏仪式复杂。执行七件圣事，画十字时用拇指、食指、中指三个指头。神职人员分黑品、白品两种，黑品不能结婚，白品可结婚，不能升主教。其教阶：牧首—都主教—大主教—主教—修士修女。

（3）新教。1517年，罗马教皇列奥十世以修建圣彼得堡大教堂为名，在德国推销"赎罪券"，宣称赎罪券是上帝的最高礼品，买赎罪券的人不但以往罪恶可得赦免，将来的罪也可得赦免。为已死的人购买，可使其立即脱离罪罚。这些荒唐的宣传引起大众的反感，教会内部也出现混乱。维登堡大学神学教授马丁·路德在同事支持下，按大学里神学辩论会传统，在维登堡大教堂门前贴出《关于赎罪券效能的辩论》九十五条论纲。论纲不胫而定，一月之内被译成数国文字，传遍西欧，由此引发一场宗教革命。支持路德的人形成新的派别，即新教。

新教的主要特点：组织自由化；教堂简朴，只以十字架作标志；实行两件圣事（受洗和圣餐）；神职人员只有牧师，牧师可以结婚；各地采用本地语传教；神学思想以保罗神学为主要依据，强调"因信称义"。

二、基督教的基本教义

1. 上帝创世说

基督教认为世界是上帝创造的。上帝创世之前，什么都没有——没有时间，没有空间，没有任何物质，只有上帝和他的"道"与"灵"。《旧约·创世纪》说，上帝用六天时间创造了天地万物和人。第一天他创造白天和黑夜；第二天创造空气；第三天创造陆地和海洋，第四天创造太阳、月亮、星辰；第五天创造鱼类和鸟类；第六天创造牲畜、兽类、昆虫等，又按自己的样子用泥土创造了男人亚当，取亚当的肋骨，创造了女人夏娃；第七天，上帝的"创世工程"结束后，休息，定为"安息日"。

2. 原罪救赎说

《旧约·创世纪》说，上帝创造了人类的祖先亚当和夏娃，让他们在伊甸园享受无忧无虑的快乐生活。在蛇的引诱下，他们偷吃了"知识之树"的禁果，被上帝逐出伊甸园。他们在大地上繁衍子孙，人类便产生了。亚当、夏娃的罪是人类的原始罪，也是人类一切灾难和罪恶的根源。任何人都禀赋原罪。这种原罪人类无法自救，只有忏悔。基督可以为之赎罪，基督用血为人们洗去罪恶。人类犯罪太多，会受上帝的惩戒。《创世纪》说，亚当、夏娃的子孙越来越多，不断犯罪。上帝后悔不该创造人，决定用洪水将所有的人、兽、昆虫、飞禽都消灭掉。但人群中有一个叫诺亚的义人，上帝不忍心让他与罪恶一齐毁灭，指示他造一只大船——方舟，让他全家和各种飞禽走兽雌雄各一对，到方舟避难。船造好后，暴雨下了四十昼夜。雨停后，洪水泛滥，过一百五十天还不见陆地，诺亚取出一只乌鸦，乌鸦没有回来。他又放出一只鸽子，鸽子找不到陆地，又飞回方舟。七天后，诺亚又放出鸽子，鸽子衔回一枝嫩橄榄树枝不久，洪水就退去了。西方文化中"诺亚方舟"比喻避难所，鸽子和橄榄枝，则是和平的象征。洪水是上帝对人类的第一次审判。

3. 天堂地狱说

基督教认为，上帝住在天堂上，众天使侍立在上帝身边，基督就坐在上帝的右边。天堂是极乐世界，黄金铺地，宝石盖物，美景妙乐让人享受不尽。信仰上帝，得救的灵魂可以升入天堂；不信上帝、不忏悔过的罪人，死后灵魂会到地狱受苦。地狱中到处是熊熊的烈火，还有蛇蝎猛兽咬噬人的灵魂。天主教和东正教还设有炼狱，那些既不能升天，又不应下地狱的，暂居炼狱，炼净灵魂，赎完罪恶，可升入天堂。[1]

三、基督教的建筑及礼仪

1. 基督教的建筑

基督教传入中国后，其建筑也传入中国。如有巴西利卡式、罗马式、哥特式、拜占庭式、斯拉夫式。当然，也有用中国传统建筑作教堂的，中国的教堂建筑主要有以下几种：

（1）罗马式教堂。因其模仿古罗马凯旋门、城墙、古堡等建筑式样，采用古罗马式的券、拱等得此名。其主要特征为厚实的石墙、狭小的窗户、半圆形拱门、低矮的圆屋顶、逐层挑出的门框，上部饰以圆弧形拱环、交叉的拱顶结，以及层叠相重的连拱柱廊等。因大量使用立柱和各种拱券，而形成敦实厚重、均衡安稳、力度饱满、结构完整的美学效果。如位于上海松江区佘山的圣母大教堂，素有"远东之冠"之称，即为罗马式教堂建筑，东西长56米，南北宽25米，脊高17米，塔楼高38米，全部基础皆筑于岩层之中。

（2）哥特式教堂。哥特式建筑是罗马式建筑的一种发展，教堂要表现"光"（增大窗户，扩大采光面）、"高"（向高处延伸）、"数"（为达到"光"和"高"要求，要改变各种比例），又名高直建筑。它以墩柱、薄围护墙和尖形肋骨交叉拱顶、飞扶壁、花窗棂、彩色镶嵌玻璃和高耸的尖塔为其主要特征。因其"光、高、数"而增添较多神秘色彩和氛围。如上海徐家汇天主教堂，为上海教区主教座堂，系远东最大天主教堂之一。该教堂即为哥特式建筑，两座钟楼南北对峙，高达60米。白石柱，红砖墙，青铝顶，彩色图案玻璃，内有祭台19座，堂内有金山石雕砌成的楹子64根，可容纳2500余人进行宗教活动；又如北京的天主教西什库教堂（北堂）也是哥特式建筑。

（3）拜占庭式教堂。拜占庭艺术因东罗马帝国的首都拜占庭而得名。其主要特点是采用"集中式"和"希腊十字形平面式"布局，屋顶作穹隆形，由独立的支柱加帆拱来构成。位于上海徐汇区的东正教堂（亦名圣母大教堂），顶部为半圆弯顶，中间有一大穹顶四角有四个小穹顶，同苏联红场旁边的教堂屋顶基本相似。这种建筑风格源于拜占庭教堂建筑艺术，其风格特点是，将罗马晚期的艺术形式和以小亚细亚、叙利亚、埃及为中心的东方艺术相结合，有浓厚的东方色彩。

（4）中国宫殿式教堂。位于上海梧桐路的"老天主堂"，是上海地区最早设立的天主教堂。为中国宫殿式建筑，高15米、宽16米、进深12米，创建于

---

[1] 周敦源. 旅游文化［M］. 杭州：浙江大学出版社，2005：121.

(明)崇祯十三年(公元1640年)。

2. 基督教的礼仪

(1) 称谓。基督教的信徒之间称平信徒,在我国习惯称教友。新教的教徒之间可称兄弟姐妹,因为大家同是上帝的儿女;也可称同道,因为都信奉耶稣所传的教道。另外,根据教派和教职的不同,其称谓也不同。天主教的教职有教皇、主教、神父,神职人员有修士和修女;东正教的教职有普世牧首、牧首、都主教、大主教、主教、大司祭、司祭、辅祭等,神职人员为修士和修女;基督新教的教职有牧师、传道员等;圣公会有坎特伯雷大主教、大主教、牧师、会吏;信义会有"监督"(主教);卫理会有"会督"(主教);加尔文会有长老。

(2) 洗礼。这是基督教的入教仪式,经过洗礼后,就意味着教徒的所有罪都获得了赦免。洗礼的方式有两种:点水礼和浸水礼。天主教多施点水礼,由主礼者(牧师或神父)将小杯水蘸洒在受洗者额头上,或用手蘸水在受礼者额头上画十字。东正教通常施浸水礼,主礼者口诵规定的经文,引领受洗者全身浸入水中片刻。

(3) 礼拜。礼拜是信徒们在教堂中进行的一项包括唱诗、读经、祈祷、讲道和祝福的宗教活动,通常在每周日举行,即"主日礼拜",据《圣经·新约》中记载,耶稣是在这天复活的。另有少数教派规定星期六(安息日)做礼拜,称为"安息日礼拜"。除每周一次的常规礼拜外,还有每月一次纪念耶稣受难的圣餐礼拜、为纪念亡故者而举行的追思礼拜、结婚礼拜、安葬礼拜、感恩礼拜等。

(4) 祈祷。祈祷亦称祷告,指向上帝和基督耶稣求告的宗教仪式。其内容可以是认罪、感谢、祈求和赞美等。祈祷有口祷和默祷两种形式。个人单独进行的为私祷;在礼拜、聚会时由神职人员主颂的为公祷。祈祷完毕,颂称"阿门",意为"惟愿如此,允获所求"。

(5) 唱诗。唱诗即领唱或合唱赞颂、祈求、感谢上帝的赞美诗。这些赞美上帝的诗歌,大多有高音、中音、次中音、低音四部,以供合唱之用。

(6) 告解。告解俗称忏悔,这是信徒单独向神职人员表白自己的过错或罪恶,并有意悔改的宗教仪式。神职人员听后要加以劝导,并对其忏悔的内容予以保密。这是耶稣为赦免教徒在领洗后对上帝所犯错误的请罪,使他们重新得到恩宠而亲自定立的。

(7) 终敷。终敷是基督徒临终时请神职人员为其敷擦"圣油"(一种含有香液的橄榄油)用以赦免其一生罪过的宗教仪式。①

---

① 李星明. 旅游文化概论[M]. 武汉:华中师范大学出版社,2007:146-147.

(8) 守斋。基督教规定，教徒每周五及圣诞节前夕（12月24日），只食素菜和鱼类，不食其他肉类。天主教还有禁食的规定，即在耶稣受难节和圣诞节前一天，只吃一顿饱饭，其余两顿只能吃得半饱或者更少。

(9) 婚配。教徒结婚可在教堂举行，并由牧师或神父主持婚礼仪式。在询问男女双方是否同意结为夫妇，得到双方肯定回答后，主礼人诵念规定的祈祷经文，宣布他们为合法夫妻，并向新婚夫妇祝福。

第五节　伊斯兰教文化

伊斯兰教在中国的传播对中国文化产生了一定的影响，虽然比不上佛教的影响深远，但依然不能忽视；同时伊斯兰教的传播影响了中国的民族成分，促成了回族的形成和各民族间的融合，对于民族团结起着特殊的作用。

一、伊斯兰教的起源与发展

伊斯兰教创立于7世纪的阿拉伯地区，创始人穆罕默德是一位宗教家、思想家、政治家和军事家。

伊斯兰为阿拉伯语译音，意思是顺服与和平。伊斯兰教是信奉安拉为唯一真神的一神教，意为顺服唯一真神安拉，顺服安拉的人才能获得和平与安宁。"穆斯林"是对顺服安拉的伊斯兰教徒的通称，意思是"顺服者"。①《古兰经》把穆斯林称作兄弟，无论什么地方、不管职务高低，穆斯林之间皆称兄弟。

伊斯兰教被中国的穆斯林学者称作清真教，取清而不杂、真而不妄之意。有时也称之为清净教、净教、圣教等。由于伊斯兰教源于阿拉伯地区，中国古代称那一区域为"天方"，称那里的国家为"回回国"，故有"天方教"、"回教"、"回回教"等称谓。现在，统一使用"伊斯兰教"这一名称。

二、伊斯兰教的传播

1. 伊斯兰教在世界的传播

穆罕默德死后，他的继承人被称作"哈里发"。

632~661年，先后有四个哈里发通过推选而产生，这段时期被称做四大哈里发时期。哈里发集政教军权于一身，多次发动对外的"圣战"。第二任哈里发

---

① 周敦源．旅游文化 [M]．杭州：浙江大学出版社，2005：117.

奥斯曼征服北非，又东征亚美利亚，进攻波斯等地，把伊斯兰教推向世界。这是伊斯兰教在世界范围第一次大传播。在奥斯曼主持下完成了对《古兰经》的编纂。

661~750年，伍麦耶王朝时期。哈里发由选举制改为世袭制，哈里发国家成为君主专制的封建国家。借助军事扩张，出现伊斯兰在世界的第二次大传播。

750~1258年，"阿巴斯王朝时期"。伊斯兰教国家封建制度成熟。这时波斯人在教内取得实际统治权，波斯官僚体制代替了阿拉伯贵族统治，哈里发国家迁都巴格达。

13世纪中叶至18世纪，奥斯曼帝国时期。13世纪中叶奥斯曼土耳其在中亚细亚兴起，16世纪建立地跨欧亚非的伊斯兰军事封建国家。伊斯兰教第三次向世界大扩张，传播到印度及东南亚各国，印度也出现强大的伊斯兰莫卧儿王朝。

目前，伊斯兰教作为一种世界性宗教，教徒遍布世界各地。

2. 伊斯兰教在中国的传播

伊斯兰教在阿拉伯半岛兴起不久就传入中国。唐、宋代是伊斯兰教在中国传播的主要时期。伊斯兰教在中国的传播路线有陆路、海路两条。

陆路沿丝绸之路从大食（今阿拉伯）经波斯（今伊朗）、阿富汗到新疆天山南北，再经青海、甘肃穿越河西走廊到达长安。

海路沿香料之路从大食由波斯湾和阿拉伯海出发经印度洋、孟加拉湾、马六甲海峡到广州、泉州、杭州、扬州等沿海城市。宋代中国政府指定广州、泉州、杭州、扬州为国际贸易港口，设有专门销售阿拉伯商品的市场，并设"蕃长司"管理在华居留的阿拉伯侨民。一些侨民在长期居留过程中同中国人通婚，生养后代，逐渐成为中国穆斯林。

阿拉伯帝国在向东方扩张中，也把伊斯兰教传入新疆。13世纪成吉思汗西征，大批中亚人、波斯人、阿拉伯人被迫迁入中国，他们的信仰也随之传到中国各地。

三、伊斯兰教建筑及节日

1. 伊斯兰教建筑

伊斯兰教的典型宗教建筑是清真寺，我国也叫礼拜寺，它是穆斯林举行宗教仪式、传授宗教知识的寺院的通称。穆斯林每日"五时拜"、主麻拜、聚礼等都在清真寺举行。清真寺还是穆斯林交往的场所，他们在这里互致问候、联络感情、沟通思想、交流信息，清真寺还是穆斯林求知的学校。

（1）中国清真寺的建筑特点。清真寺建筑艺术随着伊斯兰教的创立而发端。在不同历史时期、不同地域、不同民族，清真寺建筑反映着时代的、本土的、民族的特色。中国清真寺建筑有中国传统式建筑和阿拉伯风格建筑两种特色。

中国传统式清真寺建筑分几进四合院,有明显中轴线。主要建筑是大殿(礼拜正殿)、经堂、浴室(作大、小净用)等,少数大型清真寺有望月楼(斋月观察新月用,以定斋月起讫的确定日期)和宣礼楼(又名"邦克楼",是宣礼员按时登高召唤穆斯林进行每日五次礼拜的地方)。依照伊斯兰教规定,不管清真寺中轴线朝向如何,礼拜正殿和殿内壁龛(圣龛)必须背向麦加(在中国清真寺正殿都坐西向东),以示跪拜朝向麦加。清真寺建筑内部不得设塑像,也不以动物形象作装饰,多以阿拉伯经文和花草为饰。

阿拉伯式清真寺建筑没有明显的中轴线,大多有圆形拱顶的正殿和尖塔式宣礼楼,另有望月楼、经堂、浴室等建筑。① 正殿也必须背向麦加。如福建泉州清真寺和新疆最大的清真寺——喀什艾提尕清真寺等。

(2) 中国各地著名的清真寺。

1) 东南地区四大古寺。

广州怀圣寺——俗称狮子寺、光塔寺。始建年代尚无定论(部分历史学家认为,是创建于北宋神宗熙宁年间,即公元 1068~1077 年)。该寺尤以高 36.6 米阿拉伯式邦克塔(宣礼塔,清代后称"光塔"),充分显示伊斯兰教的独特建筑风格著称于世。

泉州清净寺——位于泉州,又名"圣友寺"、"麒麟寺"。寺内存有 2 方石碑,一为阿拉伯文说,它建于伊斯兰教历 400 年(公元 1009~1010 年),即北宋大中祥符二年(公元 1009 年);另一为汉文说,它建于南宋绍兴元年(公元 1131 年)。两者相差 100 多年,人们认为南宋建寺是可以信赖的。它是我国现存最古老的典型阿拉伯式清真寺,也是沿海清真古寺规模最大、建筑艺术最好的一座。

扬州礼拜寺——又称仙鹤寺。据称于南宋德祐元年(公元 1275 年),传由伊斯兰教主穆罕默德十六世裔孙普哈丁来我国传教时所建,明洪武年间(公元 1368~1398 年)重建。寺院属中国传统式建筑,但按仙鹤形布局以体现寺名。

杭州真教寺——因原建筑群布局状似凤凰,故又名"凤凰寺"。一说创建于南宋;另一说于元延祐年间(公元 1314~1320 年),由"回回大师"阿老丁所建。回回大师是元代史籍对伊斯兰教高级宗教职业人员的称呼,该寺是现存元代砖砌大殿顶作穹隆式(俗称无梁殿)的建筑。

---

① 周敦源. 旅游文化[M]. 杭州:浙江大学出版社,2005:119-120.

2）其他著名清真寺。

北京牛街礼拜寺——始建有两说，一说北宋太宗至道二年（公元996年）；另一说建于"元代前"或元初（至元元年，即南宋景定五年，公元1264年左右）。是北京地区规模最大、历史最悠久的清真大寺，也是我国北方最古老的清真寺之一，明代奉敕赐名"礼拜寺"，为我国传统式建筑的清真寺。

西安化觉巷清真寺——原名"清修寺"，为明代所建。全寺沿东西向中轴线前后五进院落，主体建筑为前后大殿，省心楼、凤凰亭、朝阳殿，合称五凤朝阳殿，体现明代风格中国建筑制式。大殿可容千人礼拜，是我国现存规模最大、保存最完整的清真寺。

2. 伊斯兰教节日

伊斯兰教有三个最盛大的宗教节日：宰牲节、开斋节、圣纪节。

（1）宰牲节。宰牲节又叫古尔邦节、忠孝节，是伊斯兰教最盛大的节日。时间是教历12月10日。相传先知易卜拉欣，晚年得子伊斯玛仪。其子13岁时，安拉指示易卜拉欣杀儿献祭，以考验他的忠诚。易卜拉欣谨遵不违，儿子也毅然从命。教历12月10日执行之际，安拉命天使送来一只绵羊，代替伊斯玛仪。为了纪念易卜拉欣父子为安拉勇于牺牲的精神，人们在这一天宰杀牲口为安拉献祭。以后穆罕默德将该日定为宰牲节，并把宰牲作为朝觐仪式之一。

（2）开斋节。开斋节在教历10月1日，新疆地区叫肉孜节。伊斯兰教规定，教历9月为斋月，健康的穆斯林都要封斋。封斋第29日傍晚，见到新月，次日开斋；见不到新月，再封斋一天。为了确定开斋日期，伊斯兰教的清真寺都有望月楼，新月也成为伊斯兰教的标志。

（3）圣纪节。圣纪节是纪念穆罕默德诞生和逝世的节日。据传，穆罕默德诞生和逝世都是教历3月12日，故又称圣忌、圣祭或圣会。庆祝活动在清真寺举行，由阿訇（清真寺主持人）诵经、赞圣等。

第六节 宗教与旅游业发展的关系

宗教文化是人类传统文化的重要组成部分，它影响着人们的思想意识、生活习俗等，并渗透到文学艺术、天文地理等领域，是旅游资源的重要组成部分。现代旅游是一种大规模的各种文化的交流，它所产生的社会影响，对宗教文化所起的作用，随着旅游业的发展，已越来越受到有关方面的关注。所以，宗教文化与旅游业的关系是密切的，是互相联系、相互影响的。开发宗教文化资源，对旅游业的发展具有重要的意义；而旅游业的发展，也有利于宗教文化的继承、传播、交流和研究。宗教文化与旅游业的关系是相辅相成、共同发展的。

一、宗教文化对旅游业的影响

旅游是一种文化活动，中国人要了解自己的民族文化，宗教是一个切入点；外国人要了解中国文化，宗教是一个窗口，宗教文化对旅游的价值不可低估。宗教文化对旅游业的影响主要体现在以下方面：

1. 宗教文化本身是重要的人文旅游资源

宗教文化不仅是人类文化的组成部分，而且是有特色的、有吸引力的人文旅游资源，极具旅游价值。宗教文化资源的利用和开发，有利于形成有特色的旅游产品，开拓新的旅游市场，吸引游客，对旅游业的发展具有重要意义。各种宗教信徒总数约占世界人口的60%以上，许多国家都非常重视宗教文化资源的开发，以朝圣、做弥撒和烧香拜佛、考察研究为主要内容，因为虔诚的宗教信仰和强烈的求知欲望都会转化为旅游动机，世界上一些著名的宗教圣地，如沙特阿拉伯的麦加（伊斯兰教克尔白圣殿）、耶路撒冷（基督教耶稣圣墓教堂、伊斯兰教阿拉伯清真寺、犹太教所罗门圣殿）、伯利恒（犹太教古以色列大卫王的故乡、传说中耶稣降生之所）、意大利罗马、梵蒂冈（世界天主教的中心）都成了国际旅游业发达的地方。

2. 宗教建筑、音乐的艺术性能增强旅游吸引力

宗教建筑，如寺院、石窟、古塔、经幡，各地各处风格各异。如嵩山少林寺建筑与杭州灵隐寺建筑既有佛教的共性，又有迥然不同的个性。塔的艺术造型更是千姿百态，西安大雁塔是那样的稳重粗犷，而上海龙华塔又是如此玲珑精细。苏州虎丘塔是砖塔，泉州双截塔是石塔，洪洞县广胜寺飞虹塔是琉璃塔，广州光孝寺东、西塔则是铁塔。这些宗教建筑具有很高的艺术价值，在建筑史上也具有重要的地位。至于宗教建筑中的不少雕塑、石刻和壁画更是艺术史上的瑰宝，是祖国珍贵的艺术遗产，建于一千多年前的敦煌莫高窟堪称世界佛教艺术的圣地，它的艺术魅力使国内外旅游者折服。宗教音乐艺术以其深邃淡泊的旋律、独特的风格吸引了人们，特别是佛教音乐、基督教的圣歌圣乐都深受信徒的欣赏，成为举行宗教仪式和欢庆宗教节日必不可少的内容。这些具有较高艺术性的宗教文化因素在很大程度上增强了目的地的旅游吸引力。

3. 宗教文化对于旅游者具有一定的积极影响

人文荟萃的宗教名山，宏伟的殿堂，巍峨的宝塔，精美的造像，令人赞叹的绘画、石刻艺术，正是中华民族聪明才智和伟大创造精神的体现。瞻仰宗教文化的过程就是学习继承传统文化、弘扬民族文化的过程。这对于旅游者增强民族自

信心、振奋民族精神有着积极的意义。同时，寺观、教堂内的仪式、设施以及文字资料，无不体现宗教的教义。而各种宗教教义无不具有它们独特的哲学观、伦理道德观、人生价值观、社会观，等等，其中必然有积极的内容。而其中有关劝人为善、戒除恶念、净化身心、知足常乐等处世哲理，往往是旅游者乐于接受的。宗教教义中包含的某些思想观念、行为准则等，旅游者虽不一定接受，但也可把它们作为知识加以了解。另外，宗教观念的最初产生，往往是原始人类所不能解释的自然现象的神秘感的反映。因此，在宗教活动的过程中，也往往把这些神秘色彩融化进去。这将促使旅游者把对旅游的兴趣与对宗教的兴趣自然地结合在一起。①

二、旅游业对宗教文化的影响

旅游业的发展、旅游资源的开发利用、新的旅游市场的开拓，吸引了更多的游客前来游览、朝圣和学术考察交流，这些都有利于宗教文化的传播、交流和发展，对宗教文物古迹也起着保护、修缮的作用。旅游业对宗教文化的影响体现在以下方面：

1. 发展旅游业有利于对宗教文化遗产的保护

实行改革开放政策以来，随着党的宗教政策的落实及有关文物保护法规的颁布执行，许多宗教文物古迹都得到了恢复和维修。如承德避暑山庄、敦煌莫高窟等都置于国家的保护之下；云南的竹寺、承德的外八庙、北京的潭柘寺等也修缮一新；有"世界宗教博物馆"之称的泉州也被列为中国第一批24座历史文化名城，泉州的许多宗教组织恢复了活动，宗教文化遗产得以整理、传播，文物古迹也得到保护和修缮、重现昔日的风采。其中旅游业的发展与一些宗教文物古迹的保护和修缮关系密切。不少宗教旅游景区开放之后，吸引了大量旅游者和信徒前来观光或朝圣，所获得的门票收入或捐赠钱款等，为宗教旅游景区内的文物古迹保护和修缮提供了资金支持，从而对宗教文化遗产的保护工作起到了积极的推动作用。

2. 旅游业的发展对于宗教文化的继承、传播、交流和研究起到促进作用

旅游活动是人们需求层次提高的一种表现，能满足人们求知的需要，通过旅游可以增长人们的宗教文化知识，陶冶性情、修身养性。到宗教名胜古迹的人一般具有较高的文化水平，不仅有一般游客，更有朝圣者、宗教信徒和专家学者。因此，旅游活动的发展也是人们传播了解、探讨和研究宗教文化的一个重要途径。如古代的鉴真和尚东渡日本传播佛教，明代外国传教士利玛窦来华传播基督

---

① 谢元鲁. 旅游文化学 [M]. 北京：北京大学出版社，2007：237.

教。现代旅游更是一座沟通各种宗教文化交流、研究的桥梁。如在来华的游客中,就有大量的宗教信徒、朝圣者和专家学者;有的更组成了宗教文化考察团,而国际上还有专事宗教旅游的旅行社。通过游览、考察和研讨等活动,促进了各国各地宗教文化的交流和研究。旅游活动的发展也使得一些宗教节日、仪式、用品、教规、音乐和饮食逐渐地传播开,为人们所熟知和接受。

3. 旅游业的发展也对宗教文化造成了一定的消极作用

由于旅游人数的增多,对旅游地带来了一些人为的破坏和环境污染,如游客在宗教旅游区内乱涂、乱刻、乱扔东西,大声喧哗,破坏了宗教名胜古迹独有的宁静和超凡的气氛。游客的不文明行为也会给宗教文物古迹造成一定的损害。如驰名中外的佛教石窟敦煌壁画,由于旅游人数的大量增多,游客的呼吸和汗水与壁画所起的化学作用而导致其大量剥落,造成了严重的损失。再如很多宗教名山上随意架设缆车,不仅有损宗教名山的自然生态,也破坏了宗教文化的氛围。除此之外,旅游业的发展使得一些宗教的教义教规、宗教仪式、饮食习俗等渐渐传播开来,为人们所熟知,从而使这些宗教独有的教规和仪式失去了其神秘感和特性,有时候甚至变成了一种纯商业性的娱乐活动。比如在很多寺庙周围可以看到"和尚"高价出售一些"开过光"的物品,严重破坏了宗教圣地的形象。①

本章案例

普陀山大做"转"字文章

普陀山是中国四大佛教名山之一,世界著名的佛教观音道场,国家首批重点风景名胜区之一,素以"海天佛国"、"南海圣境"闻名中外。2011年,全年共接待海内外香游客519.67万人次,同比增长8.62%;实现旅游收入34.53亿元,同比增长13.12%;实现财政收入7.66亿元,同比增长7.39%。

2011年6月30日,国务院正式批复设立浙江舟山群岛新区,舟山在以后五年将逐步建成国际物流岛、海洋产业岛、自由贸易岛、国际休闲岛和海上花园城。以此为契机,普陀山景区该如何坚持以人为本,并应对游客日益增长的需求,开发体验旅游产品,加快转型升级。

1. 转中求新:禅修旅游基地

"白天看庙,晚上睡觉"的方式已远远满足不了当代游客的需求,香游客结构发生改变,高端香游客逐步增多,为了让更多的游客"慢下来",细细品味这

---

① 刘亚斌. 浅析宗教文化与旅游业的关系 [J]. 旅游纵览, 2013 (12): 29 - 30.

海天佛国的独特韵味。普陀山早在几年前就在为打造禅修旅游基地未雨绸缪，开发了"行脚"等一大批禅修旅游体验项目，成了普陀山乃至舟山打造高端旅游产业的一大创新。

下一步将以普陀山为核心，建设完成佛教音乐馆、素斋馆、图书馆、博物馆等佛教文化场所，在中国佛学院教育学院、宝陀讲寺、普济寺、福泉庵、双泉庵等场所开发禅修旅游产品，定期开展讲经说法、禅修体验等活动，打造成国内外重要的禅修旅游基地。

2. 转中求活：乐享节庆活动

自2003年以来，普陀山管理部门把传统的朝圣礼佛活动作了内涵上的更新延伸，通过文化节庆的形式，打造了一个承载旅游经济发展的重要载体。如今，普陀山的节庆活动正以其独特的魅力吸引着近百万中外客人的接踵而至。及至2012年，已连续举办了9届的中国普陀山南海观音文化节，22届"普陀山之春"旅游节以及观音三大香会系列文化节庆。

通过这些节庆平台，普陀山还走出了国门，与日本出云市、希腊提诺斯、泰国皮皮岛等景区签订友好协议，互相交流学习，开拓普陀山市场。

3. 转中求优：生态为本

普陀山是自然奇山、佛教圣山，当然也是一座文化名山。有效保护、科学发展是普陀山面临的两大课题。风景区内古木参天、寺院气势恢宏，"寺院、奇石、金沙、潮音、幻景"五绝胜景，佛教文化尤其是观音文化更是底蕴深厚，博大精深。近10年来，普陀山风景名胜区以"经营和谐，打造精品"为基本理念，以"世界佛教圣地和国际旅游胜地"为总目标，把生态奇山、文化名山建设放在突出地位。

普陀山立足本身的生态资源，深层挖掘文化，通过旅游环境的美化，岛内旅游舒适度的提升，从而达到全面的提升。如今，普陀山每年要投入1亿元来打造一个集品质、生态、文化、和谐为一体的综合性佛教旅游胜地。

（资料来源：自黎彦．普陀山大做"转"字文章［N］．中国旅游报，2012 - 07 - 09.）

案例分析

作为中国四大佛教名山之一的普陀山，在游客需求日益增长的情况下，以"经营和谐，打造精品"为基本理念，旨在把普陀山打造成世界佛教圣地和国际旅游胜地。为此，普陀山景区在今后的发展方向上往多元化、立体化转变，在历史宗教文化和海洋生态文化这个综合文化体系下，建造独特的普陀山文化，不但能够带动佛教文化的创新，而且能吸引更多的游客前来旅游，使普陀山景区的文化底蕴更加深厚。

第十一章 中国旅游宗教文化

问题思考：普陀山的转型升级对于开发宗教文化旅游产品有哪些启示？

本章思考题

1. 佛教是怎样从印度向外传播的？
2. 佛教、道教、伊斯兰教、基督教的基本教义是什么？
3. 道教发展过程中形成了哪些教派？
4. 清真寺建筑有哪些特点？
5. 谈谈宗教文化和旅游业的相互关系，对此你有什么样的看法？

第十二章　地方旅游文化

本章提要

要求学生了解广西历史文化的发展与演变；掌握壮族文化的特色与精神、民俗文化、山水文化、建筑文化；掌握及其他诸如地方菜系文化、小吃文化等地方特色文化。

章首案例

广西龙胜龙脊梯田系统

广西龙胜龙脊梯田系统地处广西桂北龙胜山区，分为平安壮寨梯田、龙脊梯田和金坑红瑶梯田三个部分。悠久的历史，良好的生态，丰富的种质资源，蔚为壮观的梯田景观和独特的壮、瑶民俗风情使龙脊梯田的自然生态与民族文化得到了高度的融合，声名享誉中外。2014年6月，广西龙胜龙脊梯田系统入选农业部发布的第二批中国重要农业文化遗产。

龙脊梯田始建于宋代，完工于清初，距今已有800多年的历史。龙脊是一个广泛的地理名词，其有"龙脊十三寨"之说，据说是因为居住在这一带的居民活在神龙之脊背上而得名。居住在这里的少数民族先民用"刀耕火种"开山造地，把坡地整为梯田，待田块逐渐定型后，再灌水犁田种植水稻，形成从山脚盘绕到山顶"小山如螺，大山成塔"的壮丽梯田景观。龙脊梯田地处亚热带，四季分明。梯田所在山脉山高谷深，落差巨大，海拔最高为1850米，最低只有300米。山顶是大面积的原始森林和次生林，森林下方是规模宏大的梯田，壮寨和瑶寨散布在山腰。独特的地理和生态条件使得龙脊梯田周边远有高山云雾，近有河谷急流，风景极其秀美，有"世界梯田之冠"的美誉。当地壮、瑶居民根据海拔差异因地制宜种植水稻、辣椒、红薯、芋头等普通作物和茶叶、罗汉果、凤鸡、翠鸭等地理标志性农副产品，保存和培育了丰富的作物种质资源。

龙脊梯田内居住着壮、瑶两个民族，以壮族为主，龙脊的壮族是北壮的代表，风情独具。八百多年来，龙脊梯田已融入了当地居民的生活与文化的各个方面。这里保存着以梯田农耕为代表的稻作文化、以"白衣"为代表的服饰文化、以干栏民居为代表的建筑文化、以铜鼓舞和弯歌为代表的歌舞文化和以"龙脊四宝"为代表的饮食文化，构成了龙脊梯田独具特色的文化吸引力。

（资料来源：《广西龙胜龙脊梯田系统》［EB/OL］．中国农业新闻网，2014 - 07 - 10.）

问题思考：广西龙胜龙脊梯田系统包含了哪些地方旅游文化因素？

第一节 广西历史文化的发展与演变

广西壮族自治区有着悠久的历史、灿烂的文化。广西大约在 10 万年前至 2 万年前就进入了母系氏族社会，广西的柳州地区，旧石器时代晚期就已经有"柳江人"、"白莲洞人"的活动。人们开始过定居的农耕生活，使用石器，种植水稻，构筑干栏式住宅。

一、唐代以前广西行政区域的雏形

3000 年前左右，广西开始进入文明社会。秦以前，广西是古百越人生活的地方，战国时属楚国。公元前 220 年，秦始皇进攻百越，修灵渠以通粮道，将湘江与漓江沟通，连接珠江水系与长江水系，使秦军的军需能够直达广西，并在公元前 214 年统一岭南，设立了桂林郡、南海郡和象郡。从此，广西纳入中央王朝的版图，今广西属桂林郡全部、象郡一部及南海、长沙、黔中等郡一部，广西简称"桂"即由此而来。秦末汉初，广西属南越国辖地。汉武帝平定南越后，在广西境内设苍梧、郁林、合浦三郡。东汉末，广西大部属交州统辖，三国时大部属吴国，桂西北小部分属蜀国。晋代分属广州、交州和湘州。南北朝时，相继属南朝的宋、齐、梁、陈管辖。隋统一后，始安、永平、宁越、郁林、苍梧、合浦等郡属扬州管辖，熙平郡和零陵郡一部分属荆州管辖。

二、唐代至民国广西行政区域的形成与发展

唐咸通三年（862 年），广西属岭南西道，下设邕、容、桂三管经略使，基本形成广西后来的区域轮廓。五代十国时，广西地区先后属楚、南汉、宋代，广

西地区称广南西路,简称"广西",广西之名始于此。元朝,广西属湖广行省。至正二十三年(1363年),设置广西行中书省,为广西建省之始。明洪武九年(1376年),广西行中书省改称广西承宣布政使司。洪武二十七年(1394年),将原属湖南的全州、灌阳一带划归广西,将原属广西的廉州府(今钦州、北海、防城港三市属地)划归广东。清朝时期,推行省、府(直隶厅)、州(直隶州)、县四级区域制,复设广西省,省会驻桂林府(今桂林市)。清末,今广西境内设有13府、4州、44县、34土州、6土县、10土司和3长官司。民国期间,广西沿袭清朝称省,地域与清朝大致相同。

三、新中国成立后广西行政区域的调整

1949年12月11日,广西全境解放。1950年2月,广西人民政府成立。1952年设立桂西僮族自治区,后改称桂西僮族自治州,为广西省所属的民族地区。1957年7月,根据中国共产党的民族区域自治制度和《中华人民共和国宪法》,撤销广西省建制,成立广西僮族自治区。1958年3月5日,广西僮族自治区在南宁正式宣告成立。1965年10月,国务院决定将僮族改为壮族,并将明朝以前原属广西的钦州地区从广东省重新划归广西。从自治区成立20周年的1978年起,广西壮族自治区成立纪念日由原来的3月5日改为12月11日,与右江苏维埃和红七军的日子相一致。①

中华人民共和国成立以后,广西行政区域变更得较为频繁,县级以上区域变更主要有两个方面:

(1) 广西与邻省的县级区域变更。1951年,广东省钦廉专属及其所属合浦、钦州、灵山、防城等四县和北海市,正式划归广西省;原委托广东省管辖的广西省怀集县,正式划给广东省。1955年,广西省钦州专署及其所属钦县、合浦、灵山、防城、浦北五县及北海市划给广东省。1965年,原属广东省的合浦、灵山、钦州、东兴四县和北海市划归广西。

(2) 广西省(区)内地、市、县区域变更。广西刚解放时沿袭旧行政区划,分设南宁、武鸣、龙州、百色、庆远、柳州、桂林、平乐、梧州、郁林10专区和省直辖桂林市,增设省直辖南宁市和专署领导的柳州市、梧州市。1950年,广西省人民政府在南宁成立后,柳州市、梧州市改为省直辖,直隶广西省人民政府,撤销武鸣专区,所属各县分别并入南宁、百色、龙州专区。1951年,南宁专区改称宾阳专区,龙州专区改称崇左专区,梧州专区与郁林专区合并称为容县专区。1952年,撤销柳州专区,所属各县分别并入宜山、桂林专区;宾阳专区

---

① 吴玲,王世英.中国旅游地区概况[M].北京:旅游教育出版社,2006:234.

与崇左专区合并称为邕宁专区。1953年,撤销邕宁专区,所属各县由桂西僮族自治区管辖,宜山专区都安县划归桂西僮族自治区,邕宁、宾阳、横县、扶绥、崇左、宁明、龙津、大新、镇都、隆安、武鸣、上林、马山、上思14县和都安瑶族自治县由桂西僮族自治州直辖,原百色、宜山专区改名为南宁专区、柳州专区,凭祥市由南宁专区管辖,撤销平乐专区和容县专区,设置梧州专区和玉林专区,原省直辖的柳州、桂林、梧州分别由所在地的专署管辖。1959年,南宁市由南宁专区管辖。桂林、柳州、梧州和南宁市又分别在1961年和1962年由自治区直辖。1965年增设河池专区,将柳州专区所属的河池、宜山、罗城、南丹、天峨、环江6县,原属百色专区的东兰、凤山、巴马,原属南宁专区的都安划归河池专区管,原属南宁地区的上思县并入钦州专区。1970年,专区改称地区。1978年,地区革命委员会改称地区行政公署。1981年,设立合山市,委托柳州地区行署管辖。

　　1983年,试行市管县和整县改市体制,邕宁、武鸣县划归南宁市,柳江、柳城县划归柳州市,临桂县划归桂林市,苍梧县划归梧州市;北海市升为地级市,由自治区直辖;玉林、钦州、百色、河池4县分别改为市。1984年,北海市被确定为全国14个对外开放的沿海港口城市之一。1985年3月,自治区人民政府批准设立防城港区(地级建制)。经国务院批准,1988年12月20日,撤销贵县建制,设立贵港市(县级);以原防城港各族自治县和防城港区的行政区域为防城港市的行政区域,防城港市由自治区直接管辖。1993年9月9日,撤销宜山县,设立宜州市(县级)。1994年6月28日,撤销钦州地区和县钦州市,设立地级钦州市。1994年4月18日,撤销北流县设立北流市。1994年5月18日,撤销桂平县,设立桂平市(县级)。1995年9月11日,撤销岑溪市,设立岑溪市(县级)。1995年10月27日,贵港市(县级)升级为地级市,管辖港北区、港南区、覃塘区和平南县,代管县级桂平市。1996年4月29日,设立东兴市(县级)。1997年2月27日,调整梧州地区和梧州市行政区域,撤销贺县,设立贺州市(县级)。1997年4月22日,撤销玉林地区和县级玉林市,设立地级玉林市,玉林市新设玉州区和兴业县。1998年8月27日,桂林市和桂林地区合并,组建新的桂林市(地级)。2003年,广西全部实现"地改市"。14个市包括南宁市、桂林市、柳州市、梧州市、北海市、钦州市、防城港市、玉林市、贵港市、贺州市、来宾市、河池市、百色市、崇左市。[①]

---

① 韦良,孟子良. 广西导游 [M]. 桂林:广西师范大学出版社,2009:27-33.

第二节 壮族文化的特色与精神

壮族，原叫僮族，是我国少数民族中人口最多的一个民族。1990年人口为1548万。根据2010年第六次全国人口普查统计，壮族人口数为1658.72万人。壮族大多居住在广西，主要集中在柳州、来宾、河池、南宁、百色、崇左等地区。此外云南有100余万人，主要聚居在文山州，红河、曲靖也有一部分。广东的连山、贵州的从江和湖南江华也分布有壮族。在1965年统一称壮族以前，壮族的自称和他称较多，广西最常见的自称和他称主要有"布（僮）壮"、"布土"、"布僚"、"布雅依（瑞）"、"布侬"等20多种，云南主要有"侬人"、"沙人"、"土僚"等。我国古代的百越民族有一个支系，叫骆越族，便是壮族的前身。经过长期的历史发展，逐渐形成"僮族"。1965年，根据周恩来总理的建议，把僮族的"僮"字改为"壮"，所以现在就称为"壮族"了。壮族有自己的语言，即壮语，属汉藏语系壮侗语族壮傣语支。唐、宋后，壮族曾借用汉字创造了自己的土俗字，但不通用。1955年，创制了以拉丁字母为基础的拼音文字，并且推广使用，出版了壮文书刊。平时多数人仍习惯使用汉字。壮族的文化艺术历史悠久且丰富多彩。两千多年前就制造了精致的铜鼓，在山崖石壁上绘成了"花山崖画"。壮锦是著名工艺品，还有传统的贩牙、壮戏、舞蹈，富有地方特色的"麻栏"建筑等。

一、语言文字

壮语，中国学者将之归类为汉藏语系壮侗语族壮傣语支，分南北两大方言。部分外国学者根据壮语同源词的情况，将壮语划入澳泰语系。壮语与同语支的泰国语、老挝语、傣语相似程度相当高。

壮语有自己的文字，曾在汉字的基础上创造出土俗字，从唐代（7世纪）就开始在民间使用，汉人称为古壮字，壮族人自称为"sawndip"，就是生字的意思，因为这种字是用汉字部首组合而成的。但是这种字由于使用面不广，没能在全民族推行，一直为壮族巫师、艺人用于书写经书、编山歌、记事、记录地名等，目前大量的壮族《布洛陀经书》就是古壮字手抄本。1950年，语言专家创制了以拉丁字母为基础的壮文，并于1982年又作了部分修订，但新壮文一直没有得到重视和推广，因此，壮文至今都是摆设，也没有能进入正式的壮族教育系统。

二、壮族艺术

壮族人民在集中本民族民间文学、音乐、舞蹈、技艺的基础上，创造了壮戏。铜鼓是壮族最有代表性的民间乐器。壮锦是壮族民间流传下来的一种独特的织锦艺术，已有一千年的发展史，与南京的云锦、成都的蜀锦、苏州的宋锦并称"中国四大名锦"。

三、稻作文化

骆越与西瓯是构成今天壮族的两个主要支系，它们存在了一千多年，创造了灿烂的稻作文明。今天壮族传承的古代文化，在很多方面都是西瓯、骆越人创造的。骆越人创造的稻作文化、大石铲文化、龙母文化、青铜文化以及青铜文化中的铜鼓文化、花山文化等，是中华民族宝贵的文化遗产。骆越人和苍梧人、西瓯人一起，在中国最先发明了水稻人工栽培法，为中华民族也为全人类作出了巨大贡献。在今南宁市范围，发掘出了骆越人祖先留下的十四处贝丘遗址，从中出土了一万年前原始石磨盘、石杵、石磨棒等稻谷的脱壳工具，其中南宁市亭子圩遗址出土的这类工具，经 C14 年代测定法测定为 11000 年，年代仅次于湖南道县。壮族苍梧部祖先留下的 12000～20000 年前的炭化稻粒，比江西万年县的一万年稻谷遗址早 1000 年。到了骆田时代，骆越人对境内的田畴整治已经卓有成效，已经会根据潮水的涨缩选择田块。今天，在整个华南地区无论哪个民族，都以大米为贵，餐桌上的主食主要是大米饭，以大米为原料的食品系列有米饭系列、米粉系列、粽粑系列、糍粑系列、米粥系列、汤圆系列、米糕系列、米饼系列、米花系列、饮料系列、米肉系列、灌肠系列 12 个系列，大大丰富了人们的饮食生活。副食的猪鸡鸭鹅，也是大米的转化物。从旱地农业地区移居岭南的汉族等民族，也都放弃了麦类的种植，和壮人一起在餐桌上享受壮族祖先创造的稻作文化。骆越人的这一大贡献，创造和打破了多项中国世界纪录协会世界之最、中国之最。

四、服饰文化

壮族服饰主要有蓝、黑、棕三种颜色。壮族妇女有植棉纺纱的习惯，纺纱、织布、染布是一项家庭手工业。用自种自纺的棉纱织出来的布称为"家机"，精厚、质实、耐磨，然后染成蓝、黑或棕色。用大青（一种草本植物），可染成蓝或青色布，用鱼塘深可染成黑布，用薯莨可染成棕色布。壮族服饰各有不同，男子、女子的服饰，男子、妇女、未婚女子的头饰，各具特色。

男装有右襟与对襟两种。右襟衫反膊无领，衣纽从右腋下开至腰部又转向正

中国旅游文化

中,再开出三四寸而止,衣襟镶嵌一寸多宽的色布边,用铜扣纽;再束上长腰带;对襟开胸,长仅及脐的紧身衫,这是在劳作时穿着的。女装则为无领右襟,只是衣袖比男装大些,宽大近尺,长至膝盖,镶嵌绲边,边条有宽细,一般在二三道以上。肩内贴布反衬在外,起缝三线,名叫"反膊衫"。男女衫的扣纽均铜纽或布纽。男女裤子式样基本相同,裤脚有绲边,俗称"牛头裤"。已婚妇女有绲花边的肚兜,腰裤左边悬挂一个穗形筒,与锁匙连在一起,走动时发出"沙啦沙啦"的响声。男子礼服惯穿长袍,外面套上一件短褂,通称"长衫配马褂",起先是头戴顶圆帽,后来改戴礼帽。到了现代,壮族的穿着衣式已基本现代化,但老一辈人,仍普遍以穿蓝、黑两色为主。

　　壮族女子有戴银手镯辟邪的传统,多见小女孩、少女佩戴。未婚女子喜爱长发,留刘海(以此区分婚否),通常把左边头发梳绕到右边(约三七分)用发卡固定,或扎长辫一条,辫尾扎一条彩巾,劳作时把发辫盘上头顶固定。已婚妇女则梳龙凤髻,将头发由后向前拢成鸡(凤)臀般的式样,插上银制或骨质横簪。现在裹青纱白帕的已少见,多用黑帕或花帕头巾,梳髻多是中年以上妇女,且喜欢戴绣花勒额,冬季妇女多戴黑色绒线帽,帽边花式因年龄而异。男女都穿布鞋,中年妇女上山劳动爱穿自己制的猫耳布鞋,俗称鞋猫,形似草鞋、有耳、有跟,用一条扁纱带将鞋耳和鞋跟串起来,任意绑扎调节松紧。儿童头饰,童帽是用二三寸宽的绣花布条缝制成的无顶遮额帽。古籍中记载壮俗"露顶跣足"、"布帛勒额(束额)",在童帽上获得再现,这种遮额帽既能保护头部,也是一种装饰品。婴儿的背带比汉族常见的大得多,呈蝴蝶状,"蝶身"长三尺,宽二尺四寸,中绣花样图案或八卦乾坤图,但很少见绣有文字,两边"蝶翼"长九尺,宽一尺二寸,这种背带壮话称"腊"。新中国成立后,这种背带逐渐改小尺寸,有些背带身刺绣上如"出入平安"、"美满幸福"的文字,代替原有的图案。

第三节　广西山水文化

　　广西峰林地貌,是热带岩溶地貌的典型代表。它们平地拔起,气势超群、造型奇特,形态最典型、风景最秀美的是桂林阳朔一带的石灰岩峰林,曾被明代旅行家徐霞客誉为"碧莲玉笋世界"。广西洞穴众多,素有"无山不洞,无洞不奇"之称。在瑰丽多姿的溶洞里,石乳、石笋、石幔、石柱、石莲、石林、石花等琳琅满目,美不胜收。如著名的桂林芦笛岩、七星岩、桂林冠岩、荔浦丰鱼岩等。

广西河湖景象在地域上多与奇峰相配，形成一派山环水绕、山水相依的秀丽景色。除举世闻名的漓江外，景色优美的还有贝江、资江等。湖泊风景多以较大的湖泊或水面为主景，与以湖岸的山丘、原野和农家村舍、田园风光或城市风貌等为衬景而组成。如桂林的榕湖、杉湖等。广西瀑流景观也十分丰富，有闻名遐迩的德天瀑布及宝鼎瀑布、隆林的冷水瀑布等。八桂大地上还分布着冷、热、温、沸泉流，其中分布最广的是温泉。广西海滩洁净平缓，滨海风光十分诱人，是国际、国内游客向往的"三S"（阳光、沙滩、海水）旅游热点。目前，广西共有3处国家级风景名胜区，即漓江风景名胜区、桂平西山风景名胜区、宁明花山风景名胜区；30个自治区级风景名胜区；7处国家级历史文物保护单位；220处自治区级历史文物保护单位；12个国家级森林公园；8个国家级自然保护区；1个国家级旅游度假区。

一、桂林古城

桂林，是世界著名的旅游城市，具有2000多年悠久历史。它位于广西的东北部，最早的历史可以追溯到一万年前的母系氏族社会阶段，在市区的宝积和甑皮岩就有先民生活的文物古迹。古时桂林属于百越之地，战国时属于楚国。"桂林"一名始于秦始皇三十三年（公元前214年）桂林郡的设置，因郡内郁江、黔江两岸盛产珍贵药材玉桂树而得名，郡治在今日的桂平市西南。三国至隋时称"始安"。唐高祖武德年间（618～627年）李靖筑城，改称"桂州"。宋时桂林为静江府，是其封建时期发展史上的黄金时代，成为广西地区政治、经济、文化的中心，号称"西南会府"。元时为静江路，是元的重镇之地。明洪武年间改称桂林府，清代沿用。桂林的山水在1985年"中国十大风景名胜景区"评选中，仅次于长城而位列第二。"山得水而活，水得山而媚"，如歌的诗句、如水的散文，都成了桂林这座历史文化名城人文遗产的组成部分，1982年被定为中国历史文化名城。

二、漓江

属于珠江水系，发源于桂林北面兴安县的猫儿山，全长437千米，其景色以一江（漓江）、二洞（芦笛岩、七星岩）、三山（象鼻山、伏波山、叠彩山）为代表，为桂林风光的精华，而最美的景色当数桂林至阳朔的一段84公里水程。它酷似一条清罗带，蜿蜒于奇峰之间，沿江峭壁清河、奇峰悬天、古塔倒影、碧水萦回、画廊百里、风光旖旎，溶洞幽雅深邃，流韵暗动，被誉为"中国独有，世界无双"。阳朔山水的最大特点是：山青，百里山川，峰峦叠翠，山上古木丛生、浓荫盖定，郁郁葱葱；水秀，江流蜿蜒于丛山之间，河水清澈如镜，游鱼历

中国旅游文化

历可数,两岸景物倒影如画、江上轻舟慢行;峰奇,秀峰拔地而起,形态万千气象;洞巧,钟乳石琳琅满目,百态千姿,溶洞壁千面百孔,栩栩如生。

三、灵渠

灵渠又叫兴安运河,建于秦代,是世界上现存的最完整的古代水利工程,与都江堰、郑国渠齐名。2200多年前,秦始皇为统一大业,消灭盘踞在云南、两广的楚国残余势力,开发南越(今两广地区),命监御史禄在兴安县境内筑坝凿渠,沟通长江水系的湘江和珠江水系的漓江,成为我国古代从中原到岭南的唯一航道,也是世界上最古老的运河之一。灵渠与长城、都江堰共为秦代三大工程,分为南北两渠,长34公里。灵渠的修建必须引水上坡,能工巧匠们创造了分段开凿斗门(即船闸)将水上调,终于使水翻山越岭,南北贯通。从此,中原地区的先进生产技术、文化得以传播到边远的南方,南方的水果、珍禽、异兽等特产行销中原,同时,岭南的旅游资源也从此开发。灵渠的巨大经济作用直到20世纪初湘桂铁路建成后才开始减弱。在分水塘铧嘴观看,可见"澎湃汹汹激上矶,横流倒泻震声威,惊疑蛰起龙分水,舞爪掀鳞势欲飞"。分水塘铧嘴石坝伸入江心,将湘江上游海阳河的水一分为二,使其十分之三的水流入漓江、十分之七的水流入湘江,故有"三分漓水七分湘"之说。

四、象鼻山

象鼻山位于桂林城南漓江和桃花江的江流汇合处。山形酷似一头巨象正伸鼻临江吸水。象鼻与象身之间的大洞,便是著名的"水月洞","其形正圆,望之端正如也轮"。洞里江水通流,小舟轻泛,"水底明月生,水上明月浮",一水三月,"象山水月",一观四景。洞内石刻文物50多件,山顶东端有明代的实心砖塔,因嵌有普贤菩萨而得名"普贤塔"。又因塔身既像圆形宝瓶,又像剑柄,故也称"瓶塔"或"剑柄塔"。南麓有始建于唐代,修葺于清光绪十六年(1890年),1979年改建的云峰寺,寺内存有太平天国的历史文物。

五、桂林芦笛岩

芦笛岩是桂林西北郊光明山南侧山腰的一个外表看起来并不奇特的岩洞,因洞口两旁生长有可做笛子的芦草而得名。岩洞具有6万年以上的历史,石灰岩地层造就了极为丰富的溶洞奇观,至今仍保留着唐宋以来的壁书7则。岩洞分为前洞和后洞,洞内雄奇瑰丽,大量的石乳、石笋、石柱、石幔、石花凹凸有致,幽深的径路曲折,奇妙无限,有"芦笛仙宫"之称。另外,桂林山石因得大自然的厚爱,如同太湖石一样,具有"透、漏、瘦、皱"四大特点,"山石献奇观"

也为一大绝景;其佼佼者,有普陀石林、隐山石林、龙头石林,以及芙蓉石、灵剑石、飞来心、呼云石等。

六、柳州古城

柳州,在5万年前旧石器时代晚期就活动着先民——"柳江人"和"白莲洞人",汉元鼎年间置"潭中"县,唐贞观时称"柳州",因"相传八龙见于柳江中"又称"龙城"。宋时为州治,明清时为府治,建城历史共2100多年,是一座古老而美丽的历史文化名城和广西最大的工业基地与经济中心。柳州属于典型的"喀斯特地貌"。山,拔地屹峰;洞,瑰丽神奇;水,幽深碧绿。"越绝孤城千万峰,江流曲似九回肠"的柳州,有中国第一个洞穴博物馆——白莲洞,有"世界瑶族第一乡"——圣堂山,有骑鱼上天的鱼峰山和江上对歌的下视河及河畔的对歌台。

七、桂平西山

桂平西山风景名胜区位于广西壮族自治区东南部桂平县境内,是以西山名胜为主体,包括太平天国金田起义遗址、太平山动植物自然保护区、紫荆山壮村瑶寨风情、天南福地洞天罗丛岩及白石洞天、麻垌荔枝之乡和浔州古城风光、北回归线标志等景观景点组成的集锦式大型风景名胜区。

桂平县城以西,为广西中部龙山山脉的一部分,素有"乳泉摇篮"之称。桂平有一首采茶调,就是赞美乳泉的:"花罅石,花罅石,乳泉水,西山茶。此话不与俗人讲,俗人听了要出家。"桂平西山以"石奇、树秀、茶香、泉甘"而著名,峰峦嵯峨,数十乃至百余立方米的巨石叠嶂,中有怪石嶙峋、石径曲幽、石树参天、绿荫匝地,自然景观壮丽。西山茶闻名遐迩,清香可口,远销各地。桂平西山泉水历来为世人所称道。人们利用优质的乳泉水,酿制成不少甘美的琼浆,有被誉为"广西茅台"的乳泉酒,含有对人体有益的多种微量矿物质元素的"罗汉果露"等饮料,甘洌爽口。西山景区历史悠久,原是佛教圣地,现仍保留有较为完整的佛教建筑、庙宇,如龙华寺、李公祠、洗石庵、乳泉亭和飞阁等。历代文人学士留下赞赏西山的诗词楹联达4000余首。

八、花山崖画

花山风景名胜区,位于广西壮族自治区南宁市西南部的宁明、龙州两县境内,以古代壮族的大批山崖壁画为主要景观,分布于2800多平方公里范围之内,大壁画有64处,最集中的是花山和明江两处。花山崖画(也称花山岩画、花山壁画),在临江的一面高约260米的崖壁上,用赤红色的颜料刻绘的一组宽近

200米，高约40～50米，规模巨大、内容丰富而又奇特的图画。据说是壮族前身骆越民族所绘制，距今起码有2000多年的历史。经统计约有1800多幅，其中大小人像有1300多个，最大的人像有3米多高，头插雉尾、手执匕首、身挂腰刀、脚跨骏马，威武雄壮，好像一名首领。旁侧有闪亮的铜鼓，前后人物有的起舞、有的跳跃、有的骑兽、有的挥刀、有的持盾，姿态各异，生动热烈，既是壮族祖先生活情景和思想智慧的反映，又是壮族人民古代文化的宝贵遗产。

花山崖画经历了久远年代的风吹日晒，颜色仍然鲜艳，具有非常珍贵的艺术价值。花山壁画的发现，填补了我国无岩画的空白。花山崖壁画的创作年代，为春秋战国时期。壁画所体现的社会内容，有说是壮族先民骆越人庆祝征战胜利的，有说是骆越人庆祝丰收的，也有说是古人祭祀水神的，众说纷纭。花山风景在地域分布上具有连续性条带状的特点，沿江风光带以左江古崖壁画为主体；公路沿线山水田园带以穿行于石灰岩峰丛、峰林洼地、河谷之间的风光为内容；南疆边关风光带以凭祥友谊关、大新德天大瀑布等景观为重点。

九、红水河—七百弄

红水河—七百弄风景名胜区，位于广西壮族自治区大化瑶族自治县境内，为国内外罕见的喀斯特地貌风景名胜区。其高峰丛和深洼地发育之陡、之大，堪称世界级自然遗产。风景区的自然景观和人文景观十分丰富，呈现水秀、湖旷、洞秘、峡险、洼深、坝雄和瑶族民俗风情特点。有在251平方公里的石山中，海拔800～1000米的峰丘5000多座；1300多个洼地（当地人称"弄场"）中有324个原始古朴的瑶寨分布点缀于底部；在观景公路上，可仰视高约300米的高峰丛，俯视深200～300米深的洼池，真如"世外桃源"。大化—古河42公里的红水河段，人称"八十里画廊"。风景区内四季可泛舟观赏两岸的奇山秀水、壮村瑶寨，红花、翠竹、柑橘、龙眼园林延绵不绝，行舟其间，船移景换，赏心悦目。岩滩湖区100多个孤岛和半岛，形态各异；壮村瑶寨居山水而枕，星罗棋布。红水河三峡，峰险山峻、谷幽岸奇。睡美人山、雄狮守水城和神鹰守峡等象行山栩栩如生、形态动人。大化县布努瑶族、壮族极具特色的民俗风情，组成红水河—七百弄天然奇山秀姿、民族风情万般独特的风景线。红水河—七百弄风景名胜区曾荣获全国首届风景名胜展览会奖。

十、北海银滩

北海银滩位于北海市南部海滨，坡度平缓，坡度下降比为5%，东西绵延约24公里，沙滩平均宽度0.8公里，最大宽度达3公里，海滩总面积约38平方公里。沙滩上的沙，均由高品质细柔雪白的石英砂堆积而成，滩面平缓、宽广而无礁石，以其"滩长平、沙细白、水温净、浪柔软、无鲨鱼、少污染、气清新"等特点，被称为"中国第一滩"。在阳光照射下，洁白细腻的沙滩会泛出银光，故称银滩。银滩公园沙滩面积8万平方米、浴场面积16万平方米，可同时容纳1万人以上在水中游泳。公园内建一生态广场，造创独特、线条优美，花木繁茂、郁郁葱葱；建有30多幢具有滨海特色、风格各异的楼台阁宇；塑有大型雕像——海恋，曲折蜿蜒的林荫小道，育有独具南国风情的椰树林；还有供游客观赏娱乐的异国珍奇鸟类表演、民族风情表演、俄罗斯风情表演，所有这些，构成了中国最大、最理想的天然海滨浴场和休闲度假胜地。

十一、龙虎山

著名的猴乡——龙虎山风景区，在隆安县境内，景区97%的面积被原始森林覆盖，幽深而神秘，绿水江就像一条绿色的飘带蜿蜒其间，江水清澈平静，鱼虾历历在目。江两岸群峰叠翠、古木参天。这片原始森林生长着1100多种植物和上百种动物，有不少珍稀植物和国家一、二类保护动物，"茶族皇后"——金花茶在这里有适宜的生长条件，连片成林，争奇斗艳。龙虎山还有一座座宛如巨型盆景的石林，一个个千姿百态的溶洞。这里最具龙虎山旅游资源特色、最惊险刺激的就是观猴。在龙虎山，人们可直接与野生的猴群玩耍。龙虎山既无恶虎，亦无毒虫，"山中无老虎，猴子称大王"。龙虎山猴子不似峨眉山猴子那般顽劣，一派王者风范，顽皮有趣，逗而不闹。

十二、德天瀑布

德天瀑布，位于中越边界的国界河——大新县左江支流归春河上。浩荡的归春河水，从北面奔腾而来，流经浦汤岛时因高崖巍然耸立，横阻江流，三叠急水宽100多米、纵深60余米，从高80米的悬崖绝壁上跌宕而下，击撞石岩，水花四溅。俯望，飞珠溅玉、水雾迷蒙；仰观，白练舞空、缟绢垂天。瀑水入潭，声震河谷，阳光映照，五彩缤纷。德天瀑布不但是东南亚最大的天然瀑布，也是世界第二大跨国瀑布，被国家定为"特级景点"。

第四节　广西民俗文化

民俗既是社会意识形态之一，又是一种历史悠久的文化遗产。早在《汉书·王吉传》一书中就有"百里不同风，千里不同俗"的记载。壮族人民在长期的

中国旅游文化

历史发展过程中形成了自己独特的民俗文化。壮族人民能歌善舞，壮族的山歌因南北方言不同而有"欢"、"西"、"加"、"比"、"抡"等不同称谓。壮族人还定期举行唱山歌会"歌圩"，以农历三月初三最为隆重，大歌圩有万人以上参加。歌圩期间，还举行男女间的抛绣球、"碰蛋"等娱乐活动。这期间，各家各户吃五色糯米饭。云南文山一带还唱壮戏，兼办物资交流会。过去，壮族一年种一造（即一季）水稻，三月初三是备耕时间，歌圩就是为春耕农忙做物质和精神准备。吃五色饭、五色蛋，是预祝五谷丰登的意思。唐代，壮族已有舞蹈，如春堂舞以舂米为内容，以敲击声伴舞。宋代有扁担舞、采茶舞、捞虾舞、舂牛舞等。男的舞姿刚健有力，女的婀娜多姿，这些舞蹈流传至今。在汉族戏剧的影响下，大约在清代，壮族开始出现戏剧。一种是用壮语演唱的壮剧、师公戏、木偶戏；另一种是在民间歌舞基础上发展形成的歌舞剧。壮剧又分为流行于田林、西林、百色一带的"北路壮剧"，是在滇戏的影响下，在民间说唱曲艺"板凳戏"的基础上形成，吸收了滇戏的唱腔，伴奏的乐器有壮族的马骨胡、葫芦胡、木叶和汉族的笛子、三弦、二胡。流行于靖西、德保一代的"南路壮剧"，是在马隘土戏的基础上，受邕剧影响而形成演唱合一的戏曲形式，伴奏乐器除本民族的马骨胡、葫芦胡外，还采用了邕剧的文锣、武锣、大钹、小钹、二胡、三弦、笛子、鼓、梆子以及龙州县新发掘出的天琴弹拨乐器。

一、民俗文化

1. 歌圩

壮族是一个能歌善舞的民族，有歌圩的习惯，壮族的男女老少在每年的三月初三，聚集于约定俗成之地，搭赛歌台，畅怀对歌，赛歌喉、比服饰、传情意，按一定的歌路，如初会（唱《见面歌》、《迎客欲》）、探亲（男青年向自己的意中人唱"求歌"或"请歌"）、热恋（女方答歌后，双方即兴编词对歌赛唱）以及定情、离别、相思、重逢等，通宵达旦，连唱3天3夜，如果相互动了爱慕之心，活动结束时互赠礼品，互订后会之期，以歌传情、以歌定情，此番风景独具特色。山歌唱完后，开始抛绣球、碰彩蛋、抢花炮等娱乐活动，以祈求风调雨顺、五谷丰登。

2. 瑶族"盘王节"和"达努节"

瑶族，是一个历史悠久、文化灿烂的古老民族。广西的瑶族人口约占全国瑶族人口的62%，占广西人口总数的3%，在广西各民族人口中位居第三。瑶族是爱歌的民族，能编善唱，以歌来传颂本民族的悠久历史，反映他们的生活。其中最著名的是《盘王歌》和《密洛陀》，被称为瑶族史诗。每年农历十月十六日，是瑶族最隆重的传统节日——"盘王节"，人们盛装打扮，载歌载舞。瑶族人民

· 286 ·

第十二章 地方旅游文化

也常以歌舞反映他们的生产斗争、阶级斗争及各种活动过程。其中最具代表性的是《长鼓舞》和《铜鼓舞》，在唱"盘王歌"、跳"长鼓舞"，娱神祭祖之外，还要走亲访友，开展娱乐社交活动。达努节，又称"祝著节"、"二九节"、"瑶节"，是分布在广西都安、巴马、大化、马山一带布努瑶支系的盛大节日，于每年农历的五月举行。这个传统节日是为纪念他们的始祖母"密洛陀"而进行的。"达努节"十分隆重，家家户户杀鸡宰羊，酿造美酒，祭祀祖先，唱"密洛陀"歌，表达对始祖母的敬仰。"达努节"最庄严隆重的是打铜鼓，不仅是瑶族，也有附近的其他民族，都欢聚一堂，各村各寨开展打铜鼓比赛。节日期间还有灯皮鼓、吹唢呐，加上戴面具作舞等各项娱乐活动。

3. 仫佬族"走坡"和"依饭节"

仫佬族，是广西的土著民族，仫佬族的传统节日比较多，农历正月过"年节"，四月初八是"牛节"，八月十五是"后生节"。其中，最主要的是三年一大庆、一年一小庆的"依饭节"和"走坡"等。依饭节又称"敬依饭公爷"、"喜乐愿"、"祖先愿"、"贺香火"，也是仫佬族的传统节日，顾名思义，这是祭祖节，一般在春节前的"立冬"前后举行。被请来的法师戴上神的面具，诵经作法、跳舞，请求祖宗保佑平安和五谷丰登。如今，仫佬族的"依饭节"增加了演新戏、唱新歌，搞体育比赛及进行经贸活动等。"走坡"，又称"坡会"、"歌会"、"陡坡节"，在每年的农历春节和中秋节举行，是青年们聚会唱歌的节日。因节日活动，选择在野外风景美丽宜人的山坡上或垌场间举行，所以称为"坡节"。届时，仫佬族男女盛装打扮，携带各种礼物、食品，在山坡上或垌场间唱歌、对歌、赛歌。唱歌的人很多，从早上唱到日头西下、月上东山。通过"坡会"互通信息、建立友情。如今的"坡会"，不仅唱歌，还开展演戏、体育比赛和经贸活动，内容更加丰富，更有时代气息。其中也有许多卖东西做生意的人。

4. 苗年

苗族的传统节日有苗年、四月八、龙船节、吃新节、起秋节等。其中，以苗年最为隆重，一般在秋后举行，人们载歌载舞欢庆丰收，祈求来年风调雨顺。民间崇拜祖先、崇拜自然、信仰万物有灵。苗年，是苗族最著名的传统节日。各地苗族过"苗年"的时间不一，如广西融水、三江、龙胜一带一般在农历十一月间举行，也有的在十月至十二月间的某个日子举行，而南丹苗族则在 6 月 30 日举行。过"苗年"时，因认为火灶是祖先神灵依附之地，故全家围着火灶守岁。节日期间，苗族向祖先敬酒、肉、茶、糍粑，吃"过地餐"等，宴饮至凌晨。男人或燃放鞭炮，迎接新年的到来，或挥鞭驱赶路边的石头，象征将"年"赶进栏里；姑娘出门挑"新年水"，母亲放鸡、鸭出笼；全寨人敲锣打鼓，互相拜年。男子穿上新装、围好头巾、背上锦袋、手捧芦笙；妇女一身盛装，佩戴银

· 287 ·

中国旅游文化

饰、手镯,会集到草坪,跳起欢乐的"芦笙舞"。寨老向群众讲族史、古理,宣讲本民族礼仪。人们群集野外,拜龙潭、祭田神,芦笙响起,载歌载舞,举行各种活动。苗年期间,苗族同胞走亲访友、串寨,寨与寨之间"打同年"、赛芦里。芦笙队也游村串寨,走到哪里都能得到盛情招待,有时还举办芦笙比赛和斗牛、斗马、斗鸟、射击比赛,胜者称"王",并得到赞誉和奖励。在隆林和西林一带的苗族,苗年期间还举行"坡会",进行爬竿比赛等活动。

二、民族服饰

广西各族服饰的式样繁多、色彩绚丽,具有鲜明的民族个性。服饰一般分为简装和盛装两种。简装,是平时衣着;盛装,在婚丧节庆等重要场合穿着。服饰上镶有或配以诸多的银饰,如项圈、手镯、足环、耳坠、戒指、银包、银牌等,以及头饰银花、串珠等,各民族装饰景象斑斓,是中国服饰文化中的璀璨明珠。

1. 壮族服饰

广西壮族自治区的壮族有两支,龙胜的属于北壮,姑娘的夏装以洁白的七层细棉布制成,平领、对襟、中袖。中襟结有别致素净的手工布扣,袖筒中腰及袖口缀有"花栏杆",内胸套裙细底线、花胸围,腰身宽畅平展,不讲究曲线美,体现含而不露的内在气韵。下身着青色宽筒便裤,裤筒中腰镶两道各宽1寸3厘米左右的缎底绣花边。头上盘洁净的印花头巾,耳悬串珠耳坠,腕套银质镯环,脚穿竹麻草鞋,仪态娴雅,具有浓郁的民族色彩。

2. 瑶族服饰

瑶族曾有"花衣斑斓"的记载,服饰绚烂是瑶族文化的一种体现,制作精细、绚丽多姿,颇具特色。由于族系和地域不同,其服饰也有一些差异。但是,瑶族男性服饰大体相同,多以青色土布包头。头巾一般为6尺(约2米),有的长达2丈(约6.67米),两端绣有花边,或在头的左边翘起一节2~3寸(约10厘米),或在头后留一节4~5寸长的头巾披着。衣裤亦用青色或宝蓝色土布缝成。上衣为无领对开襟,衣身宽大,长至膝上。领口、襟边、袖口及下摆的三方都饰有织锦花边。围裙与上衣等长,镶有织锦花边,用花带系于腰间,花带的两端留有1~2尺(约33~66厘米)垂于身旁,或另缠腰带。裤腿较大,裤脚镶有宽幅花边,或用各色方形绸布拼嵌裤脚边,花边约占裤长的四分之一。旧时多穿布鞋或草鞋,有裹绑腿。瑶族女性服饰,大致可分为平地瑶和高山瑶两大类型,高山瑶中的顶板瑶又有所不同。前两大类中,又分出嫁时的盛装和平时的便装,且存在年龄差异。

瑶族的儿童服饰也颇具特色。他们头戴披风的帽子,帽上缀满红绒球和银质铃铛,帽边系有花边,上身着深色马甲,胸前挂2块刻有花纹的方形银牌,两边垂有其他银饰，银链的下端系着小银铃，下穿深色便裤，裤边镶有花边。

三、乐俗

广西各族民众的乐俗（游戏、娱乐）项目丰富多彩，主要有以下几种：

1. 斗马

斗马是苗族人民在节庆时进行的一种传统娱乐活动。融水县古龙皮的斗马最为热闹，两小伙放马入场，两壮马狭路相逢，立时昂首翘尾，高嘶咧叫，扬前蹄扑向对手，张口就咬，或以后腿着地，前蹄跃空对外互斗，或掉转头首，前足立地，后腿腾空而起，猛踢对方，经过多次搏击，胜者昂首挺胸，败者落荒而逃，整个厮杀场面，烟尘滚滚、泥沙飞溅。

2. 上刀山下火海

上刀山下火海是独具瑶族民风的传统喜庆活动。瑶族是个强悍的民族，他们在祭祀、祈福、驱邪的仪式中，进行一系列的绝技神功，以显示所向无敌的力量与气概。赤足爬刀梯、过火海就是其中最惊险、最具代表意义的绝技。爬刀梯，又叫"上刀山"，是在木梯上安装锋利的刀子作为梯级，赤足踏在利刃上蹬上蹬下，脚底的肌肤竟然丝毫无损。"过火海"有几种形式：①将若干个铁犁头烧得通红，赤足一步一步踏在上面疾行而过；②走过燃烧木炭的"火海"；③"走足灯"，即用竹筒做成成行的灯排，一步踏一灯地走过，灯火依然熊熊燃烧。

四、情俗

1. 踏脚求爱

广西苗族有一种独特的求爱方式，青年男女在传统的节庆活动中，常通过即兴对歌互相问答、跳芦笙踩堂舞等形式，来选择、考察自己的意中人。一番对歌伴舞后，小伙子寻找时机用脚尖轻踩姑娘的脚以示爱；如果此时姑娘也以脚尖同样回踩男方的脚背，则表示接受小伙子的求爱了。

2. 红豆传情

南国广西多红豆，又叫鸳鸯豆，各地都有分布，广西各族青年男女都爱采撷此豆。每当红豆树结子的时候，年轻人到树下捡起散落在草丛里、石缝中的红豆，赠予自己亲爱的人，以作友谊和爱情的信物。

五、地方文艺

1. 民歌

广西地区是我国有名的民歌之乡，特别是其中的山歌，尤为精彩。民间歌手"刘三姐"的传说可谓家喻户晓，唱山歌不仅是广西各民族的生活状态，而且是民族生命中不可缺少的组成部分,渗透到日常生活中的每一个细节。无论是待客接友、劳作嬉戏,还是说爱谈情、婚喜节庆,山歌吟对成为特殊有效的社会沟通、信息传递、情感交往的手段和极具艺术趣味的民俗风情。

广西民歌,大致可分为以下几类:与劳动相联系的笛篙歌(渔歌)、山歌等;与民族相联系的龙船歌、贺郎歌、伴郎歌、婚礼歌、哭嫁歌、孝歌等;与娱神祭祀相联系的跳神歌曲;与宗教相联系的回族歌曲;有一定娱乐、欣赏价值的民间小调和一些乞讨、行业叫卖性歌谣等。最普及、最有地方特色的是山歌和龙船歌。山歌曲调简单朴实,节奏自由,在农村广为流行。不同民族、不同地区,有不同的曲调,多为上山砍柴或田野劳动时即兴编唱,有独唱,也有对唱。龙船歌流行于桂林江河沿岸,漓江一带流行套曲8首,即集人歌、出船歌、游船歌、扒船歌、连船歌、赢船歌、湾船歌、扯船歌;而桃花江沿岸一带则有套曲13首,即拉船、装龙头、开船、游江、二江、转艄、上滩、招旗、催艄、饮酒、喊兵、得胜、收兵。龙船歌曲调热烈奔放、节奏感强,一般一人领唱,伴以铿锵鼓声。唱词多与悼念屈原、颂扬龙王、祈求风调雨顺、五谷丰登有关。

2. 桂剧

桂剧,是广西主要的地方剧种,有比较悠久的历史,约始于明代中叶。明末清初广西已有昆腔,后高腔和弋阳腔又相继传入,相互融合即形成以弹腔(即皮黄)为主的高、昆、吹、杂等5种声腔艺术的桂剧。桂剧剧目相当丰富,有"大小本杂八百出"之说。由于其产生和发展与徽剧、汉剧、湘剧、祁剧都有着密切的血缘关系,所以其剧目多与皮黄系统的兄弟剧种相似。

桂剧声腔以"弹腔"为主,兼有"高腔"、"昆腔"、"吹腔"及杂腔小调。其"弹腔"则分为"南路"(二黄)、"北路"(西皮)两大类。它们的反调形式,"阴皮"和"背弓"又都自成体系。伴奏乐队亦与其他皮黄系统的剧种一样,分为文场、武场。前者使用二弦(似京胡)、月琴、三弦、胡琴及曲笛、梆笛、唢呐、唧呐(海笛)等,兼配部分中、低音乐器;后者使用脆鼓(板鼓)、战鼓,大、小堂鼓及板(扎板)、大锣、小锣、云锣、星子、碰铃等。

桂剧角色分为生、旦、净、丑四大行当。生行又分为生、末、外、小、武;旦行中又分为旦、占、贴、夫;净行则分为净、副、末净;丑行只分丑和小丑。桂剧表演侧重做工,注重以细腻而富于生活气息的表演手法塑造人物,即使是武戏,也多是文做。

3. 壮剧

壮剧,是壮族戏曲剧种的统称,在壮族民间文学、音乐、舞蹈和说唱艺术的基础上发展而成,清同治、光绪年间已有演出,流行于广西的西部和云南文山壮族、苗族自治州的富宁、广南一带,由于流行地区和语言、音乐唱腔、表演等的不同，分为广西的南路壮剧、北路壮剧、壮族师公戏、云南富宁壮剧和广南壮剧等。

（1）南路壮剧。流行于以德保、靖西为中心的南路壮剧，是在民间歌舞的基础上发展而成，最初为"唱"、"做"分开的"双簧式"演唱形式，主要唱腔有平板、采花调、马隘调等，传统剧目有《解臼》、《双壮元》、《百鸟衣》等。

（2）北路壮剧。北路壮剧流行于以田阳、隆林为中心的地区，是在民间说唱"板凳戏"的基础上发展而成，主要唱腔有正调、过场调等，传统剧目有《十牙》、《文龙与肖尼》、《侬智高》等。

（3）壮族师公戏。壮族师公戏流行于以河池、柳州、百色为中心的地区，是在巫师跳神的基础上发展起来的一种民间小戏，初时穿红衣、戴木制面具，后用纸画脸谱替代，后又去掉面具，开始化妆表演。

（4）富宁壮剧。富宁壮剧原名"土剧"，在本民族民歌、小调、歌舞的基础上发展而成，剧目有《螺蛳姑娘》、《换酒牛》等。

（5）广南壮剧。广南壮剧原名"沙剧"，流行于云南文山壮族、苗族自治州的广南一带，一般认为是清咸丰前后由当地壮族支系沙族的歌舞受汉族戏曲的影响而形成，表演艺术很重视舞蹈，文戏中的扇、马鞭和武戏中的刀、枪都有一整套动作程式。

广西其他的地方戏曲，还有广西大鼓、广西文场音乐、桂林杂技、桂林渔鼓、傩戏、彩调剧、零零落、桂林弹词等。

第五节　广西建筑文化

壮族传统建筑主要是指居住建筑，因为壮族的公共建筑不发达，最能体现文化差异的建筑形式还是民居。民居建筑最能反映人们的居住观念和家庭伦理，可作为区分建筑文化区域的重要标志。广西的壮族传统民居建筑主要有两种：一种是干栏，另一种是地居。曹劲在其《先秦两汉岭南建筑研究》一书中认为，岭南地区自古以来就存在穴居和巢居两种原始居住模式。这与《礼记》第九篇《礼运》上记载的"昔者先王未有宫室，冬则居营窟，夏则居橧巢"是一致的。这些原始居住形态进而进化为干栏建筑。因而曹劲认为，岭南先民能因地制宜地建造各种房屋，干栏与陆筑（即地居）共存，逐步形成了多彩多姿的建筑文化。这将改变长期以来学界所认为的"南方原始住宅是干栏建筑"等陈旧观念。因此，干栏与地居在广西壮族社会的启蒙阶段都曾经存在过，只是各自有着不同的发展轨迹：干栏由于适应广西的山区地形与气候特点得以保留和传承下来，并在各个区域形成了各自的特点；反观地居，在壮族聚居区大部分地居建筑是传统干栏建筑地面化形成的次生形态，而在汉文化强势的东部地区则全然接受了汉族地居建筑的模式，远古时期的地居形式没有得到充分发育。虽然民族分布、语言分区、流域的不同都对民族建筑的分区起着叠加的影响。但是建筑文化分区不能完全等同于文化分区，文化的传播、扩散都对建筑文化分区起着重要影响。根据广西的地理分布，综合自然地理背景，广西建筑文化可进行如下分区。

一、壮族人居建筑文化分区

壮族干栏式建筑可按照桂西北、桂西及桂西南两区域来划分；桂中西部壮族民居主要以干栏地面化后的次生形态为主；桂东、桂东北、桂东南多为汉化地居式建筑，同时具有广府建筑、湘赣建筑以及客家建筑的风格，虽然各地略有差异，但从皆属汉族民居建筑的本质以及总体数量较少的情况可分作一区。

1. 桂西北干栏区

桂西北地区崇山绵延，林木茂盛，各大江河的源头集结于此，自古就是壮族与其他少数民族安居乐业之地。主要地区包括龙胜、三江、融安、融水、罗城、环江、河池、南丹、东兰、天峨、凤山、乐业、凌云、田林、隆林、西林等县市。其典型代表是龙胜龙脊地区的壮寨以及桂西西林地区壮寨。这一带的壮族传统聚落及民居有以下特点：

（1）聚落多位于高山陡坡地区，林木丰富，自然地理条件支撑干栏建筑的持续存在与发展。该区壮族聚落一般规模较大。聚落多顺应山势，平行等高线排布，由于用地规模限制以及高差较大的原因，各民居间距狭小，形成密集连绵的整体形态。

（2）建筑平面形制多采用"前堂后室"的布局。底层架空饲养牲畜与储物，且多做封闭处理。架空层高度多在 2～2.5 米之间，是壮族地区干栏建筑底层最高的区域。入户方式以从正面侧上为主，并根据地形采用侧入、后入等多种形式相结合，因地制宜，灵活机动。堂屋与火塘连为一体，形成高大通透的前堂空间。两山面在用地条件许可的情况下多设批厦，批厦下部梢间与前堂空间形成东西包围之势。主要使用房间均位于二层。由于高山地区冬季寒冷，建筑要兼顾采光和保暖，建筑外窗较多，但无开敞门廊，而用门楼替代。平面多呈横长方形，进深 9～10 米，小于面宽，以保证室内空间有一定的日照时间。

（3）建筑构架采用减枋跑马瓜形式的穿斗木架，轻盈通透，卯榫工艺精良。为争取较大使用空间，二楼以上多设吊瓜及吊柱。门楼处有设燕柱、小金柱。

2. 桂西及桂西南干栏区

桂西及桂西南地区，石山丘陵密布，壮族就生活在这一带的盆地与平峒之间。因为自然资源较为贫瘠、缺水少林、信息闭塞、经济较为落后等原因，其干栏民居形态古老、结构简约，还保留着较为原始的面貌。传统的干栏民居在与自然抗争中形成了独特的聚落和建筑形态。这一地区包括崇左、宁明、大新、龙州、凭祥、天等、德保、靖西、那坡等县市。该区的典型代表是桂西那坡县达文屯干栏及龙州地区的"勾栏棚"。其聚落与民居特点如下：

（1）聚落为争取水源多位于盆地或平峒地区，林木缺乏，自然地理条件较差。聚落靠山而建，平行等高线分台设置。由于这一地区地形普遍坡度不是很陡，各民居间距较大，建筑布置较桂西北地区要稀疏。

（2）建筑平面形制亦采用"前堂后室"的布局。架空层高度多在 1.7~1.9 米之间，且正面全开敞。山墙多做成木骨泥墙，那坡、龙州壮居皆如此。由于该地区气候炎热，建筑外观较为开敞，均设通长门廊。建筑平面进深一般在 13.5 米左右，进深相比桂北龙脊地区的壮族民居要深 4~5 米，进深大于面宽，平面为竖方形。这与当地日照较强、采光让位于遮阳有关。

（3）建筑构架多为穿斗架与大叉手斜梁相结合，穿斗架采用满枋跑马瓜或满枋满瓜形式，缺乏木材的龙州地区的民居仅在山面做满枋跑马瓜。构架厚重，比较废料、卯榫粗糙，营建技术较为落后。无吊瓜及吊柱做法。檐柱直接支撑叉手斜梁，为屋檐挑出更远，还有在檐柱设斜撑的做法。

3. 桂中西部次生干栏区

桂中西部在地理位置上处于桂西北和桂西南的交界处，处于红水河下游与右江流域，是东部汉族与西部壮族以及南北壮族之间接触最为频繁、交往最多的地区。它主要包括宜州、忻城、都安、马山、大化、平果、巴马、田东、田阳、百色等县市。这一地区，既受到汉文化的影响，又保持有传统的自然惯性，民居多以干栏建筑地面化形成的次生干栏类型为主。这些次生干栏民居多位于河谷平原地带，地势平坦，耕地较多，经济条件较好，交通、信息较发达。传统的木构干栏逐步向夯土泥砖干栏、砖石干栏转变，有的地区则进一步发展为夯土砖石地居。桂中西部次生干栏区的聚落及民居主要有以下特点：

（1）聚落多位于平原河谷、丘陵地带。由于场地限制较少，建筑布置比较稀松。

（2）建筑平面型制多采用"一明两暗"的布局。底层多为石材砌筑的低矮架空层，高度多在 1.5~1.7 米之间，一般全封闭。由于大量采用夯土及砖石材料，建筑外观较为封闭，无门廊，在二楼或三楼有木质出挑阳台或晒台。建筑平面进深大于面宽，平面为竖长方形。

（3）建筑为山墙承重的悬山结构，山面多采用夯土、泥砖、砖石等材料。石山地区由于林木日益稀少，干栏建筑渐趋衰落，新建民居跳跃式发展为砖混结构，对传统继承较少；河谷地区从木构干栏到夯土干栏、砖石干栏进而发展为地居式民居，存在明显的渐变过渡。但总体来说，都或多或少地保留了传统干栏建筑的基因，因此，将该建筑分区命名为"桂中西部次生干栏区"。

4. 桂东汉化地居区

桂东地区是汉族人大量进入广西并开发的主要地区，汉族人口占绝对优势。但其中仍然夹杂着为数不少的壮族传统聚落，这些聚落及民居多已汉化，完全与当地汉族建筑融为一体。这一区域包括桂林、柳州、贺州、来宾、梧州、南宁、贵港、玉林、钦州、防城港、北海等地级市及其辖区范围。广西的汉族主要由广府、湘赣、客家三个民系构成，这三个汉族民系的文化在广西有各自的传播范围，并因此影响到各自区域内的壮族文化。

广西的广府式建筑主要分布于梧州、玉林、钦州、贺州等桂东南地区，南宁、柳州、来宾亦受广府建筑文化影响较深，同时广府建筑文化也顺着西江流域深入桂林、百色等地区。广西的湘赣式民居分布于桂东北，包括桂林全地区所有县城和贺州富川县、钟山县等地区。其中桂林南部地区的阳朔、恭城以及永福等地区的湘赣式建筑，其风格受到桂东南广府建筑的较大影响。湘赣民系对广西的开发较早，所居住的区域均为广西文化经济较为发达的地区，其建筑在这些地区的存留量相对汉族其他民系建筑的存留亦更多。广西现存的客家式建筑主要是堂横屋式，主要分布于玉林的博白县和陆川县以及贺州八步区和柳州柳江、来宾武宣等地区。由于汉族文化在广西东部地区占据的支配地位，生活在这一地区的壮族汉化，除了人种和语言等方面仍具原有民族特点外，生活方式与习俗已与汉族无异，其民居样式则与其相近的汉族民系建筑类型一致。如来宾武宣东乡是客家聚居地区，位于该处的壮族则同样选择堂横屋作为其民居形式，且禾坪、月池等客家建筑基本元素也一并沿用；金秀龙屯是壮族聚居村寨，村落格局却与广府村落无异；桂林阳朔一带是广府与湘赣两种建筑文化交融的地区，阳朔朗梓村和龙潭村的民居就同时具有这两种民系建筑的特点。

二、建筑文化分区特点总结

广西壮族人居建筑文化分区总体上有如下特点：

1. 广西干栏式建筑与地居式建筑的地理分布有着比较明确的地域性

干栏地面化式民居主要分布在桂西、桂西北、桂西南山区，呈现出自桂西、桂西北、桂西南向桂中渐次减弱的态势。汉化地居式民居主要分布于桂东、桂东北、桂东南等地区，自东向西逐渐减弱，并沿红水河、右江、左江流域延伸至桂西内部。两种类型的民居在广西地域内以龙胜—金秀—横县—钦州一线为界，分成东西两板块，这与壮族人口与汉族人口东西分布的规律一致。比较广西壮族建筑文化分区与广西壮族文化分区以及南北壮族分区之间的关系，可以看出建筑文化与语言的分区以及族群的分布有着一定关联：在南北分区的格局上，干栏建筑的桂西北与桂西南之分与南北壮族的分区有所呼应；桂中西部的次生干栏区与壮族文化的红水河中下游文化区以及邕江、右江文化区有所重叠；桂东汉化地居区基本上与汉族在广西的分布的优势地区吻合。这说明壮族建筑文化与方言、族群一样同属于文化的范畴，受到文化起源、变迁、发展的影响。当然，建筑文化的分区与方言、族群的分区并不是一一对应的关系，它有自身的规律。

2. 建筑文化分区与壮族文化的方言分区差别较大

很多方言不一致的地区，其建筑形制几乎相同，比如桂边文化区与桂西北文化区在建筑上完全可以划分为同一个分区。另外，在很多壮族方言分布的区域，其建筑形制已经完全汉化，比如桂、湘、粤文化区、柳江、龙江文化区与邕南文化区，虽然壮族人口并不少，其方言得以保存下来，但建筑形制已经完全变化。可见建筑形制的差别远没有方言之间的差别那么明显，技术的交流与融合要比语言的变迁更快速，这不仅包括汉族建筑文化对壮族建筑文化的输出，也包括不同壮族方言分区之间的建筑文化融合现象。

3. 壮族建筑文化分区与壮族南北族群的分布具有一定相似性

尤其是南部壮族分区与桂西及桂西南建筑文化分区几近重合，可见秉承于西瓯、骆越的文化传统仍然是建筑文化中重要的基因成分。但是建筑文化分区与南北壮族分区的主要区别在于：首先，南北族群分布的区域要比壮族传统的干栏建筑分区要大，尤其是北壮。这是因为北部壮族分布的东部基本上以汉族文化为主导，其建筑形制已完全汉化。南壮的分布区也较桂西南干栏区要大，这是因为临近南宁、钦州、防城港的扶绥、上思的壮族建筑也多被汉化所致。其次，位于红水河中下游以及右江流域的北壮受东部汉文化的影响也较大，在传统文化与外来文化的夹持中形成了新类型的建筑文化分区——桂西中部次生干栏文化区。

4. 在建筑文化分区的交界地带产生了很多文化交叉的现象

比如桂西北干栏区与桂中西部次生干栏区交界处的都安、宜州，夯土构筑的次生干栏与全木干栏同时存在，但是后者正在逐渐消失，可见在文化传播之下，建筑文化也在变迁、融合。桂西南干栏区与桂东汉化地居区交界的扶绥，城市近郊的壮族民居采用的是汉化地居形式，而山区壮族民居仍然采用干栏的形制，对于桂东汉族地居区，虽然广府、湘赣、客家等汉族建筑的形制都有出现，但始终都有广府的一些特点在其中，这也是因为汉文化中的广府文化对于广西来说影响区域最广、程度最深。尤其是桂西壮族聚居地区，传播的汉文化主要是广府文化。这应是广府汉族本身就有越人血统，与广西壮族具有同源性的原因。

第六节　其他文化

一、地方风物

1. 壮锦

壮锦是广西壮族妇女所编丝织品的总称,有2000多年的历史,被列为朝廷贡品。宋代壮锦出产已初具规模,受蜀锦、云锦影响,色彩也由单色发展为多彩。壮锦有着独特的工艺和民族风格,织法独特,以棉纱为经、丝绒为纬,经线一般为原色,纬线用各种色彩,质地结实;纹饰主要为几何纹,图案别致、纹样精美、色彩绚丽,达到"繁而不乱,艳而不俗"的艺术境界。产品可作被面、床毯、台布、挂包、头布、背带以及壁挂、锦屏等。壮锦传统的纹样主要有田字、回纹、水纹、云纹、花卉、动物等20多种。

2. 铜鼓

铜鼓,是古代某些民族首领权力和财富的象征。广西铜鼓,是我国古代青铜文化的一朵奇葩。广西铜鼓文化在中国的鼓乐文明中占有重要地位,至今已有2000多年的历史。广西是中国古代生产与使用铜鼓的主要地区。全国各地收藏的铜鼓有1400余面,广西约有600面,50多面具有铜鼓文化的典型意义。其中,无论在世界还是我国,均属最大、最古老的北流县元靖镇水冲庵发现的云雷纹大铜鼓,直径165厘米,重达300多公斤,铜鼓遍体有晕层和云雷纹,鼓面中心有8道光芒的太阳纹,被誉为"铜鼓之王"。

3. 北海珍珠

珍珠,按产地分为西珠(西欧和地中海一带)、东珠(日本、朝鲜)、南珠(北海、海南)。北海市合浦县是南珠的正宗故乡,出产的珍珠凝重结实、浑圆莹润。从汉代起,便作为贡品进贡皇帝,历朝历代皆被誉为"国宝"。目前,北京故宫博物院和台北故宫博物院里陈列的珍珠,绝大部分为北海的贡品。明末清初屈大均在《广东新话》一书中对南珠评价说"东珠不如西珠、西珠不如南珠。"屈大均所说的"南珠",便是合浦珠池生产的珍珠。

4. 纺织印染

瑶族的纺织印染早为史籍记载。宋代的"瑶斑布"就颇有名气。瑶族的挑花、刺绣也是自古有名,史籍也多有记载。他们的五色衣服、斑衣花裙,多是靠挑花刺绣制成的。同时,广西的扎染、蜡染也都是著名的工艺产品。

5. 沙田柚

沙田柚,是闻名国内外的广西特产。它形似梨状,但比梨大得多,一般每个重 0.75~2 公斤,大的达 2.5~3 公斤。果皮橙黄色,外皮内有厚瓤一层,软白如棉,保护着果肉,所以这种水果可以长途运输而不易受到损坏,久藏而不变味,如放在空气不大流通、温度变化不大的室内,过一年半载,其色泽仍很新鲜,可常年供应市场。

沙田柚肉营养丰富、甜蜜,柔软爽口,被誉为"天然罐头"。每百克果汁含维生素 C 为 104.7 毫克,比苹果所含的维生素 C 还多 10~20 倍,维生素 P 的含量也比一般水果高,维生素 B_1、B_2 和钙、磷、铁等营养物质含量也不少,含糖分 12%~15%。在贮藏期间维生素 C 继续增长 20% 以上,为果类中所罕见。柚核可入药,亦可提炼工业用油,柚皮是制造高级芳香油的原料。另外,柚皮经过炭火烘烤,再用清水浸泡、刮净、切块,可配肉类及调料烹煮,作为家庭常菜,味道鲜美。沙田柚原名杨核子,因种源来自沙田,后即沿用地名称之。现在,除容县沙田外,广西各地及广东、福建、湖南、浙江、四川、云南、贵州等省也有引种。

二、地方菜系

广西菜,又称桂菜,由南宁、桂林、柳州、梧州等地方菜和壮族、瑶族、京族、侗族等少数民族菜组成。桂菜在火烹、陶烹、铜烹、铁烹等不同时期,都经历了由简到繁、由粗到细、由分散到集中、由零碎到系统,从量的扩大到质的提高等演化过程。

广西历来有背靠大西南、面向东南亚之说。因此,在饮食风味上受川味、湘味、粤味的影响很深,另外,由于全国经济重心的自北南移,大量中原人进入广西带来了先进的烹饪技术、文化,抗日战争期间,全国烹饪高手来广西收徒传艺,使广西饮食文化博采各地之长,促进了广西餐饮业的发展。这样就使广西菜体现出不同区位、不同民族的特点,具有鲜明的地区性、民族性、文化性,这些原因也构成了广西菜"域乡有别,风味不同,具有清甜、微辣、鲜香、脆嫩"等地方饮食文化特色,逐步形成了以下 5 种风味:

1. 桂北风味菜

桂北风味菜由桂林、柳州的地方菜组成,口味醇厚、色泽浓重,善炖扣、嗜辛辣,尤长于山珍野味入菜等。

2. 桂东南风味菜

桂东南风味菜包括南宁、梧州、玉林一带的地方菜,讲究鲜、嫩、爽、滑,用料多样化,能选择当地良种禽畜、丰富蔬果。

3. 桂西风味菜

桂西风味菜包括百色、河池一带的地方菜，带有浓厚的民族风味，擅长众菜合调，粗菜细做，品种多样。近年来，餐饮业兴旺，菜式增多，口味变化较大，以微辣、清香、脆嫩为主。

4. 海滨风味菜

海滨风味菜以北海、钦州、防城港地方菜组成，讲究调味、注重配色，擅长海产品制作，河鲜、家禽的菜式也有独到之处。

5. 少数民族风味菜

少数民族风味菜由各少数民族菜组成，擅长用源头原料制作菜肴，尤其对江河中的野生鱼种、高山蔬菜、山间珍菌、田埂野菜及乡村土鸡、土鸭情有独钟，又特别强调季节期、成熟期，突出味鲜、味纯的特点，对天然放养和加工饲养的原料，喜欢"重土轻洋"和"原汁原味"，很讲究实惠，制法独特，富有山野乡土气息。壮族擅长以狗肉及各种动物副产品制菜，品种多、技法精，使用率高，甚具特色。侗族的竹笋肉、苗族的竹板鱼、毛南族的烤香猪、京族的海鲜制品等也都很有民族风味。

广西少数民族的小吃、点心非常有特色。特色风味主要是米饭与米粉，还有在整个广西区域内，只要有人的地方就会有的饮食——酸嘢（腌制的酸食）。其他主要小吃还有：八宝饭、桂林米粉、豆蓉糯米饭、粉利、南宁肥肉粽、打油茶、卷筒粉、干捞粉、老友面、大苗山地龙、烤糍粑、冰泉豆浆、昭平黄皮糖、薏米饼、凉粉、梧州大福饼、柳州起酥、玉林白散、桂林松糕、桂林粽子、马蹄糕等。

本章案例

《梦·巴马》山水实景演出

《梦·巴马》是以"世界长寿之乡"广西河池市巴马瑶族自治县实景山水制作的大型山水实景演出，由巴马寿乡国际旅游集团投资9000多万元打造。它是广西继桂林"印象刘三姐"之后的又一台大型山水实景的水上舞台表演，通过真山、真水、真景演绎真实的巴马人家生活和巴马民俗风情。自2012年9月6日首演后，已每日常态化演出，为到访的中外游客呈上一台集民族风情、巴马风光、长寿文化为一体的文化视听盛宴。

《梦·巴马》的表演舞台设置在巴马赐福湖的湖面上，整个舞台充满着少数民族地区的特色，并借助当今世界顶级灯光音响设备，在波光粼粼的赐福湖上打造一个由月光、星光、灯光、水幕构成的水天一色梦幻世界。有 200 多人的表演队伍来自周边的村庄，表演巴马本土濒临失传的歌舞，其中，以裸浴文化最受人关注。裸浴在巴马地区流传了几千年，裸浴代表着巴马本地人的民风、民俗，与巴马人的生活密不可分。而《梦·巴马》正是以独特的艺术形式来带人们去欣赏和了解巴马长寿文化。整台节目充满长寿文化、乡野芬芳、田园风味，体现民族性、艺术性和观赏性的高度统一。

《梦·巴马》是以反映巴马瑶族婚礼、铜鼓、补粮、裸浴等魅力民俗风情以及巴马风光与长寿为主题的大型歌舞。而激情瑶山、神奇巴马、魅力寿乡三幕精彩梦幻，更是给予了观众以美轮美奂的精神文化享受。演出中展现精美的瑶族传统服饰更让观众叹为观止。在"铜鼓舞"一节中，硕大的一面面"铜鼓"直接摆到观众面前，随着悦耳、浑厚的鼓声响起，舞台中的姑娘们身穿瑶族服饰跳着"铜鼓舞"，晃动着服装上装饰品配合浑厚铜鼓声发出充满韵律感的声音，而闪闪发光的装饰品更衬托出瑶族女孩的美丽。

《梦·巴马》的艺术表演具有让人惊叹的舞台魅力。以柔美如画的盘阳河畔和湖面波光粼粼赐福湖为大背景，再给河水荡漾、水雾蒙蒙的这些壮丽的场面配上星光、灯光的闪烁画面，呈现出"神奇巴马"这极具瑶族特色风情的画面，留给观众无限遐思。在具有特色风情的瑶族木屋、呈寿字形的山石、竹排等实景中，柔和的月光和荧光恰到好处映照出近处的湖岸边，一幢幢装饰一新的楼房沿山而起，在月光山色的映衬下，构成一幅幅如梦如幻的巴马瑶族民俗风情图，映衬了瑶族仙境般的自然生态和如诗如画的和谐美景。

（资料来源：陈洪. 体验民族文化《梦·巴马》[N]. 贺州日报，2013 - 07 - 19.）

案例分析

巴马瑶族自治县是著名的"世界长寿之乡"，其所在的巴马长寿养生国际旅游区是广西三大国际旅游目的地之一。《梦·巴马》作为一场集民族风情、巴马风光、长寿文化为一体的大型山水实景演出，反映了巴马独特的地方民俗文化，为巴马增加了多元化的文化旅游产品，改变了单一的景点观光旅游模式，丰富了旅游产品内涵。《梦·巴马》开启常态化演出序幕，填补了巴马夜游项目的空白。《梦·巴马》的推出体现了巴马在旅游产品体系建设中注重旅游与文化的对接，为巴马旅游业的转型升级奠定了重要基础。

问题思考：《梦·巴马》的推出对于完善巴马旅游产品体系建设有何作用？

本章思考题

1. 广西行政区域的基本形成与"广西"名称的出现分别是在什么时期？

2. 壮族的文化特色与精神有哪些?
3. 广西山水文化的代表有哪些?
4. 广西的建筑文化特色包括哪些方面?

参考文献

[1] 高照明,赵昭. 中国旅游文化[M]. 北京:冶金工业出版社,2009.
[2] 周敦源. 旅游文化[M]. 杭州:浙江大学出版社,2005.
[3] 李星明. 旅游文化概论[M]. 武汉:华中师范大学出版社,2007.
[4] 罗哲文,李敏. 神州瑰宝:世界遗产在中国[M]. 北京:中国建筑工业出版社,2009.
[5] 潘宝明. 中国旅游文化[M]. 北京:中国旅游出版社,2005.
[6] 潘宝明. 中国旅游文化(第三版)[M]. 北京:中国旅游出版社,2010.
[7] 孙全治,林占生. 旅游文化[M]. 郑州:郑州大学出版社,2006.
[8] 沈祖祥. 旅游文化学[M]. 福州:福建人民出版社,2011.
[9] 韩福文,刘丽华. 中国旅游文化[M]. 长春:吉林人民出版社,2006.
[10] 胡爱娟. 饮食文化与现代旅游[M]. 杭州:浙江大学出版社,2009.
[11] 冯玉珠,沈博. 饮食文化概论[M]. 北京:中国纺织出版社,2009.
[12] 陈水雄,周义龙,卢洪. 旅游文化概论[M]. 哈尔滨:哈尔滨工程大学出版社,2012.
[13] 潘向黎. 茶可道[M]. 北京:生活·读书·新知三联书店,2011.
[14] 刘晓航. 旅游文化学[M]. 天津:南开大学出版社,2009.
[15] 隗静秋. 中外饮食文化[M]. 北京:经济管理出版社,2010.
[16] 康玉庆,何乔锁. 中国旅游文化[M]. 北京:中国科学技术出版社,2005.
[17] 黄昌霞. 中国旅游历史文化[M]. 北京:化学工业出版社,2007.
[18] 吴忠军. 中外民俗[M]. 沈阳:东北财经大学出版社,2011.
[19] 刘秀梅,高照明. 中外民俗[M]. 郑州:郑州大学出版社,2006.
[20] 邱玉德. 中国旅游文化[M]. 北京:科学出版社,2006.

［21］谢元鲁．旅游文化学［M］．北京：北京大学出版社，2007．

［22］吴玲，王世英．中国旅游地区概况［M］．北京：旅游教育出版社，2006：234．

［23］韦良，孟子良．广西导游［M］．桂林：广西师范大学出版社，2009：27~33．

［24］广西壮族自治区民族事务编委会．广西少数民族［M］．南宁：广西人民出版社，1986：6~8．

［25］吴敏，王永慧．中国历史文化旅游资源开发策略研究［J］．中共四川省委省级机关党校学报，2009（2）：83~95．

［26］杨梅．浅谈中国历史文化旅游资源的开发［J］．当地旅游，2012（12）：125．

［27］范芊．世界文化遗产——苏州拙政园［J］．城建档案，2008(4)：36~40．

［28］迎春．中国古典园林的旅游功能［J］．内蒙古科技与经济，2011（8）：61~62．

［29］徐亮．对扬州市古典园林旅游可持续发展的一些思考［J］．经济研究导刊，2009（34）：164~167．

［30］徐艺乙．中国历史文化中的传统手工艺［J］．江苏社会科学，2011（5）：223．

后 记

中国是一个有着深厚文化底蕴的国家,全面地去探讨、深入地去研究历史文化,将文化这一元素更好地运用到旅游开发中去,这对开拓旅游市场及对中国现代旅游业的久盛不衰有着重要意义。

2013年初,我申请的《中国旅游文化》获得"十二五"期间学校教材建设立项,同时中国旅游文化被列为旅游管理专业实验课改课程。为了给学生配备一本富有地方特色的中国旅游文化教材,我和课题组成员尽快列出编写提纲,明确分工,并利用寒暑假收集资料,在教学空闲之余抓紧写作。经过将近一年的奋战,书稿终于能够顺利出炉,大家为之兴奋!

《中国旅游文化》共分为十二章,主要内容包括中国旅游文化概述、中国旅游历史文化、中国旅游建筑文化、中国旅游聚落文化、中国旅游景观与山水文化、中国旅游园林文化、中国旅游饮食文化、中国旅游民俗文化、中国旅游民间工艺文化、中国旅游文学艺术、中国旅游宗教文化、地方旅游文化。本教材各章均由本章提要、章首案例、本章案例、本章思考题等四大部分串联起来,内容丰富,语言简洁,在简单介绍旅游文化基本理论的基础上,通过大量的案例呈现,让学生从案例学习中利用基本知识去分析与理解旅游文化发展中出现的各种现象和问题。

本书稿由黄爱莲教授担任主编,并负责全书总策划与统稿工作,陈红玲副教授、李劲松讲师担任副主编,其中研究生俞渊、张锐、温宇、杨阳及本科生高雅、岑涛娟等参与案例搜集与整理工作,这些学生利用暑假对书稿一一校对。

尽管我们付出了很大的努力,但由于水平有限,书中的错误和不当之处在所难免,热忱欢迎读者批评指正。

作者于
2014年12月

图书在版编目（CIP）数据

中国旅游文化/黄爱莲，陈红玲，李劲松编著.—北京：经济管理出版社，2014.12
ISBN 978-7-5096-3386-1

Ⅰ.①中… Ⅱ.①黄… ②陈… ③李… Ⅲ.①旅游文化—中国—高等学校—教材 Ⅳ.①F592

中国版本图书馆 CIP 数据核字（2014）第 217604 号

组稿编辑：王光艳
责任编辑：许　兵
责任校对：张　青

出版发行：经济管理出版社
　　　　　（北京市海淀区北蜂窝 8 号中雅大厦 A 座 11 层　100038）
网　　址：www.E-mp.com.cn
电　　话：（010）51915602
印　　刷：北京晨旭印刷厂
经　　销：新华书店
开　　本：720mm×1000mm/16
印　　张：19.5
字　　数：371 千字
版　　次：2014 年 12 月第 1 版　2014 年 12 月第 1 次印刷
书　　号：ISBN 978-7-5096-3386-1
定　　价：58.00 元

·版权所有　翻印必究·
凡购本社图书，如有印装错误，由本社读者服务部负责调换。
联系地址：北京阜外月坛北小街 2 号
电话：（010）68022974　邮编：100836